Jonas Pape

Corporate Compliance –
Rechtspflichten zur Verhaltenssteuerung
von Unternehmensangehörigen
in Deutschland und den USA

D1704830

Berliner Juristische Universitätsschriften

Herausgegeben im Auftrag der Professoren der Juristischen Fakultät
an der Humboldt-Universität zu Berlin

von Professor Dr. Michael Kloepfer,
Professor Dr. Rainer Schröder, Professor Dr. Gerhard Werle

Zivilrecht

Band 64

ISBN 978-3-8305-1870-9

Jonas Pape

Corporate Compliance –
Rechtspflichten zur Verhaltenssteuerung
von Unternehmensangehörigen
in Deutschland und den USA

BWV • BERLINER WISSENSCHAFTS-VERLAG

Bibliografische Information der Deutschen Nationalbibliothek

Die Deutsche Nationalbibliothek verzeichnet diese Publikation in der
Deutschen Nationalbibliografie; detaillierte bibliografische Daten sind im
Internet über http://dnb.d-nb.de abrufbar.

ISBN 978-3-8305-1870-9

© 2011 BWV · BERLINER WISSENSCHAFTS-VERLAG GmbH,
Markgrafenstraße 12–14, 10969 Berlin
E-Mail: bwv@bwv-verlag.de, Internet: http://www.bwv-verlag.de
Printed in Germany. Alle Rechte, auch die des Nachdrucks von Auszügen,
der photomechanischen Wiedergabe und der Übersetzung, vorbehalten.

Meinen Eltern

Vorwort

Die vorliegende Arbeit entstand im Wesentlichen in den Jahren 2007 und 2008. Am 15. April 2010 wurde die Arbeit von der Juristischen Fakultät der Humboldt-Universität zu Berlin als Dissertation angenommen.

Herzlich bedanke ich mich bei meinem Doktorvater Professor Dr. Reinhard Singer für die Betreuung der Dissertation und Förderung während meines Studiums an der Humboldt-Universität zu Berlin. Von seiner Hilfsbereitschaft und seinen Ratschlägen habe ich stets profitiert. Professor Dr. Dr. Stefan Grundmann verdanke ich sehr nützliche Hinweise zu dieser Arbeit und das zügig angefertigte Zweitgutachten. Dr. Daniel Benighaus danke ich für seine hilfreichen Ratschläge.

Gewidmet ist die Arbeit meinen Eltern Beate Schatte-Pape und Dr. Ludolf Pape. Ihnen danke ich von ganzem Herzen für ihre Förderung und Unterstützung, die meinen Lebensweg und auch diese Dissertation erst ermöglicht haben. Zuletzt möchte ich mich in besonderem Maße bei meiner Freundin Katja Gerdes bedanken. Ohne ihre Geduld, Unterstützung und konstruktive Kritik wäre die Arbeit nicht das, was sie ist.

Jonas Pape
Berlin, 20. Oktober 2010

Inhalt

Abkürzungsverzeichnis

BaFin	Bundesanstalt für Finanzdienstleistungsaufsicht
CCZ	Corporate Compliance Zeitschrift
DCGK	Deutscher Corporate Governance Kodex
DOJ	United States Department of Justice
EPA	United States Environmental Protection Agency
FSG	United States Federal Sentencing Guidelines
HHS	United States Department of Health and Human Services
OSHA	United States Occupational Safety and Health Administration
SEC	United States Securities and Exchange Commission
Treasury	United States Department of the Treasury

Einleitung

> „Corporations are not individuals, and
> they cannot simply choose to obey the law."[1]

Immer wieder treten Rechtsverstöße aus der Wirtschaft ans Licht der Öffentlichkeit. Unternehmensangehörige leiten giftige Abwässer ins Meer, fälschen Bilanzen, nutzen Insiderwissen, richten schwarze Kassen ein, zahlen Bestechungsgelder, treffen Preisabsprachen und teilen Märkte auf. Zu Recht wird die Moral dieser Menschen mit Entdeckung der Rechtsverletzungen in Abrede gestellt. Um das Verhalten der Unternehmensangehörigen zu verstehen, muss der Blick auf die Unternehmen gerichtet werden. Es ist zu fragen: Welche Unternehmen stecken hinter diesen unmoralischen Praktiken? *Elisabeth Göbel* hat bereits festgestellt, nicht nur die Unternehmensangehörigen sind moralfähig und einem verantwortlichen Handeln verpflichtet.[2] Das Unternehmen selbst, vertreten durch seine Organe, ist es auch. Schließlich gehört zu jedem Unternehmen eine Unternehmenskultur,[3] welche nachhaltig Einfluss auf die Entscheidungen und Verhaltensweisen der Unternehmensangehörigen ausübt. Diese Unternehmenskultur stellt im übertragenen Sinn das Gewissen des Unternehmens dar.

Diese Feststellungen werden zum Anlass genommen, die Verbesserung der Einhaltung rechtlicher Vorgaben in und durch Unternehmen aus einer rechtlichen Perspektive zu untersuchen. Um dem Problem rechtswidrigen Verhaltens von Unternehmensmitgliedern Herr zu werden, haben deutsche Unternehmen in der jüngeren Vergangenheit bereits sogenannte Corporate Compliance-Systeme für sich entdeckt.[4] Corporate Compliance ist Selbstregulierung, die in erster Linie darauf abzielt, Gesetzesverstöße, also rechtswidrige Verhaltensweisen, in Unternehmen durch Ergänzung der inneren Struktur mit Hilfe von Maßnahmen und Prozessen zu verhindern. Im Vordergrund eines Compliance-Systems steht herkömmlicher Weise die Prävention, Aufdeckung und Bestrafung von Rechtsverstößen. Damit verheißt

---

1   *Conway*, 68 Southern California Law Review (1995), 621.

2   *Göbel*, Unternehmensethik, S. 185.

3   Was unter Unternehmenskultur genauer zu verstehen ist, soll im Verlauf dieser Arbeit präzisiert werden.

4   Zur Verbreitung von Corporate Compliance in Deutschland siehe *Bussmann/Matschke*, wistra 2008, 88, 90 ff.; *Bussmann/Salvenmoser*, NStZ 2006, 203, 208 f.; vgl. zudem unten 2. Kapitel.

Compliance auf den ersten Blick ein Allheilmittel zu sein, das der Rechtsgeltung in Unternehmen zur Durchsetzung verhilft. Dementsprechend hat auch die Wissenschaft bereits begonnen, sich in beträchtlichem Maße mit Corporate Compliance auseinanderzusetzen.[5] Diese Untersuchung bezieht ihre Berechtigung aus nachfolgenden Gesichtspunkten:

Bislang ist Corporate Compliance vorwiegend als System verstanden worden, das auf Befehl und Kontrolle ausgelegt ist. Ob es noch einen anderen Ansatz gibt, die Einhaltung rechtlicher Vorgaben in Unternehmen im Rahmen eines derartigen Systems zu verbessern, wird in gebotener Kürze aufgezeigt. Im Mittelpunkt wird dabei eine Bestandsaufnahme stehen, die dazu bestimmt ist, ein Grundverständnis für den weiteren Verlauf dieser Arbeit zu schaffen.

Der Ursprung von Corporate Compliance wurde von *Holger Fleischer* zutreffend als „Legal Transplant" des US-amerikanischen Rechtskreises ausgemacht.[6] Weitgehend unbekannt scheint jedoch die tatsächliche Entwicklung von Corporate Compliance in den Vereinigten Staaten von Amerika zu sein. Diese begann nicht erst mit Unternehmensorganisationspflichten für Finanzinstitute in den Neunzigerjahren des 20. Jahrhunderts[7], sondern bereits beträchtlich früher. Selbstregulierung mittels Corporate Compliance erfolgte dort schon Mitte der Fünfzigerjahre des vergangenen Jahrhunderts als Reaktion auf massive Rechtsverstöße. Damals begannen US-amerikanische Unternehmen der Elektroindustrie, Corporate Compliance-Systeme aufgrund von Selbstverpflichtungserklärungen zu implementieren. Ein Meilenstein in der Entwicklung von Corporate Compliance stellt der Erlass der US-amerikanischen Strafzumessungsrichtlinie im Jahr 1991 dar, der zufolge Unternehmen aufgrund wirksamer Compliance-Programme bedeutende finanzielle Strafnachlässe gewährt werden können. Eine ge-

---

5   Neben mittlerweile fast unzähligen Aufsätzen und etlichen Buchpublikationen wurde im Januar 2008 sogar eine eigenständige, zweimonatlich erscheinende Zeitschrift mit dem Titel „Corporate Compliance Zeitschrift" ins Leben gerufen. Insoweit ist die Vorhersage von *Dieter Eisele* aus dem Jahr 1993, Compliance werde ein bevorzugtes Thema der 1990er Jahre sein, mit Verspätung eingetreten, *Eisele*, WM 1993, 1021.

6   *Fleischer*, NZG 2004, 1129, 1131; vgl. *Bürkle*, BB 2005, 565; *Kiethe*, GmbHR 2007, 393, 394.

7   So aber *Fleischer*, NZG 2004, 1129, 1131; vgl. *Lösler*, NZG 2005, 104; *Mengel/Hagemeister*, BB 2006, 2466, 2467. Mitunter wird die Verbreitung von Compliance in den USA auch auf die strafrechtliche Verantwortung der Kapitalgesellschaften für kriminelle Handlungen ihrer Angestellten zurückgeführt, *Eisele*, in: Schimansky/Bunte/Lwowski, Bankrechts-Handbuch, § 109 Rn. 5.

nauere Betrachtung der Entwicklung wird Aufschluss darüber geben, wie sich die hohe Verbreitung von Compliance-Aktivitäten in den USA erklären.

Zunehmend wird in der Wissenschaft eine Unternehmensorganisationspflicht zur Implementierung und Durchführung von Corporate Compliance diskutiert.[8] Bereichsspezifisch beinhaltet zum Beispiel § 33 WpHG seit 1994 eine solche Pflicht für Wertpapierdienstleistungsunternehmen.[9] Seit Juli 2007 lautet Ziffer 4.1.3 des für börsennotierte Aktiengesellschaften geltenden Deutschen Corporate Governance Kodexes: „Der Vorstand hat für die Einhaltung der gesetzlichen Bestimmungen und der unternehmensinternen Richtlinien zu sorgen und wirkt auf deren Beachtung durch die Konzernunternehmen hin (Compliance)." Ob die Leitungssorgfalt für den Vorstand einer Aktiengesellschaft (§ 93 Abs. 1 AktG) und die Geschäftsführer einer GmbH (§ 43 Abs. 1 GmbHG) eine derartig weit reichende und in die Organisationsautonomie eingreifende Pflicht, wie die Schaffung eines bestimmten Compliance-Systems, umfasst und welche Bedeutung § 91 Abs. 2 AktG und der Aufsichtspflicht des § 130 OWiG in diesem Zusammenhang zukommen, bedarf einer genaueren Analyse.

Den compliance-relevanten Unternehmensorganisationspflichten wird in dieser Untersuchung noch unter einem ganz anderen Gesichtspunkt Rechnung getragen. Nicht nur der gegenwärtige Pflichtenrahmen, sondern auch die Grenzen zukünftiger Regulierung sollen begutachtet werden. Denn die Normierung einer Pflicht zur Implementierung und Durchführung wirksamer Compliance-Programme setzt notwendigerweise voraus, dass das anvisierte Ziel – die Verbesserung der Einhaltung rechtlicher Vorgaben – erreicht wird. Inwieweit die plausibel erscheinende Annahme, Compliance-Maßnahmen, wie beispielsweise Verhaltensrichtlinien, Telefondienste und Schulungen, trügen zu einer verbesserten Rechtskenntnis und damit zu einer gesteigerten Einhaltung rechtlicher Vorgaben bei, tatsächlich zutreffend ist, wurde bislang – soweit ersichtlich – nicht ergründet.[10] In der vorliegenden Arbeit werden daher die Wirksamkeit von Compliance-Maßnahmen und Compliance-Programmen untersucht. Hierzu werden über 80 verschiedene, vorwiegend von US-amerikanischen Wissenschaftlern durchgeführte empi-

---

8   *Bürkle*, BB 2005, 565 ff.; *Fleischer*, CCZ 2008, 1 ff.; *Hauschka*, NJW 2004, 877 ff.; *Liese*, BB 2008, BB-Special Nr. 5 zu Heft 25, 17 ff.; *Schneider*, ZIP 2003, 645 ff.; siehe ausführlich hierzu unten 3. Kapitel § 2.

9   Seit November 2007 erwähnt § 33 Abs. 1 S. 2 Nr. 1 WpHG ausdrücklich den Begriff „Compliance"; siehe dazu 3. Kapitel § 1 III.

10 Siehe dazu *Eisele*, in: Schimansky/Bunte/Lwowski, Bankrechts-Handbuch, § 109 Rn. 123 f.; *Hauscka/Greeve*, BB 2007, 165; *Lösler*, WM 2007, 676 f.; *Rodewald/Unger*, BB 2007, 1629; *Spindler*, WM 2008, 905, 918; *Stephan/Seidel*, in: Hauschka, Corporate Compliance, § 25 Rn. 21.

rische Untersuchungen dargestellt, ausgewertet und analysiert. Das derart gewonnene Ergebnis wird anhand der kriminologischen Sanktionsforschung und der betriebswirtschaftlichen Organisationslehre überprüft.

1. Kapitel
Corporate Compliance – eine Betrachtung der Grundlagen

Im ersten Kapitel dieser Arbeit wird Corporate Compliance aus unterschiedlichen Perspektiven betrachtet und begutachtet. Die Aufgabe dieses Teils besteht darin, das Verständnis für das Thema Compliance zu schärfen und deren gegenwärtige Bedeutung einzuordnen. Dies erfordert zunächst ein Klärung des in dieser Untersuchung zugrunde gelegten Verständnisses von Corporate Compliance (§ 1). Im Anschluss daran erfolgt eine Darstellung von Corporate Compliance im unternehmerischen Gefüge (§ 2) und deren Bedeutung für die gesetzgebende Gewalt (§ 3). Im letzten Abschnitt dieses Kapitels wird die in der Rechtswissenschaft vorgeschlagene Umsetzung von Corporate Compliance einer kritischen Begutachtung unterzogen (§ 4).

§ 1 Corporate Compliance – der Begriff

Corporate Compliance entstammt der englischen Sprache und dem anglo-amerikanischen Rechtsraum[11] und lässt sich wörtlich mit „unternehmerischer Einhaltung" ins Deutsche übersetzen[12]. Der Begriff Corporate Compliance ist aus sich selbst heraus nicht verständlich. Es kann weder auf eine durch die Rechtsprechung entwickelte Definition noch auf die rechtliche Auslegungsmethodik aufgrund einer bislang fehlenden gesetzlichen Ausgestaltung zurückgegriffen werden.[13] Auch in der wissenschaftlichen Literatur hat sich noch keine einheitliche Beschreibung herausgebildet.[14]

---

11 *Fleischer*, CCZ 2008, 1; *ders.*, AG 2003, 291, 299; *Lösler*, NZG 2005, 104.

12 Der dieser Arbeit zugrunde liegende Untersuchungsgegenstand liegt im (wirtschafts-) rechtlichen Bereich. Im Rahmen der Begriffsdeutung soll der in anderen Kontexten verwendete Compliance-Begriff unberücksichtigt bleiben. Verwiesen sei an dieser Stelle darauf, dass sich insbesondere die Medizin, Physiologie und Landwirtschaft des Begriffs Compliance bedienen. Im medizinrechtlichen Bereich hat die Rechtsprechung Compliance als „die zuverlässige Befolgung der therapeutischen Anweisung" definiert, OLG Hamburg, GRUR-RR 2003, 105.

13 Allein in § 33 Abs. 1 S. 2 Nr. 1 WpHG wird der Begriff „Compliance-Funktion" verwandt, auf den im 3. Kapitel § 2 III. 1. a) näher eingegangen wird.

Im hier verstandenen Sinne ist Inhalt und Ziel von Corporate Compliance die unternehmensweite Sicherstellung der Einhaltung rechtlicher Vorgaben durch unternehmenseigene Maßnahmen und Prozesse. Um die Bedeutung von Corporate Compliance zu beschreiben, sind demnach die Reichweite der zu befolgenden Vorgaben und die zur Sicherstellung der Befolgung ergriffenen Mittel genauer zu betrachten. Bevor hierauf kurz einzugehen ist, sei noch angemerkt, dass nicht einheitlich von „Corporate Compliance", sondern oftmals nur von „Compliance" gesprochen wird. Compliance wird als sinnverwandte Kurzform genutzt.

I. Die Reichweite der Vorgaben

Die Compliance-Definition legt sich auf „rechtliche Vorgaben" fest. Die denkbarerweise einzuhaltenden Vorschriften können vom Umfang her einerseits enger und andererseits weiter gefasst werden. Eine erste Positionierung von Compliance in Deutschland erfolgte durch die Vorgaben für Wertpapierdienstleistungsunternehmen vor etwas mehr als 13 Jahren und beschränkte sich auf die das Wertpapierdienstleistungsgeschäft betreffenden Regeln.[15] Namentlich wurden mit dem Begriff Compliance vor allem die Verhinderung von Insidergeschäften und die Bewältigung von Interessenkonflikten verbunden.[16] Compliance war damit im Bank- und Versicherungswesen bekannt und verankert.[17] In der Rechtswissenschaft hat sich, be-

---

14 Vgl. dazu etwa die unterschiedlichen Definitionen bei *Bürkle*, BB 2005, 565; *von Hehn/Hartung*, DB 2006, 1909 f.; *Kiethe*, GmbHR 2007, 393, 394; *Lösler*, Compliance im Wertpapierdienstleistungskonzern, S. 123; *Mengel/Hagemeister*, BB 2006, 2466 f.; *Scherp*, Kriminalistik 2003, 486; *Schneider*, ZIP 2003, 645, 646; *Sidhu*, ZCG 2008, 13.

15 Vgl. *Fleischer*, AG 2003, 291, 299; *Lösler*, NZG 2005, 104; *Mengel/Hagemeister*, BB 2006, 2466, 2467. Der Gesetzgeber griff den Compliance zugrunde liegenden Gedanken mit der Folge auf, dass seit 1995 mit § 33 WpHG aufsichtsrechtliche Organisationsanforderungen für Wertpapierdienstleistungsunternehmen bestehen, ausführlicher zu den Pflichten unten 3. Kapitel § 1 III.; zur Entwicklung siehe *Eisele*, in: Schimansky/Bunte/Lwowski, Bankrechts-Handbuch, § 109 Rn. 1 ff.; *Gebauer*, in: Hauschka, Corporate Compliance, § 31 Rn. 6 ff.; *Lösler*, Compliance im Wertpapierdienstleistungskonzern, S. 13 ff.

16 Vgl. *Eisele*, WM 1993, 1021 ff.; *Fleischer*, AG 2003, 291, 299; *Lösler*, NZG 2005, 104; *Mengel/Hagemeister*, BB 2006, 2466, 2467.

17 *Fleischer*, AG 2003, 291, 299; *Lösler*, WM 2008, 1098 f.; *ders.*, NZG 2005, 104; *Mengel/Hagemeister*, BB 2006, 2466, 2467. Vgl. dementsprechend zu einem restriktiven Compliance-Verständnis *Eisele*, in: Schimansky/Bunte/Lwowski, Bankrechts-Handbuch § 109 Rn. 1 ff.; *Gebauer*, in: Hauschka,

sonders durch den Einfluss der noch näher zu beleuchtenden US-amerikanischen Rechtsetzung[18] und zunehmender Risiken für Unternehmen und deren Organe[19], die allgemeine Auffassung herausgebildet, Compliance nicht nur auf einzelne Bereiche im Unternehmen zu beschränken, sondern Compliance unternehmensbezogen („Corporate") zu verstehen und durchzusetzen[20]. Hieraus folgt, dass neuerdings die Einhaltung aller rechtlichen Vorgaben angestrebt wird. In der Betriebswirtschaftslehre wird hingegen die Erstreckung der Reichweite auf die Befolgung weiterer wesentlicher Anforderungen der Stakeholder gefordert.[21] In dieser Untersuchung wird die Einhaltung rechtlicher Vorgaben als das Kernziel von Compliance betrachtet, so dass darüber hinaus gehende Vorgaben außer Betracht bleiben. Der Umfang der einzuhaltenden Vorschriften ergibt sich mithin aus dem gesamten Recht, welches das Unternehmen und seine Angehörigen als Normadressaten betrachtet. Es handelt sich um die Einhaltung und Befolgung rechtlicher Ge- und Verbote und damit eine Wahrung der Rechtskonformität durch Unternehmen und deren Angehörige.

II. Die Reichweite der zu ergreifenden Maßnahmen

Die Definition von Compliance stellt in der zur Sicherstellung der Befolgung der rechtlichen Vorgaben ergriffenen Mittel auf „Maßnahmen und Prozesse" ab und bleibt damit sehr vage.[22] Dieser Mangel an Präzision ist darauf

Corporate Compliance, § 31 Rn. 1 ff.; *Spindler*, Unternehmensorganisationspflichten, S. 228 ff.

18 Vgl. zum Einfluss des US-amerikanischen Rechts auf die hiesigen Compliance-Bestrebungen *Bussmann/Matschke*, wistra 2008, 88 ff.; *Mengel/Hagemeister*, BB 2006, 2466, 2467 und das 2. Kapitel dieser Arbeit.

19 Siehe ausführlich dazu 1. Kapitel § 2 II.

20 *Campos Nave/Bonenberger*, BB 2008, 734; *Grohnert*, Rechtliche Grundlagen einer Compliance-Organisation, S. 21; *Hauschka*, NJW 2004, 257, 258 f.; *Hefendehl*, JZ 2006, 119, 122; *Kiethe*, GmbHR 2007, 393, 394; *Kort*, NZG 2008, 81; *Mengel/Hagemeister*, BB 2007, 1386; *dies.*, BB 2006, 2466; *Rodewald/Unger*, BB 2006, 113; *Schneider*, ZIP 2003, 645, 646; vgl. hierzu auch Ziffer 4.1.3 DCGK und *Ringleb*, in: Ringleb/Kremer/Lutter/v. Werder, DCGK, Rn. 615 ff.

21 *Menzies*, Sarbanes-Oxley und Corporate Compliance, S. 1, 350; *Wolf*, DStR 2006, 1995; vgl. auch *Spindler*, WM 2008, 905.

22 Die in der Literatur verwendeten Definitionen lassen die Mittel zur Sicherstellung der rechtlichen Vorgaben außer Betracht (*Grohnert*, Rechtliche Grundlagen einer Compliance-Organisation, S. 21), verweisen auf „die Gesamtheit aller Maßnahmen" (*Mengel/Hagemeister*, BB 2006, 2466; *dies.*; BB

zurückzuführen, dass sich Compliance zwar beschreiben, aber schwierig in wenigen Worten definieren lässt.[23] Compliance zeichnet sich durch ein weites Spektrum an denkbaren Maßnahmen und Vorkehrungen aus.[24] Dies reicht vom bloßen Appell an das moralische und ethische Bewusstsein bis hin zu umfassenden formalistischen Compliance-Systemen. Im Verlauf dieser Untersuchung wird genauer beschrieben, welche Maßnahmen und Prozesse sich aus Sicht der deutschen Rechtswissenschaft gegenwärtig hinter Compliance verbergen[25], welche Ansätze noch weitgehend außer Betracht gelassen wurden[26] sowie welche Mittel der Gewährleistung der Rechtskonformität tatsächlich förderlich sind[27].

§ 2 Corporate Compliance aus Sicht der Unternehmen: Risikomanagement

Aus Sicht der Unternehmen ist Compliance Risikomanagement.[28] Den sich aus Rechtsverletzungen ergebenden rechtlichen, materiellen und immateri-

2007, 1386; *Schneider*, ZIP 2003, 645, 646.) oder beziehen sich beispielsweise auf „organisatorische Maßnahmen" (*Wessing*, SAM 2007, 175).

23 *Edwards/Wolfe*, 14 Journal of Financial Regulation and Compliance (2006), 140, 141.

24 *Eisele*, WM 1993, 1021, 1023; *Edwards/Wolfe*, 14 Journal of Financial Regulation and Compliance (2006), 140, 141.

25 Siehe 1. Kapitel § 4 I.

26 Siehe 1. Kapitel § 4 II. 1. und 2.

27 Siehe 4. Kapitel § 2 IV. und § 4.

28 *Campos Nave/Bonenberger*, BB 2008, 734, 735; *Hauschka*, NJW 2004, 257, 259; *ders.*, in: Hauschka, Corporate Compliance, § 1 Rn. 5, 28; *Kiethe*, GmbHR 2007, 393; *Kort*, NZG 2008, 81, 82; *Pampel/Glage*, in: Hauschka, Corporate Compliance, § 5 passim; *Stephan/Seidel*, in: Hauschka, Corporate Compliance, § 25 Rn. 127 ff.; *Turiaux/Knigge*, DB 2004, 2199 ff.; *von Hehn/ Hartung*, DB 2006, 1909 f. Zur Einordnung von Compliance in den Zusammenhang von Corporate Governance und Risikomanagement *Hauschka*, in: Hauschka, Corporate Compliance, § 1 Rn. 2; *Kort*, NZG 2008, 81 f.; Obermayr, in: Hauschka, Corporate Compliance, § 16 Rn. 10 ff.; *Pampel/Glage*, in: Hauschka, Corporate Compliance, § 5 Rn. 13. In der Betriebswirtschaftslehre spricht man von einem gemeinsamen Ansatz, der Governance, Risikomanagement und Compliance unter der Abkürzung GRC vereint, vgl. *Kort*, NZG 2008, 81 f.; *Menzies*, Sarbanes-Oxley und Corporate Compliance, S. 5, 333 ff. Compliance als Risikomanagement wird ausführlich dargestellt bei *Laufer*, 52 Vanderbilt Law Review (1999), 1343, 1397 ff.

ellen Nachteilen soll vorgebeugt werden. Die Umsetzung von Corporate Compliance zielt auf eine Erfassung, Bewertung, Steuerung und Kontrolle der rechtlichen Risiken ab. Es gilt zu beachten, dass sich diese Risiken nicht per se verwirklichen, sondern nur dann, wenn Unternehmensangehörige durch Entscheidungen und Verhaltensweisen gegen rechtliche Vorgaben verstoßen. Dementsprechend hängt der Erfolg bzw. die Wirksamkeit von Compliance-Maßnahmen von den Unternehmensangehörigen ab.[29]

Die Rechtsverletzungen der Unternehmensangehörigen lassen sich in zwei Kategorien einteilen:[30] Es ist zwischen solchen Vergehen zu differenzieren, die vornehmlich das Unternehmen schädigen und solchen, die dem Unternehmen zunächst einmal zugute kommen.[31] Zur erstgenannten Kategorie zählen insbesondere die von Mitarbeitern zum Nachteil ihres Arbeitgebers verübten Straftaten. Diebstahl, Betrug und Untreue können als sich häufig ereignende Beispiele genannt werden. Die Vermeidung dieser Verhaltensweisen gehört nicht zum Kernziel von Compliance. Diese Täter werden vom Unternehmen seit jeher als Risikofaktoren betrachtet und entsprechend behandelt.[32]

Im Fokus von Compliance steht hingegen die Sicherstellung der Einhaltung derjenigen Rechtsnormen, die Strafen, Geldbußen, Haftungsansprüche oder andere Rechtsnachteile nicht nur für Mitarbeiter, sondern gerade auch für das Unternehmen und deren Organe nach sich ziehen. Rechtsverletzungen führen in diesen Fällen zunächst zu einem Schaden auf Seiten (anonymer) Dritter oder der Allgemeinheit und die Schädigung des Unternehmens und deren Organe ist nur eine indirekte Folge.[33] In dieser Kategorie handeln die Mitarbeiter entweder in dem vermeintlichen Glauben ‚alles richtig' zu machen oder sie setzen sich über die geltende Rechtslage hinweg, um dem Unternehmen einen Vorteil zu verschaffen.[34] Es geht also nicht um

---

29 Vgl. *Eisele*, WM 1993, 1021, 1026; *Stephan/Seidel*, in: Hauschka, Corporate Compliance, § 25 Rn. 208, 294.

30 Vgl. *Samson/Langrock*, DB 2007, 1684; *Stephan/Seidel*, in: Hauschka, Corporate Compliance, § 25 Rn. 132.

31 In der Literatur wird zwischen dem eigennützig motivierten Täter und dem altruistisch motivierten Täter unterschieden, *Samson/Langrock*, DB 2007, 1684.

32 *Samson/Langrock*, DB 2007, 1684.

33 Vgl. *Samson/Langrock*, DB 2007, 1684 f.; *Stephan/Seidel*, in: Hauschka, Corporate Compliance, § 25 Rn. 132.

34 Vgl. *Samson/Langrock*, DB 2007, 1684, 1685 f. Die Autoren betonen, dass grundsätzlich erwünschte Leistungsanreize durch umsatzabhängige Bonuszahlungen und andere Incentives die Motivationslage der Täter weiter verstärken.

den klassischen Wirtschaftsstraftäter, der sich einen eigenen Vorteil auf Kosten des Unternehmens verschafft, indem er das Unternehmen unmittelbar wirtschaftlich schädigt, sondern um den Mitarbeiter, der die Förderung des Unternehmenswohls anstrebt und nicht (primär) die eigene Begünstigung. Diese Situation beinhaltet, abgesehen von den Risiken, welchen der unmittelbar handelnde Mitarbeiter durch straf- und bußgeldbewerte Delikte ausgesetzt ist, eine spezifische Gefährdung für das Unternehmen (I.) und dessen Geschäftsleitung (II.). Diese Risikolage hat sich in den vergangenen Jahren zudem nennenswert verschärft (III.).

I. Risiken für das Unternehmen

Die wirtschaftlichen Folgen für das Unternehmen im Fall der Aufdeckung eines Rechtsverstoßes sind nicht zu unterschätzen und können durchaus existenzbedrohende Ausmaße einnehmen.[35] Wenngleich das deutsche Strafrecht – wie nur noch wenige Länder – keine echte Kriminalstrafe gegen Unternehmen kennt, enthalten fast alle im Wirtschaftsleben relevanten Gesetze Regelungen über Ordnungswidrigkeiten, die über die Verbandssanktion gemäß § 30 OWiG erhebliche Geldbußen zur Folge haben können. Die genannte Norm ermöglicht die Verhängung einer Geldbuße gegen das Unternehmen selbst,[36] wenn die Geschäftsleitung des Unternehmens ihre Aufsichtspflicht im Sinne des § 130 OWiG verletzt hat. § 17 Abs. 4 OWiG i.V.m. § 30 Abs. 3 OWiG erlaubt ferner die Abschöpfung des wirtschaftlichen Vorteils aus der Ordnungswidrigkeit.

Welches Risiko von diesen Normen für die Unternehmen ausgeht, veranschaulicht das deutsche Kartellrecht. Sofern die Anknüpfungstat, wie im Fall von Kartellrechtsverstößen, eine Ordnungswidrigkeit ist, richtet sich der Bußgeldrahmen gemäß § 30 Abs. 2 S. 2 OWiG nach dem für Ordnungswidrigkeiten angedrohten Höchstmaß der Geldbuße. Damit gilt § 81 Abs. 4 S. 1 GWB. Liegt ein Fall des § 81 Abs. 4 S. 1 GWB, das heißt eine schwerwiegendere Ordnungswidrigkeit, vor, dann kann gemäß § 81 Abs. 4 S. 2 GWB eine Erhöhung des Bußgeldes erfolgen. Die Höchstgrenze ist dann

---

35 Vgl. *Bürkle*, BB 2005, 565, 566; *Hauschka*, BB 2004, 1178; *ders.*, ZIP 2004, 877, 879; *Lampert*, BB 2002, 2237 f.; *Rodewald/Unger*, BB 2006, 113, 116; *Samson/Langrock*, DB 2007, 1684.

36 Im deutschen Recht stellt diese Norm eine Besonderheit dar, weil man davon ausging, dass Unternehmen nicht schuldhaft handeln können, so dass Strafen gegen das Unternehmen unmöglich sind, vgl. dazu *Rogall*, in: Senge, Karlsruher Kommentar, OWiG, § 30 Rn. 1, 8 ff. Zur umstrittenen dogmatischen Einordnung von § 30 OWiG siehe nur *Rogall*, in: Senge, Karlsruher Kommentar, OWiG, § 30 Rn. 2 ff. m.w.N.

– parallel zu Art. 23 Abs. 2 Verordnung (EG) Nr. 1/2003 – für jedes Unternehmen oder jede beteiligte Unternehmensvereinigung über § 81 Abs. 4 S. 1 GWB hinaus zehn Prozent des jeweiligen im vorausgegangenen Geschäftsjahr erzielten Gesamtumsatzes[37]. Gemäß § 81 Abs. 5 S. 1 GWB findet bei der Zumessung der Geldbuße gleichfalls § 17 Abs. 4 OWiG Anwendung; damit kann im Rahmen der Zumessung der Geldbuße gemäß § 81 Abs. 4 GWB der wirtschaftliche Vorteil, der aus der Ordnungswidrigkeit gezogen wurde, abgeschöpft werden.[38] Diese Gefahrenlage ergibt sich zugleich aus europäischem Recht: Sofern die Europäische Kommission das Kartellverfahren gemäß Art. 11 Abs. 6 Verordnung (EG) Nr. 1/2003 an sich zieht, richtet sich die Verhängung von Bußgeldern für Kartellrechtsverstöße nach Art. 23 der Verordnung.[39] Die Geldbuße darf im Fall des Art. 23 Abs. 1 höchstens ein Prozent des im vorausgegangenen Geschäftsjahr erzielten Gesamtumsatzes, im Fall des Art. 23 Abs. 2 höchstens zehn Prozent dieses Umsatzes betragen.[40] Da das europäische Recht keine Vorschrift zur Abschöpfung des erlangten wirtschaftlichen Vorteils kennt, hat ein von der Kommission verhängtes Bußgeld reinen Sanktionscharakter.[41] Die im Rahmen von Kartellrechtsverstößen rigoros verhängten Geldbußen zeigen auf,[42] welches Ausmaß der fi-

---

37 Zum Teil werden verfassungsrechtliche Bedenken gegenüber dieser Norm geäußert, *Bach/Klumpp*, NJW 2006, 3524, 2525 und 2528; *Bechtold*, in: Bechtold, GWB, § 81 Rn. 23 f. m.w.N.; *Bechtold/Buntscheck*, NJW 2005, 2966, 2969 f. Für die Verfassungsgemäßheit argumentierend siehe *Raum*, in: Langen/Bunte, Kartellrecht, § 81 Rn. 125; *Weitbrecht/Mühle*, WuW 2006, 1106 ff. jeweils m.w.N.

38 Alternativ kann die Behörde nach ihrem Ermessen auch das gesonderte Abschöpfungsverfahren nach § 34 GWB bestreiten, vgl. *Achenbach*/Wegner, ZWeR 2006, 49, 55 f. Eine neben der Anordnung gemäß § 34 GWB erfolgte Bebußung hat dann ausschließlich die Funktion, den Rechtsverstoß zu sanktionieren; dies ist gemäß § 81 Abs. 5 S. 2 GWB bei der Zumessung zu beachten.

39 Ein Rückgriff auf § 30 OWiG ist in diesen Fällen nicht notwendig.

40 Siehe zu Bedenken aufgrund der Unbestimmtheit dieser Rechtsfolgen *Bechtold/Bosch/Brinker/Hirsbrunner*, EG-Kartellrecht, VO 1/2003 Art. 23 Rn. 23 f.

41 *Bornkamm*, in: Langen/Bunte, Kartellrecht, § 34 Rn. 13; *Raum*, in: Langen/Bunte, Kartellrecht, § 81 Rn. 139.

42 Beispielhaft seien nur die Verhängung von Geldbußen in Höhe von fast 1 Milliarde Euro gegen die Industriegruppen KONE, Otis, Schindler und ThyssenKrupp wegen Teilnahme an Aufzugs- und Fahrtreppenkartellen genannt, Pressemitteilung IP/07/209 vom 21.2.2007, abrufbar unter http://europa.eu/rapid/searchAction.do (zuletzt besucht am 31. Juli 2008). Siehe auch *Immenga*, BB 2007, Heft 16, Die erste Seite; *Lampert*, BB 2002, 2237 ff. Die

nanzielle Schaden eines Unternehmens durch die Verhängung von Bußgeldern annehmen kann. Hinzukommen mit § 10 UWG und § 34 GWB Normen, die Gewinn- bzw. Mehrerlösabschöpfung vorsehen.

Bei strafrechtlichen Delikten droht der Verfall des Erlöses (§§ 73 ff. StGB). Nach § 73 Abs. 1 S. 1 StGB kann ein Gericht für den Fall, dass jemand aus einer Straftat „etwas erlangt" hat, dieses Erlangte für verfallen erklären. Als Konsequenz ist das Erlangte an den Staat herauszugeben. Das Unternehmen selbst ist aufgrund dieser Norm einem hohen Risiko ausgesetzt: Wurde in rechtlich wirksamer Vertretung für das Unternehmen gehandelt, dann ist das Unternehmen Adressat der Verfallserklärung, § 73 Abs. 3 StGB. Das Verfallsrecht folgt dem sogenannten Bruttoprinzip, damit hat das Unternehmen all das, was ihm aus der Tat zugeflossen ist, herauszugeben, ohne dass Einkaufspreis oder sonstige Aufwendungen hiervon in Abzug gebracht werden können.[43]

Ein Beispiel verdeutlicht das sich aus dieser Norm ergebende Risiko:[44] Hat ein Unternehmen einen Kaufgegenstand im Wert von 105 Millionen Euro durch den Betrug eines Mitarbeiters zu einem Kaufpreis von 100 Millionen Euro erhalten, so wird nicht nur der betrügerisch erlangte Gewinn von 5 Millionen Euro, sondern der gesamte Wert von 105 Millionen Euro der dem Unternehmen zugeflossen ist, für verfallen erklärt. Die der Kaufsache gegenüberstehende Aufwendung in Höhe von 100 Millionen Euro wird aufgrund des dem Verfall zugrunde liegenden Bruttoprinzips außer Betracht gelassen. Das mit diesem Beispiel veranschaulichte Verfahren kann für den Fall flächendeckender Bestechungen von Mitarbeitern gemäß § 299 StGB verheerende Konsequenzen für ein Unternehmen haben, wenn die Gerichte der theoretisch möglichen These folgten, wonach bei derartigen Bestechungen der erwirtschaftete Umsatz des durch das Schmiergeld beschafften Auftrages als das Erlangte anzusehen.[45] Weiterhin droht mit den §§ 8, 10 des Wirtschaftsstrafgesetzes die Mehrerlösabschöpfung.

von der Europäischen Kommision im Jahr 2007 verhängten Geldbußen summieren sich auf einen Betrag von 3,3 Milliarden Euro, *Itzen*, BB 2008, BB-Special Nr. 5 zu Heft 25, 12.

43   BGHSt 47, 369, 370 ff.; BGH NStZ 1994, 123; *Fischer*, StGB, § 73 Rn. 7 m.w.N.

44   Vgl. *Hohn*, wistra 2006, 321 ff.; *Samson/Langrock*, DB 2007, 1684, 1685.

45   Diese Auffassung wird immerhin von der Generalstaatsanwaltschaft vertreten in Übereinstimmung mit der Rechtsauffassung des OLG Köln (OLG Köln ZIP 2004, 2013) und der des OLG Thüringen (OLG Thüringen wistra 2005, 114, 115). Der BGH tendiert dazu, nur den „kalkulierten Gewinn" als das Erlangte zu betrachten und abzuschöpfen, vgl. BGHSt 50, 299, 310 ff.; kritisch dazu

Von Rechtsverstößen betroffene Unternehmen müssen zudem den Ausschluss von öffentlichen Vergabeverfahren[46] sowie Schadensersatzklagen durch Wettbewerber und Dritte fürchten[47]. Zu berücksichtigen ist schließlich der zeitliche Aufwand der Mitarbeiter und Geschäftsleitung sowie die etwaigen Beratungs- und Verfahrenskosten. Die Verwirklichung der zuletzt genannten Risiken geht bereits mit dem Vorwurf entsprechender Ordnungswidrigkeiten oder Delikte einher.[48]

Über diese finanziellen Schäden hinaus dürfen Unternehmen den Ansehens- und Reputationsverlust nicht unterschätzen.[49] Rechtsverletzungen können eine Belastung der Beziehungen zu gegenwärtigen und potentiellen Mitarbeitern und Kunden, Anteilseignern und Geschäftspartnern, Investoren, Ratingagenturen und der Öffentlichkeit nachsichziehen.[50] Neben Einbußen an Kunden kann das Standing des Unternehmens am Kapitalmarkt als Folge der Rechtsverletzungen Schaden nehmen oder sich ein Ansehensverlust in der Herabstufung des Unternehmensratings oder der negativen Entwicklung des Aktienkurses börsennotierter Gesellschaften niederschlagen.[51]

II. Risiken für die Unternehmensleitung

Organe von Kapitalgesellschaften haben bei eigenem Fehlverhalten persönliche Konsequenzen zu fürchten. Die denkbare persönliche Inanspruchnahme von Mitgliedern der Geschäftsleitung reicht von der zivilrechtlichen Haftung bis hin zu einer strafrechtlichen Verfolgung. Nach § 93 Abs. 1 S. 1 AktG haben die Vorstände einer Aktiengesellschaft bei ihrer Geschäfts-

Hohn, wistra 2006, 321 ff.; ausführlich dazu *Schmidt*, Gewinnabschöpfung im Straf- und Bußgeldverfahren, passim.

46 *Bürkle*, BB 2005, 565, 566; *Greeve*, Korruptionsdelikte in der Praxis, S. 310 ff.; *Hauschka*, ZIP 2004, 877, 879; *Hauschka/Greeve*, BB 2007 165, 166; *Ohrtmann*, NZBau 2007, 201 ff.

47 *Hauschka*, ZIP 2004, 877, 879; *Lampert*, BB 2002, 2237, 2238.

48 *Bürkle*, BB 2005, 565, 566; *Lampert*, BB 2002, 2237, 2238.

49 *Bürkle*, BB 2005, 565, 566; *Eisele*, in: Schimansky/Bunte/Lwowski, Bankrechts-Handbuch, § 109 Rn. 4 m.w.N.; *Lampert*, BB 2002, 2237, 2238; *Rodewald/Unger*, BB 2006, 113, 116; *Stephan/Seidel*, in: Hauschka, Corporate Compliance, § 25 Rn. 5. Es wird betont, dass Reputationsschäden u. U. sogar ein schwerwiegenderes Ausmaß als wirtschaftsrechtliche Schäden annehmen können, *von Hehn/Hartung*, DB 2006, 1909, 1910.

50 *Bürkle*, BB 2005, 565, 566; *ders.*, DB 2004, 2158, 2159.

51 Vgl. *Kiethe*, GmbHR 2007, 393, 394; *Lücke*, in: Lücke, Vorstand der AG, § 3 Rn. 13.

führung die Sorgfalt eines ordentlichen und gewissenhaften Geschäftsleiters anzuwenden. § 43 Abs. 1 GmbHG spricht von der Sorgfalt eines ordentlichen Geschäftsmannes. Verstöße gegen den Sorgfaltsgrundsatz, der durch zahlreiche Entscheidungen des Bundesgerichtshofes und der Instanzgerichte präzisiert wurde,[52] können die persönliche Haftung der Organe gegenüber den Gesellschaften zur Folge haben. Kommt es zu Rechtsverstößen durch Unternehmensangehörige, dann geht zwar das unmittelbare Fehlverhalten von diesen aus, nichtsdestotrotz kann ein eigenes Fehlverhalten der Geschäftsleiter darin zu sehen sein, dass sie Auswahl-, Einweisungs- und Überwachungspflichten gegenüber den Mitarbeitern vernachlässigt haben.[53] Neben der zivilrechtlichen Inanspruchnahme der Geschäftsleiter im Wege des aufgezeigten Innenregresses drohen zudem Schadensersatzansprüche Dritter.

Während eine strafrechtliche Verantwortung für unterlassene schadensverhindernde oder fehlervermeidende Maßnahmen über den Täter hinaus auch die Unternehmensleitung treffen kann,[54] darf insbesondere die Bebußung rechtswidrigen Verhaltens der Geschäftsleiter nicht außer Acht gelassen werden. Der bereits erwähnte § 130 i.V.m. § 9 Abs. 1 Nr. 1 des Ordnungswidrigkeitenrechts erlaubt die Verhängung eines Bußgeldes in beträchtlicher Höhe gegen die geschäftsleitenden Personen, wenn ein Delikt nur zustande kam, weil die Geschäftsleitung die ihr obliegenden Aufsichtspflichten vernachlässigt hat.[55] Regelmäßig wird von dieser Norm im Rahmen von Kartellverstößen Gebrauch gemacht.[56]

---

52   Das Geschäftsführungsorgan ist dafür verantwortlich, dass sich das Unternehmen gesetzeskonform verhält, also die einschlägigen Rechtsnormen eingehalten werden. Zum Organisationsverschulden siehe BGH NJW-RR 2004, 45 f.; BGH DB 2002, 473 f.; BGHZ 133, 370, 375; BGHZ 126, 181; BAGE 106, 111; OLG Frankfurt AG 2008, 453; LG Berlin AG 2002, 682. Vgl. aus der Literatur hierzu nur *Adams/Johannsen*, BB 1996, 1017, 1020; *Bürkle*, BB 2005, 566, 567 f. m.w.N.; *Pant*, VersR 2004, 690, 691 f.; *Sieg*, PHi 2003, 96 ff.; *ders.*, PHi 2003, 134 ff.

53   Vgl. eingehend zur Vorstandsverantwortlichkeit und Fehlverhalten von Unternehmensangehörigen *Fleischer*, AG 2003, 291 ff.

54   Vgl. beispielhaft die Lederspray-Entscheidung (BGHSt 37, 106 ff.), das Contergan-Verfahren (LG Aachen JZ 1991, 507 ff.) und den Holzschutzmittelfall (BGH NJW 1995, 2930 ff.).

55   Für eine umfassende Sichtung und Systematisierung des Fallmaterials siehe *Göhler*, in: Göhler, OWiG, § 130 Rn. 9 ff.; *Rogall*, in: Senge, Karlsruher Kommentar, OWiG, § 130 Rn. 35 ff. Zur Konstellation der §§ 9, 30, 130 OWiG siehe *Többens*, NStZ 1999, 1, 2 ff.

56   Vgl. *Hauschka*, ZIP 2004, 877, 879; *Zimmermann*, WM 2008, 433.

Schließlich ist die Gefahr des Anstellungsverlustes nicht zu unterschätzen, die sich für Geschäftsleiter aufgrund von im Unternehmen geschehener Rechtsverstöße ergibt. Im Fall der Verurteilung wegen strafrechtlicher Aufsichtspflichtverletzung droht dem Geschäftsleiter die fristlose Kündigung.[57] Regelmäßig wird er damit auch seine Pflichten aus Anstellungsvertrag, Satzung und Geschäftsordnung verletzt haben.[58] Weitere Nachteile wie etwa der Verlust der Pensionsansprüche gegen das Unternehmen können sich ergeben. Nicht zu vernachlässigen ist der mögliche Ansehensverlust des Geschäftsleiters. In der öffentlichen Wahrnehmung wird die Geschäftsleitung des von Rechtsverstößen betroffenen Unternehmens oftmals gefährlich in die Nähe des Täters gerückt.[59] Dieser Aufriss, der sich aus der Rechtsverletzung von Mitarbeitern für das Unternehmen und dessen Leitung ergebenden Risiken, verdeutlicht die Konsequenzen, die unterlassene Compliance-Bemühungen zur Folge haben können.

III. Zunahme der Risiken

Beschäftigt man sich mit dem Phänomen Corporate Compliance, stellt sich unweigerlich die Frage, wie die in der jüngeren Vergangenheit erfolgte und weiter zunehmende Aufmerksamkeit durch Wissenschaft[60] und Praxis[61] zu erklären ist. Rechtliche Risiken existieren seit jeher und der Umgang mit diesen ist keine Erscheinung der letzten Jahre. Es lassen sich jedoch mehrere Veränderungen feststellen, die das ansteigende Interesse an Compliance er-

---

57 LG Berlin AG 2002, 682; vgl. *Preußner/Zimmermann*, AG 2002, 657.

58 *Hauschka*, ZIP 2004, 877, 879.

59 *Samson/Langrock*, DB 2007, 1684, 1685.

60 Das umfangreiche, im Jahr 2007 erschienene und von *Christoph Hauschka* herausgegebene Buch „Corporate Compliance – Handbuch der Haftungsvermeidung in Unternehmen", München 2007, und die seit Januar 2008 herausgegebene Zeitschrift „Corporate Compliance Zeitschrift – Zeitschrift zur Haftungsvermeidung im Unternehmen" sowie eine Vielzahl jüngst veröffentlichter Aufsätze verdeutlichen diesen Trend.

61 Mittlerweile haben 54 Prozent der befragten deutschen Unternehmen ein Compliance-Programm, *Bussmann/Matschke*, wistra 2008, 88, 91. 33 Prozent der ausländischen und deutschen Unternehmen außerhalb der USA, die (nur) in ihrem Heimatland börsennotiert sind, haben Compliance-Programme erst nach dem Jahr 2000 eingeführt, *Bussmann/Matschke*, wistra 2008, 88, 92. Für nicht an der Börse gelistete ausländische und deutsche Unternehmen außerhalb der USA haben gleichfalls 20 Prozent derartige Programme erst nach 2000 eingeführt, *Bussmann/Matschke*, wistra 2008, 88, 92.

klären.[62] Ein Gesichtspunkt ist die Zunahme der rechtlichen Risiken: Die Belastung der Unternehmen, seiner Organe und Mitarbeiter durch Ge- und Verbote hat in den vergangenen Jahrzehnten kontinuierlich zugenommen. Unternehmen sind mit einer bedeutenden Regelungsdichte konfrontiert, die mit einer Fülle von Haftungsgefahren einhergeht.[63] Rechtliche Anforderungen finden sich neben dem Wettbewerbs- und Kartellrecht, Umweltrecht, Steuerrecht, Sozialversicherungsrecht, Datenschutzrecht, Kapitalmarktrecht, Recht der Arbeitssicherheit, dem Außenwirtschaftsrecht, dem Geldwäscherecht, dem Antidiskriminierungsrecht, dem allgemeinen Strafrecht in einer Vielzahl weiterer Gesetze.[64] Der zu befolgende Normenkanon wächst nochmals erheblich an, wenn Unternehmen grenzüberschreitend operieren.[65] Dabei enthalten fast alle im Wirtschaftsleben relevanten Gesetze Regelungen über Ordnungswidrigkeiten, die erhebliche Geldbußen zur Folge haben können.[66]

Mit der Androhung von Bußgeldern ist ein weiterer Aspekt genannt, der die verstärkte Aufmerksamkeit erklärt, nämlich die jüngst erfolgte Ver-

---

62 Vgl. *Eisele*, WM 1993, 1021; *Hauschka*, in: Hauschka, Corporate Compliance, § 1 Fn. 32; *ders.*, NJW 2004, 257 f., der insbesondere auch auf außerhalb der rechtlichen Risiken liegende Veränderungen eingeht (z. B. Shareholder-Value-Bewusstsein der Anteilseigner, verbesserte Informationsgewinnung und spezialisierte Anwaltskanzleien). In diesem Zusammenhang kann die Konstatierung einer angestiegenen Anspruchsmentalität von Stakeholdern genannt werden, die die Einhaltung rechtlicher Vorgaben erwartet, vgl. *Kiethe*, GmbHR 2007, 393; *Rodewald/Unger*, BB 2006, 113. Nicht außer Acht zu lassen ist die Tatsache, dass die Implementierung und Durchführung von Compliance einen Markt für Unternehmensberater, Wirtschaftsprüfer, Rechtsanwälte und andere Berufsgruppen darstellt, *Hauschka*, in: Hauschka, Corporate Compliance, § 1 Rn. 17; *Rodewald/Unger*, BB 2007, 1629 (Fn. 1); vgl. auch Bowman, 39 Wake Forest Law Review (2004), 671, 679 f.; *Kjonstad/Willmott*, 14 Journal of Business Ethics (1995), 445; *Krawiec*, 32 Florida State University Law Review (2005), 571, 574 f.; *McKendall/DeMarr/Jones-Rikkers*, 37 Journal of Business Ethics (2002), 367, 372; *Murphy*, 87 Iowa Law Review (2002), 697, 710 f.; *Rostain*, 75 Fordham Law Review (2006), 1397 ff.

63 Vgl. *Eisele*, WM 1993, 1021; *Hauschka*, NJW 2004, 257 f.; *von Hehn/Hartung*, DB 2006, 1909, 1910; *Kiethe*, GmbHR 2007, 393, 396; *Schneider*, ZIP 2003, 645, 646; *Wolf*, DStR 2006, 1995.

64 Risikobegründende Normen finden sich bei *Hauschka*, in: Hauschka, Corporate Compliance, § 1 Rn. 8 ff.; *ders.*, ZRP 2006, 258; *ders.*, AG 2004, 461, 468 ff.; *ders.*, NJW 2004, 257, 258 f.; *Kiethe*, GmbHR 2007, 393, 395; *Rodewald/Unger*, BB 2006, 113, 115 f.

65 Zu den Herausforderungen für Compliance durch die Pflicht zur Einhaltung ausländischen Rechts siehe *Schneider*, CCZ 2008, 18 f.

66 *Bürkle*, BB 2005, 565, 566.

schärfung der Sanktionsmöglichkeiten in einigen Rechtsbereichen.[67] Beispielsweise wurden im Jahr 2005 im Zuge der siebten GWB-Novelle die Sanktionsvorschriften des GWB grundlegend überarbeitet.[68] Deren wichtigste Neuerung betrifft die Bußgelder gegen Unternehmen: Während gemäß § 81 Abs. 2 GWB a.f. das Bußgeld auf einen Betrag von 500.000 Euro und darüber hinaus auf das Dreifache des durch die Zuwiderhandlung erzielten Mehrerlöses beschränkt war, kann das Bußgeld für Unternehmen, wie in dieser Arbeit bereits festgestellt wurde, nunmehr gemäß § 81 Abs. 4 S. 2 GWB bis zu zehn Prozent des im vorausgegangenen Geschäftsjahr erzielten Gesamtumsatzes betragen.[69] Die Tendenz der Verschärfung der Sanktionsmittel ist auch in anderen Rechtsbereichen erkennbar.[70]

Doch nicht nur diese Rahmenbedingungen haben sich gewandelt. Unternehmen gehen zunehmend dazu über, ihre Organe für schadenverursachende Managementfehler in Haftung zu nehmen. Waren Haftungsprozesse gegen Leitungsorgane bei großen Unternehmen bis vor einigen Jahren noch eine Seltenheit, so hat sich dies geändert.[71] Für die Aktiengesellschaft wurde zutreffend festgestellt, die „eher passive Haltung des Aufsichtsrats"[72] habe sich gewandelt. Dies ist in bedeutendem Maße auf die Rechtsprechung des Bundesgerichtshofes in der ARAG/Garmenbeck-Entscheidung zurückzuführen.[73] Nach dieser Entscheidung ist der Aufsichtsrat praktisch zur Geltendmachung Erfolg versprechender Ansprüche gegenüber Vorständen ge-

---

67 *Itzen*, BB 2008, BB-Special Nr. 5 zu Heft 25, 12; *Lampert*, BB 2002, 2237 ff., die zugleich eine intensivierte Verfolgungstätigkeit im Bereich des Kartellrechts hervorheben.

68 Vgl. Bekanntmachung der Neufassung des GWB vom 15. Juli 2005, BGBl. I 2005, S. 1954 ff.

69 Vgl. zur Verschärfung der kartellrechtlichen Bebußungsmöglichkeiten *Kahlenberg/Hallmigk*, BB 2004, 389, 396 f.; *Weitbrecht/Mühle*, WuW 2006, 1106 ff.

70 Vgl. *Bosse*, DB 2007, 39 ff.; *Gebhardt*, DAR 1996, 1 ff.

71 Vgl. *Fleischer*, AG 2003, 291; *Goette*, FS 50 Jahre BGH, S. 123, 129 ff.; *Hauschka*, in: Hauschka, Corporate Compliance, § 1 Rn. 19; *Kiethe*, GmbHR 2007, 393 m.w.N.; *Rodewald/Unger*, BB 2006, 113; *Schneider*, ZIP 2003, 645. Eine schriftliche Befragung von Vorständen, Aufsichtsräten und Geschäftsführern aus dem September 2004 ergab, dass 80 Prozent der Aufsichtsräte, 73 Prozent der Geschäftsführer und 50 Prozent der Vorstände in Zukunft eine weitere Zunahme der Organhaftungsklagen erwarten, *Köhler/Marten/Hülsberg/Bender*, BB 2005, 501, 509.

72 *Lutter/Krieger*, Rechte und Pflichten des Aufsichtsrats, S. 17.

73 Vgl. BGHZ 135, 244 ff.

zwungen, sobald er von entsprechenden Sachverhalten Kenntnis erlangt, um nicht selbst haften zu müssen. Zu einem gesteigerten Haftungsrisiko der Gesellschaftsorgane haben weiterhin die haftungsverschärfenden Aktivitäten des Gesetzgebers durch das Gesetz zur Kontrolle und Transparenz im Unternehmensbereich von 1998 (KonTraG)[74], das Transparenz- und Publizitätsgesetz von 2002 (TransPuG)[75], das im Jahr 2005 in Kraft getretene Gesetz zur Unternehmensintegrität und Modernisierung des Anfechtungsrechts (UMAG)[76] sowie der Deutsche Corporate Governance Kodex beigetragen.[77] Diese Ausführungen verdeutlichen, die Haftungsrisiken der Geschäftsleiter haben in den letzten Jahren erheblich zugenommen[78] und weitere, das Haftungsrisiko der Leitungsorgane steigernde Veränderungen sind auch für die Zukunft nicht auszuschließen[79]. Damit haben sich mindestens die drei angeführten Bedingungen – Erhöhung der Regelungsdichte, Verschärfung der Sanktionsmittel und Zunahme der Anspruchsverfolgung – haftungsverschärfend auf die Situation der Geschäftsleiter ausgewirkt. Der Anstieg der Risiken hat zu einer vermehrten Beachtung von Corporate Compliance geführt, deren Umsetzung auch in Zukunft verstärkt im Blickpunkt der Unternehmen stehen wird.[80]

Zusammenfassend ist festzustellen: Das von den rechtlichen Verstößen ausgehende Gefährdungspotential stellt für Unternehmen und deren Leitungsorgane ein bedeutendes Risiko dar. Diesen rechtlichen Risiken begegnen Unternehmen mittels einer Selbstregulierung in Form von (unternehmensorganisatorischen) Maßnahmen und Prozessen, die unter dem Schlagwort Corporate Compliance zusammengefasst werden. Corporate Compliance soll aus unternehmerischer Sicht dazu dienen, die rechtlichen Risiken besser zu kontrollieren und den Eintritt von Nachteilen für das Unternehmen, deren Leiter und Mitarbeiter zu vermeiden. Dies trägt zugleich zu einer

---

74   BGBl. I 1998, S. 786.

75   BGBl. I 2002, S. 2681.

76   BGBl. I 2005, S. 2802.

77   Darüber hinaus lassen sich noch eine Vielzahl weiterer Gründe finden, die ein verschärftes Haftungsrisiko der Organe begründen, siehe dazu *Hauschka*, in: Hauschka, Corporate Compliance, § 1 Fn. 32; *Rodewald/Unger*, BB 2006, 113; *Thümmel*, Haftung von Managern und Aufsichtsräten, S. 21 f.

78   *Hauschka*, BB 2004, 1178; *Hoor*, DStR 2004, 2104 f.; *Kiethe*, GmbHR 2007, 393 m.w.N.; *Sieg*, DB 2002, 1759; *Thamm*, DB 1994, 1021; *Thümmel*, Haftung von Managern und Aufsichtsräten, S. 21.

79   Vgl. *Hauschka*, ZIP 2004, 877, 878.

80   Vgl. *Mengel/Hagemeister*, BB 2007, 1386, 1393; *Spindler*, WM 2008, 905 und 918.

verbesserten ethischen und gesellschaftlichen Verantwortung der Unternehmen bei.

§ 3 Öffentliches Interesse an Corporate Compliance: Verbesserung der Verhaltenssteuerung

Während sich Compliance aus Sicht der Unternehmen als eine Form des Umgangs mit rechtlichen Risiken darstellt, verspricht Compliance für den Gesetzgeber, eine Verbesserung der Verhaltenssteuerung zu sein. Rechtliche Vorgaben beabsichtigen das Verhalten der Normadressaten in eine bestimmte, gesellschaftlich gewünschte Richtung zu lenken. Diese Intention gilt sowohl für Normen des Verwaltungs- und Strafrechts als auch für bestimmte, privatrechtliche Regelungen.[81] Der intendierte Lenkungsprozess ist eine Funktion des Rechts und wird als Verhaltenssteuerung bezeichnet (I.).

Corporate Compliance zielt auf die Verbesserung und im besten Fall die Gewährleistung rechtmäßigen Verhaltens der Unternehmensangehörigen ab. Dabei wird Compliance vorrangig die Sicherstellung öffentlich- und strafrechtlicher Normen zum Ziel haben. Gerade die Leistungsfähigkeit des Verwaltungsrechts als Instrument gesellschaftlicher Steuerung wird in der Wissenschaft kritisiert. Während einerseites von einem „Vollzugsdefizit" die Rede ist[82], wird andererseits eine „Steuerungsschwäche" und sogar ein „Steuerungsversagen" attestiert[83]. Die Umsetzung von Compliance verspricht diesem Defizit entgegenzuwirken und das Verhalten der Unternehmensangehörigen in dem gesetzlich vorgeschriebenen Sinne zu lenken. Damit steht Compliance im Interesse des Gesetzgebers. Um das Verständnis für den Untersuchungsgegenstand und die Funktionsfähigkeit von Compliance sowie die im weiteren Verlauf dieser Arbeit angestellten Überlegungen zu

---

81 Vgl. nur *Wagner*, AcP 206 (2006), 352, 355 ff. m.w.N.

82 Ein Vollzugsdefizit liegt dann vor, wenn der Adressat oder Vollzugsträger ein Instrument nicht (vollständig) umsetzen kann oder dieses nicht will, *Röckseisen*, in: Kotulla/Ristau/Smeddinck, Umweltrecht und Umweltpolitik, S. 171, 176; siehe dazu etwa *Baehr*, Verhaltenssteuerung durch Ordnungsrecht, S. 13 ff.; *Wagner*, AcP 206 (2006), 352, 441 f. Beklagt wurde vor allem das Vollzugsdefizit im Umweltrecht, vgl. *Lübbe-Wolff*, NuR 1993, 217 ff.; *Rehbinder*, Das Vollzugsdefizit im Umweltrecht und das Umwelthaftungsrecht, S. 11.

83 Vgl. *Lepsius*, Steuerungsdiskussion, Systemtheorie und Parlamentarismuskritik, S. 1, 4 f.; *Trute*, DVBl. 1996, 950.

stärken, erscheint eine Betrachtung des Verhaltenssteuerungsprozesses erforderlich: Welche Bedingungen müssen erfüllt sein, um von einer wirksamen Verhaltenssteuerung sprechen zu können (II.)? Im Anschluss daran wird genauer darauf einzugehen sein, welche Bedeutung die von Unternehmen initiierten Vorgänge in dem Spannungsfeld zwischen unternehmenseigenen und gesellschaftlichen Interessen einnehmen (III.).

I. Verhaltenssteuerung als Funktion des Rechts

Eine sehr allgemeine Antwort auf die abstrakte Frage, was das Recht eigentlich ist, lautet: Das Recht gestaltet die Bedingungen, so dass die Menschen in der Gesellschaft zusammenleben können; es organisiert die Gesellschaft und ihre Gliederungen und sichert damit ihre Integration und Stabilität.[84] *Manfred Rehbinder* formuliert dies so: „Das Recht ist ein soziales Herrschaftsinstrument, das durch Ausgleich widerstreitender Interessen den Zusammenhalt der Gesellschaft erhalten und fördern soll."[85] Damit wird deutlich, dass das Recht im Sinne der Gesamtheit aller Normen ein Ordnungsinstrument ist und mindestens fünf Funktionen erfüllt, nämlich die Bereinigung von Konflikten, die Verhaltenssteuerung, die Legitimierung und Organisation sozialer Herrschaft, die Gestaltung der Lebensbedingungen und die Rechtspflege.[86]

Zwei Funktionen sind für die vorliegende Untersuchung von Interesse: die Verhaltenssteuerung und die Gestaltung der Lebensbedingungen. Die Bedeutung der zuletzt genannten Funktion wird durch das außerordentliche Anwachsen der Rechtsmaterie sichtbar.[87] Als dessen Folge entsteht eine zu-

---

84 *Raiser*, Grundlagen der Rechtssoziologie, S. 185.

85 *Rehbinder*, Rechtssoziologie, Rn. 96.

86 Vgl. *Llewellyn*, 49 The Yale Law Journal (1940), 1355, 1373 ff.; *Raiser*, Grundlagen der Rechtssoziologie, S. 184 ff.; *Rehbinder*, Rechtssoziologie, Rn. 96 ff.

87 *Rehbinder*, Rechtssoziologie, Rn. 89 ff., 96. Es wurde festgestellt, dass die Rechtsmaterie anwächst, sobald die außerrechtlichen Sozialordnungen an Ordnungskraft verlieren: „Wenn sich die Gesellschaft zur Aufrechterhaltung der sozialen Kontrolle nicht auf informelle, autonome, selbstregulierende und personenbezogene Ordnungen stützen kann, so wird sie sich an formal organisierte Instanzen und zu machtvolleren Überwachungs- und Regulierungsinstrumenten wenden. Nicht nur die Polizei, sondern auch Schulen, Sozialbehörden und vielleicht noch andere Institutionen werden für die Belange der sozialen Kontrolle in die Pflicht genommen werden", so ausdrücklich *Selznick*, in: Rehbinder, Einführung in die Rechtssoziologie, S. 141, 145. „Durch den schnellen Wandel der Wirtschafts- und Gesellschaftsstrukturen

nehmende Spezialisierung und Bürokratisierung des Rechtswesens. Das Ziel des Gesetzgebers, einen Mindeststandard der sozialen Sicherheit, der Lebens- und Arbeitsbedingungen zu gewährleisten, veranlasste die Ausweitung bestehender und Entstehung völlig neuer Rechtsgebiete.[88] Diese Erkenntnisse korrespondieren mit der konstatierten Zunahme von Risiken für Unternehmen aufgrund einer gestiegenen Regelungsdichte.[89] Die drei Bereiche Daseinsvorsorge, Wirtschaftslenkung und moderner Sozialstaat waren in Folge dieser Entwicklung die Schwerpunkte der staatlichen Rechtsetzung.[90] Der Funktion der Gestaltung der Lebensbedingungen kommt die Aufgabe zu, durch Organisation und Steuerung der Gruppe den Impuls zu positiver, gruppenintegrierender Aktivität zu geben.[91] Dieses Vorgehen prägte den Begriff vom „Gewährleistungsstaat", der durch Gesetzgebung einen Rahmen schafft, um die Erfüllung von Allgemeinwohlaufgaben der gesellschaftlichen Selbstorganisation zu überlassen, und nur bei deren Versagen eingreift.[92] Insoweit gilt: Neben dem Geld ist das Recht das wichtigste Instrument der politischen Steuerung der Wirtschaft und Gesellschaft.[93]

Damit ist die Verhaltenssteuerung als Funktion des Rechts angesprochen. Recht dient dazu, das Verhalten von Gruppenmitgliedern, ihre Einstellungen und Erwartungen derart zu steuern, dass Konflikte vermieden werden.[94] Verhaltenssteuerung als Aufgabe des Rechts konzentriert sich darauf, die Interessenkonflikte, die bestehen oder entstehen können, zu lösen. Verhaltenssteuerung im Sinne dieser Untersuchung bedeutet damit Regulierung und Koordinierung des Verhaltens und der Erwartungen der Unternehmensangehörigen. *Thomas Raiser* beschreibt den Prozess der Verhaltenssteue-

---

sind informelle Kontrollen in den sozialen Gruppen unwirksam geworden, die durch staatliche Hilfe und Unterstützung wieder gestärkt und – notfalls – ersetzt werden müssen", *Schneider*, JZ 1992, 769, 777.

88 Beispielsweise zählen hierzu das moderne Arbeitsrecht, das Sozialrecht, die öffentliche Gesundheitsfürsorge, weite Gebiet des Wirtschaftsrechts (Kartellrecht, Recht der Wirtschaftsaufsicht, Recht der staatlichen Subventionen, Berufsrecht, Unternehmensverfassungsrecht usw.) sowie Verbraucherschutz und Umweltrecht.

89 Siehe hierzu bereits 1. Kapitel § 2 III.

90 Vgl. *Raiser*, Grundlagen der Rechtssoziologie, S. 187 f.; *Rehbinder*, Rechtssoziologie, Rn. 108.

91 *Rehbinder*, Rechtssoziologie, Rn. 108.

92 Vgl. *Franzius*, Der Staat 2003, 493 ff.; *Knauff*, Der Gewährleistungsstaat, passim.

93 *Raiser*, Grundlagen der Rechtssoziologie, S. 188.

94 *Llewellyn*, 49 The Yale Law Journal (1940), 1355, 1373 ff.; *Rehbinder*, Rechtssoziologie, Rn. 100.

rung so, dass das Recht „überindividuelle Verhaltensmuster prägt, soziale Rollen definiert, die Verteilung knapper Güter festgelegt, Gruppen und Organisationen das notwendige normative Gerüst verleiht, Rechtsbegriffe und Rechtsinstitute ausbildet und diese zu einem logisch und axiologisch möglichst widerspruchsfreien System zusammenfügt."[95] Unter Einsatz unterschiedlicher Steuerungsressourcen kann das Recht als ein Instrument zur Bewirkung von erwünschten oder zur Vermeidung von unerwünschten Wirkungen verstanden werden.[96]

II. Wirksamkeit des Verhaltenssteuerungsprozesses

Voraussetzung einer (rechtlichen) Bewertung des Einsatzes von Corporate Compliance ist ein besseres Verständnis der Steuerungsleistung des Rechts. Dies erfordert eine differenzierte Betrachtung, ob (1.) und unter welchen Bedingungen (2.) rechtliche Normen eine verhaltenssteuernde Wirkung entfalten. Entscheidend ist, wann sich von einer wirksamen Verhaltenssteuerung sprechen lässt.[97]

1. Die verhaltenssteuernde Wirkung rechtlicher Vorgaben

Zunächst steht eine grundsätzliche Frage im Mittelpunkt der Betrachtung: Wirken rechtliche Vorgaben auf ihren Adressaten verhaltenssteuernd?[98] In der vorliegenden Untersuchung kann schließlich nur dann eine Beeinflussung der Verhaltenssteuerung untersucht werden, wenn dem Recht nicht von vornherein jeder Einfluss auf das Adressatenverhalten abgesprochen werden kann. Ist ein Steuerungserfolg undenkbar, dann kann dieser auch nicht durch Corporate Compliance unterstützt oder herbeigeführt werden. Dabei ist es keineswegs eine Selbstverständlichkeit, dass vielfach mit Anstrengungen verbundene einschränkende Vorschriften von den unterschiedlichsten Adressaten befolgt werden.[99] Nichtsdestotrotz wird

95 *Raiser*, Grundlagen der Rechtssoziologie, S. 185 f.
96 *Hoffmann-Riem*, in: Hoffmann-Riem/Schmidt-Aßmann, Öffentliches Recht und Privatrecht als wechselseitige Auffangordnungen, S. 261, 270 f.
97 Zur Definitionsbedürftigkeit des Steuerungsbegriffes vgl. *Baehr*, Verhaltenssteuerung durch Ordnungsrecht, S. 16; *Mayntz*, in: Ellwein/Hesse/Mayntz/Scharpf, Jahrbuch zur Staats- und Verwaltungswissenschaft, S. 89, 91.
98 Vgl. dazu *Baehr*, Verhaltenssteuerung durch Ordnungsrecht, S. 16 ff.
99 *Baehr*, Verhaltenssteuerung durch Ordnungsrecht, S. 16; *Herzog*, FG Gesellschaft für Rechtspolitik, S. 127; *Jones*, The Efficacy of Law, S. 75; *Tyler*, Why People Obey the Law, S. 19.

eine Steuerungswirkung rechtlicher Verhaltensanforderungen aus Sicht der heutigen Rechtswissenschaft oft als Selbstverständlichkeit unterstellt.[100] In anderen Disziplinen löst diese Annahme kontroverse Auseinandersetzungen aus. Die Sozialwissenschaften beschäftigen sich seit einem Jahrhundert mit *William Graham Sumners* provokanten These, wonach das menschliche Verhalten allein von Sitten und Bräuchen beeinflusst wird und dem Recht keine eigenständige verhaltenssteuernde Bedeutung zukommt.[101] Die Rechtsschule um *Carl Friedrich von Savigny* vertrat gleichfalls einen anderen Standpunkt, wonach „alles Recht auf diese Weise entsteht, welche der herrschende, nicht ganz passende, Sprachgebrauch als Gewohnheitsrecht bezeichnet, d. h. daß es erst durch Sitte und Volksglaube, dann durch Jurisprudenz erzeugt wird, überall also durch innere, stillwirkende Kräfte, nicht durch die Willkür eines Gesetzgebers."[102] Anhänger dieser Auffassung sind heute noch zu finden: Das Recht sei „ein Nachschlagewerk wie die Bücher mit Regeln über Tennis, Bridge oder Patience."[103] Dem bestehenden Recht würde nur deshalb gefolgt, „weil man im Vertrauen auf das nichtbewusste, stammesgeschichtlich erworbene und angeborene und das im Wege der Erziehung, persönlicher Erfahrung und des allgemeinen Brauchs erworbenen Wissens bemüht ist, mit dem Strom zu schwimmen."[104] Evolutionspsychologische Erkenntnisse in den Sozialwissenschaften verleihen einer solchen Annahme Auftrieb.[105]

Dass Direktiven, die nicht ausschließlich bestehende gesellschaftliche Erwartungen zum Ausdruck bringen, in einem nur geringen Maße befolgt werden, erscheint überzeugend und nachvollziehbar. Für bestimmte Regelungsbereiche muss jedoch eine fehlende gesellschaftliche Erwartungshaltung konstatiert werden. Dabei handelt es sich üblicherweise um technische Vorschriften und solche jüngeren Ursprungs.[106] Gleiches muss für Normen des Wettbewerbs- und Kartellrechts ebenso wie unzählige weitere an Unternehmen und ihre Angehörigen gerichtete Vorschriften gelten. In der Litera-

---

100 Kritisch zu dieser Einschätzung *Opp*, Kriminologisches Journal 3 (1971), 1, 3.

101 *Sumner*, Folkways, passim.

102 *von Savigny*, Vom Beruf unserer Zeit für Gesetzgebung und Rechtswissenschaft, S. 13 f.

103 *Friedman*, Das Rechtssystem im Blickfeld der Sozialwissenschaften, S. 41 f.; *Hirsch*, JZ 1982, 41, 46.

104 *Hirsch*, JZ 1982, 41, 46 f.

105 Vgl. *Baehr*, Verhaltenssteuerung durch Ordnungsrecht, S. 17 m.w.N.

106 *Baehr*, Verhaltenssteuerung durch Ordnungsrecht, S. 17; *Feest*, 2 Law and Society Review (1968), 447, 448; *Friedman*, Das Rechtssystem im Blickfeld der Sozialwissenschaften, S. 83.

tur werden beispielhaft Normen des Straßenverkehrsrechts und technische Normen im Umweltschutzrecht genannt.[107] Bemerkenswert ist Folgendes: Empirische Untersuchungen konnten selbst in diesem Bereich einen unmittelbaren Zusammenhang zwischen dem menschlichen Verhalten und der geltenden Gesetzeslage nachweisen. So stellte eine Untersuchung zur Gurtpflicht in der Schweiz infolge wiederholt geänderter Gesetze jeweils markante Verhaltensänderungen fest.[108] Die allgemeine Annahme der generellen Bedeutungslosigkeit rechtlicher Steuerungsimpulse ist aufgrund derartiger Untersuchungen durchaus widerlegbar. Gleichzeitig bedeutete dies nicht, dass ein rechtliches Steuerungsziel per se eintritt, wie die erwähnten Steuerungsdefizite belegen. Dem Steuerungsziel entgegenstehende Sozialnormen kommen als ernsthafte Hindernisse für den rechtlichen Steuerungserfolg in Betracht.[109]

2. Zu den Vorraussetzungen verhaltenssteuernder Wirkung

Unter welchen Bedingungen die verhaltenssteuernde Wirkung einer Norm anzunehmen ist, gilt es nun zu klären. Die Wissenschaft hat sich bereits mit dieser Frage auseinandergesetzt. Es werden drei notwendigerweise zu erfüllende Voraussetzungen genannt.[110] Die Bedingungen des Wirkungszusammenhanges verlangen danach einerseits das Vorliegen bestimmter innerer Gegebenheiten auf Seiten des Steuerungsadressaten und andererseits einen äußeren, tatbestandlichen Erfolg. Um einen Steuerungserfolg bejahen zu können, muss zwischen diesen beiden Bedingungen ein noch näher zu bestimmender Kausalzusammenhang bestehen.

---

107 Vgl. *Baehr*, Verhaltenssteuerung durch Ordnungsrecht, S. 17; *Feest*, 2 Law and Society Review (1968), 447, 448 f.; *Ross*, 8 Social Problems (1960), 231, 235 f.

108 *Killias*, in: Lampe, Das sogenannte Rechtsgefühl, S. 257, 260. Hinsichtlich der Auswirkungen veränderter Alkoholgrenzwerte auf Trunkenheitsfahrten siehe *Krüger*, in: Hof/*Lübbe-Wolff*, Wirkungen und Erfolgsbedingungen von Gesetzen, S. 223 ff. Das Verbot des Telefonierens ohne Freisprecheinrichtung behandeln *McCartt/Braver/Geary*, 36 Preventive Medicine (2003), 629 ff.

109 *Baehr*, Verhaltenssteuerung durch Ordnungsrecht, S. 18; *Friedman*, Das Rechtssystem im Blickfeld der Sozialwissenschaften, S. 99, 120; *Mayntz*, in: Matthes, Sozialer Wandel in Westeuropa, S. 55, 73; *Noll*, Gesetzgebungslehre, S. 106 f.; *Ryffel*, in: Rehbinder/Schelsky, Zur Effektivität des Rechts, S. 225, 244; *Ziegert*, Zur Effektivität der Rechtssoziologie, S. 128.

110 *Baehr*, Verhaltenssteuerung durch Ordnungsrecht, S. 18 ff.; vgl. auch *Feest*, 2 Law and Society Review (1968), 447, 448; *Persson Blegvad/Møller Nielsen*, in: Rehbinder/Schelsky, Zur Effektivität des Rechts, S. 429, 431.

Erste Voraussetzung der Wirksamkeit der Verhaltenssteuerung einer Norm ist die Kenntnis des Normadressaten vom Inhalt der Vorschrift.[111] Ohne ein entsprechendes Verständnis ist ein normkonformes Verhalten als Ergebnis des gewünschten Steuerungsimpulses nicht denkbar. Die Wirksamkeit ist zu verneinen, wenn sich der Normadressat in völliger Ignoranz der einschlägigen Regelung rechtskonform verhalten hat. Ausreichend für die Annahme der Rechtskenntnis ist eine laienhafte Würdigung der gesetzlichen Verhaltensanforderung.[112] Zugleich ist es unbedeutend, auf welchem Weg das Verständnis erlangt wurde.[113] Quasi als Kehrseite erfordert die Rechtskenntnis hinsichtlich des Inhalts und seiner Verständlichkeit eine adressatenbewusste Rechtssetzung; dies gilt auch in Bezug auf die Kundgabe des Gesetzgebers.[114] Die Bedeutung der Rechtskenntnis ist von den verwandten Begriffen Rechtsbewusstsein und Rechtsethos zu unterscheiden:[115] Die Rechtskenntnis bedeutet die geistige Realisierung des Inhalts einer gültigen Norm. Das Rechtsbewusstsein beschreibt die Vorstellung dessen, was richtigerweise Recht sein soll. Das Rechtsethos wiederum beinhaltet die Achtung vor der gesamten Rechtsordnung; es drückt sich in der Überzeugung aus, dass nur Recht geschehen solle.

Nicht jedes normkonforme Verhalten kann auf einen Steuerungseffekt zurückgeführt werden.[116] Ein Steuerungserfolg liegt vielmehr nur dann vor, wenn die Direktive ursächlich für das bestimmte Verhalten war und sich der Normadressat in der jeweiligen Situation ohne die einschlägige

---

111 *Aubert*, in: ders., Sociology of Law, S. 116, 117; *Baehr*, Verhaltenssteuerung durch Ordnungsrecht, S. 18 m.w.N.; *Ellinghaus*, NZV 1998, 186 f.; *Krüger*, Der Adressat des Rechtsgesetzes, S. 70; *Ziegert*, Zur Effektivität der Rechtssoziologie, S. 136.

112 Vgl. *Baehr*, Verhaltenssteuerung durch Ordnungsrecht, S. 18; *Krüger*, Der Adressat des Rechtsgesetzes, S. 70 f.; *Noll*, Gesetzgebungslehre, S. 177.

113 Vgl. *Baehr*, Verhaltenssteuerung durch Ordnungsrecht, S. 18; *Diekmann*, Die Befolgung von Gesetzen, S. 39; *Opp*, Kriminologisches Journal 3 (1971), 1, 8.

114 Vgl. *Aubert*, in: ders., Sociology of Law, S. 116, 124; *Baehr*, Verhaltenssteuerung durch Ordnungsrecht, S. 19; *Friedman*, Das Rechtssystem im Blickfeld der Sozialwissenschaften, S. 72; *Krüger*, Der Adressat des Rechtsgesetzes, S. 82 ff., 96 ff.; *Ryffel*, in: Rehbinder/Schelsky, Zur Effektivität des Rechts, S. 225, 235.

115 *Rehbinder*, in: Rehbinder/Schelsky, Zur Effektivität des Rechts, S. 25, 30 f.

116 Vgl. *Baehr*, Verhaltenssteuerung durch Ordnungsrecht, S. 19; *Diekmann*, Die Befolgung von Gesetzen, S. 23; *Friedman*, Das Rechtssystem im Blickfeld der Sozialwissenschaften, S. 67.

Norm anders verhalten hätte.[117] Auslöser eines normentsprechenden Verhaltens kann außer der Rechtsnorm gleichfalls Zufall oder Unvermeidbarkeit sein. In diesen Fällen ist ein Steuerungseffekt zu verneinen. Eine Verhaltenswirksamkeit der Norm setzt quasi als Erweiterung der Rechtskenntnis das (latente) Empfinden einer entsprechenden individuellen Verpflichtung in der konkreten Situation voraus. Diese innere Einstellung stellt den erforderlichen Kausalzusammenhang zwischen Wissen und Wollen her. Ein dementsprechendes Verpflichtungsgefühl als Erfordernis des Steuerungserfolges verlangt kein ausdrückliches Verweisen auf die gesetzliche Regelung. Selbst eine bewusste Orientierung an der Verhaltensanforderung ist nicht erforderlich, wenn das fehlende Bewusstsein stattdessen durch ein unreflektiertes und gewohnheitsmäßiges der Norm entsprechendem Verhalten ausgeglichen wird.[118]

Die letzte, offensichtliche Bedingung eines Steuerungserfolges besteht in der nach außen getretenen Wirksamkeit. Sofern das normintendierte Verhalten eintritt, entfaltet die Rechtsnorm ihre Wirkung.[119] Für den verhaltenssteuernden Einfluss bleibt die Anordnung und Vollstreckung einer Sanktion für den Fall einer Nichtbefolgung außer Betracht. Verwirklichung einer Sanktionsnorm und Verhaltenssteuerung einer gesetzlichen Regelung sind gedanklich voneinander zu trennen.[120] Die Verwirklichung des Norminhaltes ist auf zweierlei Weise denkbar: Neben einem freiwilligen Adressatenverhalten kann dieses unter Anwendung von Zwangsmitteln erreicht werden. Aus diesem Grund lässt sich zwischen Normbefolgung und Normdurchsetzung differenzieren.[121] Im Rahmen der Normdurchsetzung fehlt es an einem entsprechenden Adressatenverhalten; ein Verhaltenssteue-

117 *Baehr*, Verhaltenssteuerung durch Ordnungsrecht, S. 17; *Mayntz*, in: Irle (u.a), Die Durchsetzung des Rechts, S. 9, 12.

118 *Baehr*, Verhaltenssteuerung durch Ordnungsrecht, S. 19 f.; *Garrn*, Rechtswirksamkeit und faktische Rechtsgeltung, S. 168.

119 *Baehr*, Verhaltenssteuerung durch Ordnungsrecht, S. 20; *Garrn*, Rechtswirksamkeit und faktische Rechtsgeltung, S. 166; *Jones*, The Efficacy of Law, S. 3 f.

120 Vgl. *Baehr*, Verhaltenssteuerung durch Ordnungsrecht, S. 20; *Garrn*, Rechtswirksamkeit und faktische Rechtsgeltung, S. 169 f.; *Noll*, in: Rehbinder/Schelsky, Zur Effektivität des Rechts, S. 259.

121 *Baehr*, Verhaltenssteuerung durch Ordnungsrecht, S. 20; *Garrn*, Rechtswirksamkeit und faktische Rechtsgeltung, S. 168 f.; *Noll*, in: Rehbinder/Schelsky, Zur Effektivität des Rechts, S. 259; *Rehbinder*, in: ders./Schelsky, Zur Effektivität des Rechts, S. 25, 28.

rungserfolg tritt nicht ein.[122] Dies schließt nicht aus, dass angedrohte und verwirklichte Sanktionen das Adressatenverhalten beeinflussen mit dem Ergebnis, dass sich dies auch auf die Wirksamkeit der ordnungsrechtlichen Norm auswirkt. Insofern ist jedoch zwischen der Normwirksamkeit einerseits und ihren Erfolgsbedingungen andererseits zu unterscheiden.

Die verhaltenssteuernde Wirkung einer ordnungsrechtlichen Norm erfordert somit das Vorhandensein von drei Gegebenheiten: Der Normadressat muss sich der Anforderung der gesetzlichen Regelung im Klaren sein, sich zumindest unbewusst zu einem rechtskonformen Verhalten verpflichtet fühlen und tatsächlich rechtskonform agieren.[123]

III. Corporate Compliance als Möglichkeit der Verbesserung der Verhaltenssteuerung

Die Voraussetzungen wirksamer Verhaltenssteuerung verdeutlichen, dass die Effektivität von Compliance mit jedem einzelnen Mitarbeiter steht und fällt.[124] Dessen Rechtskenntnis und (unbewusstes) Pflichtgefühl als individuelle Anknüpfungspunkte entscheiden über den Eintritt des Steuerungserfolges, und nur wenn sich dieser fortwährend einstellt, kann eine Verwirklichung der rechtlichen Risiken vermieden werden. Compliance-Bemühungen müssen folglich darauf abzielen, die Einhaltung rechtlicher Vorgaben durch die Vermittlung der Rechtskenntnis einerseits und die Bestärkung eines Pflichtempfindens andererseits anzustreben. Gelingt dies, dann stellt sich Corporate Compliance aus Sicht des Gesetzgebers als eine Form der Selbstregulierung dar.[125] Die Selbstregulierung erfasst alle Maßnahmen nichtstaatlicher Instanzen, die zur Sicherung der eigenen Verhaltensmaßstäbe der Beteiligten unternommen werden.[126] Unternehmensweite Compliance-Bestrebungen stellen ein kollektives Ordnungsmuster dar, das neben unternehmenseigenen auch öffentliche Interessen verfolgt, da zugleich kollektiven, übergreifenden Verhaltensvorgaben entsprochen

---

122 Vgl. *Baehr*, Verhaltenssteuerung durch Ordnungsrecht, S. 20; *Friedman*, Das Rechtssystem im Blickfeld der Sozialwissenschaften, S. 81.

123 Siehe hierzu *Baehr*, Verhaltenssteuerung durch Ordnungsrecht, S. 20; *Persson Blegvad/Møller Nielsen*, in: Rehbinder/Schelsky, Zur Effektivität des Rechts, S. 429, 431; *Feest*, 2 Law and Society Review (1968), 447, 448.

124 Vgl. *Eisele*, WM 1993, 1021, 1026; *Stephan/Seidel*, in: Hauschka, Corporate Compliance, § 25 Rn. 208, 294.

125 Vgl. *Hauschka/Greeve*, BB 2007, 165 und 173.

126 *Hoeren*, Selbstregulierung im Banken- und Versicherungsrecht, S. 6; *Schmidt-Aßmann*, DV 2001, Beiheft 4, 253, 255.

werden soll.[127] Derartige Selbstregulierungsaktivitäten kann der Gesetzgeber anregen, nutzen, stabilisieren oder gar begrenzen. Aufgrund von Problemen regulativer Politik[128] und aufgrund der gebotenen Staatsentlastung setzt der Gesetzgeber verstärkt auf private Problemlösungskapazitäten.[129] Greift der Gesetzgeber in einen Selbststeuerungsprozess ein, was der Rechtspolitik durchaus nicht fremd ist,[130] so bezeichnet man dies als Regulierung der Selbstregulierung bzw. regulierte Selbstregulierung[131]. Eine derartige Initiierung der Selbstorganisation und Selbstkontrolle wird als reflexive Verhaltenssteuerung bezeichnet und steht damit neben den geläufigen direkten und indirekten Steuerungsmechanismen.[132] Die regulierte Selbstregulierung dient neben unternehmenseigenen, auch öffentlichen Interessen, aber die sie tragenden Kräfte nehmen dabei weder eine Staatsaufgabe wahr, noch sind sie in die Erfüllung einer solchen als bloße Verwaltungshelfer eingebunden.[133]

Zusammenfassend bleibt festzuhalten: Die Verhaltenssteuerung der Menschen ist eine Funktion des Rechts. Es kann durchaus nachgewiesen werden, dass rechtliche Vorgaben verhaltenssteuernd wirken. Ausschlaggebend für den Erfolg der Verhaltenssteuerung sind ein zumindest laienhaftes Verständnis der rechtlichen Anforderungen und ein mindestens unbewusst vorherrschendes Pflichtgefühl, den rechtlichen Vorgaben Folge zu leisten. Die öffentlich bekannt gewordenen Rechtsverletzungen in und durch Unternehmen verdeutlichen die Schwierigkeit einer effektiven Verhaltenssteuerung.[134] Corporate Compliance ermöglicht den Unternehmen, die verhal-

---

127 Vgl. *Schmidt-Aßmann*, DV 2001, Beiheft 4, 253, 255; *Schmidt-Preuß*, VVDStRL 56 (1997), 160, 162 f.

128 Siehe dazu 4. Kapitel § 1 II.

129 Hierzu *Hoffmann-Riem*, in: Hoffmann-Riem/Schmidt-Aßmann, Öffentliches Recht und Privatrecht als wechselseitige Auffangordnungen, S. 261, 299 ff.; *Wagner*, AcP 206 (2006), 352, 357 f.

130 Siehe dazu die Ausführungen im 4. Kapitel § 1.

131 *Hoffmann-Riem*, in: Hoffmann-Riem/Schmidt-Aßmann, Öffentliches Recht und Privatrecht als wechselseitige Auffangordnungen, S. 261, 300 ff.; *Hoffmann-Riem*, DVBl. 1994, 1381, 1386 f.; *Schmidt-Aßmann*, DV 2001, Beiheft 4, 253, 261; vgl. *Kloepfer/Elsner*, DVBl. 1996, 964, 965 ff.; *Trute*, DVBl. 1996, 950 ff.

132 Vgl. *Kloepfer*, Umweltrecht, § 5 Rn. 418; *Lübbe-Wolff*, NVwZ 2001, 481, 490; *Teubner/Willke*, Zeitschrift für Rechtssoziologie 1984, 4 ff.

133 *Schmidt-Aßmann*, DV 2001, Beiheft 4, 253, 261.

134 Zahlreiche Unternehmen, die an dieser Stelle nicht einzeln aufgeführt werden sollen, standen oder stehen aufgrund von Rechtsverstößen im Mittelpunkt des öffentlichen Interesses.

tenssteuernde Wirkung rechtlicher Vorgaben durch präventive Eigenaktivitäten zu verbessern und erfüllt damit ein gesellschaftliches und gesetzgeberisches Interesse. Welche Schwierigkeiten mit einer (sich insofern aufdrängenden) Verrechtlichung von Compliance und der Überprüfung von compliance-relevanten Steuerungserfolgen einhergehen, wird näher in § 4 des vierten Kapitels erläutert. Entscheiden wird es darauf ankommen, ob sich die Umsetzung von gesetzlichen Compliance-Vorgaben, insbesondere nachdem Rechtsverstöße aufgetaucht sind, kontrollieren lässt.

§ 4 Umsetzung von Corporate Compliance

Um das Ziel, die Einhaltung der dem Unternehmen und seinen Mitarbeitern obliegenden rechtlichen Vorgaben zu erreichen, werden dem Risikomanagement und der Unternehmensethik bekannte Vorgänge initiiert.[135] Diese Umsetzung wird schlicht als Compliance-Management und in der ausgeprägtesten Form als Compliance-Programm, Compliance-System oder Compliance-Organisation bezeichnet. Zunächst werden die sich hinter den Begriffen verbergenden Maßnahmen und Prozesse in der für diese Arbeit gebotenen Kürze aufgezeigt (I.). Daran anschließend werden die Reichweite und Funktionen der gegenwärtig diskutierten Compliance-Bestrebungen einer kritischen Begutachtung unterzogen (II.).

I. Corporate Compliance und Compliance-Programme

Die Umsetzung von Corporate Compliance folgt keinem für alle Unternehmen gültigen Patentrezept.[136] Compliance-Bemühungen sind vielmehr an-

---

135 Siehe hierzu auch die Vorschläge von *Bergmoser/Theusinger/Gushurst*, BB 2008, BB-Special Nr. 5 zu Heft 25, 1, 6 ff.; *Itzen*, BB 2008, BB-Special Nr. 5 zu Heft 25, 12, 14; arbeitsrechtliche Anforderungen im Rahmen der Implementierung einer Compliance-Organisation finden sich bei *Mengel/Hagemeister*, BB 2007, 1386 ff.; *dies.*, BB 2006, 2466 ff.; *Müller-Bonanni/Sagan*, BB 2008, BB-Special Nr. 5 zu Heft 25, 28, 29 ff.; *von Steinau-Steinrück/Glanz*, NJW-Spezial 2008, 146 f.

136 *Bürkle*, DB 2004, 2158, 2160; *Mengel/Hagemeister*, BB 2007, 1386; *Rodewald/Unger*, BB 2007, 1629; *dies.*, BB 2006, 113, 117; *Wessing*, SAM 2007, 175, 180. Vorschläge hinsichtlich der Intensität der Umsetzung finden sich bei *Hauschka*, in: Hauschka, Corporate Compliance, § 1 Rn. 33; *Hauschka/Greeve*, BB 2007, 165, 167 ff.; *Stephan/Seidel*, in: Hauschka, Corporate Compliance, § 25 Rn. 297 ff.

hand der individuellen Gegebenheiten des einzelnen Unternehmens auszurichten. Spezifische Eigenarten wie Branche[137], Unternehmensgröße, Konzernstruktur[138], Internationalisierungsgrad, Börsennotierung[139], staatliche Überwachung und die Qualifikation der Mitarbeiter beeinflussen die notwendiger- und sinnvollerweise zu ergreifenden Maßnahmen. Dementsprechend weit reicht das Spektrum denkbarer Compliance-Anstrengungen.[140] Compliance erfasst sowohl informale als auch systematische, formalisierte Herangehensweisen. Zur Verbesserung bzw. Sicherstellung der Einhaltung rechtlicher Vorgaben kann sowohl die beiläufige Äußerung eines Unternehmensangehörigen als auch die gezielte Implementierung und Durchführung eines Compliance-Programmes beitragen. Dazwischen finden sich Maßnahmen, wie der Appell an das gute Gewissen und ethische Bewusstsein der Unternehmensangehörigen, die intendierte Aufklärung über rechtliche Vorschriften, die Rotation auf gefährdeten Positionen und das Vier-Augen-Prinzip,[141] um nur einige Beispiele zu nennen. Im Folgenden wird die ausgeprägteste Form von Compliance dargestellt: ein Compliance-Programm. In dessen Rahmen werden Compliance-Anstrengungen unternehmensweit systematisch und umfassend gesteuert. Grundsätzlich, so lassen Wissenschaft und Praxis erkennen, basiert ein derartiges Programm auf fünf Säulen.[142] Sie lauten wie folgt:

---

137 Zu Compliance in Anwaltskanzleien *Appel/Renz*, AnwBl. 2004, 576 ff.; *von Falkenhausen/Widder*, BB 2004, 165, 168; zu Compliance in Versicherungsunternehmen *Bürkle*, VW 2004, 830 ff.; zur Kartellrechtscompliance in Versicherungsunternehmen *Dreher*, VersR 2004 , 1 ff.; zu Compliance in Telekommunikationsunternehmen *Riehmer*, CR 1998, 270 ff.; zu Compliance im Banken-, Versicherungs- und Wertpapieraufsichtsrecht siehe 3. Kapitel § 1.

138 Zu Compliance im Konzern siehe *Schneider/Schneider*, ZIP 2007, 2061 ff.; *Schneider*, ZGR 1996, 225, 240 ff.; *Spindler*, WM 2008, 905, 915 ff.; zur Kartellrechtscompliance im Konzern *Dreher*, ZWeR 2004, 75, 101 ff.

139 Vgl. dazu *Mengel/Hagemeister*, BB 2007, 1386.

140 *Eisele*, WM 1993, 1021, 1023; *Edwards/Wolfe*, 14 Journal of Financial Regulation and Compliance (2006), 140, 141.

141 Vgl. *Eisele*, WM 1993, 1021, 1023; *FitzSimon/McGreal*, 60 Business Lawyer (2005), 1759; *Wessing*, SAM 2007, 175, 180.

142 Die fünf Säulen repräsentierende Maßnahmen und Prozesse finden sich bei *Bürkle*, BB 2005, 565; *ders.*, DB 2004, 2158, 2160; *ders.*, VW 2004, 830 ff.; *Eisele*, WM 1993, 1021, 1023 ff.; *Hauschka*, in: Hauschka, Corporate Compliance, § 1 Rn. 33 ff.; *ders.*, NJW 2004, 257, 259 f.; *ders.*, ZIP 2004, 877, 880 f.; *Mengel/Hagemeister*, BB 2007, 1386; *Schneider*, ZIP 2003. 645, 649; vgl. *Liese*, BB 2008, Spezial 5 zu Heft 25, 17, 21 f. Eine gute Beschreibung liefern auch *Krawiec*, 32 Florida State University Law Review (2005), 571, 583 f.; *Weaver/Treviño/Cochran*, 18 Journal of Business Ethics (1999),

1. Compliance-Beauftragte, Compliance-Officer und Compliance-Abteilung

Die Geschäftsleitung oder ein einzelner Geschäftsleiter, dem die Verantwortung für den Bereich Compliance zugewiesen worden ist, benennt einen (Chief-)Compliance-Officer.[143] Diesem obliegt die Aufgabe, ein Compliance-Programm zu entwerfen, zu implementieren, weiterzuentwickeln und zu dokumentieren.[144] Zeitgleich gibt die Geschäftsleitung ein unternehmensöffentliches Bekenntnis zur Gesetzestreue, ein sogenanntes Mission-Statement, ab.[145] Der Compliance-Officer arbeitet innerhalb des Internen Kontrollsystems[146] eng mit der Internen Revision und dem Controlling zusammen und bindet die Rechtsabteilung und die Geschäftsleitung in seine Aktivitäten ein.[147] Abhängig von der Unternehmensgröße und den zu erfüllenden Aufgaben kann dem Compliance-Officer eine Compliance-Abteilung unterstellt werden. Dabei handelt es sich um einen neutralen Stab „Compliance", der die Geschäfts- und Servicebereiche unterstützt.[148] Die

283 ff.; *Weaver*/Treviño/*Cochran*, 42 Academy of Management Journal (1999), 41 f.; *Wellner*, 27 Cardozo Law Review (2005), 497 und 500 ff. m.w.N.

143 Teilweise wird vom Ethics-Officer gesprochen, sofern dessen Aufgabenspektrum zugleich die Durchsetzung ethischer und moralischer Grundsätze erfasst; vgl. dazu *Göbel*, Unternehmensethik, S. 239.

144 Als Teilaufgaben ergeben sich hieraus die Vermittlung von Fachwissen und Methodenkompetenz, die Unterstützung von Problemlösungsprozessen, die Anleitung von Diskursen, die Begleitung von Personalentwicklungsmaßnahmen und allgemein der Entwurf neuer Prozesse und Strukturen. Allgemein wird betont, dass der Compliance-Officer in seinem Aufgabenbereich unabhängig, also selbstständig, weisungsfrei und nicht in eigener Sache agiert. Der Geschäftsleitung berichtet er turnusgemäß und, falls erforderlich, ad-hoc über wesentliche Entwicklungen in seinem Verantwortungsbereich.

145 Vgl. *Hauschka*, NJW 2004, 257, 260; *ders.*, ZIP 2004, 877, 880; *Lampert*, BB 2002, 2237, 2240; zum Begriff siehe *Hauschka*, in: Hauschka, Corporate Compliance, § 1 Rn. 31.

146 Eingehend hierzu *Klinger/Klinger*, ABC der Gestaltung und Prüfung des Internen Kontrollsystems (IKS) im Unternehmen, passim; *Menzies*, Sarbanes-Oxley und Corporate Compliance, S. 71 ff. Compliance ist zwar eine Form des Risikomanagements, jedoch nicht Bestandteil der Organisationseinheit Risikomanagement. Compliance stellt einen eigenständigen Bestandteil des internen Kontrollsystems dar, *Bürkle*, in: Hauschka, Corporate Compliance, § 8 Rn. 32; *Weber-Ray*, AG 2008, 345, 348 m.w.N.

147 *Hauschka*, NJW 2004, 257, 261; *Lösler*, in: Grundmann (u. a.), Anleger- und Funktionsschutz durch Kapitalmarktrecht, S. 23, 28 ff.

148 *Eisele*, WM 1993, 1021; *Stephan/Seidel*, in: Hauschka, Corporate Compliance, § 25 Rn. 165.

Tätigkeit des Compliance-Officers wird durch dezentrale Compliance-Beauftragte in den einzelnen Fachbereichen ergänzt. Regelmäßig sind dies die Führungskräfte der Bereiche, die für die Einhaltung der relevanten Vorschriften in ihren Verantwortungsbereichen zuständig sind.

Die Hauptaufgabe des Compliance-Officers besteht in der Umsetzung von Corporate Compliance. Die Vornahme der Compliance-Maßnahmen und Prozesse erfolgt aus Sicht der Unternehmen nicht unbedacht, sondern als Reaktion auf die dem Unternehmen drohenden Risiken. Aus unternehmerischer Sicht decken sich Compliance-Risiken mit konventionellen Unternehmensrisiken (z.B. Beschaffungsrisiken oder Finanzierungsrisiken).[149] Demzufolge stützt sich der Compliance-Officer zur Umsetzung von Corporate Compliance auf die Grundsätze des Risikomanagementprozesses. Dieser Prozess zeichnet sich durch die Identifikation, Analyse und Steuerung der Risiken im Unternehmen sowie der Überwachung der Effektivität der Angemessenheit der Maßnahmen des Risikomanagements aus.[150]

Zunächst erfolgt damit die systematische Betrachtung und Bewertung der Aufbau- und Ablauforganisation[151] des Unternehmens unter rechtlichen Aspekten[152]. Ziel ist die Identifikation der rechtlichen Vorgaben und Gefährdungspotentiale in den einzelnen Fachbereichen. Die Durchleuchtung des Unternehmens ist dementsprechend breit anzulegen. Sie muss insbesondere die Betrachtung der organisatorischen Aufgabenzuweisungen, die eindeutig und überschneidungsfrei sein müssen, und ordnungsgemäßen Delegation umfassen.[153] Berücksichtigt werden müssen dabei spezielle Rechtsprobleme einzelner Tätigkeits-, Fach- oder Rechtsbereiche.[154] Umfang und Trag-

---

149 *Hauscka/Greeve*, BB 2007, 165, 166; Compliance-Risiken werde mitunter als „operationelle Risiken" bezeichnet, so *Schneider*, ZIP 2003, 645.

150 *Bürkle*, BB 2005, 565, 567; *Hauschka*, AG 2004, 461, 467; *Koch*, ZGR 2006, 184, 190; *Lorenz*, ZRFG 2006, 5, 9; *Thümmel*, Haftung von Managern und Aufsichtsräten, S. 77; *Trips*, NVwZ 2003, 804, 805 f.; *Weber-Ray*, AG 2008, 345, 353.

151 Dazu *Adams/Johannsen*, BB 1996, 1017 ff.; zur Risikoidentifikation und -bewertung siehe *Hauschka*, AG 2004, 461, 467 f.

152 *Bürkle*, BB 2005, 565, 566; *Schmidt-Salzer*, WiB 1996, 1, 2; generell zum Rechtsaudit als Überwachungsinstrument *Weimar/Grote*, WiB 1997, 841 ff.

153 Zur Delegation (auch bereits auf Leitungsebene) *Fleischer*, AG 2003, 291, 292 ff.; *ders.*, ZIP 2003 1, 7 ff.; *Schneider*, DB 1993, 1909, 1914 ff.; *Turiaux/Knigge*, DB 2004, 2199, 2202 ff.

154 Zur Kartellrechtscompliance *Dreher*, ZWeR 2004, 75 ff.; *Fleischer*, BB 2008, 1070 ff.; *Hauschka*, BB 2004, 1178 ff.; *Lampert*, BB 2002, 2237 ff.; *Stadler*, in: Schwerpunkte des Kartellrechts 2004, S. 67 ff.; zur Korruptionsbekämpfung durch Compliance *Greeve*, in: Hauschka, Corporate Compliance, § 24;

weite der Compliance-Risiken können unter Berücksichtigung folgender Aspekte eingestuft werden: Vorhersehbarkeit, Schadenshöhe, Eintrittswahrscheinlichkeit und Häufigkeit.[155] Als nächster Schritt folgt die Risikosteuerung: Die im Risikomanagement etablierten Risikobewältigungsmechanismen sind auf rechtliche Risiken übertragbar.[156] In Betracht kommen damit Risikovermeidung, Risikoverminderung, Risikoüberwälzung und Risikotragung. Diese Strategie kann Einfluss auf die Geschäftspolitik hinsichtlich bestimmter Geschäftspartner, Geschäftsfelder, risikobehafteter Aktivitäten oder geographischer Märkte haben. Aber auch einzelne Unternehmensangehörige oder -bereiche dürfen nicht außer Acht gelassen werden. Der Schwerpunkt der Compliance-Bemühungen liegt im Bereich der Risikoverminderung.[157] Steuerungsmaßnahmen und -prozesse sollen derart angestoßen und implementiert werden, dass die Eintrittswahrscheinlichkeit und das Schadensausmaß denkbarer Schadensfälle abgesenkt wird. Neben Organisationsveränderungen bauen die Vorkehrungen schwerpunktmäßig auf den im Folgenden dargestellten vier Säulen auf. Zur Risikoverminderung gehört eine Dokumentation der unternommenen Anstrengungen.[158] Die Möglichkeit der Risikosteuerung durch eine Übertragung von Compliance-Risiken ist nur eingeschränkt möglich. Während sich spezifische finanzielle Risiken beispielsweise durch einen Versicherungsschutz auf Dritte überwälzen lassen, wird die Übertragung anderer rechtlicher Risiken wie Reputationseinbußen ausgeschlossen sein.[159] Grundsätzlich gilt zwar, dass in den Fällen, in denen keine der drei genannten Mechanismen zu gewünschten Ergebnissen führen, die Unternehmen die betriebswirtschaftlich sinnvoll erscheinenden Risiken selbst tragen können. In Anbetracht der undisponiblen, rechtlichen Vorgaben erscheint die Risikotragung als Steue-

---

Hauschka, ZIP 2004, 877 ff.; *Hauschka/Greeve*, BB 2007, 165, 167 ff.; zur Vermeidung der Verwirklichung wirtschaftsstrafrechtlicher Normen *Stephan/Seidel*, in: Hauschka, Corporate Compliance, § 25; zur IT-Compliance *Lensdorf*, CR 2007, 413 ff.; *Nolte/Becker*, BB 2008, BB-Special Nr. 5 zu Heft 25, 23 ff.; zur Tax-Compliance *Wessing*, SAM 2007, 175 ff.; zu weiteren bereichs-, aufgaben- und branchenspezifischen Eigenarten siehe die Beiträge in Hauschka, Corporate Compliance, §§ 14 ff.

155 *Stephan/Seidel*, in: Hauschka, Corporate Compliance, § 25 Rn. 233.

156 *Stephan/Seidel*, in: Hauschka, Corporate Compliance, § 25 Rn. 148.

157 *Stephan/Seidel*, in: Hauschka, Corporate Compliance, § 25 Rn. 148.

158 In diesem Zusammenhang wird empfohlen, Dokumente, sofern keine gesetzlichen Aufbewahrungspflichten bestünden, nach einem Zeitraum von zwei bis fünf Jahren zu vernichten, *Lampert*, BB 2002, 2237, 2241; vgl. auch *Bürkle*, VW 2004, 830 ff.; *Kiethe*, GmbHR 2007, 393, 399.

159 Vgl. *Stephan/Seidel*, in: Hauschka, Corporate Compliance, § 25 Rn. 148.

rungsmechanismus ungeeignet. Da ein effektives Risikomanagement mehr als die einmalige Aufmerksamkeit verlangt, überwacht der Compliance-Officer fortlaufend die einmal initiierten Maßnahmen und Prozesse und hinterfragt die Notwendigkeit neuer.

2. Information und Schulung

Die Einhaltung rechtlicher Vorgaben erfordert, wie bereits erläutert, die Kenntnis der rechtlichen Anforderungen. Die Unternehmensangehörigen werden deshalb über die im Rahmen ihrer Tätigkeit einschlägigen und vorab zu identifizierenden rechtlichen Vorgaben, wie Gesetze und behördliche Vorschriften, unterrichtet.[160] In Tätigkeits-, Fach- oder Rechtsbereichen, die als besonders kritisch eingestuft wurden, erfolgen Schulungen entweder sowohl von Führungskräften und Mitarbeitern oder allein der Führungskräfte, so dass diese anschließend die betroffenen Mitarbeiter unterrichten können. Den Schulungen wird eine große Bedeutung für den Erfolg der Compliance-Anstrengungen zugemessen. Weiterhin werden die Unternehmensangehörigen durch zeitnahe Mitteilungen über relevante neue Entwicklungen, vorwiegend auf den Gebieten der Gesetzgebung, Rechtsprechung und Verwaltungspraxis, fortlaufend informiert, um ihnen einen aktuellen Wissensstand zu ermöglichen.

3. Verhaltensrichtlinie

Neben den Schulungen erweist sich die unternehmensspezifische Verhaltensrichtlinie als „Herzstück" eines Compliance-Programms.[161] Diese

---

160 Vgl. *Lampert*, BB 2002, 2237, 2241; *Rodewald/Unger*, BB 2007, 1629, 1630. Schulungen würden 90 Prozent aller Compliance-Bemühungen darstellen, so *Rodewald/Unger*, BB 2007, 1629, 1633 (Fn. 32).

161 Vgl. *Krawiec*, 32 Florida State University Law Review (2005), 571, 583. Eine detaillierte Beschreibung von Verhaltensrichtlinien findet sich bei *Newberg*, 29 Vermont Law Review (2005), 253, 255 ff. Zum Inhalt von Verhaltensrichtlinien siehe *Beckenstein/Gabel*, 51 Antitrust Law Journal (1983), 459 ff.; *Chatov*, 22 (Nr. 4) California Management Review (1980), 20 ff.; *Cressey/Moore*, 25 (Nr. 4) California Management Review (1983), 53, 56; *Cunningham*, 29 Journal of Corporation Law (2004), 267, 283 f.; *Helin/Sandstöm*, 75 Journal of Business Ethics (2007) 2007, 253, 256; *Laufer/Robertson*, 16 Journal of Business Ethics (1997), 1029, 1030; *Langlois/Schlegelmilch*, 21 Journal of International Business Studies (1990), 519, 530; *Mathews*, in: Preston/Frederick, Research in Corporate Social Performance, S. 107, 110 f.; *Snell/Chak/Chu*, 22 Journal of Business Ethics (1999), 281; *Stevens*, 13 Journal of Business Ethics (1994), 63, 67; *White/Montgomery*, 23 (Nr. 2) California Management Review (1980), 80, 84.

Richtlinie stellt eine Leitlinie dar, an der die Unternehmensangehörigen ihr Handeln ausrichten sollen. In Zweifelsfällen ermöglicht sie Orientierung, indem ihr entnommen werden kann, welches Verhalten geboten ist und bei wem weitergehender Rat eingeholt werden kann. Inhaltlich handelt es sich somit sowohl um eine adressatengerecht aufbereitete Mitteilung der unternehmensspezifischen, gesetzlichen Pflichten als auch um die Vermittlung bestimmter Prozedere.[162] Die Leitlinien können darüber hinaus weitere gesellschaftliche, moralische und ethische Erwartungen gegenüber den Unternehmensangehörigen zum Ausdruck bringen.[163] Als Bezeichnung dieser unternehmensdefinierten Vorgaben wird in dieser Arbeit der Begriff Verhaltensrichtlinie gewählt; üblich sind ferner Bezeichnungen wie Compliance-Standards oder Compliance-Richtlinie, Verhaltenskodex, Code of Conduct und Code of Ethics.[164]

4. Beratung und Kommunikation

Trotz der durch die Verhaltensrichtlinie getroffenen Vorgaben und auch nach Information und Schulung werden durch die gebotene Beschränkung auf wesentliche Bereiche und die dynamische Entwicklung im rechtlichen Umfeld immer wieder Einzelfragen und neue Probleme auftauchen.[165] Diese muss die Compliance-Stelle lösen. Hierzu übernimmt sie gegenüber Geschäftsleitung, Management und Mitarbeitern eine Beratungsfunktion[166]. Den Betroffenen soll bei ihren Entscheidungen Orientierung und Unterstüt-

---

162 Vgl. *Mengel/Hagemeister*, BB 2007, 1386. Beispiele der Definition einer Verhaltensrichtlinie sind: „… codes draw maps of expected conflicts, expected or suggested solutions and, perhaps, predictable santions.", *Brinkmann*, 41 Journal of Business Ethics (2002), 159, 162, und „A code of ethics is a written, distinct, and formal document which consists of moral standards used to guide employee and/or corporate behavior.", *Schwartz*, 55 Journal of Business Ethics (2004), 323, 324; vgl. auch die ausführlichere Definition in § 406 Sarbanes-Oxley Act (15 U.S.C. § 7254 (2004)) und die daraufhin ergangene Definition der U.S. Securities and Exchange Commission (17 C.F.R. § 229.406(b) (2005)); siehe dazu auch *Hütten/Stromann*, BB 2003, 2223, 2226 f.

163 Vgl. *Bürkle*, DB 2004, 2158, 2160.

164 Vgl. *Bürkle*, BB 2005, 565; *Eisele*, WM 1993, 1021, 1023; *Rodewald/Unger*, BB 2007, 1629, 1630; *Schneider*, ZIP 2003. 645, 649. Eine umfassende Zusammenstellung derartiger Bezeichnungen findet sich bei *Stephan/Seidel*, in: Hauschka, Corporate Compliance, § 25 Rn. 214. Siehe auch die kritische Anmerkung zur Wahl des Terminus „unternehmensinterne Richtlinien" im DCGK von *Sidhu*, ZCG 2008, 13 f.

165 Zur Bedeutung der Kommunikation siehe *Rodewald/Unger*, BB 2007, 1629 ff.

166 Siehe ausführlich zur Beratungsfunktion 1. Kapitel § 4 II. 2.

zung gewährt werden. Dies kann proaktiv im Vorfeld einer Entscheidung geschehen und dient damit der Vermeidung und Vorbeugung rechtswidrigen Handelns. Gleichzeitig ist eine Beratung derjenigen Unternehmensangehörigen erforderlich, die einen bestimmten Vorgang bereits kritisch einstufen (reaktive Beratung). In diesem Sinne geht es um die Reaktion auf vermeintliche oder tatsächliche Rechtsverstöße und die Koordination der Reaktionsmaßnahmen.

Zur Umsetzung dieser Beratungsfunktion wird nicht nur in größeren Unternehmen ein Telefondienst eingerichtet. Dieser wird mit unterschiedlichen Begriffen bezeichnet. Üblich sind Hotline, Helpline, Whistleblower-Hotline/Helpline.[167] Die letzte Bezeichnung greift explizit die von Compliance umfasste Thematik des „Whistleblowers" auf. Dieser aus dem angloamerikanischen Rechtskreis des common law stammende Terminus kann als Hinweisgeber verstanden werden.[168] Differenziert wird dabei zwischen der Mitteilung fraglicher Vorgänge an Stellen außerhalb des Unternehmens, in Betracht kommen Aufsichtsbehörden, Strafverfolgungsbehörden sowie die Presse (externes Whistleblowing), und der Inkenntnissetzung von unternehmenseigenen Stellen, zum Beispiel von Kollegen, Vorgesetzten, dem Betriebsrat, der Geschäftsleitung oder des Aufsichtsrats (internes Whistleblowing). Eine Formalisierung des internen Whistleblowings geschieht durch die Implementierung eines Telefondienstes.[169] Dieser stellt die unter Umständen gewünschte Anonymität des Hinweisgebers sicher[170]. Eine Alternative oder Ergänzung zum Telefondienst stellt die persönliche Erreich-

---

167 Vgl. *Bürkle*, DB 2004, 2158, 2160; *Schneider*, ZIP 2003. 645, 650.

168 Umfassend zu dieser Thematik *Breinlinger/Krader*, RDV 2006, 60 ff.; *Bürkle*, DB 2004, 2158 ff.; *Stephan/Seidel*, in: Hauschka, Corporate Compliance, § 25 Rn. 258 ff.; eine empirische Untersuchung zu Whistleblowing findet sich bei *Barnett/Cochran/Taylor*, 12 Journal of Business Ethics (1993), 127 ff.

169 *Bürkle*, DB 2004, 2158, 2161.

170 Aufgrund dieser Anonymität bewegt sich ein Whistleblower im Spannungsfeld zwischen Zivilcourage und Denunziantentum. Die Weitergabe interner Informationen ohne Namensnennung wird deshalb teilweise kritisch betrachtet, vgl. *Bürkle*, DB 2004, 2158, 2161. Zum Nutzen für Arbeitnehmer und Arbeitgeber siehe *Bürkle*, DB 2004, 2158, 2159. Zu arbeits- und datenschutzrechtlichen Problemen im Zusammenhang mit der Einführung von Whistleblower-Hotlines siehe *Wisskirchen/Körber/Bissels*, BB 2006, 1567 ff. Zur Rechtsprechung und Entwicklung vgl. *Stephan/Seidel*, in: Hauschka, Corporate Compliance, § 25 Rn. 260 ff. m.w.N.

barkeit eines Compliance-Officers, Compliance-Beauftragten oder Ombudsmannes[171] dar.[172]

5. *Kontrolle und Sanktionierung*

Die Effektivität der ersten vier Säulen wird durch Kontroll- und Sanktionierungsmaßnahmen sichergestellt. Compliance-Auditprogramme überwachen die dauerhafte Befolgung der gesetzlichen Vorgaben durch die regelmäßige Befragung von Mitarbeitern oder Überprüfung von Geschäftsvorgängen.[173] Werden rechtswidrige Vorgänge bekannt oder aufgedeckt, sind die erforderlichen Maßnahmen zu ergreifen, um Wiederholungsfälle zu vermeiden und die an den Verstößen Beteiligten zu maßregeln.[174] Als Disziplinarmaßnahmen sind die inhaltliche Veränderung der zugeteilten Aufgaben, eine Versetzung, die Er- und Abmahnung sowie die Kündigung in Betracht zuziehen.[175] Die Androhung disziplinarischer Konsequenzen sei notwendig, um jedem Einzelnen die Ernsthaftigkeit des Anliegens zu verdeutlichen und einen Abschreckungseffekt gegenüber anderen Unternehmensangehörigen für künftige Entscheidungen zu erzielen.[176]

Zusammengefasst stellt sich ein Compliance-Programm als die durch einen oder mehrere Compliance-Beauftragte unternehmensweit vorgenommene, systematische und umfassende Steuerung der rechtlichen Risiken durch den Einsatz von Schulungen, einer Verhaltensrichtlinie, eines Telefondienstes sowie Überwachungs- und Disziplinierungsmaßnahmen dar. Im Vordergrund steht damit ein formalistischer Ansatz, um das Verhalten der Unternehmensangehörigen in gewünschte Bahnen zu lenken. In Anbetracht der Risiken und der Reaktionsweise, die Compliance vorgibt, ist der

---

171 Zum Begriff des Ombudsmannes, der insbesondere ein unternehmensexterner Ansprechpartner sein kann, siehe *Hauschka*, in: Hauschka, Corporate Compliance, § 1 Rn. 30 (Fn. 80).

172 Vgl. *Lampert*, BB 2002, 2237, 2240; *Stephan/Seidel*, in: Hauschka, Corporate Compliance, § 25 Rn. 258.

173 Vgl. *Lampert*, BB 2002, 2237, 2242; *Schneider*, ZIP 2003. 645, 649 f.; *Stephan/Seidel*, in: Hauschka, Corporate Compliance, § 25 Rn. 151, 162, 169 ff., 228.

174 *Hauschka*, in: Hauschka, Corporate Compliance, § 1 Rn. 38; *ders.*, ZIP 2004, 877, 882; *Hauschka/Greeve*, BB 2007, 165, 167.

175 *Hauschka*, ZIP 2004, 877, 880 f.; *Schneider*, ZIP 2003. 645, 650; siehe auch *Bussmann*, MschrKrim 86 (2003), 89, 102; *Samson/Langrock*, DB 2007, 1684, 1687.

176 *Lampert*, BB 2002, 2237, 2242; *Stephan/Seidel*, in: Hauschka, Corporate Compliance, § 25 Rn. 228.

im Rahmen der Compliance-Dikussion vereinzelt zu hörende Vorwurf, es handele sich um nichts weiter als „alter Wein in neuen Schläuchen" oder eine „Binsenweisheit"[177], nicht zutreffend und verkennt die Ausmaße von Compliance[178]. Zuzugestehen ist, dass die einzelnen, rechtlichen Aspekte nicht neu sind. Neu sind jedoch einerseits die gewachsene Bedeutung von Compliance für die Unternehmen und andererseits die systematische Herangehensweise an die Sicherstellung der Einhaltung rechtlicher Vorgaben.

II. Einordnung der gegenwärtigen Compliance-Aktivitäten

Im letzten Abschnitt dieses Kapitels werden die gegenwärtig in der deutschen Rechtswissenschaft diskutierten Compliance-Bemühungen einer kritischen Betrachtung unterzogen. Dies verlangt einen Blick auf zwei unterschiedliche Ebenen: Die ersten Ebene erfordert eine Begutachtung der Reichweite, Tiefe und Integration der zur Implementierung vorgesehenen Maßnahmen (1.). Im Anschluss daran werden die Compliance-Aktivitäten zugeschriebenen Aufgaben und Funktionen kritisch hinterfragt (2.). Auffällig ist, dass die Corporate Compliance nach dem gegenwärtigen Forschungsstand zugemessenen Ziele und Orientierungen eine Wertevermittlung weitgehend unberücksichtigt lassen. Schließlich folgt ein Ausblick auf die weitere rechtliche Betrachtung von Corporate Compliance (3.). Die formalistischen Maßnahmen scheinen prädestiniert zu sein, um im Rahmen einer verwaltungsrechtlichen oder sonderprivatrechtlichen Norm die Organisationsautonomie der Geschäftsleiter einzuschränken, so dass es sich bei Compliance um eine regulierte Selbstregulierung handelte.

1.   Reichweite und Integration der Compliance-Aktivitäten

Die Sicherstellung der Einhaltung rechtlicher Vorgaben durch Corporate Compliance zeichnet sich durch präventive Maßnahmen und Prozesse aus. Compliance-Bemühungen können aufgrund der Tiefe ihrer Integration in Unternehmensprozesse in zwei unterschiedliche Ansätze unterteilt werden: Es ist ein ausschließlicher Compliance-Ansatz denkbar, der auf die Vornahme formalistischer Maßnahmen und Prozesse beschränkt ist. Während ein compliance-integrierender Ansatz deutlich hierüber hinausgeht, indem die Schaffung einer bestimmten Unternehmenskultur im Vordergrund steht. Compliance-Maßnahmen werden in diesem Zusammenhang dazu ge-

---

177 *Schneider*, ZIP 2003, 645.
178 *Eisele*, WM 1993, 1021; *Hauschka*, NJW 2004, 257; *Rodewald/Unger*, BB 2007, 1629, 1635; *Spindler*, WM 2008, 905.

nutzt, die Einhaltung rechtlicher Vorgaben als Wert an sich zu artikulieren und zu visualisieren.

a) Der defensive Compliance-Ansatz

Der defensive Compliance-Ansatz basiert auf den fünf zuvor beschriebenen Säulen eines Compliance-Programmes. Die Umsetzung dieses Programmes erfordert die Implementierung eines Compliance-Officers, einer Verhaltensrichtlinie und eines Telefondienstes sowie den zielgerichteten Einsatz von Schulungen. Kontrollen und Sanktionen stellen die Durchsetzung der unternehmensspezifischen rechtlichen Vorgaben sicher. In personeller Hinsicht tragen vorrangig Juristen Verantwortung für die Compliance-Maßnahmen.[179] Das Kernziel der Einrichtung eines Compliance-Programmes besteht darin, rechtswidrigem Verhalten der Unternehmensangehörigen vorzubeugen.[180] Methodisch soll dieses Ziel erreicht werden, indem Entscheidungs- und Handlungsspielräume der Unternehmensangehörigen durch Information und Beratung begrenzt werden; die Einhaltung der Spielräume wird durch Kontrollen überwacht und aufgedeckte Fehlverhalten werden sanktioniert. Dem Compliance-Ansatz liegt die Annahme zugrunde, dass jeder einzelne Unternehmensangehörige aufgrund der durch Compliance-Bemühungen erzielten Rechtskenntnis und der drohenden Sanktionierung die rechtlichen Vorgaben einhält. Corporate Compliance in Form dieses Ansatzes stellt sich damit als Prävention durch Aufklärung, Überwachung und Sanktionierung dar.[181]

---

179 Vgl. *Bürkle*, VW 2004, 830 ff.; *ders.*, DB 2004, 2158, 2160; *Lampert*, BB 2002, 2237, 2239 f.; *Paine*, 72 Harvard Business Review (1994), 106, 113; *Rodewald/Unger*, BB 2007, 1629, 1630; *Thielemann*, 6 zfwu (2005), 31. A.A. *Campos Nave/Bonenberger*, BB 2008, 734, 735. Eine empirische Erhebung hinsichtlich der Beteiligung verschiedener Unternehmensbereiche findet sich bei *Weaver/Treviño/Cochran*, 18 Journal of Business Ethics (1999), 283, 292 f.

180 *Göbel*, Unternehmensethik, S. 218; *Paine*, 72 Harvard Business Review (1994), 106, 113.

181 *McKendall/DeMarr/Jones-Rikkers*, 37 Journal of Business Ethics (2002), 367, 380; *Paine*, 72 Harvard Business Review (1994), 106; *Treviño/Weaver/Gibson/Toffler*, 41 (Nr. 2) California Magnagement Review (1998), 131, 135; *Wellner*, 27 Cardozo Law Review (2005), 497, 513 (Fn. 65). So auch *Lampert*, in: Hauschka, Corporate Compliance, § 9 Rn. 4 f.; *ders.*, BB 2002, 2239 und 2242; *Rodewald/Unger*, BB 2007, 1629, 1633.

b) Der compliance-integrierende Ansatz

Diesem Compliance-Konzept wurde durch *Lynn Sharp Paine* im Jahr 1994 erstmals ein compliance-integrierender Ansatz als Alternative gegenübergestellt. Sie unterscheidet zwischen einer „Compliance Strategy" und einer „Integrity Strategy".[182] An die Stelle eines inhaltlich vorwiegend durch die Außensteuerung des Gesetzgebers beeinflussten Systems tritt nach diesem Ansatz ein wertorientiertes, selbstbestimmtes Engagement des Unternehmens.[183] Die Einhaltung rechtlicher Vorgaben stellt dabei nur einen Teil des eigentlichen Ziels dieses Ansatzes dar; dieser liegt in der Stärkung des verantwortlichen Handelns jedes Einzelnen. Der compliance-integrierende Ansatz beinhaltet zwar die Umsetzung der formalistischen Compliance-Maßnahmen. Diese werden jedoch nur als Katalysator und Unterstützung betrachtet.[184] Der Ansatz geht nämlich einen Schritt weiter, indem der Unternehmensleitung eine herausgehobene Position für die Sicherstellung der Einhaltung rechtlicher Vorgaben zugemessen wird. Anders als der Compliance-Ansatz, der vorwiegend durch Juristen entwickelt und umgesetzt wird, stellt dieses Konzept demzufolge auf die Bedeutung der Führungskräfte ab.[185] Juristen und Mitarbeiter des Personalwesens sind vom Management miteinzubeziehen. Die Methoden der Umsetzung dieses Ansatzes sind subtiler: Erfolgsentscheidend sei das Verhalten der Führungskräfte. Zudem werden die Verantwortlichkeit jedes Einzelnen und die Bedeutung von Entscheidungsprozessen betont.[186] Es ginge darum, eine Unter-

---

182 *Paine*, 72 Harvard Business Review (1994), 106 ff.; vgl. aber bereits *Murphy*, 7 Journal of Business Ethics (1988), 907 ff. Diese Differenzierung ist fester Bestandteil der unternehmensethischen Diskussion, siehe dazu etwa *Göbel*, Unternehmensethik, S. 216 ff.; *Kreikebaum*, ZfB-Special Issue 2006, Nr. 1, 1, 9 ff.; *Noll*, Wirtschafts- und Unternehmensethik in der Marktwirtschaft, S. 120 f.; *Thielemann*, 6 zfwu (2005), 31. Siehe hierzu auch *Laufer*, 52 Vanderbilt Law Review (1999), 1343, 1395 ff. m.w.N.; *McKendall/DeMarr/Jones-Rikkers*, 37 Journal of Business Ethics (2002), 367, 380; *Treviño/Weaver/Gibson/Toffler*, 41 (Nr. 2) California Magnagement Review (1998), 131, 135 ff.; *Weaver/Treviño/Cochran*, 42 Academy of Management Journal (1999), 539, 540 f.; *Wellner*, 27 Cardozo Law Review (2005), 497, 513.

183 *Paine*, 72 Harvard Business Review (1994), 106, 113; vgl. *Kleinfeld*, in: Bickmann: Chance: Identität, S. 363, 379; *Kreikebaum*, ZfB-Special Issue 2006, Nr. 1, 1, 11.

184 *Paine*, 72 Harvard Business Review (1994), 106, 112.

185 *Paine*, 72 Harvard Business Review (1994), 106, 113.

186 *Paine*, 72 Harvard Business Review (1994), 106, 113; vgl. *Göbel*, Unternehmensethik, S. 219.

nehmenskultur des „do-it-right" zu schaffen und zu pflegen.[187] Ein Compliance-Programm diene der Unterstützung dieser Bemühungen. Ein compliance-integrierendes Konzept zielt damit darauf ab, das moralische und gesetzliche Handeln des Einzelnen in einen institutionellen Rahmen einzuordnen. Der Ansatz geht auf die Annahme zurück, die Verhaltenssteuerung der Unternehmensangehörigen dürfe nicht ausschließlich durch materielles Selbstinteresse beeinflusst werden, sondern sei insbesondere von Werten, Vorbildern und Kollegen beeinflusst.[188] Dies bringt zum Ausdruck, dass sich die Umsetzung des Integritätskonzepts als tiefergehender, umfassender und anspruchsvoller darstellt als ein vorwiegend auf Befehl und Kontrolle ausgerichtetes Compliance-Konzept. Es geht um die Entwicklung und Pflege gemeinsamer Werte und die Ermutigung der Arbeitnehmer zur Bekenntnis zu Compliance und dessen nachhaltiger Verfolgung als unternehmensweites Ideal.[189] Das hinter diesem Ansatz stehende Ziel der Compliance-Maßnahmen lässt sich dementsprechend so ausdrücken: „The program must give help. Its primary purpose is to teach and guide – not catch and judge."[190] Die Einhaltung rechtlicher Normen soll nicht erzwungen werden, sondern in einem dialogischen Prozess kommunikativ erarbeitet und sichergestellt werden.[191]

c)   Schlussfolgerungen

Vergleicht man den defensiven Compliance- mit dem compliance-integrierenden Ansatz, dann bedeutet dies, dass sich der Unterschied aus der „Ziel-Mittel-Vorstellung" ergibt[192]. Während Compliance-Programme nur das moralische Minimalziel, rechtswidriges Verhalten zu verhindern, verfolgen, zielt der integrative Ansatz darauf ab, die Mitarbeiter zu eigenverantwortlichem Handeln im Unternehmen zu ermutigen. Die Ansätze unterscheiden sich nicht dadurch, dass grundsätzlich auf die Anwendung von Kontroll-

---

187   *Paine*, 72 Harvard Business Review (1994), 106, 113; vgl. *Edwards/Wolfe*, 14 Journal of Financial Regulation and Compliance (2006), 140, 141; *Thielemann*, 6 zfwu (2005), 31, 33.

188   *Paine*, 72 Harvard Business Review (1994), 106, 113.

189   *Göbel*, Unternehmensethik, S. 218; *Treviño/Weaver/Gibson/Toffler*, 41 (Nr. 2) California Management Review (1998), 131, 135; *Wellner*, 27 Cardozo Law Review (2005), 497, 513 (Fn. 66); vgl. *Wolf*, DStR 2006, 1995 f.

190   *Barker*, 12 Journal of Business Ethics (1993), 165, 174.

191   *Göbel*, Unternehmensethik, S. 218; *Kreikebaum*, ZfB-Special Issue 2006, Nr. 1, 1, 11.

192   *Göbel*, Unternehmensethik, S. 218.

und Sanktionierungsmaßnahmen verzichtet wird. Der compliance-integrie-rende Ansatz zeichnet sich jedoch dadurch aus, dass detaillierte Vorgaben und eine Motivation durch Angst vor Strafe nicht die alleinigen Mittel dar-stellen.[193] Die Entwicklung unternehmensweiter und damit gemeinsamer Wertvorstellungen steht stattdessen im Vordergrund.

Betrachtet man die dargestellte, in anderen Wissenschaftsdisziplinen vorherrschende Differenzierung zwischen defensiven Compliance- und compliance-integrierenden Ansätzen, so fehlt es an einer derartigen Unter-scheidung in der deutschen Rechtswissenschaft. Zugleich lassen sich die ge-genwärtig empfohlenen Compliance-Maßnahmen ganz überwiegend dem defensiven Compliance-Ansatz zuordnen.[194] Vereinzelt werden zwar über die Vornahme formalistischer Maßnahmen hinaus, die Geschäftsleitung und die Unternehmenskultur mit in eine Betrachtung möglicher Einfluss-faktoren auf das rechtmäßige Verhalten der Unternehmensangehörigen ein-bezogen.[195] Zur Sicherstellung der Wirksamkeit der formalistischen, orga-nisatorischen Maßnahmen werden Überwachungs- und Kontrollaspekte hervorgehoben. Dementsprechend werden Compliance-Officer als „Kon-trolleure", „Wachhunde" und „ständiger Staatsanwalt im Betrieb" bezeich-net.[196] Dass eine Verbindung zwischen Staatsanwaltschaft und Corporate Compliance gezogen wird, verdeutlichen zwei Beispiele aus der Praxis: Seit dem 16. Juli 2007 arbeitet einer der bekanntesten Korruptionsbekämp-fer Deutschlands der bis dahin als Oberstaatsanwalt tätige *Wolfgang Schau-pensteiner* für die Compliance-Abteilung der Deutschen Bahn.[197] Zuvor hat-

193 Vgl. *Göbel*, Unternehmensethik, S. 218.

194 In diesem Sinne *Bussmann*, MschrKrim 86 (2003), 89, 102.

195 Die Bedeutung von Geschäftsleitung und Unternehmenskultur für die Wirk-samkeit von Compliance-Maßnahmen hervorhebend *Bürkle*, BB 2005, 565, 566; *Eisele*, WM 1993, 1021, 1023; *Hauschka*, DB 2006, 1143, 1144 f.; *Itzen*, BB 2008, BB-Special Nr. 5 zu Heft 25, 12, 14; *Kiethe*, GmbHR 2007, 393, 394; *Lampert*, BB 2002, 2237, 2239 f., 2243; *ders.*, in: Hauschka, Corporate Compliance, § 9 Rn. 3, 6; *Stephan/Seidel*, in: Hauschka, Corporate Compli-ance, § 25 Rn. 13, 50, 168, 176, 192, 198, 208; *Wessing*, SAM 2007, 175, 179 f.; *Wolf*, DStR 2006, 1995 f. *Grundmann* betont den Aufbau eines Compliance-Klimas, *Grundmann*, in: Ebenroth/Boujong/Joost/Strohn, HGB, Rn. VI 302, 309.

196 Amann, FAZ vom 9.6.2007, Nr. 131, C1. Kritisch zur Betrachtung des Compliance-Officers als „Staatsanwalt" im Unternehmen *Wessing*, SAM 2007, 175, 180. Zur Bezeichnung der Compliance-Abteilung als „Hauspoli-zei" *Scherp*, Kriminalistik 2003, 486, 487 und 489.

197 *Campos Nave*, BB 2007, Heft 31, Die erste Seite; *Kort*, NZG 2008, 81, 85.

te die Siemens AG bereits Oberstaatsanwalt *Daniel Noa* für ihre Compliance-Bemühungen abgeworben.[198]

Die Bedeutung von Direktiven und Kontrolle im Lichte eines Compliance-Managements veranschaulicht ein Beispiel aus der Wissenschaft: In der akademischen Auseinandersetzung mit der angezeigten Beschaffenheit einer Compliance-Organisation hat *Christoph Hauschka* eine dreistufige Systematisierung entwickelt, nach der sich bestimmt, wann Compliance-Maßnahmen in welchem Ausmaß zu ergreifen sind. Auf der dritten Stufe, die dadurch gekennzeichnet ist, dass konkrete Verdachtsmomente für Rechtsverstöße vorliegen und es in der Vergangenheit bereits zu Rechtsverletzungen kam, sollte eine weit reichende Compliance-Organisation implementiert werden.[199] „Ihre Zielsetzung besteht in Kontrolle und Disziplinierung", hebt *Christoph Hauschka* hervor.[200] Die für das Unternehmen bestehende Gefahrensituation sei durch Kontrolle und Maßnahmen der Disziplinierung abzustellen.[201] Dies sei der Zeitpunkt an dem ein „Zero Tolerance Policy"[202] des Unternehmens kommuniziert und umgesetzt werden müsse.[203] Es müsse eine ausnahmslose Ahndung aller Verstöße durch entsprechende Sanktionen erfolgen. Die Disziplinarmaßnahmen, die von Ermahnungen über Versetzungen bis hin zu Abmahnungen und Kündigungen reichen, sollen die Unternehmensangehörigen durch das Inaussichtstellen von persönlichen Nachteilen zur Befolgung der Rechtssätze anhalten. Compliance in dieser Form zielt darauf ab, die Unternehmensangehörigen von

---

198 Amann, FAZ vom 9.6.2007, Nr. 131, C1. *Daniel Noa* arbeitete jedoch nur für einen Zeitraum von sechs Monaten für die Compliance-Abteilung der Siemens AG.

199 *Hauschka*, in: Hauschka, Corporate Compliance, § 1 Rn. 38; *ders.*, ZIP 2004, 877, 882. In einem jüngeren Aufsatz betonen *Christoph Hauscka* und *Gina Greeve*, dass „Commitment" der Unternehmensleitung und des Managements notwendig seien und ein Bestandteil der ersten Stufe ihres Systems sei, *Hauschka/Greeve*, BB 2007, 165, 167.

200 *Hauschka*, ZIP 2004, 877, 882.

201 *Hauschka*, in: Hauschka, Corporate Compliance, § 1 Rn. 38.

202 Zum Begriff siehe *Hauschka*, in: Hauschka, Corporate Compliance, § 1 Rn. 31.

203 *Hauscka/Greeve*, BB 2007, 165, 171; in diesem Sinne auch *Schneider*, ZIP 2003, 645, 649. Zuvor hob *Christoph Hauschka* jedoch bereits kritisch hervor, dass dies die Glaubwürdigkeit des Unternehmens aufs Spiel setzen könne; eine derart starke Selbstbindung sei eine „zweischneidige Angelegenheit", *Hauschka*, ZIP 2004, 877, 882.

rechtswidrigem Verhalten abzuschrecken.[204] Die Wirkung der bereits per Gesetz bestehenden Sanktionsmittel soll verstärken werden.[205]

2. *Aufgaben und Funktionen der Compliance-Aktivitäten*

Neben dem Kernziel, der Sicherstellung der Einhaltung rechtlicher Vorgaben, werden Corporate Compliance die folgenden fünf Aufgaben und Funktionen zuerkannt: Marketingfunktion, Qualitätssicherungs- oder Innovationsfunktion, Schutzfunktion, Beratungs- und Informationsfunktion sowie die Überwachungsfunktion.[206]

Gegenüber Unternehmensexternen hat Compliance eine Marketingfunktion. Durch wirksame Compliance-Maßnahmen können Rechtsverstöße und damit daraus resultierende Reputationsverletzungen vermieden werden. Bei bestehenden und potentiellen Geschäftspartnern und Mitarbeitern, anderen Marktteilnehmern, Aufsichtsbehörden und der Öffentlichkeit kann durch den Einsatz von Compliance ein bestimmtes Ansehen und eine bestehende Beziehung erhalten oder verbessert werden. Compliance kann das Vertrauen der Stakeholder in die Integrität des Unternehmens sichern.[207]

---

204 *Göbel*, Unternehmensethik, S. 218; *Lampert*, BB 2002, 2237, 2242. *Ulrich Thielemann* betont, nahezu die gesamte Literatur zum Thema Compliance und anscheinend auch die Praxis würden auf negative Sanktionen setzen, *Thielemann*, 6 zfwu (2005), 31, 37. Auch *Thomas Lösler* konstatiert eine „starke Betonung des Kontroll- und Überwachungsgedankens", *Lösler*, NZG 2005, 104.

205 Vgl. hierzu *Samson/Langrock*, DB 2007, 1684, 1687. Kritisch zu einer damit einhergehenden Verlagerung des Abschreckungseffektes *Wellner*, 27 Cardozo Law Review (2005), 497, 498 ff.

206 *Bergmoser/Theusinger/Gushurst*, BB 2008, BB-Special Nr. 5 zu Heft 25, 1, 2; *Eisele*, in: Schimansky/Bunte/Lwowski, Bankrechts-Handbuch, § 109 Rn. 4; *Kort*, NZG 2008, 81; *Lösler*, WM 2007, 676, 677; *ders.*, in: Grundmann (u. a.), Anleger- und Funktionsschutz durch Kapitalmarktrecht, S. 23 ff.; *ders.*, NZG 2005, 104 f.; vgl. dazu *Gebauer*, in: Hauschka, Corporate Compliance, § 31 Rn. 17 ff.; *Grundmann*, in: Ebenroth/Boujong/Joost/Strohn, HGB, Rn. VI 298, 301; *Stephan/Seidel*, in: Hauschka, Coporate Compliance, § 25 Rn. 133. Ziele von Compliance finden sich auch bei *Newberg*, 29 Vermont Law Review (2005), 253, 267 ff.; *Schwartz*, 55 Journal of Business Ethics (2004), 323, 331.

207 *Bürkle*, BB 2005, 565, 566; *ders.*, VW 2004, 830 ff.; *ders.*, DB 2004, 2158, 2159; *Campos Nave/Bonenberger*, BB 2008, 734; *von Hehn/Hartung*, DB 2006, 1909, 1910; vgl. auch *Campos Nave*, BB 2007, Heft 31, Die erste Seite. Während eine aus dem Jahr 2006 stammende Umfrage ergab, dass 35 Prozent der befragten Unternehmen Compliance dem Investor Relations-Bereich zuordnete und 40 Prozent der Teilnehmer Compliance der Rechtsabteilung zurechneten (*Deter/Arends/Bozicevic*, AG-Report 2006, R 532), ist das Ergebnis

Durch das Erkennen und Beseitigen von Schwachstellen leistet Compliance eine Qualitätskontrolle (Qualitätssicherungs- oder Innovationsfunktion). In erster Linie wird Compliance eine Schutzfunktion zuerkannt.[208] Die Aufklärung der Unternehmensangehörigen dient der Vorbeugung rechtswidrigen Verhaltens. Compliance soll die Unternehmensangehörigen präventiv vor Fehlhandlungen, sei es aus Unwissenheit, Fahrlässigkeit oder Vorsatz behüten.[209] Dadurch entfaltet Compliance eine Schutzwirkung, die sowohl Unternehmen und Unternehmensorganen als auch den Mitarbeitern zugute kommt.[210] Durch die Sicherstellung der Einhaltung rechtlicher Vorgaben werden negative Folgen rechtswidrigen Verhaltens vermieden. Das Unternehmen, seine Organe und Mitarbeiter sollen vor straf- und bußgeldbewehrten Handlungen sowie weiteren Nachteilen geschützt werden. Zugleich ermöglicht Compliance den Unternehmen auf unbegründete Vorwürfe bzw. Anschuldigungen von außen zügig und glaubwürdig zu reagieren.[211] Die Schutzfunktion umfasst deshalb die Aufgabe, die Beziehungen

einer jüngst veröffentlichten Erhebung, dass die Mehrheit der Befragten Compliance dem Investor Relations-Bereich zurechnet (*Deter/Gremmler*, AG-Report 2007, R 326). Kritisch ist anzumerken, dass Compliance mitunter als alleinige PR-Maßnahmen bzw. als Alibiinstrumente betrachtet werden, siehe dazu 2. Kapitel § 4 und die Zusammenfassung der wesentilchen Ergebnisse dieser Arbeit.

208 *Bürkle*, BB 2005, 565, 566; *Lösler*, WM 2007, 676, 677; *von Hehn/Hartung*, DB 2006, 1909, 1910.

209 Vorsätzlich begangene Rechtsverstöße werden sich nicht gänzlich vermeiden lassen, *Barker*, 12 Journal of Business Ethics (1993), 165, 174; *Eisele*, WM 1993, 1021, 1023; *Rodewald/Unger*, BB 2007, 1629, 1633; *Wolf*, DStR 2006, 1995, 2000. Es wird betont, dass Rechtsverstöße im Regelfall nicht vorsätzlich, sondern unbewusst mangels Rechtskenntnis oder fehlender Sensibilität für rechtliche Risiken geschähen, *Bürkle*, BB 2005, 565, 566; *Itzen*, BB 2008, BB-Special Nr. 5 zu Heft 25, 12, 15. Falsche Risikoeinschätzung, unzureichende Tatsachenfeststellung, fehlende Rechtskenntnis oder falsche Rechtsanwendung sowie ein fehlendes Problembewusstsein seien die Ursachen rechtswidrigen Handelns, so *Hauschka*, NJW 2004, 257, 260.

210 *Thomas Lösler* wirft die Frage auf, ob es sich bei Compliance nicht vorwiegend um Anlegerschutz anstelle eines Unternehmensschutzes handle, *Lösler*, NZG 2005, 104, 108; vgl. hierzu auch *Edwards/Wolfe*, 14 Journal of Financial Regulation and Compliance (2006), 140, 148; *Koller*, in: Assmann/Schneider, WpHG, § 33 Rn. 32. Aufgrund der Bedeutung von Compliance für das Unternehmenswohl, kommt *Lösler* zu dem Schluss, Compliance diene vorrangig dem Unternehmensschutz und der Anlegerschutz sei ein Reflex dieser Wirkung.

211 *Eisele*, in: Schimansky/Bunte/Lwowski, Bankrechts-Handbuch, § 109 Rn. 4.

zu den Stakeholdern, insbesondere den Aufsichtbehörden, zu pflegen und als Ansprechpartner zur Verfügung zu stehen (Repräsentationsfunktion).[212]

Eng verzahnt mit der Schutzfunktion sind zwei weitere Funktionen: Die Kommunikation der rechtlichen Vorgaben und die Vornahme der Ausbildungsmaßnahmen sind Ausfluss der Informations- und Beratungsfunktion; diese Funktion ist Grundlage für die soeben genannte Rechtssicherheit der Unternehmen und deren Angehörigen. Die Compliance-Beauftragten verstehen sich als Ratgeber und Aufklärer der operativen Bereiche des Unternehmens. Rechtliche Vorgaben können schließlich nur beachtet werden, sofern sie bekannt sind. Bestandteil dieser Beratungs- und Informationsfunktion ist es, das Bewusstsein der Mitarbeiter für aus ihrer Tätigkeit folgende Risiken zu schärfen.[213] Die Unternehmensangehörigen müssen in die Lage versetzt werden, Risiken frühzeitig zu erkennen, und sie müssen wissen, wann es geboten ist, Compliance-Beauftragte oder andere Personen einzuschalten.[214] Schließlich hat Compliance eine Überwachungsfunktion: Die systematische, fortlaufende und angemessene Überwachung der Einhaltung der rechtlichen Vorgaben stellt ein wesentliches Element der Compliance-Organisation dar.[215]

Eine aufmerksame Betrachtung der Aufgaben und Funktionen von Compliance bringt zum Vorschein, dass in der wissenschaftlichen Diskussion einer Funktion eine ungleich größere Bedeutung zugemessen wird. Dabei handelt es sich um einen Aspekt der Schutzfunktion: Die Vermeidung der Geschäftsleiterhaftung wird deutlich hervorgehoben. Die compliancerelevante Literatur betont die Bedeutung von Compliance für die Geschäftsleitung, um negative Folgen für diese und dabei insbesondere eine etwaige Haftung abzuwenden.[216] Compliance sei eine „spürbare Haftungserleichte-

---

212 *Eisele*, in: Schimansky/Bunte/Lwowski, Bankrechts-Handbuch, § 109 Rn. 4; *Lösler*, in: Grundmann (u. a.), Anleger- und Funktionsschutz durch Kapitalmarktrecht, S. 23, 26.

213 *Lampert*, BB 2002, 2237, 2241; *Rodewald/Unger*, BB 2007, 1629, 1630.

214 Zu ähnlichen Aufgaben der Unternehmensrechtsabteilung *Kohler*, FS Kümpel, S. 301, 307.

215 *Lösler*, in: Grundmann (u. a.), Anleger- und Funktionsschutz durch Kapitalmarktrecht, S. 23, 27.

216 Vgl. *Bürkle*, VW 2004, 830 ff.; *Eisele*, WM 1993, 1021, 1023; *Fleischer*, AG 2003, 291; *Hauschka*, DB 2006, 1143, 1146; *ders.*, NJW 2004, 257; *von Hehn/Hartung*, DB 2006, 1909, 1910; *Kiethe*, GmbHR 2007, 393 ff.; *Lücke*, in: Lücke, Vorstand der AG, § 3 Rn. 12 f.; *Rodewald/Unger*, BB 2007, 1629; *dies.*, BB 2006, 113 und 117; *Turiaux/Knigge*, DB 2004, 2199 ff.; *Wolf*, DStR 2006, 1995 f.

rung".[217] Dieses Ziel steht im Mittelpunkt der Begründungen von Compliance-Maßnahmen. In dem Zusammenhang wird die Notwendigkeit einer sorgfältigen Dokumentation der Compliance-Maßnahmen akzentuieren.[218] Ohne Dokumentation sei das beste Compliance-Programm ohne Nutzen, da dessen Existenz in einem allfälligen Prozess nicht bewiesen werden könne.

An dieser Stelle soll die Frage aufgeworfen werden, ob eine Aufgabe der Compliance nicht bislang unberücksichtigt geblieben ist. Betrachtet man den compliance-integrierenden Ansatz, wird deutlich, dass Compliance nach diesem Konzept an erster Stelle eine Form der Vermittlung und Unterstützung von Werten ist. Diese Aufgabe findet sich in den bereits etablierten Funktionen von Compliance nicht wieder. Am ehesten käme für diesen Zweck die Informations- und Beratungsfunktion in Frage, doch die Vermittlung von Wissen durch Aufklärung und Auskunft kann nicht mit der Vermittlung von Werten gleichgesetzt werden. Somit lässt sich die Wertevermittlung keiner der bereits anerkannten fünf Aufgaben und Funktionen zuordnen. Als sechste Aufgabe beinhaltet Corporate Compliance deshalb eine Wertevermittlungsfunktion. Compliance kann unternehmensweit geltende, gemeinsame Werte zum Ausdruck bringen.[219] Dies scheint sehr bedeutsam zu sein, vergegenwärtigt man sich zum Beispiel die Aussage von *Lynn Sharp Paine*, wonach ein Rechtsverstoß die Werte, Einstellungen, Überzeugungen, Sprache, Verhaltens- und Entscheidungsmuster widerspiegele, die ein Unternehmen und dessen spezifische Unternehmenskultur ausmache[220]. Die kulturelle Prägung eines Unternehmens müsse deshalb die Einhaltung der geltenden Rechtssätze fördern und als selbstverständlich betrachten.[221] Aus der Betriebswirtschaftslehre ist bekannt, dass vornehmlich die Führungskräfte eines Unternehmens durch ihren Vorbildcharakter Werte zum Ausdruck bringen, verändern und festigen können.[222]

---

217 *Hauschka*, NJW 2004, 257, 259.

218 *Bürkle*, DB 2004, 2158, 2160; *ders.*, VW 2004, 830 ff.; *Kiethe*, GmbHR 2007, 393, 399; *Lampert*, BB 2002, 2237, 2241; *Wessing*, SAM 2007, 175, 179; *Wolf*, DStR 2006, 1995.

219 Vgl. *McKendall/DeMarr/Jones-Rikkers*, 37 Journal of Business Ethics (2002), 367, 380.

220 *Paine*, 72 Harvard Business Review (1994), 106.

221 Vereinzelt wird bereits auf die Bedeutung der Unternehmenskultur hingewiesen *Lampert*, BB 2002, 2237, 2243; *ders.*, in: Hauschka, Corporate Compliance, § 9 Rn. 6; *Wessing*, SAM 2007, 175, 179 f. Werte werden zudem in der Praxis betont, so z. B. *Pohlmann* (Chief Compliance Officer der Siemens AG), FAZ vom 23. 11. 2007, Nr. 273, S. 17.

222 Zu den Einzelheiten der Wertevermittlung siehe unten 4. Kapitel § 3 II. 3.

Unterstützt wird diese Argumentation durch eine Plausibilitätserwägung: In § 3 dieses Kapitels wurde deutlich, dass die Verhaltenssteuerung als Funktion des Rechts neben der Rechtskenntnis ein zumindest unbewusstes Pflichtgefühl voraussetzt, den rechtlichen Normen Folge zu leisten.[223] Der Sicherstellung der Rechtskenntnis wird durch die Beratungs- und Informationsfunktion begegnet. Ob es gelingt, das Pflichtgefühl der Unternehmensangehörigen allein durch die Überwachungsfunktion zu stärken und aufrechtzuerhalten, wird in dieser Arbeit in Frage gestellt.[224] Es leuchtet ein, dass das Pflichtgefühl als konstitutives Element der Verhaltenssteuerung durch die Betonung unternehmensweiter, gemeinsamer Werte, die die Einhaltung rechtlicher Vorgaben als Botschaft transportieren, gestärkt wird. Die gegenwärtigen Aufgaben und Funktionen von Compliance sind damit um eine Wertevermittlungsfunktion zu ergänzen.

3. Rechtliche Bedeutung von Corporate Compliance

Nach alledem stellt sich aus juristischer Perspektive die Frage, ob die Geschäftsleitung der Verpflichtung untersteht oder unterstehen sollte, den rechtlichen Risiken durch Compliance-Bestrebungen entgegenzutreten. Dabei interessiert besonders, ob die formalistischen, systematischen und organisatorischen Maßnahmen in Form eines Compliance-Programmes von der Unternehmensleitung pflichtgemäß zu initiieren sind. Die Untersuchung dieser Fragen bildet den Schwerpunkt im weiteren Verlauf der Arbeit. Doch bevor auf die genauen rechtlichen Voraussetzungen in Deutschland eingegangen wird, soll ein Blick auf die Entwicklung von Corporate Compliance in den Vereinigten Staaten von Amerika geworfen werden.

---

223 Vgl. oben 1. Kapitel § 3 II. 2.

224 Siehe dazu die ausführliche Auswertung empirischer Erkenntnisse unten 4. Kapitel § 2.

2. Kapitel
Corporate Compliance in den USA

Blickt man auf die Vereinigten Staaten von Amerika, so fällt auf, dass das Thema Corporate Compliance im Vergleich zu Deutschland nicht nur in der Wissenschaft umfassender gewürdigt wird[225], sondern Compliance-Maßnahmen auch in der Praxis zu einem höheren Maße umgesetzt werden. Letzteres verdeutlichen folgende Zahlen: Während in Deutschland 54 Prozent der befragten Unternehmen ein Compliance-Programm implementiert haben, verfügen 83 Prozent der Unternehmen in den USA über derartige Maßnahmen und Prozesse.[226] Bei börsennotierten US-Unternehmen erreicht der Verbreitungsgrad sogar 91 Prozent.[227] Diese Zahlen gehen auf eine im Herbst 2005 durchgeführte Erhebung zurück.[228] Die Ergebnisse stimmen mit anderen Untersuchungen weitgehend überein: So waren in über 90 Prozent begutachteter US-Unternehmen Verhaltensrichtlinien vorhanden, hingegen nur in 51 Prozent der befragten deutschen Unternehmen.[229] Auffällig ist, dass die US-amerikanischen Compliance-Bemühun-

---

225 *Murphy*, 87 Iowa Law Review (2002), 697, 707, die auf fast 500 rechtswissenschaftliche Aufsätze zu Corporate Compliance verweist; *Wellner*, 27 Cardozo Law Review (2005), 497.

226 *Bussmann/Matschke*, wistra 2008, 88, 91. Die Forschungsergebnisse beruhen auf Befragungen von Personen, die sich für Compliance innerhalb ihres Unternehmens zuständig erklärten und stammen aus 536 US-amerikanischen und 1512 deutschen Unternehmen, *Bussmann/Matschke*, wistra 2008, 88, 90.

227 *Bussmann/Matschke*, wistra 2008, 88, 92.

228 Ebenda.

229 Vgl. *Langlois/Schlegelmilch*, 21 Journal of International Business Studies (1990), 519, 522; *Schwartz*, 32 Journal of Business Ethics (2001), 247, 248; weitere Erhebungen finden sich bei *Bussmann/Salvenmoser*, NStZ 2006, 203, 208 f.; *Kaptein*, 50 Journal of Business Ethics (2004), 13; *Laufer/Robertson*, 16 Journal of Business Ethics (1997), 1029, 1030; *Stevens*, 78 Journal of Business Ethics (2008), 601, 602; *Treviño/Weaver/Gibson/Toffler*, 41 (Nr. 2) California Management Review (1999), 131; *Weaver/Treviño/Cochran*, 18 Journal of Business Ethics (1999), 283, 285; bereits im Jahr 1979 hatten 77 Prozent der befragten US-Unternehmen eine Verhaltensrichtlinie, *White/Montgomery*, 23 (Nr. 2) California Management Review (1980), 80, 82; zu Untersuchungen aus den Jahren 1984 und 1987, *Pitt/Groskaufmanis*, 78 Georgetown Law Journal (1990), 1559, 1602.

.ın bedeutendem Maße zu Beginn der 1990er Jahre und in den ersten Jahen des 21. Jahrhunderts initiiert wurden.[230]

Die Gründe für die hohe Verbreitungsquote von Compliance-Bemühungen in den USA sind vielfältig.[231] Die Art der Unternehmensführung[232] ist
hierfür genauso verantwortlich wie interne und externe Stakeholder[233] sowie
rechtliche Vorgaben[234]. In diesem Kapitel können nicht alle Einflussfaktoren dargestellt werden; jedoch werden die wichtigsten Gründe für den hohen
Verbreitungsgrad der Compliance-Anstrengungen in den USA in den nächsten Abschnitten genannt und in gebotener Kürze ausgeführt.[235]

Erste Compliance-Bemühungen wurden in den Fünfzigerjahren des vergangenen Jahrhunderts als Reaktion auf zuvor an die Öffentlichkeit gedrungene Rechtsverstöße unternommen. Dieses Muster setzte sich bis zum Ende
des 20. Jahrhunderts fort (§ 1). Corporate Compliance-Bemühungen waren
zu dieser Zeit vornehmlich eine Reaktion auf zuvor geschehene, massive
Rechtsverletzungen. Dies änderte sich im Jahr 1991 mit der Einführung

---

230 Vgl. *Bussmann/Matschke*, wistra 2008, 88, 92; *Weaver/Treviño/Cochran*, 18
Journal of Business Ethics (1999), 283, 288 f.; bemerkenswert ist die Zunahme
der Anzahl der Mitglieder der Ethics Officer Association; beliefen sich die
Mitglieder 1992 noch auf weniger als 20, so stieg die Zahl fast exponentiell auf
ungefähr 1250 im Jahr 2006 an und nennt sich zudem seit 2005 Ethics and
Compliance Officer Association, vgl. http://www.theecoa.org/aboutecoa.asp/
(zuletzt besucht am 31.07.2008); siehe hierzu *Fiorelli/Tracey*, 32 Journal of
Corporation Law (2007), 467, 468.

231 Siehe hierzu *Adam/Rachman-Moore*, 54 Journal of Business Ethics (2004),
225, 226; *Newberg*, 29 Vermont Law Review (2005), 253, 267 ff. m.w.N.; vgl.
auch *Bussmann/Matschke*, wistra 2008, 88, 89.

232 *Paine*, 6 Business Ethics Quarterly (1996), 477 ff.

233 *Kaptein/Schwartz*, 77 Journal of Business Ethics (2008), 111; *Murphy*, 7
Journal of Business Ethics (1988), 907; *Newberg*, 29 Vermont Law Review
(2005), 253, 269 f.; vgl. dazu auch die empirische Untersuchung von *Stevens/
Steensma/Harrison/Cochran*, 26 Strategic Management Journal (2005),
181 ff.

234 Vgl. dazu die empirische Untersuchung von *Weaver/Treviño/Cochran*, 42
Academy of Management Journal (1999), 41 ff.; siehe auch *Wellner*, 27
Cardozo Law Review (2005), 497, 509 f. m.w.N.

235 Einen guten Überblick über die Entwicklung von Corporate Compliance in
den USA geben *Copeland*, 5 Drake Journal of Agricultural Law (2000), 305,
311 ff.; *Fiorelli*, 39 Wake Forest Law Review (2004), 565 ff.; *FitzSimon/
McGreal*, 60 Business Lawyer (2005), 1759 ff.; *McGreal*, 61 Business Lawyer
(2006), 1645 ff.; *Pitt/Groskaufmanis*, 78 Georgetown Law Journal (1990),
1559, 1574 ff.; *Walker*, in: Walker (u.a.), PLI Corporate Compliance and
Ethics Institute 2007, S. 15 ff.; *Watson*, 6 Transactions: Tennessee Journal of
Business Law (2004), 7, 8 ff.

der sogenannten U.S. Federal Sentencing Guidelines (im Folgenden FSG) – einer zunächst zwingenden Strafzumessungsrichtlinie für Richter der Bundesgerichte (§ 2). Seither wurde Corporate Compliance verschiedentlich durch staatliche Institutionen und vereinzelt sogar von privater Seite forciert (§ 3).

§ 1 Die Zeit der Wirtschaftsskandale

Die frühe Entstehungsgeschichte von Corporate Compliance ist vorwiegend durch Wirtschaftsskandale geprägt. Die Aufarbeitung der Hintergründe verschiedenster Rechtsverletzungen beschleunigte die Implementierung von Compliance-Maßnahmen in den betroffenen Unternehmen und Branchen. Die Skandale haben die Entwicklung von Corporate Compliance vorangetrieben, jedoch vorwiegend beschränkt auf die zuvor durch Verfehlungen auffällig gewordenen Rechtsbereiche.

I. Die Wettbewerbsverstöße der Fünfzigerjahre

US-amerikanische Unternehmen begannen schon in den Fünfzigerjahren des 20. Jahrhunderts, Compliance-Programme zu implementieren. In dieser Zeit kam es in der Elektroindustrie in großem Ausmaß zu Marktaufteilungen sowie Preis- und Submissionsabsprachen, deren gerichtliche Aufarbeitung als „Electrical Cases" Bekanntheit erlangte.[236] Unternehmen verschiedenster Größe waren an den Vergehen beteiligt. Die Rechtsverstöße waren darauf zurückzuführen, dass die Hersteller schwerer elektrischer Ausrüstung von Überkapazität und ruinösem Preiswettbewerb geplagt wurden. Ein Großteil der betroffenen Unternehmen entschloss sich daher, Absatzmärkte untereinander aufzuteilen, Preise abzusprechen und bei öffentlichen Ausschreibungen in betrügerischer Weise miteinander zu kooperieren. Die massiven Wettbewerbsverstöße fanden ihr Ende, als sich zwei Unternehmen zur Zusammenarbeit mit den Behörden entschlossen. 44 Einzelpersonen und 29 Gesellschaften erklärten sich 1961 für schuldig oder plädierten „nolo con-

---

236 *Copeland*, 5 Drake Journal of Agricultural Law (2000), 305, 311; *Pitt/Groskaufmanis*, 78 Georgetown Law Journal (1990), 1559, 1579; *FitzSimon/McGreal*, 60 Business Lawyer (2005), 1759, 1760; *Walsh/Pyrich*, 47 Rutgers Law Review (1995), 605, 650 m.w.N.

tendere"[237], mit der Folge, dass sieben Freiheitsstrafen und 24 zur Bewährung ausgesetzte Freiheitsstrafen sowie Geldstrafen in Höhe von fast 2 Millionen Dollar verhängt wurden; General Electric wurde dabei mit 437.500 Dollar zur höchsten Geldstrafe verurteilt.[238]

Ironischerweise war es gerade General Electric, die bereits im Jahr 1946 Corporate Compliance-Maßnahmen ergriffen hatten. Eine Verhaltensrichtlinie sollte insbesondere die Einhaltung wettbewerbsrechtlicher Vorgaben gewährleisten.[239] General Electric brachte diese Bemühungen im Verfahren gegen sie als Verteidigung vor, welche der Richter hingegen nicht würdigte; dieser kritisierte vielmehr die mangelnde Durchsetzung der Richtlinie.[240] Die Verletzungen des Wettbewerbsrechts riefen über die juristische Aufarbeitung hinaus eine deutliche Verurteilung durch die Öffentlichkeit hervor und führten damit zu einer ersten Welle von Compliance-Programmen.[241]

II. Die Bestechungen der Siebzigerjahre

In den Siebzigerjahren gerieten amerikanische Gesellschaften gleich zweifach durch illegale oder zumindest fragwürdige Zahlungen in die Kritik der Öffentlichkeit. Zum einen wurden im Zuge der Aufklärung der Watergate-Affäre mehrere Fälle rechtswidriger Wahlkampfspenden durch Unternehmen im Rahmen der Präsidentschaftswahl 1972 aufgedeckt.[242] Zum anderen wurde zeitgleich enthüllt, dass amerikanische Konzerne in großem Ausmaß ausländische Regierungsmitglieder bestochen hatten.[243] Die gesamte Trag-

---

237 Der Beklagte erkennt das Urteil an, ohne jedoch die Gesetzesverletzung zuzugeben, *Linklater/McElyea*, RIW 1994, 117, 118.

238 Vgl. *Copeland*, 5 Drake Journal of Agricultural Law (2000), 305, 312; *Pitt/Groskaufmanis*, 78 Georgetown Law Journal (1990), 1559, 1580; *Walsh/Pyrich*, 47 Rutgers Law Review (1995), 605, 650.

239 *Pitt/Groskaufmanis*, 78 Georgetown Law Journal (1990), 1559, 1580; *Walsh/Pyrich*, 47 Rutgers Law Review (1995), 605, 651.

240 *Linklater/McElyea*, RIW 1994, 117, 118; *Pitt/Groskaufmanis*, 78 Georgetown Law Journal (1990), 1559, 1580; *Walsh/Pyrich*, 47 Rutgers Law Review (1995), 605, 651.

241 Vgl. *Copeland*, 5 Drake Journal of Agricultural Law (2000), 305, 312; *Linklater/McElyea*, RIW 1994, 117, 118; *Pitt/Groskaufmanis*, 78 Georgetown Law Journal (1990), 1581; *Walsh/Pyrich*, 47 Rutgers Law Review (1995), 605, 650.

242 *Coffee*, 63 Virginia Law Review (1977), 1099, 1116 ff.; *Pitt/Groskaufmanis*, 78 Georgetown Law Journal (1990), 1559, 1580; *Walsh/Pyrich*, 47 Rutgers Law Review (1995), 605, 651.

243 *Copeland*, 5 Drake Journal of Agricultural Law (2000), 305, 314; *Walsh/Pyrich*, 47 Rutgers Law Review (1995), 605, 652.

weite der Bestechungen kam zu Tage, weil die US-amerikanische Börsenaufsicht, die sogenannten Securities and Exchange Commission (im Folgenden SEC), unter bestimmten Voraussetzungen in Aussicht stellte, die Vergehen nicht weiter zu verfolgen. Dafür mussten Unternehmen öffentlich erklären, in Zukunft auf Bestechungen zu verzichten, umfangreiche interne Untersuchungen anstellen und deren Ergebnisse veröffentlichen.[244] Daraufhin
wurde bekannt, dass insgesamt mehr als 400 US-amerikanische Unternehmen über 300 Millionen Dollar zu Bestechungszwecken aufgewendet hatten.[245] Unter den Unternehmen befanden sich namhafte US-Gesellschaften
wie Lockheed Aircraft Corporation, Exxon, Mobil und Gulf Oil Corporation.[246]

Während die „Electrical Cases" ein ausschließlich US-amerikanischer
Skandal waren, hatten die Bestechungen weltweite Folgen und führten zu
internationalen Aufruhr. In Folge der Veröffentlichung der erfolgten Zahlungen geriet eine Monarchie in die Kritik[247], drei Regierungen kamen zu
Fall[248] und die amerikanischen Beziehungen zu ihren westlichen Partnern
mussten erheblichen Spannungen standhalten[249]. Als Folge der Bestechun-

---

244 *Pitt/Groskaufmanis*, 78 Georgetown Law Journal (1990), 1559, 1582; *Walsh/
    Pyrich*, 47 Rutgers Law Review (1995), 605, 652.

245 Vgl. *Impert*, 24 International Lawyer (1990), 1009, 1010 f.; *Levy*, 10 Delaware
    Journal of Corporation Law (1985), 71, 74; *Longobardi*, 20 Vanderbilt Journal
    of Transnational Law (1987), 431, 434; *Pitt/Groskaufmanis*, 78 Georgetown
    Law Journal (1990), 1559, 1583.

246 *Coffee*, 63 Virginia Law Review (1977), 1099, 1102 f.; *Copeland*, 5 Drake
    Journal of Agricultural Law (2000) , 305, 313.

247 Die von Lockheed an den niederländischen Prinz Bernhardt gezahlten 1
    Million Dollar zwangen diesen dazu, seine öffentlichen Ämter niederzulegen,
    Copeland, 5 Drake Journal of Agricultural Law (2000), 305, 313; *Longobardi*,
    20 Vanderbilt Journal of Transnational Law (1987), 431, 433; *Pitt/Groskauf-
    manis*, 78 Georgetown Law Journal (1990), 1559, 1583.

248 Betroffen waren die *Tanaka* Regierung in Japan, die von General *Rene Bar-
    rientos* geführte Junta in Bolivien und die von President *Arellano* geführte
    Regierung in Honduras, *Coffee*, 63 Virginia Law Review (1977), 1099, 1103;
    Pitt/Groskaufmanis, 78 Georgetown Law Journal (1990), 1559, 1583.

249 Lockheed, Exxon, Mobil, Gulf und noch weitere Unternehmen hatte die ita-
    lienische Regierung bestochen, so dass der italienische Präsident zurücktrat.
    Dies hatte zur Folge, dass sich die amerikanischen Beziehungen zur italieni-
    schen Regierung und zur gesamten North Atlantic Treaty Organization
    (NATO) abkühlten, vgl. *Copeland*, 5 Drake Journal of Agricultural Law
    (2000), 305, 313; *Longobardi*, 20 Vanderbilt Journal of Transnational Law
    (1987), 431, 433; *Pitt/Groskaufmanis*, 78 Georgetown Law Journal (1990),
    1559, 1583.

gen verabschiedete der Kongress den Foreign Corrupt Practices Act of 1977[250] (im Folgenden FCPA).[251] Der FCPA verbietet die Bestechung ausländischer Amtspersonen und legt zudem allen börsennotierten US-Unternehmen und deren Tochtergesellschaften die Pflicht auf, präventivwirkende Maßnahmen wie Mitarbeiterinformationen und -schulungen gegen Korruption vorzunehmen.[252] Geschäftsleiter bestätigten, dass der Bestechungsskandal viele Unternehmen zur Restrukturierung ihrer internen Prozesse zwang.[253] Bis zu diesem Zeitpunkt wurden die meisten Angestellten nur informell und mündlich über rechtmäßiges Verhalten aufgeklärt.[254] Als Reaktion auf Parteispenden- und Bestechungsskandale implementierten US-amerikanische Unternehmen verstärkt Verhaltensrichtlinien.[255]

III. Der Insiderhandel der Achtzigerjahre

In den Achtzigerjahren gerieten Verfahren wegen Aktienhandels aufgrund innerbetrieblicher Informationen (Insiderhandel) in den Fokus US-amerikanischer Medien.[256] Obwohl gesetzliche und behördliche Vorgaben Banken schon seit langem klare Überwachungsaufgaben auferlegten[257], kam es in den Achtzigerjahren zu einer ganzen Reihe von Verfahren wegen Verletzungen des US-amerikanischen Insiderrechts. Die zu dieser Zeit von Banken

---

250 The Foreign Corrupt Practices Act of 1977, Pub. L. No. 95 – 213, 91 Stat. 1494; 15 U.S.C. §§ 78dd-1 bis -3, 78 m, 78 ff. (1977).

251 *Copeland*, 5 Drake Journal of Agricultural Law (2000), 305, 313; *Pitt/Groskaufmanis*, 78 Georgetown Law Journal (1990), 1559, 1582 ff.; *Albright/Won*, 30 American Criminal Law Review (1993), 773, die den FCPA zugleich ausführlich beschreiben; aus deutscher Sicht vgl. *Schulte/Görts*, RIW 2006, 561 ff.; *Pieth*, in: Dölling, Handbuch der Korruptionsprävention, S. 563, 566.

252 15 U.S.C. § 78 m(b)(2)(B); vgl. *McGreal*, 60 Southern Methodist University Law Review (2007), 1571, 1576 f.; *Mengel/Hagemeister*, BB 2006, 2466, 2467.

253 *Pitt/Groskaufmanis*, 78 Georgetown Law Journal (1990), 1559, 1585.

254 Vgl. *Coffee*, 63 Virginia Law Review (1977), 1099, 1102 f.; *Walsh/Pyrich*, 47 Rutgers Law Review (1995), 605, 653.

255 *Copeland*, 5 Drake Journal of Agricultural Law (2000), 305, 314; *Stevens*, 13 Journal of Business Ethics (1994), 63 m.w.N.; *Walsh/Pyrich*, 47 Rutgers Law Review (1995), 605, 653 f.

256 Ausführlich dazu *Copeland*, 5 Drake Journal of Agricultural Law (2000), 305, 316 f.; *Pitt/Groskaufmanis*, 78 Georgetown Law Journal (1990), 1559, 1587 ff.; *Walsh/Pyrich*, 47 Rutgers Law Review (1995), 605, 654 f.

257 Siehe dazu *Pitt/Groskaufmanis*, 78 Georgetown Law Journal (1990), 1559, 1587 m.w.N.

genutzten Compliance-Maßnahmen wie zum Beispiel „Chinese Walls"[258], „Restricted Lists"[259] und „Watch Lists"[260] erwiesen sich als nicht hinreichend, um das Risiko des Insiderhandels auszuschließen.

Die Verfahren waren aufgrund der zur Beilegung der Rechtsstreitigkeiten gezahlten Summen spektakulär: Im ersten Prozess wurde 1986 der Investmentbanker *Dennis B. Levin* verurteilt.[261] Seine Aussage führte die Behörden zu *Ivan F. Boesky*. Dieser einigte sich mit der Börsenaufsicht und zahlte die hohe Summe von 100 Millionen Dollar, um die Auseinandersetzung gütlich zu beenden.[262] Übertroffen wurde diese Einigung noch durch die Streitbeilegung in Höhe von 650 Millionen Dollar im Fall des Unternehmens Drexel Burnham Lambert als Folge des Insiderhandels von Michael Milken und zwei ihrer weiteren Wertpapierhändler.[263]

Als Reaktion auf den Skandal erließ der Kongress den Insider Trading and Securities Fraud Enforcement Act of 1988[264].[265] Das Gesetz verschärfte die Anforderungen an die Aufsicht von Mitarbeitern im Wertpapierhandelsgeschäft. Ziel war es, die Banken selbst in die Überwachung des Insiderhandels einzubinden.[266] Wertpapierhandelshäuser bzw. Banken müssen seitdem

---

258 Chinese Walls stellen Prozedere dar, die den Informationsfluss innerhalb eines Unternehmens einschränken sollen.

259 Eine Restricted List gibt die Wertpapiere wieder, die nicht bewertet oder gehandelt werden dürfen, da das Unternehmen in Besitz von nicht öffentlichen Informationen sein könnte.

260 Eine Watch List ist eine Überwachungsmöglichkeit. Der Compliance Officer führt in dieser die Wertpapiere, die möglicherweise bald in die Restricted List übertragen werden. Ein Anstieg des Handels der in dieser Liste geführten Wertpapiere kann eine Undurchlässigkeit der Chinese Wall signalisieren.

261 SEC v. Levine, Litig. Release No. 11,095 [1986–1987 Transfer Binder], Fed. Sec. L. Rep. (CCH) S. 92,717, 93,481 (12.05.1986).

262 SEC v. Boesky, Litigation Release No. 11,288 [1986–1987 Transfer Binder], Fed. Sec. L. Rep. (CCH) S. 92,991, 94,856 (14.11.1986).

263 SEC v. Drexel Burnham Lambert, Inc. [1989 Transfer Binder], Fed. Sec. L. Rep. (CCH) 94,474, 93,030 (20.06.1989). Die Verfahren erfuhren ein enormes Echo in den Medien und regten gar zu Theater- und Filmproduktionen an, weitere Details finden sich bei *Pitt/Groskaufmanis*, 78 Georgetown Law Journal (1990), 1559, 1590.

264 Insider Trading and Securities Fraud Enforcement Act of 1988, Pub. L. 100–704, 102 Stat. 4677; 15 U.S.C. §§ 78c, 78o, 78 t-1, 78 f, 78kk, 80b-4a (1988).

265 *Copeland*, 5 Drake Journal of Agricultural Law (2000), 305, 316; *Pitt/Groskaufmanis*, 78 Georgetown Law Journal (1990), 1559, 1590 f.; *Walsh/Pyrich*, 47 Rutgers Law Review (1995), 605, 654.

266 *Pitt/Groskaufmanis*, 78 Georgetown Law Journal (1990), 1559, 1590 f.; *Walsh/Pyrich*, 47 Rutgers Law Review (1995), 605, 654.

schriftliche Verhaltensrichtlinien sowie standardisierte Prozesse einführen, durchsetzen und periodisch überarbeiten, um den Missbrauch von sensiblen Informationen zu vermeiden.[267] Um diesen Forderungen Nachdruck zu verleihen, wurden die Strafen für Personen und Unternehmen, die rechtswidrig handelnde Mitarbeiter beaufsichtigen oder beschäftigen, verschärft.[268]

IV. Der Submissionsbetrug der Achtzigerjahre

Zeitgleich zum Insiderhandelsskandal erregte die Verschwendung von Steuergeldern durch das Verteidigungsministerium und Betrügereien der Rüstungsindustrie im Rahmen der Vergabe öffentlicher Aufträge die Öffentlichkeit.[269] Mitarbeiter der Washington Post deckten auf, dass das Pentagon ungeheuerliche Summen für Ersatzteile gezahlt hatte; beispielsweise 9600 Dollar für einen Zwölf-Cent-Inbusschlüssel, 7400 Dollar für eine Kaffeemaschine und 1100 Dollar für eine einfache Plastikkappe.[270] Hauptsächlich als Reaktion auf diese Missstände initiierte Präsident Ronald Reagan am 15. Juli 1985 die Blue Ribbon Commission on Defense Management.[271] Diese erlangte unter dem Namen ihres Vorsitzenden *David Packard* Bekanntheit und hieß dementsprechend Packard Commission.

Ein Jahr später, im Juni 1986, präsentierte die Kommission neben dem Abschlussbericht ein Gutachten zu Verhalten und Verantwortlichkeit der

---

267 Dies folgt aus 15 U.S.C. § 78o(f) (2000) (broker-dealers) und 15 U.S.C. § 80b-4a (2004) (investment advisers), dort heißt es wörtlich, sie seien verpflichten „[to] establish, maintain, and enforce written policies and procedures reasonably designed, taking into consideration the nature of [the entity's] business, to prevent the misuse … of material, nonpublic information." Die Normen richten sich an „broker-dealer" und „investment adviser". Broker sind dabei Wertpapierhändler, die nur für fremde Rechnung handeln, und Dealer solche Händler, die für eigene Rechnung arbeiten. Investment Adviser sind Anlageberater.

268 *Pitt/Groskaufmanis*, 78 Georgetown Law Journal (1990), 1559, 1587 f., 1591 f. m.w.N., die als ein Motiv der Gesetzesverschärfung die Stärkung des ökonomischen Anreizes zu rechtstreuem Verhalten nennen.

269 Siehe ausführlich dazu *Copeland*, 5 Drake Journal of Agricultural Law (2000), 305, 314 f.; *Pitt/Groskaufmanis*, 78 Georgetown Law Journal (1990), 1559, 1593 ff.; *Walsh/Pyrich*, 47 Rutgers Law Review (1995), 605, 654.

270 Siehe dazu *Copeland*, 5 Drake Journal of Agricultural Law (2000), 305, 314 m.w.N.

271 *Copeland*, 5 Drake Journal of Agricultural Law (2000), 305, 314; *Walsh/Pyrich*, 47 Rutgers Law Review (1995), 605, 655.

Unternehmen in der Rüstungsindustrie.[272] Besondere Bedeutung erhielt in diesem Zusammenhang die National Public Opinion Survey; eine Meinungsumfrage, die im Auftrag der Kommission im Januar 1986 durchgeführt worden war.[273] Ein Ergebnis der Erhebung war, dass viele Amerikaner glaubten, die Rüstungsindustrie siedele Profitstreben höher an als rechtliche und ethische Verantwortung.[274] Zudem ergab die Umfrage, dass fünfzig Prozent der Befragten davon ausging, fast die Hälfte des amerikanischen Verteidigungsetats fiele Betrug und Verschwendung zum Opfer.[275]

Diese Erkenntnisse trugen zur Verbreitung von Compliance-Maßnahmen bei. So sprach die Packard Commission umfangreiche Empfehlungen zu einer wünschenswerten Unternehmensorganisation aus. Die Kommission rügte die damaligen Compliance-Bemühungen der Unternehmen als unzureichend. Unternehmen müssten in Zukunft deutlich mehr tun, um vertragliche, behördliche und gesetzliche Vorgaben einzuhalten sowie eine angemessene Anleitung und Kontrolle der Mitarbeiter zu gewährleisten.[276] Als Schlüsselfaktor einer verbesserten Einhaltung rechtlicher Vorgaben betrachtete die Kommission nicht etwa eine verschärfte staatliche Aufsicht, sondern eine verstärkte Selbstregulierung.[277] Entscheidend für die Selbstregulierung seien die Einführung und Durchsetzung von zwei Regulierungselementen: Verhaltensrichtlinien einerseits und internen Kontrollsysteme andererseits.[278] Die Packard Commission war davon überzeugt, dass nur eine intensivere Bemühung der Unternehmen und ihrer Mitarbeiter zu einer nachhaltigen Rechtstreue führen würde.[279]

Die bedeutendsten Unternehmen der US-amerikanischen Rüstungsindustrie reagierten darüber hinaus auf die Ergebnisse der Meinungsumfrage durch die Gründung einer Selbstregulierungsinitiative. Im Mai 1986 entwarfen 18 der Hauptlieferanten des Verteidigungsministeriums die Defense In-

---

272 Packard, Final Report, passim; vgl. Packard, Appendix, passim; Packard, Conduct and Accountability, passim.

273 Vgl. Packard, Appendix, S. 185 ff.

274 Packard, Conduct and Accountability, S. 2; Packard, Final Report, S. 76; vgl. *Copeland*, 5 Drake Journal of Agricultural Law (2000), 305, 315.

275 Packard, Final Report, S. 209; vgl. *Copeland*, 5 Drake Journal of Agricultural Law (2000), 305, 315; *Pitt/Groskaufmanis*, 78 Georgetown Law Journal (1990), 1559, 1594.

276 Packard, Final Report, S. 80; Packard, Conduct and Accountability, S. 7.

277 Packard, Final Report, S. 89; Packard, Conduct and Accountability, S. 16.

278 Packard, Final Report, S. 80, 89; Packard, Conduct and Accountability, S. 7, 16.

279 Packard, Final Report, S. 79 f.; Packard, Conduct and Accountability, S. 5 ff.

dustry Initiatives on Business Ethics and Conduct.[280] Diese Unternehmen erkannten das Bedürfnis nach Selbstregulierung an.[281] Sie entwarfen sechs Prinzipien, nach denen sie sich verpflichteten, die Einführung schriftlicher Verhaltensrichtlinien voranzutreiben, deren Ziele durchzusetzen sowie fragliche Vorgänge an die entsprechenden staatlichen Stellen zu melden.[282] Ende der 1980er Jahre hatten sich mehr als die Hälfte der Unternehmen, mit denen das Verteidigungsministerium zusammenarbeitete, der Defense Industry Initiatives angeschlossen.[283]

V. Zusammenfassung

Die Aufsehen erregenden Rechtsverstöße dieser vier Jahrzehnte trieben viele US-amerikanische Unternehmen unmittelbar oder mittelbar zur Umsetzung von Corporate Compliance an. Die Skandale sorgten dafür, dass Verhaltensrichtlinien als maßgeblicher Teil der „Corporate Self-Governance" verstanden wurden.[284] Dies spiegelt sich in den schon zu der damaligen Zeit ermittelten hohen Verbreitungsgraden von wenigstens 77 Prozent wider.[285] Zugleich lässt der Inhalt der Richtlinien die Schwierigkeiten der Vergangenheit erkennen; Verhaltensrichtlinien waren geprägt von Anweisungen zur Vermeidung von Verstößen gegen Insiderhandelsverbote und wettbewerbes- und korruptionsrechtlichen Vorgaben.[286]

---

280 *Klubes*, 19 Public Contract Law Journal (1990), 504, 508; *Walsh/Pyrich*, 47 Rutgers Law Review (1995), 605, 656. Die Selbstverpflichtungserklärung der Initiative wurde mit in den Abschlussbericht der Packard Commission aufgenommen, Packard, Appendix, S. 249 ff.

281 *Walsh/Pyrich*, 47 Rutgers Law Review (1995), 605, 656.

282 Zu den sechs Prinzipien im Einzelnen Packard, Appendix, S. 251.

283 *Klubes*, 19 Public Contract Law Journal (1990), 504, 508 f.; *Pitt/Groskaufmanis*, 78 Georgetown Law Journal (1990), 1559, 1595; *Walsh/Pyrich*, 47 Rutgers Law Review (1995), 605, 657.

284 *Pitt/Groskaufmanis*, 78 Georgetown Law Journal (1990), 1559, 1598 f.

285 *Pitt/Groskaufmanis*, 78 Georgetown Law Journal (1990), 1559, 1602 (1990); *White/Montgomery*, 23 California Management Review, 80, 82.

286 Vgl. *Pitt/Groskaufmanis*, 78 Georgetown Law Journal (1990), 1559, 1602 f. m.w.N.; *White/Montgomery*, 23 California Management Review (1980), 80, 84.

§ 2 Die US-amerikanische Strafzumessungsrichtlinie

Das Jahr 1991 stellt eine Zäsur in der Verbreitung und Standardisierung von Corporate Compliance dar. Am 1. November 1991 trat in den Vereinigten Staaten Chapter 8 der FSG in Kraft. Die FSG stellen eine Strafzumessungsrichtlinie für Richter der US-Bundesgerichte dar. Chapter 8 befasst sich mit der im Unterschied zum aktuellen deutschen Recht geltenden strafrechtlichen Verantwortlichkeit eines Unternehmens[287] und sieht nunmehr für ein „Effective Compliance and Ethics Program" im Sinne von § 8 B2.1 FSG eine deutliche Reduzierung der Strafe vor. Dieser Rechtsakt beeinflusste sowohl die Unternehmenslandschaft als auch die darauf folgende Rechtsentwicklung in hohem Maße.

Hintergrund des Erlasses der FSG war die Uneinheitlichkeit in der Strafzumessungspraxis der Bundesgerichte.[288] Der Kongress initiierte auf Grund dessen mit Hilfe des Sentencing Reform Act of 1984[289] eine Kommission, deren Aufgabe darin bestand, eine Strafzumessungsrichtlinie für die Bundesrichter zu entwerfen. Nachdem zum 1. November 1987 Richtlinien

---

287 Rechtsdogmatisch wurde die strafrechtliche Verantwortlichkeit von Gesellschaften aus der zivilrechtlichen Verantwortlichkeit, der sogenannten *respondeat superior*-Lehre, abgeleitet. Die Handlung eines Arbeitnehmers im Rahmen seines Arbeitsverhältnisses kann seinem Arbeitgeber nach dieser Lehre zugerechnet werden und Ausgangspunkt für dessen Bestrafung sein, so bereits New York Central & Hudson River Railroad Company v. United States, 212 U.S. 481 (1909); vgl. *Brickey*, 60 Washington University Law Quarterly (1982), 393, 415 ff.; *Robeck/Vazquez/Clark*, 17 Health Lawyer (2005), 20 ff.; *Walsh/Perish*, 47 Rutgers Law Review (1995), 605, 609 ff.; aus der deutschsprachigen Literatur siehe etwa *Bussmann/Matschke*, wistra 2008, 88, 89; *Linklater/McElyea*, RIW 1994, 117. Obwohl die *respondeat superior*-Doktrin seit ihrer Einführung heftiger Kritik ausgesetzt ist, wird die Theorie weiterhin von den Gerichten der einzelnen Bundesstaaten und von den Bundesgerichten angewandt; zur Kritik siehe z. B. *Coffee*, 19 American Criminal Law Review (1981), 117 ff.; *Fischel/Sykes*, 25 Journal of Legal Studies (1996), 319, 320; *Khanna*, 109 Harvard Law Review (1996), 1477 ff.; *Weissmann/Newman*, 82 Indiana Law Journal (2007), 411 ff.; beachte hingegen auch *Friedman*, 23 Harvard Journal of Law & Public Policy (2000), 833 ff.

288 Commentary to § 1 A1.1 – Introduction – 3. The Basic Approach (Policy Statement) FSG; vgl. zudem *Breyer*, 17 Hofstra Law Review (1988), 1, 4 f.; *Nagel/Swenson*, 71 Washington University Law Quarterly (1993), 205, 206, 211 ff.; *McKendall/DeMarr/Jones-Rikkers*, 37 Journal of Business Ethics (2002), 367, 370; *Walker*, in: Walker (u. a.), PLI Corporate Compliance and Ethics Institute 2007, S. 15, 21 f.; *Walsh/Perish*, 47 Rutgers Law Review (1995), 605, 671.

289 Sentencing Reform Act of 1984, Publ. L. No. 98–473 (1984); 18 U.S.C. § 3551.

zur Bestrafung natürlicher Personen ergingen, traten vier Jahre später mit Chapter 8 der FSG die an „organizations" gerichteten Strafzumessungsvorgaben in Kraft. Der Terminus „organization" im Sinne der FSG erfasst alle nicht natürlichen Personen.[290] Eine grundlegende Überarbeitung der Richtlinien erfolgte mit Wirkung zum 1. November 2004.

Chapter 8 der FSG legt das Verfahren zur Ermittlung der Strafe fest, welches gegen ein für Straftaten ihrer Mitarbeiter oder Angestellten verantwortliches Unternehmen verhängt werden kann bzw. muss. Im Mittelpunkt steht dabei die Geldstrafe, vgl. § 8 C FSG. Die FSG sehen auf der einen Seite sehr hohe Strafen vor, um die Kosten eines Rechtsverstoßes in die Höhe zu treiben, ermöglichen andererseits eine Reduzierung der Geldstrafe, um die Unternehmen zu motivieren, selbstständig und vorbeugend auf die Vermeidung kriminellen Verhaltens hinzuwirken. Es handelt sich damit um marktwirtschaftliche, kalkulierbare Anreize für präventive Eigenaktivitäten der Unternehmen.[291] Die Bestimmung der genauen Spannweite der Geldstrafe ergibt sich aus der Multiplikation einer sogenannten „Base Fine" mit einer bestimmten „Culpability Score", also dem „Schuldmaß" der Gesellschaft.[292] Zur Bestimmung der „Base Fine" sind drei unterschiedliche numerische Werte zu betrachten, nämlich eine vom Gesetz festgelegte Standardstrafe für den begangenen Rechtsverstoß, der durch die Rechtsverletzung erzielte Unternehmensgewinn und der durch die Rechtsübertretung absichtlich, wissentlich oder sorglos verursachte Schaden. Die Standardstrafe erstreckt sich gemäß § 8 C2.4(d) FSG, der den sogenannten „Offense Level Fine Table" abbildet, von 5000 bis zu 72,5 Millionen Dollar. Der „Base Fine" wird gemäß § 8 C2.4 FSG der höchste dieser drei zu ermittelnden Werte zugrunde gelegt.

Die auf diese Weise bestimmte „Base Fine" wird entweder reduziert oder erhöht in Abhängigkeit von der „Culpability Score", § 8 C2.6–7 FSG, um den Rahmen der Geldstrafe festzulegen. Der zuständige Richter muss deshalb eine „Culpability Score" feststellen. Diese reicht von null bis zu über zehn Punkte. Ausgangspunkt der Ermittlung ist eine Höhe von fünf Punkten, § 8 C2.5–6 FSG. Das Ausmaß der „Schuld" des Unternehmens bestimmt

---

290 Commentary to § 8 A1.1 1. FSG. Die Definition ist damit sehr weitgehend und umfasst „corporations, partnerships, associations, joint-stock companies, unions, trusts, pension funds, unincorporated organizations, governments and political subdivisions thereof, and non-profit organizations", ebenda.

291 *Bussmann/Matschke*, wistra 2008, 88, 89 m.w.N.

292 Vgl. instruktiv dazu die Beispiele bei *Bowmann*, 39 Wake Forest Law Review (2004), 671, 678; *Fiorelli*, 56 Albany Law Review (1992), 403, 407 f.; *Fiorelli/Rooney*, 22 Boston College Environmental Affairs Law Review (1995), 481, 491; *Linklater/McElyea*, RIW 1994, 117, 120.

somit entsprechend einer in § 8C2.6 FSG abgebildeten Tabelle den Multiplikator der „Base Fine"; die Multiplikatoren reichen von 0,05 bis zu 4. Die gegen das Unternehmen verhängte Geldstrafe kann sich dementsprechend auf 0,05 Prozent der „Base Fine" verringern oder aber auf 400 Prozent ansteigen. Zur Bestimmung der „Culpability Score" ist das Gericht gemäß § 8 C2.5 FSG angehalten, verschiedene Faktoren zu berücksichtigen. Zu diesen Faktoren gehören die Größe des Unternehmens, die Beteiligung von Führungskräften an den kriminellen Handlungen, vorherige Rechtsverletzungen des Unternehmens und die Behinderung der Justiz, darüber hinaus auch eine freiwillige Offenbarung des kriminellen Verhaltens, die Kooperation im Ermittlungsverfahren und das Vorhandensein eines „Effective Compliance and Ethics Program".[293]

I. Die Anforderungen an die Ausgestaltung des Compliance-Programmes

Damit stellt sich die Frage, was ein „Effective Compliance and Ethics Program" voraussetzt, um die „Culpability Score" gemäß § 8 C2.5(f)(1) FSG um drei Punkte zu reduzieren. Die Frage wird durch die detaillierten Anforderungen von § 8 B2.1 FSG und die offizielle Kommentierung dazu weitgehend beantwortet. Hervorzuheben ist, dass der Terminus „Effective Compliance and Ethics Program" erst gemeinsam mit einer umfassenden Änderung der Vorgaben zu den Compliance-Bemühungen am 1. November 2004 eingeführt wurde. Bis dahin forderte die US-amerikanische Strafzumessungsrichtlinie ein „Effective Program to Prevent and Detect Violations of Law", vgl. § 8 B2.5(f) FSG in der Fassung vor 2004. Diese vormalige Umschreibung findet sich noch in der offiziellen Definition des Compliance- und Ethik-Programms wieder. Darin heißt es wörtlich: „'Effective Compliance and Ethics Program' means a program designed to prevent and detect criminal conduct."[294] Doch bleibt es nicht bei dieser recht allgemeinen Beschreibung, vielmehr formulieren die Federal Sentencing Guidelines präzise die Erwartungshaltung gegenüber den Unternehmen hinsichtlich des Entwurfes und der Umsetzung eines Compliance-Programms. Gemäß § 8 B2.1(a)(1), (2) FSG setzt dies die Anwendung gebührender Sorgfalt (due diligence) zur

---

293 Ausführlicher zu diesen Faktoren und zur Bestimmung der Geldstrafe *Fiorelli/Rooney*, 22 Boston College Environmental Affairs Law Review (1995), 481, 487 ff.; *McKendall/DeMarr/Jones-Rikkers*, 37 Journal of Business Ethics (2002), 367, 370; *Murphy*, 87 Iowa Law Review (2002), 697, 704 ff.; *Oakes*, 22 Hamline Law Review (1999), 749, 750.

294 Commentary to § 8 B2.1 1. FSG.

Vermeidung und Aufdeckung kriminellen Verhaltens sowie die Förderung einer Unternehmenskultur (organizational culture), die ethisches Verhalten (ethical conduct) und ein Bekenntnis zur Befolgung des Rechts (commitment to compliance with the law) fördert, voraus. Das Compliance- und Ethik-Programm muss in angemessener Weise entworfen, implementiert und durchgesetzt werden, so dass es grundsätzlich dazu führt, kriminelles Verhalten zu vermeiden und aufzudecken, § 8 B2.1(a)(2) FSG. Dass die zu bestrafende Tat nicht verhindert oder aufgedeckt wurde, widerlegt dabei nicht von vornherein die Wirksamkeit des Programms; dies wird ausdrücklich in § 8 B2.1(a)(2) FSG betont. Die Anwendung gebührender Sorgfalt und die Förderung der spezifischen Unternehmenskultur verlangen gemäß § 8 B2.1(b) FSG die Umsetzung von mindestens sieben Vorgaben, die im Folgenden (verkürzt) wiedergegeben werden:[295]

(1) Im Unternehmen bestehen Compliance-Standards und Verfahrensweisen (standards and procedures[296]), um kriminelles Verhalten zu vermeiden und aufzudecken.

(2) (2) (A) Die Unternehmensleitung (governing authority[297]) muss über den Inhalt und den Einsatz des Compliance- und Ethik-Programms unterrichtet sein sowie deren Implementierung und Wirksamkeit angemessen überwachen. (B) Das gehobene Management (high-level personnel[298]) gewährleistet, dass das Unternehmen ein den FSG entsprechendes, wirksames Compliance- und Ethik-Programm vorhält; mindestens ein Unternehmensangehöriger dieses Mitarbeiterkreises trägt die Gesamtverantwortung (overall responsibility) für das Programm. (C) Unternehmensangehörige sind mit der laufenden, operativen Verantwortung (day-to-day operational responsibility) für das Programm betraut. Diese Personen berichten dem gehobenen Management in regelmäßigen Abständen (periodically) und soweit erforderlich der Unternehmensleitung (governing authority, or an appropriate subgroup

---

295 Zusammenfassungen der Anforderungen finden sich bei *McGreal*, 60 Southern Methodist University Law Review (2007), 1571, 1585 f.; *Weissmann/ Newman*, 82 Indiana Law Journal (2007), 411, 447. Zu der bis zum Jahr 2004 geltenden Version siehe *Hauschka*, in: Hauschka, Corporate Compliance, § 1 Rn. 40 ff.

296 Zur Definition von „standards and procedures" Commentary to § 8 B2.1 1. Definitions FSG.

297 Zur Definition von „governing authority" Commentary to § 8 B2.1 1. Definitions FSG.

298 Zur Definition von „high-level personell" Commentary to § 8 A1.2 3.(b) FSG.

of the governing authority) über die Wirksamkeit des Programms. Um der operativen Verantwortung nachkommen zu können, verfügen diese Personen über ausreichende Ressourcen (adequate resources), angemessene Kompetenzen (appropriate authority) und können die Unternehmensleitung auf direktem Wege erreichen (direct access).

(3) Es muss mit angemessener Sorgfalt verhindert werden, dass solchen Personen substantielle Ermessensverantwortung (within the substantial authority personnel) übertragen erhalten, von denen bekannt ist oder bekannt sein müsste, dass sie an kriminellen Aktivitäten oder anderen im Widerspruch zum Compliance- und Ethik-Programm stehenden Handlungen beteiligt waren.

(4) Der Unternehmensleitung, allen Mitarbeitern und Vertretern[299] werden die Standards, Verfahrensweisen und sonstigen Aspekte des Compliance- und Ethik-Programms in regelmäßigen Abständen und in geeigneter Art und Weise (in practical manner) durch wirksame Schulungen und andere geeignete Maßnahmen der Informationsverbreitung (otherwise disseminating information) entsprechend der persönlichen Position und Verantwortung vermittelt.

(5) Es muss ernsthafte Anstrengungen im Unternehmen geben, um die Wirksamkeit des Compliance- und Ethik-Programms sicherzustellen, hierzu gehören Überwachungs- und Kontrollsysteme (monitoring and auditing) zur Aufdeckung von Straftaten; die Wirksamkeit des Programms ist regelmäßig zu bewerten, und es muss ein Informationssystem existieren, innerhalb dessen Mitarbeiter und Vertreter mögliche oder tatsächliche Rechtsverstöße melden oder hinsichtlich dieser Unterstützung finden können, ohne Konsequenzen befürchten zu müssen (without fear of retaliation); anonyme oder vertrauliche Kommunikationsmittel können dazu geschaffen werden.

(6) Das Compliance- und Ethik-Programm wird unternehmensweit nachhaltig unterstützt und durchgesetzt; zum einen durch angemessene Anreize (incentives), dem Programm zu entsprechen, und zum anderen mittels angemessener Disziplinarmaßnahmen (disciplinary measures) gegenüber Straftätern und den Aufsichtspersonen, die angemessene Präventions- und Aufdeckungsmaßnahmen unterließen.[300]

---

299 Der Personenkreis folgt aus § B2.1(b)(4)(B); zur Definition von „agent" Commentary to § 8 A1.2 3.(d) FSG.

300 Die bis 2004 geltende Richtlinie verlangte nur Disziplinarmaßnahmen, um die Wirksamkeit zu gewährleisten. Die zum 1. November 2004 neu gefasste Richtlinie erfordert darüber hinaus die Schaffung von Anreizen, sich rechtmäßig zu verhalten.

(7) Nach jeder Aufdeckung eines Verstoßes werden die erforderlichen Maßnahmen eingeleitet, um hierauf angemessen zu reagieren und ähnliche Vorfälle zukünftig zu vermeiden, einschließlich der notwendigen Modifizierungen des bestehenden Compliance- und Ethik-Programms.

Die Federal Sentencing Guidelines sehen gemäß § 8 B2.1(c) weiterhin eine regelmäßige Risikobewertung möglicher Straftaten und eine angemessene Reaktion auf die gewonnenen Erkenntnisse vor. In der offiziellen Kommentierung der eben aufgeführten Vorgaben wird die Umsetzung der Maßnahmen an unternehmensspezifische Faktoren gekoppelt.[301] Beispielsweise wird darauf hingewiesen, dass die formale Ausgestaltung eines Programms und der Umfang der ergriffenen Maßnahmen umso größer sein sollten, je größer das Unternehmen ist.[302]

II. Die Verfassungsmäßigkeit der Strafzumessungsrichtlinie

Anders als es der deutsche Jurist wegen der weitgehenden Freiheit der deutschen Strafrichter bei der Strafzumessung erwarten mag, handelte es sich bei den FSG um rechtlich verbindliche Vorschriften; der rechtlich zwingende Charakter der Strafzumessungsrichtlinie wurde gesetzlich angeordnet, 18 U.S.C. § 3553(b). Dies änderte sich jedoch am 12. Januar 2005. An diesem Tag erließ der U.S. Supreme Court eine lang erwartete Entscheidung zur Verfassungsmäßigkeit der Federal Sentencing Guidelines.[303] In United States v. Booker entschied das oberste amerikanische Gericht, dass die rechtlich verbindliche Natur der FSG mit dem Sixth Amendment (right to a jury trial) unvereinbar ist.[304] Die Verfassung der Vereinigten Staaten verbiete es einem Richter, eine Strafe zu verhängen, die über das maximale Strafmaß, das sich aus der Tatsachenfeststellung der Jury oder einem „plea of guilty" ergibt, hinausgeht.[305] Damit wurden die FSG vom U.S. Supreme Court nicht als solche für verfassungswidrig befunden, sondern nur das von den FSG angeord-

---

301 Vgl. Commentary to § 8B2.1 2.(A), (C)(i)-(iii) FSG.

302 Vgl. Commentary to § 8B2.1 2.(C)(ii), (iii) FSG.

303 United States v. Booker, 125 S.Ct. 738 (2005); siehe hierzu auch *Meyer*, ZStW 118 (2006), 512, 534 ff. Diese Entscheidung war der (vorläufige) Höhepunkt einer ganzen Reihe von Entscheidungen, Jones v. United States, 526 U.S. 227 (1999); Harris v. United States, 536, U.S. 545 (2002); Apprendi v. New Jersey, 120 S.Ct. 2348 (2000); Blakely v. Washington, 124 S.Ct. 2531 (2004); vgl. zur Entwicklung *Fiorelli/Tracey*, 32 Journal of Corporation Law (2007), 467, 472 ff.

304 United States v. Booker, 125 S.Ct. 738 (2005).

305 United States v. Booker, 125 S.Ct. 738 (2005), 756.

nete Strafzumessungsverfahren, das die Richter dazu verpflichtete, nicht öffentlich verhandelte Umstände gegebenenfalls strafschärfend zu berücksichtigen.

Der U.S. Supreme Court hatte damit zwei Möglichkeiten, dem verfassungsrechtlichen Defizit abzuhelfen: Erstens konnte er die Geschworenen auffordern, alle Tatsachen, die im Rahmen der Anwendung der Strafzumessungsrichtlinie relevant werden würden, zu berücksichtigen oder sie konnten den FSG den verpflichtenden Charakter nehmen. Für die zuletzt genannte Alternative entschieden sich fünf der neun Richter. Das Gericht befand, dass die FSG künftig nicht mehr rechtlich bindend, sondern ratgebend (advisory) bei der Strafzumessung zu berücksichtigen sind.[306] Somit bleiben die FSG auch nach der Entscheidung in Sachen United States v. Booker wirksam und werden nicht zwingend, sondern beratend mit in die Urteilsfindung einbezogen.[307]

III. Die Bedeutung der Strafzumessungsrichtlinie

Durch Einführung des Chapter 8 in die FSG wurden in den Vereinigten Staaten erstmals bundesweit einheitliche Kriterien für die Ausgestaltung eines Compliance-Programms aufgestellt. Der Stellenwert dieser Standardisierung ist hoch einzustufen, weil es sich nicht um branchenspezifische oder sonst wie beschränkt geltende Kriterien handelt, sondern um einen für alle in den USA tätige Unternehmen geltenden Maßstab. Von der Einhaltung strafrechtlicher Normen ist kein Unternehmen entbunden.[308]

Zur Durchsetzung des Ziels, die Unternehmen selbst in die Vermeidung kriminellen Verhaltens einzubinden, schufen die FSG durch das Inaussichtstellen eines Strafnachlasses für wirksame Compliance- und Ethik-Programme einen finanziellen Anreiz. Selbstregulierung wurde damit nicht zur Pflicht erklärt, sondern deren Durchführung konnte belohnt werden. Um den ökonomischen Anreiz noch zu vergrößern und damit der Selbstregulierung weiteren Nachdruck zu verleihen, wurden sehr hohe Geldstrafen für die Begehung von Straftaten angedroht.[309] Die FSG wurden dementsprechend so gestaltet, dass Unternehmen einerseits durch die Möglichkeit der

---

306 United States v. Booker, 125 S.Ct. 738 (2005), 756 f.; 764.

307 Dies ergibt sich aus 18 U.S.C. § 3553(a)(4), (b)(1).

308 Vgl. dazu *Copeland*, 5 Drake Journal of Agricultural Law (2000), 305, 307 (Fn. 8).

309 *Anonym*, 109 Harvard Law Review (1996), 1783, 1785; *Miller*, 46 Vanderbilt Law Review (1993), 197, 202; *Webb/Molo/Hurst*, 49 Business Lawyer (1994), 617, 618 f.

Verhängung höherer Geldstrafen als derjenigen, die zuvor von Gerichten verhängt wurden, von der Begehung von Straftaten abgeschreckt werden sollten. Andererseits konnten Unternehmen mittels Herabsetzung der Geldstrafe für die Durchführung eines wirksamen Compliance-Programms belohnt werden.[310] Maßgeblich wird die Höhe der Strafe vom Multiplikator der „Base Fine" bestimmt. Der niedrigste Multiplikator steht zum höchsten im Verhältnis 1:80 und verdeutlicht dessen Wirkung sowie die Bedeutung der unternehmesspezifischen Corporate Compliance, da dessen Wert von den Compliance-Bemühungen abhängig ist.[311] Diese gesetzgeberische Herangehensweise erlangte unter der Bezeichnung „carrot-and-stick" (Zuckerbrot und Peitsche) Bekanntheit.[312] Diese Form der Verhaltenssteuerung stellt eine Abkehr von einer ausschließlich reaktiven Unternehmenssteuerung dar, um nunmehr sowohl auf die reaktive Bestrafung als auch auf die Belohnung für präventive Eigenaktivitäten der Unternehmen zu setzen.[313] Diese neuartige Form der Unternehmenssteuerung war außerordentlich erfolgreich, Unternehmen zur Implementierung von Compliance-Programmen zu motivieren.[314]

---

310 Siehe nur *Miller*, 46 Vanderbilt Law Review (1993), 197, 202; vgl. auch § 8 C2.5 FSG.

311 *Fiorelli/Tracey*, 32 Journal of Corporation Law (2007), 467 f.; vgl. § 8 C2.6 FSG.

312 Vgl. *anonym*, 109 Harvard Law Review (1996), 1783, 1794; *Copeland*, 5 Drake Journal of Agricultural Law (2000), 305, 347; *Fiorelli*, 39 Wake Forest Law Review, 565; *Fiorelli*, 56 Albany Law Review (1992), 403, 407; *Fiorelli/Tracey*, 32 Journal of Corporation Law (2007), 467; *Izraeli/Schwartz*, 17 Journal of Business Ethics (1998), 1045; *Webb/Molo/Hurst*, 49 Business Lawyer (1994), 617, 619.

313 *Buchanan*, 39 Wake Forest Law Review (2004), 587, 601; *Bussmann/Matschke*, wistra 2008, 88, 89; *FitzSimon/McGreal*, 60 Business Lawyer (2005), 1759 und 1784; *Fiorelli*, 56 Albany Law Review (1992), 403, 439; *Fiorelli/Tracey*, 32 Journal of Corporation Law (2007), 467, 478; *Hess*, 105 Michigan Law Review (2007), 1781, 1810; *Walsh/Pyrich*, 47 Rutgers University Law Review (1995), 605, 680.

314 In einer 1997 von der Ethics Officer Association durchgeführten Untersuchung gaben 47 Prozent der Befragten Unternehmen an, dass die Federal Sentencing Guidelines einen bedeutenden Einfluss auf die Entscheidung zur Einführung eines Compliance-Programms hatten, die Ergebnisse finden sich bei *Murphy*, 87 Iowa Law Review (2002), 697, 710; zu weiteren empirischen Untersuchungen mit ähnlichen Ergebnissen *Izraeli/Schwartz*, 17 Journal of Business Ethics (1998), 1045 und 1047; vgl. auch *Fiorelli/Tracey*, 32 Journal of Corporation Law (2007), 467 ff.; *Fiorelli*, 39 Wake Forest Law Review (2004), 565, 569 f.; *Hess/McWhorter/Fort*, 11 Fordham Journal of Corporation

In der mittlerweile fast siebzehnjährigen Geschichte der US-amerikanischen Strafzumessungsrichtlinie stellt die Neufassung des § 8 B2.1 FSG im Jahr 2004 einen Wendepunkt dar. Die U.S. Sentencing Commission versprach eine „new era of corporate compliance"[315]. Mit der Überarbeitung der FSG in den Jahren 2001 bis 2004 wurden die gesetzlichen Anforderungen an wirksame Corporate Compliance-Programme um einen gänzlich neuen Aspekt erweitert. Während bis zu diesem Zeitpunkt ein „effective program to prevent and detect violations of law" gefordert wurde, sieht die FSG seitdem ein „Effective Compliance and Ethics Program " vor, § 8 B2.1 FSG. Um in die Gunst der Herabsetzung der Geldstrafe als Würdigung der Corporate Compliance-Anstrengungen zu kommen, muss neben den bis dahin bereits geforderten Maßnahmen und Prozessen gleichzeitig eine Unternehmenskultur gefördert werden, die ethisches Verhalten und die Bekenntnis zur Befolgung des Rechts der Unternehmensangehörigen stärkt, vgl. § 8 B2.1(a)(2) FSG. Damit erhielt die Unternehmenskultur Einzug in die Beurteilung der Wirksamkeit der Compliance-Anstrengungen.[316] Die US-amerikanische Strafzumessungsrichtlinie erfordert damit zur Sicherstellung der Einhaltung strafrechtlicher Vorgaben das Beschreiten eines zweigleisigen Weges. Zum einen sollen formale Maßnahmen und Prozesse die Vermeidung und Aufdeckung kriminellen Verhaltens gewährleisten. Zum anderen ist die Schaffung einer das Recht achtenden, positiven kulturellen Prägung des Unternehmens gefordert.[317] Die Änderung der FSG des Jahres 2004 hinsichtlich der Anforderungen an Corporate Compliance zielen darauf ab, die Ein-

and Financial Law (2006), 725, 731; *Murphy*, 87 Iowa Law Review (2002), 697, 710 f.; *Wellner*, 27 Cardozo Law Review (2005), 497, 514 ff.

315 U.S. Sentencing Commission, News Release, Commission Tightens Requirements for Corporate Compliance and Ethics Programs, 3. Mai 2004, http://www.ussc.gov/PRESS/rel0504.htm (zuletzt besucht am 27.05.2008).

316 Unternehmenskultur in diesem Sinne wird folgendermaßen definiert: „organizational culture, in this context, has come to be defined as the shared set of norms and beliefs that guide individual and organizational behavior. These norms and beliefs are shaped by leadership of the organization, are often expressed as shared values or guiding principles, and are reinforced by various systems and procedures throughout the organization.", U.S. Sentencing Commission, Advisory Report, S. 52; siehe hierzu *FitzSimon/McGreal*, 60 Business Lawyer (2005), 1759, 1787; *Hess/McWhorter/Fort*, 11 Fordham Journal of Corporation and Financial Law (2006), 725, 737 ff.

317 Siehe dazu zunächst § 8 B2.1(b) FSG; in der Kommentierung des Advisory Reports kommt dies wie folgt zum Ausdruck: „the dual objectives of reasonable prevention and positive culture will be taken into account", Advisory Report, S. 55; vgl. *Hess/McWhorter/Fort*, 11 Fordham Journal of Corporation and Financial Law (2006), 725, 739 f.

stufung von Compliance-Maßnahmen als „Effective Compliance and Ethics Program" und damit das Erreichen eines Strafnachlasses, nicht allein durch das „Abhaken bestimmter Voraussetzungen" auf dem Papier zu ermöglichen, sondern auch von den die Unternehmensangehörigen tatsächlich leitenden Wertvorstellungen abhängig zu machen.[318] Neben dieser grundlegenden Erweiterung der Anforderungen an wirksame Compliance-Programme wurden die bestehenden sieben Voraussetzungen modifiziert. Auf Grund von § 8 B2.1(b)(6) FSG sind erstmals angemessene Anreize (appropriate incentives) durch die Unternehmen zu entwickeln, die das alltägliche Handeln der Unternehmensangehörigen in Übereinstimmung mit dem Compliance- und Ethik-Programm honorieren. Weitere Änderung betrafen die spezifischen compliance-bezogenen Verantwortlichkeiten der Führungsebene sowie Anforderungen an Compliance-Schulungen, periodische Evaluierungen und Risikobewertungen.[319]

Doch weniger als drei Monate nach in Krafttreten der neugefassten FSG warf die Entscheidung des U.S. Supreme Court in Sachen United States v. Booker vom 12. Januar 2005[320] die Frage nach der zukünftigen Bedeutung der durch die FSG an die Unternehmen adressierten Vorgaben bezüglich Corporate Compliance auf. Aufgrund des seitdem fehlenden zwingenden Charakters der US-amerikanischen Strafzumessungsrichtlinie hätten die compliance-relevanten Vorgaben ihre Ausstrahlungskraft verlieren können. Hierzu kam es aus mehreren Gründen nicht. Zunächst bezieht sich die Entscheidung des U.S. Supreme Courts nicht auf Strafnachlässe, die § 8 C2.5 FSG für ein wirksames Compliance- und Ethik-Programm in Aussicht stellt, sondern richtet sich gegen die verfassungsrechtlichen Schwierigkeiten, die mit strafschärfenden Umständen verbunden sind.[321] Darüber hinaus ist es fraglich, ob juristischen Personen und anderen Gesellschaften das im Sixth Amendment zugesicherten Recht (right to a jury trial), auf das die Verfas-

---

318 *Fiorelli*, 39 Wake Forest Law Review (2004), 565, 569 f.; *Fiorelli/Tracey*, 32 Journal of Corporation Law (2007), 467, 471; *Wellner*, 27 Cardozo Law Review (2005), 497, 507.

319 Vgl. dazu U.S. Sentencing Commission, Amendments, S. 109 ff.; zu der Neufassung von § 8 B2.1 FSG allgemein und zu einzelnen Änderungen siehe auch *Fiorelli/Tracey*, 32 Journal of Corporation Law (2007), 467, 482 ff.; *FitzSimon/McGreal*, 60 Business Lawyer (2005), 1759, 1782 ff.; *Hess/McWhorter/Fort*, 11 Fordham Journal of Corporation and Financial Law (2006), 725, 737 ff.; *McGreal*, 23 Corporation Counsel Review (2004), 153 ff.

320 United States v. Booker, 125 S.Ct. 738 (2005).

321 *Wellner*, 27 Cardozo Law Review (2005), 497, 507 (Fn. 39).

sungswidrigkeit gestützt wurde, überhaupt zusteht.[322] Wichtiger als diese zwei Erwägungen ist die tatsächliche Entscheidungspraxis der Gerichte; diese lässt erkennen, dass die FSG im Rahmen der richterlichen Strafzumessung weiterhin große Beachtung findet.[323] Als weiterer Grund ist zu berücksichtigen, dass die Implementierung eines Compliance- und Ethik-Programms im Sinne von § 8 B2.1 FSG zur Pflicht im Rahmen der bewährungsähnlichen Rechtsfolge *probation* gemäß § 8 D1.4(c)(1) FSG verhängt werden kann, wovon fortwährend Gebrauch gemacht wird.[324]

Nach alledem bleiben die FSG auch nach der Booker-Entscheidung mehr als eine bloße Leitlinie zur Orientierung. Der Wegfall der rechtlichen Bindungswirkung hatte keine nennenswerten Auswirkungen auf die Berücksichtigung der durch die FSG aufgestellten Compliance-Anforderungen;[325] diese verdienen damit weiterhin signifikante Beachtung. Dies gilt umso mehr, als die FSG über die Bestimmung der Strafe hinaus seit ihrer Veröffentlichung schrittweise einen immer stärkeren Einfluss gewannen. So haben eine Vielzahl von U.S. Bundesbehörden, darunter das U.S. Department of Justice (im Folgenden DOJ), das U.S. Department of Health & Human Services (im Folgenden HHS), das U.S. Department of Treasury (im Folgenden Treasury), die U.S. Environmental Protection Agency (im Folgenden EPA), das U.S. Departement of Labor Occupational Safety & Health Administration (im Folgenden OSHA) und die SEC, informelle oder ver-

---

322 *FitzSimon/McGreal*, 60 Business Lawyer (2005), 1759, 1780; *Fiorelli/Tracey*, 32 Journal of Corporation Law (2007), 467, 474 (Fn. 46); siehe allgemein hierzu *Adlestein*, 27 University of California Davis Law Review (1994), 375 ff.

323 Siehe dazu die umfangreiche Zusammenstellung der Rechtsprechung bei *Meyer*, ZStW 118 (2006), 512, 537 f.; vgl. auch *Wellner*, 27 Cardozo Law Review (2005), 497, 507 (Fn. 39); *Fiorelli/Tracey*, 32 Journal of Corporation Law (2007), 467, 474 ff. jeweils m.w.N.

324 *McGreal*, 60 Southern Methodist University Law Review (2007), 1571, 1584; *Wellner*, 27 Cardozo Law Review (2005), 497, 502 mit umfangreichen Verweisen auf die einschlägige Rechtsprechung; vgl. zudem zur Bedeutung der „deferred prosecution agreements" *Weissmann/Newman*, 82 Indiana Law Journal (2007), 411, 444 ff.

325 *Fiorelli/Tracey*, 32 Journal of Corporation Law (2007), 467, 474 ff.; *FitzSimon/McGreal*, 60 Business Lawyer (2005), 1759, 1780 ff.; *Orland*, 1 Brooklyn Journal of Corporate, Financial & Commercial Law (2006), 45, 49 f.; *Walker*, in: Walker (u.a.), PLI Corporate Compliance and Ethics Institute 2007, S. 15, 28; *Wellner*, 27 Cardozo Law Review (2005), 497, 507; siehe auch *Meyer*, ZStW 118 (2006), 512, 543; kritischer hierzu *Fries*, 55 Case Western Reserve Law Review (2005), 1097, 1098 ff.

pflichtende Compliance-Vorgaben erlassen, die jeweils auf § 8 B2.1 FSG Bezug nehmen.[326]

§ 3 Legislative, judikative, exekutive und private Compliance-Vorgaben in den USA

Im Voranstehenden hat sich bereits angedeutet: Die Selbstregulierung der Unternehmen ist durch verschiedene Institutionen gestärkt worden, seitdem Corporate Compliance vor mittlerweile mehr als 16 Jahren durch die FSG aufgegriffen wurde. Nunmehr existiert eine Vielzahl Anreiz bietender (I.), verpflichtender (II.) und informeller (III.) Compliance-Vorgaben. Auch die Rechtsprechung hat sich mit Compliance auseinandergesetzt (IV.). Selbst private Unternehmen fördern seit 2003 die Verbreitung selbstregulierender Maßnahmen und Prozesse (V.). Der Einsatz von Corporate Compliance als Mittel der Verhaltenssteuerung hat sich infolgedessen zu einer alltäglichen Erscheinung in den Vereinigten Staaten entwickelt.[327]

I. Anreiz bietende Compliance-Vorgaben

Einige rechtliche Vorgaben versprechen den Unternehmen Vorteile, sofern entsprechende Compliance-Erfordernisse erfüllt sind. Die in Aussicht gestellten Vorteile sind Anreize, welche von der Reduzierung eines Bußgeldes bis hin zu einem vollständigen Verzicht auf die Bestrafung reichen.[328] Die FSG, die eine Herabsetzung der Geldstrafe für ein wirksames Compliance- und Ethik-Programm vorsehen, stehen exemplarisch für derartigen Anreiz bietende Vorschriften. Der möglicherweise bedeutungsvollste Anreiz für ein wirksames Compliance-Programm findet sich seit 1999 in einem Memorandum des Bundesjustizministeriums namens „Principles of Federal Pro-

---

326 Siehe dazu den nachfolgenden Abschnitt; vgl. auch *FitzSimon/McGreal*, 60 Business Lawyer (2005), 1759, 1782.

327 Einen guten Überblick der jüngsten Entwicklung geben *FitzSimon/McGreal*, 60 Business Lawyer (2005), 1759, 1762 ff.; *McGreal*, 60 Southern Methodist University Law Review (2007), 1571, 1585; *Walker*, in: Walker (u. a.), PLI Corporate Compliance and Ethics Institute 2007, S .15 ff.; siehe auch *McGreal*, 61 Business Lawyer (2006), 1645 ff.

328 Vgl. nur *FitzSimon/McGreal*, 60 Business Lawyer (2005), 1759, 1762.

secution of Business Organizations".[329] Das nach seinem Verfasser benannte McNulty Memorandum legt neun unterschiedliche Faktoren dar, die Staatsanwälte bei der Entscheidung über die Aufnahme von Ermittlungen, der Erhebung der Anklage oder das Aushandeln einer Einlassung berücksichtigen sollen.[330] Leiten lassen sollen sich sich die Staatsanwälte dabei von dem Vorhandensein eines wirksamen Compliance-Programms. Ziel sei es, ein bloßes *paper program* von einem honorierungswürdigen, wirksam entworfenen und implementierten Compliance-Programm zu unterscheiden.[331] Zur Beurteilung wird auf die Kriterien in § 8 B2.1 der FSG verwiesen.[332]

Das kapitalmarktrechtliche Pendant zum McNulty Memorandum ist der im Oktober 2001 von der US-amerikanischen Börsenaufsicht veröffentlichte Seabord Report.[333] In diesem Dokument stellte die SEC erstmalig über den Einzelfall hinaus in Aussicht, die Erhebung der Klage sowie das Ob und Wie weiterer Maßnahmen in die Abhängigkeit der vom Unternehmen ergriffenen Compliance-Maßnahmen zu stellen. Dieses Vorgehen wurde am 4. Januar 2006 durch die SEC bekräftigt. Die an diesem Tag veröffentlichten Grundsätze beabsichtigten, die Ausübung ihrer Bußgeldbefugnis transparent zu gestalten.[334] Klarheit, Kontinuität und Vorhersehbarkeit sollten durch die Auflistung von neun unterschiedlichen Faktoren erreicht werden, welchen die SEC insbesondere zur Bestimmung der Höhe eines Bußgeldes Beachtung schenken würde. Ohne die Existenz eines Compliance-Programms explizit zu benennen, wird deren Vorhandensein über mehrere Grundsätze, namentlich etwa durch Beachtung von „Presence or lack of remedial steps by the corporation"[335], in eine Entscheidung der Börsenaufsicht einfließen.

---

329 Die aktuelle Version stammt von Deputy Attorney General *Paul J. McNulty*, siehe U.S. Department of Justice, McNulty Memorandum, passim. Dieses Memorandum ersetzte das sogenannte Thompson Memorandum aus dem Jahr 2003, welches damals das ursprüngliche Holder Memorandum aus dem Jahr 1999 fortschrieb. Vgl. dazu *Couden*, 30 Journal of Corporation Law (2005), 405 ff.; *FitzSimon/McGreal*, 60 Business Lawyer (2005), 1759, 1771 f.; *Robeck/Vazquez/Clark*, 17 Health Lawyer (2005), 20 ff.; siehe auch die Kritik von *Bowman*, 39 Wake Forest Law Review (2004), 671, 685 und *Bharara*, 44 American Criminal Law Review (2007), 53 ff.

330 U.S. Department of Justice, McNulty Memorandum, S. 4.

331 U.S. Department of Justice, McNulty Memorandum, S. 14.

332 Ebenda.

333 SEC, Seabord Report, passim.

334 SEC, Statement, passim.

335 Ebenda.

Bereits seit 1995 belohnt die Umweltschutzbehörde die Selbstregulierung der Unternehmen. Entsprechend der Richtlinie „Incentives for Self-Policing: Discovery, Disclosure, Correction and Prevention of Violations"[336] verzichtet die EPA im Gegenzug für Compliance- und Aufdeckungsmaßnahmen mitunter vollständig auf die Verhängung eines Bußgeldes[337] und die Empfehlung an das DOJ, die strafrechtlichen Verfolgung einzuleiten[338]. Schließlich sei noch erwähnt, dass auch die sich mit Arbeitssicherheit beschäftigende Bundesbehörde OSHA Corporate Compliance seit dem Jahr 2000 honoriert.[339]

II. Verpflichtende Compliance-Vorgaben

Die neueste Entwicklung des US-amerikanischen Rechts erhebt Corporate Compliance selbst zur Pflicht. Der Entwurf und die Implementierung von Corporate Compliance ist damit ein eigenständiger Aspekt in der Sicherstellung der Einhaltung rechtlicher Vorgaben.[340] Während einige Gesetze und sonstige Rechtsvorschriften vollständige Compliance-Programme fordern, wird sich zeigen, dass andere nur Compliance-Maßnahmen wie Verhaltensrichtlinien oder Schulungen vorsehen.

---

336 Seit 2000 gilt eine überarbeitete Version dieser Richtlinie, die allgemein nur *Audit Policy* genannt wird, EPA, Incentives for Self-Policing: Discovery, Disclosure, Correction and Prevention of Violations, 65 Fed. Reg., S. 19618 ff. (11. April 2000); ursprünglich EPA, Incentives for Self-Policing: Discovery, Disclosure, Correction and Prevention of Violations, 60 Fed. Reg., S. 66706 ff. (22. Dezember 1995); für Unternehmen mit weniger als 100 Mitarbeitern gilt EPA, Small Business Compliance Policy, 65 Fed. Reg.,S. 19630 ff. (11. April 2000); vgl. dazu *Hawks*, 30 Arizona State Law Journal (1998), 235, 239 ff.; *Markert/Devero/Donahue*, 41 American Criminal Law Review (2004), 443, 460 ff.

337 65 Fed. Reg., S. 19618, 19619 f., wobei ein etwaiger Gewinn abgeschöpft werden kann.

338 65 Fed. Reg., S. 19618, 19619 f.; die EPA warnt sogleich: „While the EPA may decide not to recommend criminal prosecution for discolsing entities, ultimate prosecutorial discretion resides with the U.S. Departement of Justice", 65 Fed. Reg., S. 19618, 19620.

339 Zu Anreizen und Anforderungen siehe OSHA, Final Policy Concerning the Occupational Safety and Health Administration's Treatment of Voluntary Employer Safety and Health Self-Audits, 65 Fed. Reg., S. 46498 ff. (28. July 2000).

340 Vgl. *McGreal*, 60 Southern Methodist University Law Review (2007), 1571, 1585.

Der USA Patriot Act[341] aus dem Jahr 2001 verlangt von „financial institutions" die Errichtung von Compliance Programmen, um Geldwäsche zu unterbinden. Die „anti-money laundering programs" müssen gemäß 31 U.S.C. § 5318(h)(1) auf mindestens vier Elementen aufbauen: „(A) the development of internal policies, procedures, and controls; (B) the designation of a compliance officer; (C) an ongoing employee training program; and (D) an independent audit function to test programs." Die Entwicklung von Mindeststandards, um dieser Pflicht zu genügen, wurde gemäß 31 U.S.C. § 5318(h)(2) an das Finanzministerium der Vereinigten Staaten delegiert. Das Treasury erließ daraufhin an verschiedene „financial institutions" adressierte, detaillierte Vorgaben, damit diese den Compliance-Anforderungen nachkommen können. Zu den Normadressaten zählen neben typischen „financial institutions" wie Banken und Versicherungen beispielsweise auch Juweliere[342] und Automobilhändler[343].

Eine weitere Verpflichtung zur Einführung von Compliance-Programmen wurde durch die US-amerikanische Börsenaufsicht geschaffen.[344] Verletzungen der „Federal Securities Laws" durch Anlageberater und Kapitalanlagegesellschaften führten im Jahr 2003 zum Erlass von Rechtsvorschriften, welche nunmehr die gesamte Branche zur Implementierung von Compliance-Programmen verpflichtet.[345] Die durch den Insider Trading and Securities Fraud Enforcement Act of 1988 geschaffenen compliance-relevanten Pflichten für „investement adviser" und „broker-dealer" wurden bereits genannt.[346] Zusätzlich existieren Compliance-Anforderungen für be-

---

341 USA Patriot Act of 2001, Pub. L. No. 107–56, 115 Stat. 272 (2001).

342 Treasury, Financial Crimes Enforcement Network, Anti-Money Laundering Programs for Dealers in Precious Metals, Stones or Jewels, 68 Fed. Reg. 8480 (21. Februar 2003).

343 Treasury, Financial Crimes Enforcement Network, Anti-Money Laundering Programs for Businesses Engaged in Vehicle Sales, 68 Fed. Reg. 8568 (24. Februar 2003).

344 Siehe SEC, Compliance Programs of Investment Companies and Investment Advisers, 68 Fed. Reg. 74714 (24. Dezember 2003).

345 17 C.F.R. § 270.38a-1 (2003) (Compliance Programs of Investment Companies); 17 C.F.R. § 275.206(4)-7 (2003) (Compliance Programs of Investment Advisers); darüber hinaus findet sich eine gesondert Pflicht zur Einführung von Verhaltensrichtlinien in 17 C.F.R. § 175.204 A-1 (2004) (Investment Adiviser Codes of Ethics).

346 Siehe dazu bereits 2. Kapitel § 1 III.; 15 U.S.C. § 80b-4a (2004) (investment adviser); 15 U.S.C. § 78o(f) (2004) (broker-dealer).

stimmte Unternehmen wie zum Beispiel solche des Gesundheitswesens, um die Privatsphäre von Verbrauchern stärker zu schützen.[347]

Der Sarbanes-Oxley Act of 2002[348] erfordert hingegen keine Einführung eines vollständigen Compliance-Programmes. Gemäß Section 406 des Acts sind aber alle börsennotierten Gesellschaften (public companies) zur Offenlegung verpflichtet, ob eine Verhaltensrichtlinie für ihren „principal financial officer, principal accounting officer or controller, or persons performing similar functions" besteht. Die Umsetzungsregelungen der SEC dehnen diese Pflicht durch 17 C.F.R. § 229.406(a) auf den „principal executive officer" aus. Entscheidet sich das Unternehmen gegen die Einführung der in den Vorschriften der SEC spezifizierten Richtlinien, müssen die Gründe hierfür bekannt gegeben werden.[349] Nicht auf Verhaltensrichtlinien, sondern auf Compliance-Schulungen, setzten drei Bundesstaaten zur Bekämpfung der sexuellen Belästigung am Arbeitsplatz (sexual harassment).[350] So sind Vorgesetzte in Kalifornien in Unternehmen mit mehr als 50 Arbeitnehmern in einem zweijährigen Turnus zur Teilnahme an einer mindestens zweistündigen, interaktiven Ausbildung verpflichtet.[351]

III. Informelle Compliance-Vorgaben

Im Jahr 1998 begann das Gesundheitsministerium der Vereinigten Staaten, Leitlinien für die Errichtung eines Compliance-Programms zu entwerfen.[352] Diese sind jeweils zugeschnitten auf unterschiedliche Segmente des Gesundheitswesens. Eine der ersten Veröffentlichungen des HHS richtete

---

347 Siehe dazu ausführlich *FitzSimon/McGreal*, 60 Business Lawyer (2005), 1759, 1769 f.

348 Sarbanes-Oxley Act of 2002, Pub. L. No. 107–204, § 406, 116 Stat. 745, 789–90 (2002); 15 U.S.C. § 7264 (2006); 17 C.F.R. § 229.406 (2007).

349 Vgl. allgemein zu den durch die Offenlegungspflicht begründeten Anforderungen *Mori*, 24 Yale Journal on Regulation (2007), 293 ff.; *Newberg*, 29 Vermont Law Review (2005), 253 ff.; siehe auch *Hütten/Stromann*, BB 2003, 2223, 2227; *Regelin/Fisher*, IStR 2003, 276, 283; *Wolf*, DStR 2006, 1995, 1997 f.

350 California Government Code § 12950.1 (2007); Conneticut General Statutes § 46a-54(15)(B) (2007); Maine Revised Statutes tit. 26, § 807(3) (2007).

351 California Government Code § 12950.1(a) (2007).

352 Eine Übersicht aller Leitfäden des HHS findet sich unter http://www.oig.hhs.gov/fraud/complianceguidance.html (zuletzt besucht am 29.05.2008).

sich an Krankenhäuser, deren Mitarbeiter und Zulieferer.[353] Die Leitlinien bieten spezifische Vorschläge hinsichtlich des Entwurfs und der Umsetzung eines Compliance-Programmes und sind damit detaillierter als die Vorgaben in Chapter 8 der FSG. Während sich die Leitlinien zwar explizit an bestimmte Adressaten der medizinischen Versorgung richten, können sie allen Branchen als Hilfestellung dienen.[354] Die Vorgaben werden hier als informell bezeichnet, weil Belohnungen für wirksames Corporate Compliance nicht ausdrücklich zugesichert werden.[355]

IV. Compliance-Vorgaben durch die Rechtsprechung

In den Neunzigerjahren des vergangenen Jahrhunderts wurde Corporate Compliance erstmals außerhalb der soeben beschriebenen Rechtsbereiche berücksichtigt. US-amerikanische Gerichte etablierten Corporate Compliance-Programme als Haftungsschutz in gesellschafts- (1.) und arbeitsrechtlichen (2.) Prozessen.

1. Gesellschaftsrechtlicher Haftungsschutz

Der Delaware Chancery Court entschied 1996 In re Caremark International Inc. Derivative Litigation[356] im obiter dictum über die Pflicht des „board of directors" zur Überwachung von Corporate Compliance-Bemühungen. Teil ihrer Aufsichtspflicht sei es, nach Treu und Glauben das Vorhandensein angemessener „reporting and information systems" sicherzustellen.[357] Schäden, die dem Unternehmen aufgrund eines fehlenden Systems als Folge eines Rechtsverstoßes entstünden, müssten möglicherweise vom „board" ge-

---

353 HHS, Publication of the Officer of the Inspector General (OIG) Compliance Program Guidance for Hospitals, 63 Fed. Reg., S. 8987 (23. Februar 1998).

354 Vgl. *FitzSimon/McGreal*, 60 Business Lawyer (2005), 1759, 1764.

355 Der Officer of the Inspector General (OIG) des HHS stellt jedoch fest: „The OIG … will consider the existence of an *effective* compliance program that pre-dated any Governmental investigation when addressing the appropriatness of administrative penalties.", 63 Fed. Reg., S. 8987, 8988 (Fn. 2).

356 698 A.2d 959 (Delaware Chancery Court 1996).

357 698 A.2d 959, 970 (Delaware Chancery Court 1996), dort heißt es wörtlich: „assur[e] themselves that information and reporting systems exist in the organization that are reasonably designed to provide to senior management and to the board itself timely, accurate information sufficient to allow management and the board, each within its scope, to reach informed judgements concerning both the corporation's compliance with the law and its business performance".

tragen werden.[358] Gleichzeitig stellte das Gericht fest, dass eine derartige Klage eine der unsichersten des Gesellschaftsrechts überhaupt sei,[359] eine Haftung folge nur für fortwährende oder systematische Fehler.[360] Dies verdeutlicht die vom Gericht als verhältnismäßig niedrig erachtete Aufsichtspflicht des „board of directors".[361] Zugleich heben die Richter jedoch hervor, dass die deutlich gestiegenen Geldbußen aufgrund der FSG die Pflicht der „boards" beeinflussen und verschärfen können.[362] Der durch die sogenannte Caremark-Entscheidung aufgestellte Standard wurde in der Folge aufrechterhalten und präzisiert.[363]

2. Arbeitsrechtlicher Haftungsschutz

Die US-amerikanische Rechtsprechung zum Antidiskriminierungsrecht hat weitere Anreize zur Einführung von Compliance-Programmen geliefert. Unternehmen können in den Vereinigten Staaten wegen sexueller Belästigung am Arbeitsplatz (sexual harassment) auf Schadensersatz in Anspruch genommen werden, Title VII Civil Rights Act of 1964[364]. Der U.S. Supreme Court entschied 1998 gleich zwei Mal in Burlington Industries, Inc. v. El-

---

358 Ebenda.

359 698 A.2d 959, 967 (Delaware Chancery Court 1996), dort heißt es ausdrücklich: „The theory here advanced is possibly the most difficult theory in corporation law upon which a plaintiff might hope to win a judgement."

360 698 A.2d 959, 971 (Delaware Chancery Court 1996), so wird festgestellt: „only a sustained or systematic failure of the board to exercise oversight – such as an utter failure to attempt to assure a reasonable information and reporting system exists – will establish the lack of good faith".

361 Vgl. *FitzSimon/McGreal*, 60 Business Lawyer (2005), 1759, 1774.

362 698 A.2d 959, 970 (Delaware Chancery Court 1996); aus diesem Grund wird gar vertreten, es bestehe eine Pflicht zur Implementierung von Compliance-Programmen, *Nunes*, 27 Arizona State Law Journal (1995), 1039, 1051 f.; siehe ausführlich zu den compliance-relevanten Pflichten US-amerikanischer Geschäftsleiter *Brown*, 26 Delaware Journal of Corporate Law (2001), 1 ff.

363 Siehe nur In re Walt Disney Co. Derivative Litigation, 906 A.2d 27 (Delaware 2006); Stone v. Ritter, 911 A.2d 362 (Delaware 2006); weitere Rechtsssprechung findet sich bei *FitzSimon/McGreal*, 60 Business Lawyer (2005), 1759, 1774 und 1789 f.; *McGreal*, 61 Business Lawyer (2006), 1645, 1658 f.; eine eingehende Erörterung der Entscheidung findet sich bei *Brown*, 26 Delware Journal of Corporation Law (2001), 1, 16 ff.; eine kritische Betrachtung der Rechtsprechung findet sich bei *Elson/Gyves*, 39 Wake Forest Law Review (2004), 691 ff.

364 Civil Rights Act of 1964, Pub. L. 88–352 (1964); 78 Stat. 241; 42 U.S.C. §§ 2000e ff.; siehe hierzu *Rieger-Goroncy*, NVersZ 1999, 247, 249.

lerth[365] und Faragher v. City of Boca Raton[366], dass Arbeitgeber sich exkulpieren können, wenn nachgewiesen wird, dass angemessene Maßnahmen zur Vermeidung und Beseitigung sexueller Belästigung getroffen wurden. Über die notwendige Sorgfalt des Unternehmens hinaus sexuelle Belästigung zu vermeiden, erfordert die Exkulpation zudem, dass der/die betroffene Mitarbeiter/in eine vorhandene Möglichkeit, Hilfe zur Vermeidung oder Korrektur des belästigenden Verhaltens zu bekommen, nicht in Anspruch genommen hat.[367]

Im Juni 1999 verneinte der U.S. Supreme Court in Sachen Kolstad v. American Dental Association[368] einen Anspruch auf Schadensersatz mit Strafcharakter (punitive damages). Das Gericht urteilte, der Arbeitgeber sei im Rahmen derartiger Schadensersatzzahlungen nicht für diskriminierendes Verhalten seiner Mitarbeiter verantwortlich, wenn dieses den redlichen Anstrengungen des Arbeitgebers, Title VII zu entsprechen, zuwiderliefe.[369] Zur Durchsetzung des Antidiskriminierungsrechts implementierte Compliance-Programme sind damit erforderlich und bereits ausreichend, um die Haftung des Unternehmens für „punitive damages" zu vermeiden. Ein Nachweis des unangemessenen Verhaltens des Geschädigten ist nicht notwendig. Ein Compliance-Programm zur Vermeidung diskriminierenden Verhaltens kann ein Unternehmen entsprechend der angeführten Entscheidungen vor der Inanspruchnahme auf Schadensersatz bewahren.[370]

V. Compliance-Vorgaben durch private Unternehmen

In den Vereinigten Staaten stärken zudem privatrechtliche Institutionen die Selbstregulierung der Unternehmen und deren Einhaltung rechtlicher Vorgaben. Genannt seien an dieser Stelle nur zwei besonders einflussreiche Un-

---

365 Burlington Industries, Inc. v. Ellerth, 524 U.S. 742 (1998).

366 Faragher v. City of Boca Raton, 524 U.S. 775 (1998).

367 Burlington Industries, Inc. v. Ellerth, 524 U.S. 742, 765 (1998).

368 Kolstad v. American Dental Association, 527 U.S. 526 (1999).

369 Kolstad v. American Dental Association, 527 U.S. 526, 545 (1999), ausdrücklich bedeutet dies: „in the punitive damages context, an employer may not be vicariously liable for the discriminatory employment decisions of managerial agents where these decisions are contrary to the employer's good-faith efforts to comply with Title VII."

370 Siehe dazu *FitzSimon/McGreal*, 60 Business Lawyer (2005), 1759, 1774 ff. m.w.N.

ternehmen: die New York Stock Exchange und die Nasdaq.[371] Deren Bör-
senzulassungsvorschriften verpflichten über Sec. 406 Sarbanes-Oxley Act
hinaus zur Einführung und Veröffentlichung von für alle Unternehmensangehörige geltende Verhaltensrichtlinien.[372]

§ 4 Corporate Compliance in den USA : Zusammenfassung

Der zu Beginn dieses Kapitels beschriebene hohe Verbreitungsgrad von
Corporate Compliance in den Vereinigten Staaten findet seine Ursache in
der Einflussnahme vielfältiger rechtlicher Vorgaben auf die Geschäftsleiter.
Vorrangig veranlassten legislative, aber auch exekutive, judikative und sogar private Vorschriften die Umsetzung von Corporate Compliance. Als
Steuerungsmechanismen kommen, um compliance-relevanten Eigenaktivitäten der Unternehmen anzuregen, Anreiz bietende, verpflichtende und informelle Vorgaben zum Einsatz. Die Ergänzung der FSG im Jahr 1991 und
der dadurch in Aussicht gestellte Strafnachlass für wirksame Compliance-
Bestrebungen sind als einzelne, herausragende Einflussfaktoren hervorzuheben. In dessen Folge begannen US-amerikanische Unternehmen sich eingehend mit Corporate Compliance auseinander zu setzen.[373]

Betont werden muss die sich im Laufe der Jahre herausgebildete Standardisierung und Formalisierung von Corporate Compliance : Compliance
hat sich in den vergangenen 50 Jahren – erst langsam, dann zunehmend
schneller – von einer informalen und reaktiven zu einer formalen und prä-

---

371 New York Stock Exchange, Inc. and National Association of Securities Dealers, Inc., Relating to Corporate Governance, 68 Fed. Reg. 64154 (12. November 2003); zu weiteren Vorgaben siehe *FitzSimon/McGreal*, 60 Business
Lawyer (2005), 1759, 1776 ff.; vgl. auch die Zusammenstellung privater In-
itiativen der SEC, Self-Regulatory Organizations, diese findet sich unter
http://www.sec.gov/links.shtml#selfreg (zuletzt besucht am 05.07.2008).

372 NYSE Listed Company Manual, § 303 A.10 („Listed companies must adopt
and disclose a code of business conduct and ethics for directors, officers and
employees, and promptly disclose any waivers of the code for directors or
executive officers."); Nasdaq Manual, § 4350(n) („Each Issuer shall adopt a
code of conduct applicable to all directors, officers and employees, which shall
be publicly available.").

373 Siehe dazu *Baker*, 89 Cornell Law Review (2004), 310, 313 ff.; *Bowman*, 39
Wake Forest Law Review (2004), 671, 679; *Fiorelli/Tracey*, 32 Journal of
Corporation Law (2007), 467 f.; *Murphy*, 87 Iowa Law Review (2002), 697,
707 ff.; *Wellner*, 27 Cardozo Law Review (2005), 497, 508 ff. jeweils m.w.N.

ventiven Vorgehensweise entwickelt.[374] Die Maßnahmen und Prozesse zur Sicherstellung der Einhaltung rechtlicher Vorgaben werden immer präziser und detaillierter beschrieben und umgesetzt. Diese Entwicklung wird sich aller Voraussicht nach in der Zukunft fortsetzen.[375] Stand am Anfang der Compliance-Entwicklung eine problem- und einzelfallbezogene Herangehensweise im Vordergrund, herrscht heutzutage eine präventive, umfassend wirkende Selbstregulierung vor. In diesem Zusammenhang muss herausgestellt werden, dass seit der Änderung der FSG im Jahr 2004 die Unternehmenskultur als Teil eines wirksamen Compliance-Managements betrachtet wird.[376]

Die weite Verbreitung von Corporate Compliance in den Vereinigten Staaten ist nicht kritiklos geblieben: Die gewährten Anreize, namentlich der Verzicht der Anklage oder etwa die Herabsetzung der Geldstrafe, rechtfertigen sich dadurch, dass mittels Compliance zwar nicht der in Rede stehende Rechtsverstoß verhindert werden konnte, aber die Einhaltung rechtlicher Vorgaben durch die übrigen Unternehmensangehörigen grundsätzlich verbessert worden ist. Dies ist jedoch bloß eine Annahme, deren eindeutige Verifizierung bislang auszustehen scheint. Wissenschaftler bezweifeln die Richtigkeit der Annahme und damit die gedankliche Grundlage bzw. Rechtfertigung für die im Gegenzug für Corporate Compliance gewährten Belohnungen.[377] Sie stellen insbesondere in Frage, ob die vom Unternehmen dar-

---

374 *Bowman*, 39 Wake Forest Law Review (2004), 671, 679 f.; *FitzSimon/McGreal*, 60 Business Lawyer (2005), 1759, 1760; *McGreal*, 60 Southern Methodist University Law Review (2007), 1571, 1585.

375 *Schwartz*, 32 Journal of Business Ethics (2001), 247, 248; einen Anteil an diesem Prozess hat der Dienstleistungssektor, der sich ausschließlich mit dem Entwurf, der Implementierung und Modifizierung von Corporate Compliance beschäftigt, zu dieser Branche gehören etwa Rechtsanwälte, Wirtschaftsprüfer und Unternehmensberater; vgl. *Bowman*, 39 Wake Forest Law Review (2004), 671, 679 f.; *Kjonstad/Willmott*, 14 Journal of Business Ethics (1995), 445; *Krawiec*, 32 Florida State University Law Review (2005), 571, 574 f.; *McKendall/DeMarr/Jones.Rikkers*, 37 Journal of Business Ethics (2002), 367, 372; *Murphy*, 87 Iowa Law Review (2002), 697, 710 f.; *Rostain*, 75 Fordham Law Review (2006), 1397 ff. m.w.N.

376 § 8 B2.1 FSG; *FitzSimon/McGreal*, 60 Business Lawyer (2005), 1759, 1787; *Walker*, in: Walker (u.a.), PLI Corporate Compliance and Ethics Institute 2007, S. 48 f.

377 Siehe dazu *Bowman*, 39 Wake Forest Law Review (2004), 671, 687 ff.; *Krawiec*, 32 Florida State University Law Review (2005), 571, 572; *dies.*, 81 Washington University Law Quarterly (2003), 487 ff.; *Langevoort*, 71 Columbia Business Law Review (2002), 71, 117 f.; *Laufer*, 52 Vanderbilt Law Review (1999), 1343, 1407 ff., 1415 ff.; *McKendall/DeMarr/Jones-Rikkers*,

gelegten Compliance-Anstrengungen tatsächlich vorgenommen worden sind oder nicht vielmehr nur „window-dressing" – zu Deutsch eine Beschönigung – sind, um in die Gunst des Bonus' zu gelangen oder Stakeholder zufrieden zu stellen.[378] Hierhinter verbirgt sich die Überlegung bzw. Befürchtung, dass Corporate Compliance nur auf dem Papier existieren könnte, um die Anforderungen und Erwartungen Unternehmensexterner zu befriedigen, ohne jedoch wirklich zu einer Verhaltenssteuerung der Unternehmensangehörigen beigetragen zu haben. Die Honorierung derartiger unwirksamer Compliance-Programme entbehre jeder Grundlage. Die Belohnung für Corporate Compliance rechtfertige sich nur, wenn die Maßnahmen und Prozesse wirklich effektiv seien und dies gesichert festgestellt werden könne. Eine Untersuchung, die diesem Problemfeld nachgeht, erfolgt im vierten Kapitel dieser Arbeit. Zuvor soll die Entwicklung von Corporate Compliance in Deutschland dargestellt werden.

37 Journal of Business Ethics (2002), 367, 380; *Wellner*, 27 Cardozo Law Review (2005), 497, 518 ff., 527 f.; die Kritik in Frage stellend *Aviram*, 32 Florida State University Law Review (2005), 763 ff.; *Newberg*, 29 Vermont Law Review (2005), 253, 265 f.

378 Vgl. *Fiorelli*, 39 Wakre Forest Law Review (2004), 565, 582, 586; *Hess/ McWhorter/Fort*, 11 Fordham Journal of Corporation & Financial Law (2006), 725, 731 ff. m.w.N.; *Krawiec*, 81 Washington University Law Quarterly (2003), 487 ff.; *Laufer*, 87 Iowa Law Review (2002), 643, 648 f.; *ders.*, 52 Vanderbilt Law Review (1999), 1343, 1407 ff. m.w.N.; *McKendall/DeMarr/ Jones-Rikkers*, 37 Journal of Business Ethics (2002), 367, 380 *Treviño/Weaver/ Gibson/Toffler*, 41 (Nr. 2) California Management Review (1999), 131, 148 f.; *Wellner*, 27 Cardozo Law Review (2005), 497, 518 ff.; siehe auch *Nell*, ZRP 2008, 149 ff.

3. Kapitel
Corporate Compliance in Deutschland

Nachdem im ersten Kapitel eine Erklärung und Einordnung von Corporate Compliance erfolgte und das zweite Kapitel dem hohen Verbreitungsgrad von Compliance in den Vereinigten Staaten von Amerika nachging, zielt dieses Kapitel darauf ab, den niedrigeren Verbreitungsgrad hierzulande zu ergründen. Im Mittelpunkt der Untersuchung stehen die rechtlichen Vorgaben zur Implementierung und Durchführung von Corporate Compliance. Anhand der Normadressaten ist zwischen sektorspezifischen (§ 1) und allgemeingültigen (§ 2) Anforderungen zu differenzieren. Vorweg sei bereits festgestellt, dass sich im deutschen Recht keine Norm findet, die Gesellschaften expressis verbis zur Einrichtung einer umfassenden Corporate Compliance-Organisation verpflichtet. Der Begriff Corporate Compliance ist im gesetzlich normierten deutschen Gesellschaftsrecht nicht zu finden und auch von der deutschen Rechtsprechung bislang nicht definiert worden.[379] Zugleich fehlt eine Umschreibung dieses Begriffs durch den Gesetzgeber oder die Rechtsprechung.

§ 1 Branchenspezifische Organisationsvorgaben

Im Banken-, Versicherungs- und Wertpapieraufsichtsrecht wird die Sicherstellung der Einhaltung rechtlicher Vorgaben – also Compliance – allerdings von Gesetzes wegen gefordert.[380] Gegenstand der Aufsicht der Bundesanstalt für Finanzdienstleistungsaufsicht (im Folgenden BaFin) über Banken, Versicherungen und Wertpapierdienstleistungsunternehmen ist unter anderem die ordnungsgemäße Durchführung des Geschäftsbetriebes einschließ-

---

379 *Kort*, NZG 2008, 81, 82; zum Begriff siehe bereits 1. Kapitel § 1.

380 Vgl. hierzu *Eisele*, in: Schimansky/Bunte/Lwowski, Bankrechts-Handbuch, § 109; *Gebauer*, in: Hauschka, Corporate Compliance, § 31; *Grundmann*, in: Ebenroth/Boujong/Joost/Strohn, HGB, Rn. VI 298 ff.; *Kort*, NZG 2008, 81, 83, 85 f.; *Lösler*, Compliance im Wertpapierdienstleistungskonzern, passim; *ders.*, NZG 2005, 104 ff.; *Röh*, BB 2008, 398 ff.; *Schlicht*, BKR 2006, 469 ff.; *Spindler*, WM 2008, 905 ff.; *Spindler/Kasten*, AG 2006, 785 ff.; *Weber-Ray*, AG 2008, 345, 350 ff.; *Wolf*, DStR 2006, 1995 ff.

lich der Einhaltung der aufsichtsrechtlichen Vorschriften.[381] Während das Kreditwesengesetz bereits seit der 6. KWG-Novelle 1998[382] mit § 25a KWG über eine Rechtsvorschrift zur ordnungsgemäßen Geschäftsorganisation verfügt (I.), enthält das Versicherungsaufsichtsgesetz erst jüngst, seit dem 1. 1. 2008, mit § 64a VAG[383] eine vergleichbare Norm (II.). Im Bereich der Wertpapieraufsicht bestehen seit 1995[384] mit § 33 WpHG aufsichtsrechtliche Anforderungen an die Einhaltung von Organisationspflichten (III.). Bei Verstößen gegen § 25a KWG, § 64a VAG und § 33 WpHG kann die BaFin alle Maßnahmen ergreifen, die geeignet und erforderlich sind, um solche Missstände zu vermeiden oder zu beseitigen.[385]

I. § 25a KWG und Corporate Compliance

§ 25a Abs. 1 S. 1 KWG befasst sich seit 1998 mit der ordnungsgemäßen Geschäftsorganisation von Kreditinstituten. Im Zuge der Umsetzung der Finanzmarktrichtlinie wurde der Wortlaut geändert und bestimmt mit Wirkung vom 1.11.2007[386]: „Ein Institut muss über eine ordnungsgemäße Geschäftsorganisation verfügen, die die Einhaltung der vom Institut zu beachtenden gesetzlichen Bestimmungen und der betriebswirtschaftlichen Notwendigkeiten gewährleistet." Ohne ausdrücklich von Corporate Compliance zu sprechen, verpflichtet diese Norm Kreditinstitute, sich derart zu organisieren, dass Rechtsverstöße vermieden werden. Weiter erfordert eine ordnungsgemäße Geschäftsorganisation die Einrichtung eines angemessenen und wirksamen Risikomanagements, dessen Ausgestaltung von Art, Umfang, Komplexität und Risikogehalt der Geschäftstätigkeit abhängt,

381 § 81 Abs. 1 S. 4 VAG; ähnlich § 6 Abs. 3 S. 1 KWG und § 4 Abs. 1 S. 2 und Abs. 2 S. 1 WpHG.

382 Neufassung des Gesetzes über das Kreditwesen vom 9. September 1998, BGBl. I 1998, S. 2776.

383 Neuntes Gesetz zur Änderung des Versicherungsaufsichtsgesetzes vom 23. 12. 2007, BGBl. I 2007, S. 3248.

384 Gesetz über den Wertpapierhandel und zur Änderung börsenrechtlicher und wertpapierrechtlicher Vorschriften (Zweites Finanzmarktförderungsgesetz) vom 26. Juli 1994, BGBl. I 1994, S. 1749.

385 § 81 Abs. 1 S. 4 VAG; ähnlich § 6 Abs. 3 S. 1 KWG und § 4 Abs. 2 S. 1 WpHG. Bei der Verletzung von Pflichten nach § 25a KWG gilt darüber hinaus seit 1. 1. 2007 der speziellere § 45b KWG, der u. a. die Anordnung des Vorhaltens zusätzlicher Eigenmittel der Institute durch die BaFin ermöglicht.

386 Gesetz zur Umsetzung der Richtlinie über Märkte für Finanzinstrumente und der Durchführungsrichtlinie der Kommission (Finanzmarktrichtlinie-Umsetzungsgesetz) vom 16. Juli 2007, BGBl. I 2007, S. 1330, 1374.

§ 25a Abs. 1 S. 3 und 4 KWG. § 25a Abs. 1 S. 6 Nr. 3 KWG verlangt von einer ordnungsgemäßen Geschäftsorganisation, dass das Institut über angemessene geschäfts- und kundenbezogene Sicherungssysteme gegen Geldwäsche und betrügerische Handlungen verfügt.

Das Rundschreiben 5/2007 der BaFin vom 30. 10. 2007 mit dem Titel „Mindestanforderungen an das Risikomanagement" (im Folgenden MaRisk) konkretisiert diese Vorschrift. Einen Schwerpunkt legt die neue Version der MaRisk auf die Auslagerung von Tätigkeiten und Bereichen und ergänzt damit § 25a Abs. 2 KWG.[387] Außerdem enthält die MaRisk compliance-relevante Anforderungen: So müssen Kreditinstitute angemessene Risikosteuerungs- und Controllingprozesse einrichten[388] und sich ständig an veränderte Bedingungen anpassen[389]. Darüber hinaus sind jedem Mitarbeiter schriftliche Organisationsrichtlinien bekannt zu machen, die u. a. die Einhaltung gesetzlicher Bestimmungen sowie sonstiger Vorgaben gewährleisten.[390] Aus dem Zusammenspiel von § 25a Abs. 1 KWG und den MaRisk der BaFin ergibt sich insgesamt ein Rahmen einzuhaltender Grundprinzipien für Compliance-Bemühungen von Kreditinstituten.

II. § 64a VAG und Corporate Compliance

Eine weitere compliance-relevante Rechtsnorm wurde mit Wirkung zum 1. 1. 2008 durch das Neunte Gesetz zur Änderung des Versicherungsaufsichtsgesetzes in Form von § 64a VAG eingeführt.[391] § 64a VAG enthält klar definierte Anforderungen an eine ordnungsgemäße Geschäftsorganisation und ein angemessenes Risikomanagement innerhalb von Versicherungsunternehmen. Nach dem neuen § 64a Abs. 1 S. 1 VAG müssen Versicherungsunternehmen über eine ordnungsgemäße Geschäftsorganisation verfügen, die die Einhaltung der von ihnen zu beachtenden Gesetze und Verordnungen sowie der aufsichtsbehördlichen Anforderungen gewährleistet. Eine ordnungsgemäße Geschäftsorganisation setzt nach § 64a Abs. 1 S. 3 VAG ferner ein angemessenes Risikomanagement voraus. Das angemesse-

---

387 Vertiefend *Fischer/Petri/Steidle*, WM 2007, 2313, 2316 ff.; *Hanten/Görke*, BKR 2007, 489 ff.

388 Rundschreiben 5/2007 (MaRisk) der BaFin vom 30. 10. 2007, AT 4.3.2, Rn. 1, S. 1.

389 Rundschreiben 5/2007 (MaRisk) der BaFin vom 30. 10. 2007, AT 4.3.2, Rn. 7.

390 Rundschreiben 5/2007 (MaRisk) der BaFin vom 30. 10. 2007, AT 5, Rn. 1, S. 1; Rn. 2, S. 1; Rn. 3, Nr. 4.

391 Neuntes Gesetz zur Änderung des Versicherungsaufsichtsgesetzes vom 23. 12. 2007, BGBl. I 2007, S. 3248.

ne Risikomanagement erfordert gemäß § 64a Abs. 1 S. 4 VAG drei aufeinander abgestimmte Elemente: eine Risikostrategie, einen passenden organisatorischen Rahmen und die Steuerung und Kontrolle der Risiken.
§ 64a VAG orientiert sich inhaltlich an § 25a KWG,[392] geht aber über dessen
Inhalt in den Detailanforderungen zum Risikomanagement hinaus[393]. Im
deutschen Recht existierte bislang keine mit § 64a VAG vergleichbare Vorschrift, die derart genaue Anforderungen an das Risikomanagement und damit auch an den Umgang mit rechtlichen Risiken stellt.[394] Dies gilt sowohl
speziell für den Banken- und Versicherungssektor als auch generell für das
gesamte Gesellschafts- und Kapitalmarktrecht.

III. § 33 WpHG und Corporate Compliance

Detailliertere Compliance-Anforderungen finden sich ausschließlich im
Wertpapierhandelsgesetz.[395] § 33 Abs. 1 WpHG legt seit dem 1.11.2007
Folgendes ausdrücklich fest:[396] „Ein Wertpapierdienstleistungsunternehmen muss die organisatorischen Pflichten nach § 25a Abs. 1 und 4 des Kre-
ditwesengesetzes einhalten. Darüber hinaus muss es 1. angemessene Grundsätze aufstellen, Mittel vorhalten und Verfahren einrichten, die darauf ausgerichtet sind, sicherzustellen, dass das Wertpapierdienstleistungsunternehmen selbst und seine Mitarbeiter den Verpflichtungen dieses Gesetzes nachkommen, wobei insbesondere eine dauerhafte und wirksame Compliance-
Funktion einzurichten ist, die ihre Aufgaben unabhängig wahrnehmen
kann; […] 5. sicherstellen, dass die Geschäftsleitung und das Aufsichtsorgan in angemessenen Zeitabständen, zumindest einmal jährlich, Berichte

---

392 Kritisch zu dieser Orientierung *Bürkle*, VersR 2007, 1595, 1600.

393 Vgl. hierzu auch *Kort*, NZG 2008, 81, 83; *Weber-Ray*, AG 2008, 345, 358.

394 Vgl. *Weber-Ray*, AG 2008, 345, 358; dies führt zu Erwägungen, dass die
      Grundsätze über eine ordnungsgemäße Geschäftsorganisation und ein ange-
      messenes Risikomanagement im VAG Ausstrahlungswirkung entfalten wer-
      den, siehe *Kort*, NZG 2008, 81, 83; *Mutter*, AG-Report 2007, R 352 f.; siehe
      dazu auch 3. Kapitel § 2 III. 2. d) bb).

395 Ausführlich zu Compliance im Wertpapiersektor *Eisele*, in: Schimansky/
      Bunte/Lwowski, Bankrechts-Handbuch, § 109 m.w.N.; *Gebauer*, in: Hauschk-
      ka, Corporate Compliance, § 31; *Grundmann*, in: Ebenroth/Boujong/Joost/
      Strohn, HGB, Rn. VI 293 ff.; *Lösler*, NZG 2005, 104 ff.; *Röh*, BB 2008, 398 ff.

396 Gesetz zur Umsetzung der Richtlinie über Märkte für Finanzinstrumente und
      der Durchführungsrichtlinie der Kommission (Finanzmarktrichtlinie-Umset-
      zungsgesetz) vom 16. Juli 2007, BGBl. I 2007, S. 1330, 1344 f.; siehe dazu
      Röh, BB 2008, 398 ff.; *Schlicht*, BKR 2006, 469 ff.; *Spindler/Kasten*, AG
      2006, 785 ff.; *Veil*, WM 2008, 1093 ff.

der mit der Compliance-Funktion betrauten Mitarbeiter über die Angemessenheit und Wirksamkeit der Grundsätze, Mittel und Verfahren nach Nummer 1 erhalten, die insbesondere angeben, ob zur Behebung von Verstößen des Wertpapierdienstleistungsunternehmens oder seiner Mitarbeiter gegen Verpflichtungen dieses Gesetzes oder zur Beseitigung des Risikos eines solchen Verstoßes geeignete Maßnahmen ergriffen wurden; 6. die Angemessenheit und Wirksamkeit der nach diesem Abschnitt getroffenen organisatorischen Maßnahmen überwachen und regelmäßig bewerten sowie die erforderlichen Maßnahmen zur Beseitigung von Unzulänglichkeiten ergreifen." Durch den Verweis des § 33 Abs. 1 S. 1 WpHG auf § 25a Abs. 1 und 4 KWG hat auch ein Wertpapierdienstleistungsunternehmen die bereits beschriebenen Organisationspflichten einzuhalten. Darüber hinaus enthält § 33 Abs. 1 S. 2 WpHG einige eigenständige Anforderungen. Hervorzuheben ist die Notwendigkeit der dauerhaften Einrichtung einer selbstständigen und wirksamen Compliance-Funktion, § 33 Abs. 1 S. 2 Nr. 1 WpHG.[397] Diese Pflicht beinhaltet die Benennung eines Compliance-Beauftragten, der für die Compliance-Funktion sowie die Berichte an die Geschäftsleitung und das Aufsichtsorgan nach § 33 Abs. 1 S. 2 Nr. 5 WpHG verantwortlich ist.[398] Diese Rechtsvorschrift begründet damit für Wertpapierdienstleistungsunternehmen die organisatorische Pflicht, effektive Corporate Compliance-Programme zu implementieren und durchzuführen. Zu betonen ist, dass das Compliance-Programm nicht alle rechtlichen Vorgaben einbeziehen muss, sondern ausdrücklich allein die Sicherstellung der Einhaltung der Normen des WpHG gefordert ist.[399]

IV. Corporate Compliance in weiteren Wirtschaftsbereichen

Über das Banken-, Versicherungen- und Wertpapieraufsichtsrecht hinaus greift das Geldwäschegesetz dem Corporate Compliance zugrunde liegenden Selbstregulierungsgedanken auf. § 14 Abs. 1 GWG legt den dort genau definierten Unternehmen und Personen die Pflicht auf, Vorkehrungen zur

---

397 In der Literatur wird die geringe Aussagekraft der Normen beanstandet, *Veil*, WM 2008, 1093, 1095.

398 Dies ergibt sich aus § 33 Abs. 4 WpHG i.V.m § 12 Abs. 4 WpDVerOV, der Verordnung zur Konkretisierung der Verhaltensregeln und Organisationsanforderungen für Wertpapierdienstleistungsunternehmen vom 20. Juli 2007, BGBl. I 2007, S. 1432. Kritisch zur Regelung des Compliance-Beaftragten mit seiner zentralen Bedeutung für die Compliance-Organisation in der Rechtsverordnung und nicht in einem formellen Gesetz *Veil*, WM 2008, 1093, 1094.

399 *Grundmann*, in: Ebenroth/Boujong/Joost/Strohn, HGB, Rn. VI 296; *Lösler*, WM 2008, 1098, 1100; *Spindler*, WM 2008, 905, 914.

Vermeidung der Beteiligung an der Geldwäsche zu treffen.[400] § 14 Abs. 2 Nr. GWG verlangt „die Entwicklung interner Grundsätze, angemessener geschäfts- und kundenbezogener Sicherungssysteme und Kontrollen zur Verhinderung der Geldwäsche und der Finanzierung terroristischer Vereinigungen". Andere Rechtsnormen erfordern weniger weit reichende Maßnahmen. So verpflichten § 52a BImSchG und § 53 KrW-/AbfG lediglich zu einer Mitteilung an die zuständige Behörde, auf welche Weise die Einhaltung bestimmter umweltrechtlicher Anforderungen entsprochen wird. Damit wird deutlich, dass zwar vereinzelt Rechtsnormen mit compliance-relevanten Verpflichtungen bestehen,[401] es jedoch an ausdrücklich normierten Kriterien, vergleichbar der US-amerikanischen Strafzumessungsrichtlinie, fehlt.

§ 2 Allgemeine compliance-relevante Anforderungen

Nach der Darstellung branchenspezifischer Anforderungen an Compliance-Bemühungen, stellt sich die Frage, welche Erfordernisse de lege lata sektorunabhängig hinsichtlich der Sicherstellung der Einhaltung rechtlicher Vorgaben bestehen. Eine eindeutige Beantwortung dieser Frage gestaltet sich schwierig. Ausgestaltung und Inhalt eines Compliance-Programmes sind nicht abschließend geklärt. Vielmehr ist in der Literatur bereits umstritten, ob eine Pflicht zur Einführung einer Compliance-Organisation besteht. Während einerseits eine umfassende Verpflichtung der Geschäftsleitung von Kapitalgesellschaften zur Einführung mitunter weit reichender Compliance-Organisationen vertreten wird,[402] verneinen andere eine derartige

---

400 Siehe hierzu *Müller/Hendel*, VuR 2006, 390 ff.

401 Ein aus diesen spezifischen Normen folgender, verallgemeinerungsfähiger Rechtsgedanke zur Implementierung von Corporate Compliance wird richtigerweise insbesondere aufgrund einer fehlenden vergleichbaren Interessenlage abgelehnt, so *Grohnert*, Rechtliche Grundlagen einer Compliance-Organisation, S. 39 ff.; *Kort*, NZG 2008, 81, 84; *Lösler*, Compliance im Wertpapierdienstleistungskonzern, S. 124 f; *Meyer/Paetzel*, in: Hirte/Möllers, KK-WpHG, § 33 Rn. 38; *Schwark*, in: Schwark, Kapitalmarktrecht, § 33 WpHG Rn. 2; *Weber-Ray*, AG 2008, 345, 346; a.A. nur *Schneider*, ZIP 2003, 645, 649.

402 *Bürkle*, BB 2005, 565, 570; *ders.*, BB 2007, 1797, 1798; *Dieners*, in: Dölling, Handbuch der Korruptionsprävention, S. 183, 188 ff.; *Schneider*, ZIP 2003, 645, 648 ff.; *ders.*, in: Scholz, GmbHG, § 43 Rn. 361; vgl. hierzu auch 3. Kapitel § 2 III. 3.

Pflicht und betonen die unternehmerische Organisationsfreiheit[403]. Um die Reichweite der obligatorischen Compliance-Bemühungen zu bestimmen, ist zunächst ein Blick auf das Ordnungswidrigkeitenrecht erforderlich (I.). Im Anschluss daran erfolgt eine Betrachtung der rechtlichen Anforderungen des Gesellschaftsrechts an die Aktiengesellschaft und die Gesellschaft mit beschränkter Haftung hinsichtlich einer etwaigen Geschäftsleiterpflicht zur Umsetzung von Corporate Compliance (II. und III.).

I. § 130 OWiG und Corporate Compliance

In Deutschland hat Corporate Compliance in einem bedeutenden Maße aufgrund des Kartellordnungswidrigkeitenrechts Bekanntheit erlangt.[404] Die Inhalte der auf die Vermeidung wettbewerbsrechtlicher Verstöße zugeschnittenen Compliance-Programme werden im Wesentlichen durch die Praxis des Bundeskartellamtes und der Gerichte zur Aufsichtspflicht nach § 130 OWiG bestimmt.[405] Die sich damit aus § 130 OWiG ergebenden Anforderungen könnten Geltung für alle Rechtsbereiche und Unternehmen entfalten. Deshalb soll die Rechtsnorm eingehender betrachtet werden. Der Wortlaut von § 130 Abs. 1 OWiG spricht nicht ausdrücklich von „Compliance", setzt aber „erforderliche Aufsichtsmaßnahmen" voraus. Danach handeln der Inhaber eines Unternehmens und aufgrund von § 9 Abs. 1 OWiG auch das Organ einer juristischen Person bzw. der vertretungsberechtigte Gesellschafter einer Personengesellschaft[406] ordnungswidrig, wenn sie diejenigen Aufsichtsmaßnahmen unterlassen, die erforderlich sind, um in dem Unternehmen Zuwiderhandlungen zu verhindern. § 130 Abs. 1 S. 2

403 *Hauschka*, in: Hauschka, Corporate Compliance, § 1 Rn. 23; *ders.*, ZIP 2004, 877, 878, 882; *Kort*, in: Hopt/Wiedemann, Großkommentar, AktG, § 91 Rn. 65; *Lücke*, in: Lücke, Vorstand der AG, § 3 Rn. 15; *Müller*, in: Semler/Peltzer, Arbeitshandbuch für Vorstandsmitglieder, § 8 Rn. 90; *Ringleb*, in: Ringleb/Kremer/Lutter/v. Werder, DCGK, Rn. 618 (insbesondere Fn. 32); *Spindler*, in: Goette/Habersack, Münchener Kommentar, AktG, § 91 Rn. 36, § 93 Rn. 29.

404 Siehe hierzu *Dreher*, ZWeR 2004, 75 ff.; *Hauschka*, BB 2004, 1178 ff.; *Kort*, NZG 2008, 81, 82; *Lampert*, BB 2002, 2237 ff.; *Pampel*, BB 2007, 1636 ff.

405 BKartA WuW/E DE-V 21, 24; BKartA WuW/E DE-V 85, 89; KG WuW/E OLG 1449, 1457; KG WuW/E OLG 2330, 2332; KG WuW/E OLG 2476, 2478; KG WuW/E OLG 3399, 3403; KG WuW/E DE-R 83, 86 f.; KG wistra 1999, 357, 358; vgl. *Pampel*, BB 2007, 1636, 1637; *Raum*, in: Langen/Bunte, Kartellrecht, § 81 Rn. 17 ff.

406 *König*, in: Göhler, OWiG, § 130 Rn. 4; *Rogall*, in: Senge, Karlsruher Kommentar, OWiG, § 130 Rn. 31 f.

OWiG stellt dabei klar, dass zu den erforderlichen Aufsichtsmaßnahmen auch die Bestellung sowie die sorgfältige Auswahl und Überwachung der Aufsichtspersonen gehören. Die Norm ist bußgeldbewehrt. Wurde die Aufsichtspflicht verletzt, so kann dies über die Norm des § 30 OWiG zur Haftung des Verbandes selbst führen.[407]

Das Ausmaß dieser Aufsichtspflicht ist im Gesetz nicht weiter konkretisiert. Eine Betrachtung der Rechtsprechung ist deshalb unerlässlich. Das OLG Düsseldorf hat die Grundsätze erforderlicher Aufsichtsmaßnahmen jüngst erneut dargestellt. Aufsichtsmaßnahmen müssen objektiv erforderlich, geeignet und zumutbar sein.[408] Art und Umfang der Aufsichtsmaßnahmen bestimmen sich anhand der Umstände des Einzelfalles.[409] Als Maßstab entscheiden die konkreten Zuwiderhandlungsgefahren in dem jeweiligen Betrieb.[410] Zu den erforderlichen Aufsichtsmaßnahmen gehören die sorgfältige Auswahl der Mitarbeiter und gegebenenfalls die Bestellung von Aufsichtspersonen, sachgerechte Instruktion und Aufgabenverteilung, Aufklärung, Belehrung und Überwachung der Mitarbeiter und Aufsichtspersonen sowie unter Umständen auch Androhung und Vollzug zulässiger Sanktionen.[411]

Zu den genaueren Anforderungen an Corporate Compliance-Maßnahmen lässt sich weiterhin Folgendes festhalten: Der Hinweis, der Mitarbeiter möge sich im Rahmen der gesetzlichen Bestimmungen bewegen, ist nicht hinreichend.[412] Der Rechtsprechung lässt sich vielmehr die Forderung nach klaren Verhaltensanweisungen entnehmen.[413] Nach der Rechtsprechung ist es ebenfalls erforderlich, dass Schulungen nicht nur einmal er-

---

407 Siehe dazu schon 1. Kapitel § 2 II.

408 OLG Düsseldorf WuW DE-R 1893, 1896; so bereits BGH NStZ 1986, 34 f.; OLG Koblenz MDR 1973, 606 f.; vgl. auch *König*, in: Göhler, OWiG, § 130 Rn. 12; *Rogall*, in: Senge, Karlsruher Kommentar, OWiG, § 130 Rn. 47, 51, 62.

409 OLG Düsseldorf WuW DE-R 1893, 1896; vgl. BGH WuW/E BGH 2202, 2203; OLG Koblenz ZLR 1989, 711, 713; *Raum*, in: Langen/Bunte, Kartellrecht, Vorb. zu § 81 Rn. 23.

410 OLG Düsseldorf WuW DE-R 1893, 1896; vgl. *Achenbach*, Frankfurter Kommentar, GWB, vor § 81 Rn. 83; *König*, in: Göhler, OWiG, § 130 Rn. 9; *Rogall*, in: Senge, Karlsruher Kommentar, OWiG, § 130 Rn. 17.

411 OLG Düsseldorf WuW DE-R 1893, 1896; vgl. *König*, in: Göhler, OWiG, § 130 Rn. 12; *Rogall*, in: Senge, Karlsruher Kommentar, OWiG, § 130 Rn. 40.

412 OLG Düsseldorf WuW DE-R 1893, 1896.

413 KG wistra 1999, 357, 359 („durch eine umfassende schriftliche – den Mitarbeitern jederzeit zugängliche – Information klare Konturen für ein Vorgehen … vorzugeben").

folgen, sondern in regelmäßigen Abständen wiederholt werden.[414] Bei entsprechenden wettbewerblichen Strukturen wird den Anforderungen an Belehrung und Instruktion nur in den Fällen genügt, in denen kartellrechtliche Fragestellungen thematisiert werden. Dies bedeutet, dass Führungskräfte mit der komplexen kartellrechtlichen Rechtsproblematik derart vertraut sind, dass sie Zweifelsfälle selbstständig beurteilen oder die Erforderlichkeit, Rechtsrat einzuholen, erkennen können.[415] Die zur Aufsichtspflicht gehörende hinreichende Überwachung wurde gleichfalls durch die Rechtsprechung präzisiert. Danach sind stichprobenartige, überraschende Prüfungen erforderlich, um deutlich zu machen, dass Rechtsverstöße entdeckt und gegebenenfalls sanktioniert werden.[416] Abhängig von den gegebenen Umständen können gesteigerte Aufsichtsmaßnahmen angezeigt sein.[417] Dies gilt jedenfalls dann, wenn es im Betrieb bereits zu Unregelmäßigkeiten gekommen oder damit wegen besonderer Gegebenheiten zu rechnen ist,[418] und ebenso wenn wichtige rechtliche Vorschriften zu beachten sind[419] oder schwierige Rechtsfragen bestehen[420].

Auch wenn sich damit einige Compliance-Maßnahmen als unerlässlich darstellen werden, verdeutlicht die zu § 130 Abs. 1 OWiG ergangene Rechtsprechung bezüglich der organisatorischen Anforderungen zur Vermeidung von Zuwiderhandlungen, dass das Ausmaß der erforderlichen Aufsichtsmaßnahmen sich anhand jedes einzelnen Falles entscheidet. Kriterien wie Art, Größe und Organisation des Unternehmens, die Vielfalt und Bedeutung der zu beachtenden Vorschriften, die wirtschaftliche Lage des Unternehmens oder die Erfahrenheit des mit einer Aufgabe betrauten Personals variieren und sind hinsichtlich Art und Umfang der angezeigten Aufsichtsmaßnahmen zu berücksichtigen.[421] Damit gilt für das Thema Corporate Compliance Folgendes: Weder einzelne inhaltliche Ausprägungen einer

---

414 KG WuW/E OLG 1449, 1457.

415 OLG Düsseldorf WuW DE-R 1893, 1896; vgl. BayOblG NJW 2002, 766.

416 BGH WuW/E BGH 2202, 2203; OLG Düsseldorf WuW/E DE-R 1733, 1745; KG WuW/E OLG 2330, 2332; vgl. *Rogall*, in: Senge, Karlsruher Kommentar, OWiG, § 130 Rn. 41, 48, 52, 58 ff.

417 Vgl. OLG Düsseldorf WuW DE-R 1893, 1896; *Bergmoser/Theusinger/Gushurst*, BB 2008, BB-Special Nr. 5 zu Heft 25, 1, 5 f.; *Rogall*, in: Senge, Karlsruher Kommentar, OWiG, § 130 Rn. 64 m.w.N.

418 Vgl. OLG Düsseldorf WuW/E DE-R 1733, 1745; OLG Frankfurt wistra 1985, 38, 39.

419 Vgl. OLG Koblenz VRS 65, 457.

420 Vgl. BGHSt 27, 196, 202; OLG Stuttgart wistra 1987, 35.

421 Vgl. *Otto*, Jura 1998, 409, 414.

Compliance-Organisation noch deren generelles Vorhandensein werden durch § 130 OWiG zur allgemeinen Pflicht erklärt. Das Unterlassen präventiver Maßnahmen kann ordnungswidrigkeitenrechtlich belangt werden, ohne dass § 130 OWiG eine allgemeine Organisationspflicht begründet[422].

II. § 91 Abs. 2 AktG und Corporate Compliance

Compliance-Programme haben unter aktienrechtlichen Gesichtspunkten eine besondere Bedeutung: Nach § 91 Abs. 2 AktG hat der Vorstand „geeignete Maßnahmen zu treffen, insbesondere ein Überwachungssystem einzurichten, damit den Fortbestand der Gesellschaft gefährdende Entwicklungen früh erkannt werden". Als zentrales Element des Gesetzes zur Kontrolle und Transparenz im Unternehmensbereich[423] wurde im Jahr 1998 durch die neu geschaffene Rechtsnorm für Aktiengesellschaften die Pflicht zur Schaffung eines Überwachungssystems für bestandsgefährdende Entwicklungen gesetzlich verankert. Nach der Intention des Gesetzgebers trifft den Geschäftsführer einer GmbH eine entsprechende Vorsorgepflicht.[424]

Das Ziel von § 91 Abs. 2 AktG ist die Etablierung einer Organisationsstruktur, die den Vorstand in die Lage versetzt, Entwicklungen früh zu erkennen, die für die Gesellschaft eine Bestandsgefährdung darstellen können. Der Vorstand soll über Veränderungen und Prozesse Kenntnis erlangen, die von erheblicher Bedeutung sein können. Obwohl Wortlaut und Gesetzesentstehung unterschiedliche Auslegungen ermöglichen,[425] bezieht sich das erwähnte Überwachungssystem auf die Implementierung der geeigneten Maßnahmen zur Früherkennung im Sinne einer unternehmensinternen Kontrolle. Aus § 91 Abs. 2 AktG kann aber nicht die grundsätzliche Ver-

---

422 In diesem Sinne auch *Lösler*, Compliance im Wertpapierdienstleistungskonzern, S. 133; *Cramer*, in: Assmann/Schneider, WpHG, vor § 38 Rn. 42; *Pananis*, Insidertatsache und Primärinsider, S. 144; *Wessing*, SAM 2007, 175, 176; vgl. auch *Kort*, NZG 2008, 81, 82; *Schneider*, ZIP 2003, 645, 649, der dies als „unvollkommene Organisationspflicht" bezeichnet.

423 Gesetz zur Kontrolle und Transparenz im Unternehmensbereich (KonTraG) vom 27. April 1998, BGBl. I 1998, S. 786.

424 Begründet wird dies mit einer aktienrechtlichen Ausstrahlungswirkung der Norm auf den Pflichtenrahmen des Geschäftsführers, RegBegr BT-Drucks. 13/ 9712, S. 15; vgl. *Altmeppen*, ZGR 1999, 291, 300 ff.; *Hommelhoff*, FS Sandrock, S. 373 ff.; *Lorenz*, ZRFG 2006, 5; *Schneider*, in: Scholz, GmbHG, § 43 Rn. 96; siehe ausführlich dazu *Spindler*, in: Goette/Habersack, Münchener Kommentar, AktG, § 91 Rn. 42 m.w.N.

425 Siehe hierzu *Spindler*, in: Goette/Habersack, Münchener Kommentar, AktG, § 91 Rn. 25.

pflichtung abgeleitet werden, ein bestimmtes betriebswirtschaftliches Modell oder ein allgemeines Risikomanagementsystem einzurichten.[426] Daher wird mit § 91 Abs. 2 AktG nur ein Einzelaspekt von Corporate Compliance ausdrücklich gesetzlich aufgegriffen. Compliance erfasst über die Pflicht des § 91 Abs. 2 AktG hinaus nämlich die Erfassung aller rechtlichen Risiken und legt einen Schwerpunkt auf den Umgang mit den ermittelten Gefahren. Die systematische Prävention von Rechtsverstößen geht daher über die Erkennung bestimmter Risiken deutlich hinaus.[427]

III. §§ 76 Abs. 1, 93 Abs. 1 S. 1 AktG, § 43 Abs. 1 GmbHG und Corporate Compliance

Der soeben behandelte § 91 Abs. 2 AktG stellte eine Ausprägung der Leitungsverantwortung des Vorstandes und der Geschäftsführer dar. § 93 Abs. 1 AktG und – in der Formulierung etwas anders, jedoch inhaltsgleich – § 43 Abs. 1 GmbGH verlangen von den Leitungsorganen der AG und der GmbH, dass sie ihre Führungsaufgaben als ordentliche und gewissenhafte Geschäftsleiter wahrnehmen.[428] Damit ist nur der zu beachtende, objektiv bestimmte[429] Sorgfaltsmaßstab festgelegt, jedoch nichts über den Gegenstand der Aufgabe gesagt. Deren Inhalt wird in zusammenfassender Weise im

---

426 *Bürgers/Israel*, in: Bürgers/Körber, HK-AktG, § 91 Rn. 12; *Fleischer*, in: Spindler/Stilz, AktG, § 91 Rn. 35; *Hüffer*, AktG, § 91 Rn. 9; *Kort*, in: Hopt/Wiedemann, Großkommentar, AktG, § 91 Rn. 51, 55; *Liese*, BB 2008, Spezial 5 zu Heft 25, 17, 19; *Spindler*, in: Goette/Habersack, Münchener Kommentar, AktG, § 91 Rn. 16, 27 jeweils m.w.N.; a.A. *Oltmanns*, in: Heidel, Aktienrecht, § 91 AktG Rn. 8; *Lück*, DB 1998, 8 f.; *ders.*, DB 2000, 1473 ff.; siehe hierzu auch *Hommelhoff/Mattheus*, BB 2007, 2787, 2788 ff.

427 Siehe hierzu *Backmann*, Überwachungssystem, S. 58; *Zimmer/Sonneborn*, in: Lange/Wall, Risikomanagement nach dem KonTraG, S. 38, 53; es besteht nur die Implementierungspflicht bezüglich eines Elements eines umfassenden Risikomanagementsystems, so *Lorenz*, ZRFG 2006, 5; *Weber-Ray*, AG 2008, 345; vgl. *Liese*, BB 2008, Spezial 5 zu Heft 25, 17, 22; anders jedoch *Spindler*, WM 2008, 905, 906 f., der aus § 91 Abs. 2 AktG unter Hinweis auf die Richtlinien 2006/43/EG und 2006/46/EG eine allgemeine Pflicht der Geschäftsleitung zum Risikomanagement ableitet.

428 Sieht man einmal davon ab, dass sich die Stellung des Vorstandes und des Geschäftsführers strukturell durch das Maß ihrer Bindung an die Entschließungen anderer Gesellschaftsorgane unterscheidet, ist die Leitungsaufgabe für beide Personenkreise sehr ähnlich; vgl. OLG Celle NZG 2000, 1178, 1179; *Goette*, FS 50 Jahre BGH, S. 123, 125; *Hopt*, FS Mestmäcker, S. 909, 913; *Lutter*, VGR, S. 88 ff.

429 BGH NJW 1987, 1194, 1195.

GmbHG gar nicht, für die Aktiengesellschaft in § 76 Abs. 1 AktG allerdings ohne eine weitere Differenzierung in der Form beschrieben, dass der Vorstand die Gesellschaft unter eigener Verantwortung zu leiten hat. Abgesehen von den im Gesetz ausdrücklich niedergelegten Pflichten, durch die sich Teilaspekte der Führungsaufgabe ergeben – freilich zählt hierzu auch der bereits erörterte Bereich des Risikomanagements –,[430] existiert kein festes gesetzliches Anforderungsprofil der Leitungsverantwortung. Über den objektiven Verschuldensmaßstab hinaus werden § 93 Abs. 1 S. 1 AktG und § 43 Abs. 1 GmbHG deshalb eine objektive Verhaltenspflicht zugeschrieben.[431] Neben den gesetzlich ausdrücklich vorgesehenen Pflichten bestehen folglich weitere Handlungspflichten des sorgfältigen Geschäftsleiters, welche die Implementierung und Durchführung einer Corporate Compliance-Organisation umfassen können. Der Wissenschaft, Rechtspraxis und Rechtsprechung wurde es überlassen, Verhaltensrichtlinien für einen ordentlichen und gewissenhaften Unternehmensleiter zu entwickeln und damit deren Pflichtenrahmen zu bestimmen.

Einheitliche Corporate Compliance betreffende Verhaltensrichtlinien haben sich bis jetzt noch nicht herausgebildet.[432] Im Folgenden wird deshalb der Versuch unternommen, die Handlungsmaßstäbe für sorgfältige Unternehmensleiter zu konkretisieren. Schließlich hat sich die Rechtsprechung bislang zwar mit einzelnen Compliance-Aspekten, nicht aber umfassend mit Corporate Compliance auseinandergesetzt.[433] Insofern ist zu beachten, dass die Rechtsprechung nur einen Ausschnitt der Rechtswirklichkeit abbil-

---

430 Weiterhin zählen hierzu z. B. die Vertretung, die Vorbereitung und Ausführung von Hauptversammlungsbeschlüssen, Berichterstattung an den Aufsichtsrat, Buchführungspflichten, Einberufung der Hauptversammlung bzw. Gesellschafterversammlung, Insolvenzantragspflicht.

431 Aus dem Grund spricht man von der sogenannten Doppelfunktion, *Bürgers/Israel*, in: Bürgers/Körber, HK-AktG, § 93 Abs. 2; *Hopt*, in: Hopt/Wiedemann, Großkommentar, AktG, § 93 Rn. 19; *Mertens*, in: Zöllner, Kölner Kommentar, AktG, § 93 Rn. 6 f.; *Spindler*, in: Goette/Habersack, Münchener Kommentar, AktG, § 93 Rn. 20; kritisch hierzu *Hüffer*, AktG, § 93 Rn. 3, der dazu neigt, die objektive Pflicht zur sorgfältigen Unternehmensleitung § 76 Abs. 1 AktG zuzuweisen.

432 Dies verdeutlichen die kontroversen Beiträge zur notwendigen Reichweite der Umsetzung von Corporate Compliance, vgl. nur *Bürkle*, BB 2005, 565, 569 f.; *Hauschka*, ZIP 2004, 877, 878 882; *Schneider*, ZIP 2003, 645, 648 ff.; zudem ergibt sich dies aus dem tatsächlichen Verbreitungsgrad der Programme in Deutschland in Höhe von 54 Prozent im Jahr 2005, *Bussmann/Matschke*, wistra 2008, 88, 91.

433 Siehe hierzu die umfangreiche Rechtsprechung zu § 130 OWiG im 3. Kapitel § 2 I.

det – und dies nur aus der Sicht des pathologischen Falles.[434] In der Rechtspraxis zeigen empirische Untersuchungen, dass im deutschen Rechtskreis tätige Gesellschaften in nicht unbedeutender Anzahl auf Corporate Compliance vertrauen.[435] Mit Blick auf den Inhalt und das Ausmaß der Umsetzung dürften jedoch gehörige Unterschiede und Unsicherheiten bestehen.

Es wird im weiteren Verlauf gezeigt, dass die Verhaltenspflichten der Geschäftsleiter keine Pflicht zur Implementierung und Durchführung von Compliance-Programmen beinhalten (1.). Unter Beachtung des im Rahmen unternehmerischer Tätigkeit unerlässlichen Beurteilungs- und Handlungsspielraumes der Geschäftsleiter (2.) unterliegen diese jedoch der Pflicht zur Vornahme geeigneter, erforderlicher, insbesondere risikoadäquater und zumutbarer Compliance-Maßnahmen (3.).

1. Die Sorgfaltspflicht der Geschäftsleiter

Zerlegt man Corporate Compliance gedanklich in einzelne Elemente, dann geht es einerseits um die Gewährleistung der Legalität und andererseits um die Verhinderung unmittelbarer und mittelbarer finanzieller Schäden für die Gesellschaft. Dogmatisch werden diese zwei Komponenten von Corporate Compliance – allerdings ohne dies explizit so zu nennen – seit jeher der Leitungsverantwortung zugeordnet: Die Verhaltenspflichten von Vorstand und Geschäftsführung beinhalten eine Legalitätspflicht, aus der sich weitere organisatorische Anforderungen ableiten (a). Daneben besteht eine eigenständige Vermögensbetreuungspflicht (b). Corporate Compliance dient dazu, diese Verhaltensanforderungen umzusetzen.

a) Legalitäts- und Organisationspflicht

Im wissenschaftlichen Schrifttum wird es als eine Selbstverständlichkeit bezeichnet, dass jeder Geschäftsleiter und jede Gesellschaft an die Rechtsordnung gebunden ist.[436] Ge- und Verbote – egal ob ökonomische, sozialpolitische und ökologische – stehen nicht zur Disposition; ihnen muss entsprochen werden. Unterstehen Gesellschaft und Geschäftsleiter damit der soge-

---

434 Vgl. *Goette*, FS 50 Jahre BGH, S. 123, 129.

435 Siehe dazu das 2. Kapitel dieser Arbeit.

436 Siehe zum Beispiel *Goette*, FS 50 Jahre BGH, S. 123, 125; *Lutter*, GmbHR 2000, 301, 302; *Ringleb*, in: Ringleb/Kremer/Lutter/v. Werder, DCGK, Rn. 615; *Schneider*, ZIP 2003, 645, 646 („Binsenweisheit"); *Schneider/ Schneider*, ZIP 2007, 2061 („Binsenweisheit"); *Spindler*, in: Goette/Habersack, Münchener Kommentar, AktG, § 91 Rn. 36.

nannten Legalitätspflicht, muss die Geschäftsleitung ihr Amt und das Unternehmen den gesetzlichen Bestimmungen gemäß organisieren und führen.[437]

Konkretisiert man den Inhalt dieser Pflicht, lassen sich zwei Teilbereiche dieser Aufgabe ausmachen: Einerseits ist jedes Mitglied des Leitungsorgans verpflichtet, die im Aktiengesetz, der Satzung und der Geschäftsordnung festgelegten Organpflichten zu erfüllen.[438] Andererseits muss eine Besonderheit der juristischen Person beachtet werden: Die Gesellschaften unterstehen denselben Pflichtenkreisen wie andere Personen des Rechts, sie können aber nicht selbst handeln. Folglich müssen die Organmitglieder die rechtlichen Pflichten für die Gesellschaft wahrnehmen. Aus deren Organstellung ergibt sich die Pflicht, für die Einhaltung der die Gesellschaft als Rechtssubjekt treffenden rechtlichen Ge- und Verbote im Außenverhältnis Sorge zu tragen.[439] Dies hat der BGH in einer Entscheidung vom 15. Oktober 1996 ausdrücklich anerkannt: „Zu den Aufgaben eines Geschäftsführers einer GmbH gehört es, dafür Sorge zu tragen, dass sich die Gesellschaft nach außen rechtmäßig verhält und insbesondere die ihr auferlegten öffentlich-rechtlichen Pflichten erfüllt."[440] Dies stimmt mit der obergerichtlichen Rechtsprechung überein. So heißt es in einer Entscheidung des KG vom 9. Oktober 1998 wörtlich: „Weiterhin ist der GF einer GmbH verpflichtet,

---

437 Vgl. *Fleischer*, in: Spindler/Stilz, AktG, § 93 Rn. 14 m.w.N.; *ders.*, AG 2003, 291, 294; *Hopt*, in: Hopt/Wiedemann, Großkommentar, AktG, § 93 Rn. 98; *Kort*, in: Hopt/Wiedemann, Großkommentar, AktG, § 91 Rn. 65; *Landwehrmann*, in: Heidel, Aktienrecht, § 93 Rn. 7, 11; *Mertens*, in: Zöllner, Kölner Kommentar, AktG, § 93 Rn. 30; *Rodewald/Unger*, BB 2006, 113. Ob diese Pflicht aus der Sorgfaltspflicht gem. § 93 Abs. 1 S. 1 AktG hergeleitet wird (so ausdrücklich *Fleischer*, ZIP 2005, 141, 142) oder ob sie sich nicht vielmehr bereits unmittelbar aus der undisponiblen Pflicht zur Rechtskonformität ergibt (in diesem Sinne *Landwehrmann*, in: Heidel, Aktienrecht, § 93 Rn. 6 ff.), hat keine weiteren Auswirkungen.

438 Vgl. dazu *Fleischer*, in: Spindler/Stilz, AktG, § 93 Rn. 15 ff.; *Raiser/Veil*, Recht der Kapitalgesellschaften, § 14 Rn. 8 ff., 63 ff.

439 BGH DStR 1996, 2029; KG NZG 1999, 400; *Abeltshauser*, Leitungshaftung im Kapitalgesellschaftsrecht, S. 213; *Fleischer*, in: Spindler/Stilz, AktG, § 93 Rn. 23; *ders.*, ZIP 2005, 141, 148; *Goette*, in: Hommelhoff/Hopt/v. Werder, Handbuch Corporate Governance, S. 749, 756 f.; *Hopt*, in: Hopt/Wiedemann, Großkommentar, AktG, § 93 Rn. 89; *Landwehrmann*, in: Heidel, Aktienrecht, § 93 Rn. 14; *Mertens*, in: Zöllner, Kölner Kommentar, AktG, § 93 Rn. 34; *Paefgen*, Unternehmerische Entscheidungen und Rechtsbindung der Organe in der AG, S. 24; *Raiser/Veil*, Recht der Kapitalgesellschaften, § 14 Rn. 66; *Spindler*, in: Goette/Habersack, Münchener Kommentar, AktG, § 91 Rn. 19.

440 BGH DStR 1996, 2029.

für rechtmäßiges Verhalten der Gesellschaft Sorge zu tragen."[441] Dies bedeutet, dass die Geschäftsleiter gewissermaßen eine Garantenstellung aus Organisationsherrschaft hinsichtlich der der Gesellschaft auferlegten öffentlich-rechtlichen Pflichten haben.[442] Ziffer 4.1.3 des Deutschen Corporate Governance Kodex wiederholt diese Verpflichtung für Vorstände börsennotierter Aktiengesellschaften und stellt expressis verbis fest, dass der Vorstand „für die Einhaltung der gesetzlichen Bestimmungen ... zu sorgen" hat, wobei dies mit dem Terminus „Compliance" umschrieben wird.[443]

Die Bedeutung und Intensität der Legalitätspflicht ist sehr hoch.[444] Zum einen erfasst sie alle Rechtsbereiche; Rechtsnormen „zweiter Klasse" existieren nicht.[445] Dies folgt schon aus der mitunter nicht konsistenten Einordnung von Sanktionen als Ordnungswidrigkeiten oder als Straftat (mit Geldstrafe). Zum anderen reicht das Ausmaß dieser Pflicht soweit, dass selbst Gesetzesverstöße, die im Interesse der Gesellschaft erfolgen und bei denen das Entdeckungs-, Verfolgungs- und Schadensrisiko im Vergleich zum voraussichtlichen Vorteil vernachlässigbar ist (sog. nützliche Pflichtverletzungen), pflichtwidrig sind.[446] Die Einhaltung der rechtlichen Bestimmungen geht also auf Kosten des Gesellschaftsinteresses und ist diesem folglich vorgeordnet. Damit kann festgehalten werden, dass das Leitungsorgan die un-

---

441 KG NZG 1999, 400.

442 Vgl. BGH GmbHR 1997, 25, 26; *Schneider*, in: Scholz, GmbHG, § 43 Rn. 358.

443 Vgl. *Fleischer*, in: Spindler/Stilz, AktG, § 93 Rn. 86.; *Ringleb*, in: Ringleb/ Kremer/Lutter/v. Werder, Rn. 432 ff. Ziffer 4.1.3 DCGK lautet vollständig: „Der Vorstand hat für die Einhaltung der gesetzlichen Bestimmungen und der unternehmensinternen Richtlinien zu sorgen und wirkt auf deren Beachtung durch die Konzernunternehmen hin (Compliance)." Die im Indikativ formulierte Ziffer macht deutlich, dass die Legalitätspflicht nicht zur Disposition der Geschäftsleitung steht.

444 *Wulf Goette* bezeichnet sie als „Kardinalpflicht", *Goette*, DStR 1996, 2029, 2031.

445 *Ihrig*, WM 2004, 2098, 2105; *Fleischer*, ZIP 2005, 141, 149; *Spindler*, in: Goette/Habersack, Münchener Kommentar, AktG, § 93 Rn. 64 m.w.N.; anders wohl *Paefgen*, Unternehmerische Entscheidungen und Rechtsbindung der Organe in der AG, S. 25.

446 Vgl. dazu ausführlich *Fleischer*, ZIP 2005, 141, 145 ff.; ebenso *Fleischer*, in: Spindler/Stilz, AktG, § 93 Rn. 24, 32 m.w.N.; *Koch*, ZGR 2006, 769, 786; *Landwehrmann*, in: Heidel, Aktienrecht, § 93 Rn. 10; *Mertens*, in: Zöllner, Kölner Kommentar, AktG § 93 Rn. 34; *Hopt*, in: Hopt/Wiedemann, Großkommentar, AktG, § 93 Rn. 99; *Raiser/Veil*, Recht der Kapitalgesellschaften, § 14 Rn. 66; *Schäfer*, ZIP 2005, 1253, 1256; *Spindler*, in: Goette/Habersack, Münchener Kommentar, AktG, § 93 Rn. 76 f.; kritisch dazu *Ihrig*, WM 2004, 2098, 2104 f.

ternehmensweite Verantwortung für die Sicherstellung der Vermeidung von Rechtsverletzungen trägt. Wie die Geschäftsleiter innerhalb des Unternehmens dieser Aufgabe nachkommen, ist indes noch nicht beantwortet.

Um sich den konkreten Pflichten zu nähern, ist zunächst zu beachten, dass das Leitungsorgan die Einhaltung der von Seiten des Gesetzgebers auferlegten Pflichten im Rahmen der laufenden Geschäftsführung sicherstellen muss.[447] Die Geschäftsleitung muss dabei nicht jede Pflicht persönlich wahrnehmen. Ausreichend ist vielmehr, dass sie für die Sicherstellung der Einhaltung der Pflichten Sorge trägt.[448] Die Legalitätspflicht ist dementsprechend Grundpflicht für etwaige rechtlich verbindliche Grundregeln zu einer ordnungsgemäßen Unternehmensleitung. Aus diesen Pflichten leiten sich Mindestanforderungen an eigenes Handeln sowie an die Organisation und Überwachung im weitesten Sinne, sowohl mit Blick auf die Geschäftsführung innerhalb des Vorstandes als auch bei der Delegation von Aufgaben auf nachgeordnete Mitarbeiter und der Funktionsausgliederung an außenstehende Dritte, ab.[449]

Die Leitungsorgane sind nicht dazu verpflichtet, jede einzelne Entscheidung im Unternehmen selbst zu treffen oder zu überwachen, statt dessen können und – zur Bewältigung des Tagesgeschäftes – müssen sie sich auf ihre Leitungsfunktion beschränken.[450] Bestimmte Entscheidungsbereiche können einzelnen Mitgliedern der Geschäftsleitung zugeordnet (Geschäftsverteilung) und auf nachgeordnete oder sogar außenstehende Mitarbeiter übertragen werden (Delegation).[451] Die Aufgabenverteilung kann hingegen nicht grenzenlos erfolgen. Corporate Compliance gehört zu den unveräußerlichen Leitungsaufgaben im Sinne des § 76 Abs. 1 AktG, welche die Geschäftsleitung nicht aus der Hand geben darf.[452] Anders verhält es sich

447   Vgl. *Landwehrmann*, in: Heidel, Aktienrecht, § 93 Rn. 14; *Schneider*, FS 100 Jahre GmbH-Gesetz, S. 473, 478.

448   Dies macht bereits § 130 Abs.1 S. 2 OWiG deutlich; siehe ausführlicher dazu 3. Kapitel § 2 I.

449   Vgl. BGH WM 1995, 709, 710; *Landwehrmann*, in: Heidel, Aktienrecht, § 93 Rn. 15; *Hopt*, in: Hopt/Wiedemann, Großkommentar, AktG, § 93 Rn. 107; *Schneider*, FS 100 Jahre GmbH-Gesetz, S. 473, 479; *Turiaux/Knigge*, DB 2004, 2199 f.

450   Vgl. *Schneider*, in: Scholz, GmbHG, § 43 Rn. 36.

451   Ausführlich hierzu *Fleischer*, in: Spindler/Stilz, AktG, § 77 Rn. 48 ff., § 93 Rn. 84 ff.; *ders.*, in: Fleischer, Handbuch des Vorstandsrechts, § 8 Rn. 2 ff.; *Schneider*, FS 100 Jahre GmbH-Gesetz, S. 473 ff.

452   *Hüffer*, AktG, § 76 Rn. 8; *Schneider/Schneider*, ZIP 2007, 2061 f.; *Spindler*, in: Fleischer, Handbuch des Vorstandsrechts, § 19 Rn. 52; *ders.*, in: Goette/Habersack, Münchener Kommentar, AktG, § 91 Rn. 38.

mit bloßen Vorbereitungs- und Ausführungsmaßnahmen, zu denen auch die Durchführung eines Compliance-Programmes gehört. Diese können insbesondere an nachgeordnete Unternehmensangehörige oder an unternehmensexterne Mitarbeiter (Compliance-Officer und Beauftragte, Rechtsanwälte, Steuerberater etc.) delegiert werden.[453]

aa) Auswahl-, Einweisungs-, Informations- und Überwachungspflicht

Geschäftsverteilung und Aufgabendelegation entbinden die Geschäftsleitung demnach in rechtlicher Hinsicht nicht von ihrer Legalitätspflicht. Die Aufgabenübertragung lässt die Leitungsverantwortlichkeit nicht entfallen, sondern gibt ihr lediglich einen anderen Inhalt. Die horizontale Arbeitsteilung auf der Ebene der Geschäftsleitung verlangt aufgrund des Grundsatzes der Gesamtverantwortung von den Geschäftsleitern, den Gang der Geschäfte über ihre jeweiligen Ressortgrenzen hinweg fortlaufend zu beobachten.[454] Für den Corporate Compliance-Bereich interessiert besonders die vertikale Arbeitsteilung. Jeder Geschäftsleiter muss in seinem Verantwortungsbereich für ein gesetzestreues Verhalten der Unternehmensangehörigen auf den nachgeordneten Unternehmensebenen Sorge tragen. Insoweit hat der BGH im Jahr 1994 ausdrücklich entschieden, dass Geschäftsleiter im Falle der Delegation „für die ordnungsgemäße Auswahl, Einweisung, Information und Überwachung von Mitarbeitern" verantwortlich sind.[455] Damit gelten die im Rahmen des § 831 BGB entwickelten Pflichten sorgfältiger Auswahl, Einweisung und Überwachung entsprechend.[456] Zugleich kann ein weit reichender Gleichlauf der Verhaltenspflichten mit den für die Geschäftsleiter gemäß § 130 Abs. 1 i.V.m. § 9 Abs. 1 OWiG geltenden Aufsichtspflichten angenommen werden[457].

453 Vgl. *Fleischer*, in: Spindler/Stilz, AktG, § 93 Rn. 89 m.w.N.; *ders.*, ZIP 2003, 1, 6; *Schneider/Schneider*, ZIP 2007, 2061, 2065; *Spindler*, in: Goette/Habersack, Münchener Kommentar, AktG, § 91 Rn. 38.

454 *Fleischer*, in: Spindler/Stilz, AktG, § 93 Rn. 85; *Hüffer*, AktG, § 77 Rn. 15; *Mertens*, in: Zöllner, Kölner Kommentar, AktG, § 77 Rn. 18.

455 BGHZ 127, 336, 347; so auch BGHZ 134, 304, 313; KG NZG 1999, 400.

456 *Fleischer*, AG 2003, 291, 292 f.; *Spindler*, in: Goette/Habersack, Münchener Kommentar, AktG, § 91 Rn. 18 f.; *ders.*, Unternehmensorganisationspflichten, S. 844 ff.; näher *Belling*, in: Staudinger, BGB, § 831 Rn. 96 ff.; *Spindler*, in: Bamberger/Roth, BGB, § 831 Rn. 27 ff.

457 *Fleischer*, in: Spindler/Stilz, AktG, § 93 Rn. 86, 96; *Hopt*, in: Hopt/Wiedemann, Großkommentar, AktG, § 93 Rn. 143; *Landwehrmann*, in: Heidel, Aktienrecht, § 93 Rn. 15; *Mertens*, in: Zöllner, Kölner Kommentar, AktG, § 93 Rn. 40.

Im Einzelnen bedeutet dies Folgendes: Hinsichtlich der Auswahl geeigneter Mitarbeiter und deren persönlicher und fachlicher Eignung ist die zu übernehmende Aufgabe maßgeblich.[458] Dies erfordert, dass die Delegierten die für diese Aufgaben erforderlichen Qualifikationen vorweisen und die Fähigkeiten besitzen.[459] Die auf diese Weise ausgewählten Mitarbeiter müssen über ihre Aufgaben und die zu beachtenden Rechtsvorgaben, internen Vorschriften und die drohenden Risiken unterrichtet werden.[460] Diese Unterrichtspflicht kann sich aufgrund fortwährender Entwicklungen der Märkte, Risikolagen, Rechtsordnungen und sonstigen Umstände in eine Schulungs- und Fortbildungspflicht wandeln.[461]

Damit sind die Anforderungen an einen ordentlichen und gewissenhaften Geschäftsleiter noch nicht abschließend aufgeführt, denn die Aufgabenübertragung verlangt schließlich die fortlaufende Überwachung und Kontrolle der Unternehmensangehörigen.[462] Die Geschäftsleiter müssen sicherstellen, dass die Unternehmensangehörigen den ihnen übertragenen Aufgaben in ordnungsgemäßer Weise nachkommen. Das Ausmaß dieser Überwachungspflicht richtet sich nach den Umständen des Einzelfalles.[463] Dabei gilt im Grundsatz: Je höher die Intensität der Gefahr eines Rechtsver-

---

458 *Spindler*, in: Goette/Habersack, Münchener Kommentar, AktG, § 91 Rn. 19 m.w.N.

459 Vgl. BGHZ 127, 336, 347; *Fleischer*, in: Spindler/Stilz, AktG, § 93 Rn. 92; *Hopt*, in: Hopt/Wiedemann, Großkommentar, AktG, § 93 Rn. 59.

460 *Fleischer*, in: Spindler/Stilz, AktG, § 93 Rn. 93; *Schneider*, FS 100 Jahre GmbH-Gesetz, S. 473, 485 f.; *Spindler*, in: Goette/Habersack, Münchener Kommentar, AktG, § 91 Rn. 19.

461 Entsprechend hat das Kammergericht entschieden, Mitarbeiter der Vertriebsabteilung müssten über die wettbewerbsrechtlichen Verbote der Preis-, Mengen- und Gebietsabsprachen belehrt werden, KG WuW/E OLG 2330, 2332; siehe dazu *Fleischer*, in: Spindler/Stilz, AktG, § 93 Rn. 93; *Landwehrmann*, in: *Heidel*, AktG, § 93 Rn. 77; *Schneider*, FS 100 Jahre GmbH-Gesetz, S. 473, 486; *Spindler*, in: Goette/Habersack, Münchener Kommentar, AktG, § 91 Rn. 19.

462 BGHZ 127, 336, 347; KG NZG 1999, 400; *Fleischer*, in: Spindler/Stilz, AktG, § 93 Rn. 86, 94 ff.; *ders.*, in: Fleischer, Handbuch des Vorstandsrechts, § 8 Rn. 32; *Hopt*, in: Hopt/Wiedemann, Großkommentar, AktG, § 93 Rn. 59; *Landwehrmann*, in: Heidel, Aktienrecht, § 93 Rn. 77; *Schneider*, FS 100 Jahre GmbH-Gesetz, S. 473, 487; *Spindler*, in: Goette/Habersack, Münchener Kommentar, AktG, § 91 Rn. 19.

463 BGH WuW/E BGH 2202, 2203; *Raum*, in: Langen/Bunte, Kartellrecht, § 81 Rn. 23; *Spindler*, in: Goette/Habersack, Münchener Kommentar, AktG, § 91 Rn. 19; kritisch dazu *Fleischer*, in: Spindler/Stilz, AktG, § 93 Rn. 94; *ders.*, in: Fleischer, Handbuch des Vorstandsrechts, § 8 Rn. 32.

stoßes ist, desto intensiver und effektiver müssen die Überwachungsmaßnahmen ausfallen.[464] Entscheidend für die Überwachungsintensität sind unternehmens-, aufgaben- und personenspezifische Eigenarten:[465] Die Unternehmensparameter Art, Größe und Organisation sowie spezifische Risiken, insbesondere die Anzahl der zu beachtenden rechtlichen Vorgaben, beeinflussen die Verhaltenspflichten genauso wie die delegierte Aufgabe selbst. Je komplexer und verantwortungsvoller die zu verrichtende Arbeit ist, desto intensiver sollte die Überwachung sein. Dabei müssen die Fähigkeiten und Qualifikationen der aufgabenwahrnehmenden Person Berücksichtigung finden.[466] Die Überwachungssorgfalt verlangt eine permanente präventive Kontrolle, noch bevor Missstände aufgedeckt werden.[467] Um eine ausreichende laufende Kontrolle zu gewährleisten, kann dies, wie bereits im Rahmen von § 130 OWiG deutlich wurde,[468] die Vornahme stichprobenartiger überraschender Prüfungen einschließen.

Abschließend ist festzuhalten, dass eine Wechselbeziehung der unterschiedlichen Pflichten besteht: Zur Bestimmung des Inhaltes der einzelnen Sorgfaltspflichten gilt damit, dass sich Auswahl, Einweisung, Information und Überwachung gegenseitig beeinflussen. Je höher die Qualifikation des Delegierten ist, desto niedriger dürfen Einweisung und Überwachung ausfallen und umgekehrt.[469]

bb) Organisationspflicht

Vorstand und Geschäftsführer werden ihrer Auswahl-, Einweisungs-, Informations- und Überwachungspflicht in den meisten Fällen nur genügen können, wenn sie organisatorische Strukturen schaffen, die Unregelmäßigkei-

---

464 Vgl. BGH wistra 1993, 110; BGH WuW/E BGH 2394, 2396; *Raum*, in: Langen/Bunte, Kartellrecht, § 81 Rn. 23.

465 Vgl. *Fleischer*, in: Spindler/Stilz, AktG, § 93 Rn. 95; *ders.*, AG 2003, 291, 293 f.

466 Es gilt: Je unerfahrener die Person ist, desto sorgfältiger muss die Überwachung ausfallen. Eine langjährige vertrauensvolle Zusammenarbeit rechtfertigt andererseits eine abgesenkte Überwachungsintensität, *Fleischer*, in: Spindler/Stilz, AktG, § 93 Rn. 95; *ders.*, in: Fleischer, Handbuch des Vorstandsrechts, § 8 Rn. 33.

467 Vgl. OLG Stuttgart NJW 1977, 1410; *Fleischer*, in: Spindler/Stilz, AktG, § 93 Rn. 99; *ders.*, in: Fleischer, Handbuch des Vorstandsrechts, § 8 Rn. 37; *Göhler*, in: Göhler, OWiG, § 130 Rn. 12.

468 Siehe dazu 3. Kapitel § 2 I.

469 Vgl. *Belling*, in: Staudinger, BGB, § 831 Rn. 97; *Fleischer*, in: Spindler/Stilz, AktG, § 93 Rn. 95; *Fleischer*, AG 2003, 291, 294 f.

ten und Missstände unterbinden. Ohne konkreten Anlass genügen allgemeine Vorkehrungen gegen die Rechtsverstöße, mit denen nach der Erfahrung gerechnet werden muss.[470] Eine notwendige Maßnahme wird grundsätzlich die genaue Festlegung der Zuständigkeiten und Verantwortlichkeiten der Mitarbeiter sein,[471] denen die unternehmenseigene Aufbau- und Ablauforganisation erläutert werden muss.[472]

Zusammenfassend ist festzuhalten, ein Geschäftsleiter, soweit er nicht selbst tätig ist und an seiner Stelle ein Unternehmensangehöriger handelt, hat durch eine angemessene Unternehmensorganisation unter Beachtung der Auswahl-, Einweisungs-, Informations- und Überwachungssorgfalt die Einhaltung der die Gesellschaft treffenden rechtlichen Pflichten sicherzustellen. Bei der von ihm zur Gewährleistung der Legalitätspflicht getroffenen Entscheidungen und ergriffenen Mittel sind die Einzelfallumstände in entscheidender Weise zu berücksichtigen. Nicht außer Acht zu lassen ist das Leitungsermessen, ohne das eine unternehmerische Tätigkeit schlechterdings nicht möglich ist.[473] Bevor auf dieses näher eingegangen wird, ist eine weitere compliance-relevante Geschäftsleiterpflicht zu beleuchten.

b)   Vermögensbetreuungs- und Risikomanagementpflicht

Die Leitungsverantwortung von Vorstand und Geschäftsführung beinhaltet, den Gesellschaftszweck zu fördern und gleichzeitig Schäden vom Unternehmen abzuwenden.[474] Die Geschäftsleitung hat damit eine Vermögensbetreuungspflicht gegenüber der Gesellschaft. Dies hat zur Folge, dass sich die Geschäftsleitung im Rahmen ihrer Geschäftsführung gemäß § 93 Abs. 1 S. 1

470   OLG Stuttgart WuW/E OLG 3049 f.; *Raum*, in: Langen/Bunte, Kartellrecht, § 81 Rn. 22.

471   Vgl. *Fleischer*, in: Spindler/Stilz, AktG, § 93 Rn. 98; *ders.*, in: Fleischer, Handbuch des Vorstandsrechts, § 8 Rn. 36; *Landwehrmann*, in: Heidel, Aktienrecht, § 93 Rn. 15, 54; *Lutter*, GmbHR 2000, 301, 304; *Rogall*, in: Senge, Karlsruher Kommentar, OWiG, § 130 Rn. 53; zu den in kartellrechtlicher Hinsicht strengeren Anforderungen an die „allgemeinen Vorkehrungen" siehe *Raum*, in: Langen/Bunte, Kartellrecht, § 81 Rn. 22.

472   Vgl. *Fleischer*, in: Spindler/Stilz, AktG, § 93 Rn. 93; *ders.*, in: Fleischer, Handbuch des Vorstandsrechts, § 8 Rn. 31.

473   BGHZ 135, 244, 253; *Horn*, ZIP 1997, 1129, 1131; *Lutter*, ZIP 1995, 441.

474   Allgemeine Meinung BGHZ 21, 354, 357; *Altmeppen*, in: Roth/Altmeppen, GmbHG, § 43 Rn. 3; *Goette*, Die GmbH, § 8 Rn. 128; *ders.*, in: Hommelhoff/Hopt/v. Werder, Handbuch Corporate Governance, S. 749, 760; *Hopt*, in: Hopt/Wiedemann, Großkommentar, AktG, § 93 Rn. 80, 144 ff.; *Mertens*, in: Zöllner, Kölner Kommentar, AktG, § 93 Rn. 29; *Spindler*, in: Goette/Habersack, Münchener Kommentar, AktG, § 93 Rn. 25.

AktG und § 43 Abs. 1 GmbHG an den Maßstäben messen lassen muss, die für einen ordentlichen Geschäftsmann in verantwortlich leitender Position bei selbstständiger treuhänderischer Wahrung fremder Vermögensinteressen gelten.[475] Den Geschäftsleiter trifft als Pendant zur Förderungspflicht eine Schadensabwendungspflicht. Hat das Leitungsorgan die Stellung eines Verwalters fremden Vermögens, dann beinhaltet dies zwingend die Pflicht zur Unterhaltung eines angemessenen Risikomanagements.[476] Dies bringt auch Ziffer 4.1.4 DCGK zum Ausdruck: Das Leitungsorgan „sorgt für ein angemessenes Risikomanagement und Risikocontrolling im Unternehmen."[477]

Das Eingehen von Risiken ist zwar untrennbar mit jeder wirtschaftlichen Tätigkeit verbunden, „unangemessene Risiken" darf das Leitungsorgan damit aber nicht eingehen.[478] Folglich besteht ein Spannungsfeld für den Geschäftsleiter zwischen erlaubtem und unerlaubtem Risiko. Einerseits bedeutet dies, dass eine Haftung für wirtschaftlichen Misserfolg gerade nicht begründet wird. Aus § 93 Abs. 1 S. 1 AktG und § 43 Abs. 1 GmbHG folgt nicht, dass normale, mit jeder unternehmerischen Tätigkeit verbundene Risiken auf den Geschäftsleiter abzuwälzen sind; denn unternehmerische Geschäfte sind stets risikobehaftet.[479] Andererseits muss die Geschäftsleitung Entscheidungen am Unternehmenswohl ausrichten. Dies beinhaltet insbesondere, keine unangemessenen Risiken zu Lasten der Gesellschaft einzuge-

---

475 So oder sinngleich BGHZ 129, 30, 34; OLG Celle NZG 2000, 1178, 1179; OLG Hamm AG 1995, 512, 514; OLG Koblenz NJW-RR 2000, 483, 484; OLG Koblenz ZIP 1991, 870, 871; OLG Zweibrücken NZG 1999, 506 f.; OLG Düsseldorf AG 1997, 231, 235; *Altmeppen*, in: Roth/Altmeppen, GmbHG, § 43 Rn. 3; *Fleischer*, WM 2003, 1045 ff.; *Horn*, ZIP 1997, 1129, 1130; *Hopt*, in: Hopt/Wiedemann, Großkommentar, AktG, § 93 Rn. 12, 80, 144 ff.; *Hüffer*, AktG, § 93 Rn. 4; *Koch*, ZGR 2006, 184, 192 f.; *Koppensteiner*, in: Rowedder/Schmidt-Leithoff, GmbHG, § 43 Rn. 7; *Mertens*, in: Zöllner, Kölner Kommentar, AktG, § 93 Rn. 6, 57 ff.; *Schneider*, in: Scholz, GmbHG, § 43 Rn. 33; *Spindler*, in: Goette/Habersack, Münchener Kommentar, AktG, § 93 Rn. 24.

476 OLG Jena NZG 2001, 86; *Koch*, ZGR 2006, 184, 192; *Lorenz*, ZRFG 2006, 5, 9; *Ringleb*, in: Ringleb/Kremer/Lutter/v. Werder, DCGK, Rn. 646, 652; vorsichtiger *Spindler*, in: Goette/Habersack, Münchener Kommentar, AktG, § 91 Rn. 24.

477 Die im Indikativ formulierte Ziffer stellt nach dem System des DCGK die Gesetzeslage dar.

478 OLG Jena NZG 2001, 86 f.; vgl. BGHZ 135, 244, 253; *Horn*, ZIP 1997, 1129, 1131; *Lutter*, ZIP 1995, 441.

479 BGHZ 135, 244, 253; OLG Zweibrücken NZG 1999, 506 f.; *Haas*, DStR 2001, 863 f.; *Schneider*, in: Scholz, GmbHG, § 43 Rn. 53 ff.; *Zöllner/Noack*, in: Baumbach/Hueck, GmbHG, § 43 Rn. 23.

hen.[480] Die Grenzen des „erlaubten Risikos" sind insbesondere dann über-
schritten, wenn Risiko und Gewinnchance in keinem angemessenen Verhältnis zueinander stehen.[481] Letzteres ist etwa der Fall, wenn die Wahrscheinlichkeit eines Fehlschlages des Geschäfts überwiegt,[482] wenn die
Wahrscheinlichkeit der Risikoverwirklichung zwar gering, die fehlgeschla-
gene Maßnahme aber das Unternehmen in seinem Bestand gefährden würde[483] oder aber die Unternehmensleitung mögliche und zumutbare Strategi-
en der Risikoreduzierung bzw. Schadensabwendung zu Gunsten der Gesellschaft ungenutzt lässt[484].

Diese Grundsätze gelten nicht nur für Risikogeschäfte, sondern für alle
Geschäftsführungsmaßnahmen.[485] Daher ist es erforderlich, zunächst Risiken zu identifizieren und zu bewerten, um auf diese Weise mögliche und zumutbare Maßnahmen der Risikosteuerung zu ergreifen. Die Risikosteuerung ist erst in einem diesen Prozessen nachgelagerten Schritt möglich.
Die Leitungsorgane müssen dementsprechend auf die Maßnahmen zurückgreifen, die inhaltsbestimmend für den betriebswirtschaftlich geprägten Begriff des Risikomanagement-Prozesses sind. Dieser, wie bereits im ersten
Kapitel deutlich wurde, lässt sich in vier einzelne Prozessschritte unterteilen: *Identifikation, Bewertung, Steuerung* und *Überwachung.*[486] Um ihrer
Pflicht zu genügen, müssen die Geschäftsleiter einerseits bei der Vorberei-

480 Vgl. BGHZ 135, 244, 253; BGHZ 21, 354, 357; *Haas*, DStR 2001, 863 f.;
     Henze, NJW 1998, 3309, 3311; *Schneider*, in: Scholz, GmbHG, § 43 Rn. 59 f.,
     94.
481 OLG Jena NZG 2001, 86, 87; *Altmeppen*, in: Roth/Altmeppen, GmbHG, § 43
     Rn. 11; *Haas*, DStR 2001, 863; *Mertens*, in: Zöllner, Kölner Kommentar,
     AktG, § 93 Rn. 48; Rohwedder/Koppensteiner, GmbHG, § 43 Rn. 17;
     Schneider, in: Scholz, GmbHG, § 43 Rn. 94; *Zöllner/Noack*, in: Baumbach/
     Hueck, GmbHG, § 43 Rn. 23 m.w.N.
482 RGZ 129, 272, 275; OLG Zweibrücken NZG 1999, 506, 508; *Kust*, WM 1980,
     758, 761; *Zöllner/Noack*, in: Baumbach/Hueck, GmbHG, § 43 Rn. 23.
483 BGHZ 69, 207, 213 f.; OLG Jena NZG 1999, 121, 122; *Altmeppen*, in: Roth/
     Altmeppen, GmbHG, § 43 Rn. 11; *Mertens*, in: Hachenburg/Ulmer, GmbHG,
     § 43 Rn. 27; *ders.*, in: Zöllner, Kölner Kommentar, AktG, § 93 Rn. 48 f.
484 OLG Düsseldorf ZIP 1997, 27, 30 f.; *Ebenroth/Lange*, GmbHR 1992, 69, 72;
     Goette, Die GmbH, § 8 Rn. 130 f.; *Haas*, DStR 2001, 863; *Hopt*, in: Hopt/
     Wiedemann, Großkommentar, AktG, § 93 Rn. 113; *Meyke*, Die Haftung des
     GmbH-Geschäftsführers, Rn. 61 ff.
485 Vgl. OLG Jena NZG 2001, 86 f.
486 Siehe hierzu bereits 1. Kapitel § 4 I. 1. In der betriebswirtschaftlichen Literatur
     finden sich zum Teil weitergehende Differenzierungen dieser Prozessschritte,
     siehe zum Beispiel *Wittmann*, in: Lange/Wall, Risikomanagement nach dem
     KontraG, S. 259, 273 ff.; *Lück*, DB 2000, 1473, 1475.

tung und Umsetzung risikobehafteter Geschäftsabschlüsse und andererseits bei der permanenten Kontrolle des unternehmerischen Handelns unternehmensexterne und unternehmensinterne Verlustgefahren identifizieren und bewerten. Auf dieser Grundlage haben die Geschäftsleiter dann durch angemessene Maßnahmen der Risikosteuerung und -überwachung zu reagieren.[487] Die Pflicht, ein bestimmtes betriebswirtschaftliches Risikomanagementmodell umzusetzen, besteht dabei nicht.[488]

Ein Risikomanagement der Aktiengesellschaft bzw. der Gesellschaft mit beschränkter Haftung ist demnach in zweierlei Hinsicht geboten, zum einen zur Absicherung von Risiken im Sinne von § 91 Abs. 2 AktG, die den Fortbestand des Unternehmens gefährden, und zum anderen zur Abwendung von Verlust- und Schadensgefahren im allgemeinen Geschäftsverkehr.[489] Sicherlich ist nicht in jedem Unternehmen der Aufbau einer umfassenden Organisationsstruktur zur Identifikation, Bewertung, Steuerung und Überwachung von Risiken angezeigt. Auch bezüglich des Risikomanagements gelten die konkreten Umstände des Einzelfalles: Die Umsetzung hängt von der Tragweite der tatsächlichen Gefährdung und von der Größe, der Struktur sowie der Branche des jeweiligen Unternehmens ab.[490]

---

487 Vgl. *Bier*, K&R 2005, 59, 61 f.; *Goette*, in: Hommelhoff/Hopt/v. Werder, Handbuch Corporate Governance, S. 749, 764; *Koch*, ZGR 2006, 184, 191; *Lorenz*, ZRFG 2006, 5, 9; *Lück*, DB 1998, 8; *Nolte/Becker*, BB 2008, BB-Special Nr. 5 zu Heft 25, 23; *Preussner/Pananis*, BKR 2004, 347, 348 ff.; *Wittmann*, in: Lange/Wall, Risikomanagement nach dem KontraG, S. 259, 273 ff.; siehe hierzu auch *Spindler*, WM 2008, 905, 906 f., der diese Pflicht scheinbar aus § 91 Abs. 2 AktG ableitet.

488 *Fleischer*, in: Spindler/Stilz, AktG, § 91 Rn. 35; *Hüffer*, AktG, § 91 Rn. 9; *Kort*, in: Hopt: Großkommentar, AktG, § 91 Rn. 51, 55 f., 62; *Spindler*, in: Goette/Habersack, Münchener Kommentar, AktG, § 91 Rn. 27 jeweils m.w.N.

489 Vgl. *Goette*, in: Hommelhoff/Hopt/v. Werder, Handbuch Corporate Governance, S. 749, 765; *Koch*, ZGR 2006, 184, 192; dabei begründet § 91 Abs. 2 AktG nicht die Pflicht angemessen auf die Risiken zu reagieren, dies folgt allein aus den §§ 76 Abs. 1, 93 Abs. 1 S. 1 AktG bzw. § 43 Abs. 1 GmbHG, vgl. *Fleischer*, in: Spindler/Stilz, AktG, § 93 Rn. 34; *Kort*, in: Hopt/Wiedemann, Großkommentar, AktG, § 93 Rn. 54; *Spindler*, in: Goette/Habersack, Münchener Kommentar, AktG, § 91 Rn. 24.

490 Vgl. OLG Jena NZG 2001, 86, 87; VG Frankfurt/M. VersR 2005, 57, 60; *Goette*, in: Hommelhoff/Hopt/v. Werder, Handbuch Corporate Governance, S. 749, 764; *Hüffer*, AktG, § 91 Rn. 7; *Koch*, ZGR 2006, 184, 192; *Kock/Dinkel*, NZG 2004, 441, 442; *Liebscher*, in: Welf, Beck'sches Handbuch der AG, § 6 Rn. 130; *Schneider*, in: Scholz, GmbHG, § 43 Rn. 91 ff.; *Spindler*, in: Goette/Habersack, Münchener Kommentar, AktG, § 93 Rn. 29.

2. Beurteilungs- und Handlungsspielraum hinsichtlich Einrichtung und Umsetzung einer Corporate Compliance-Organisation

Der gesellschaftsrechtliche Pflichtenrahmen der Leitungsorgane sieht somit zwar nicht die Durchführung eines Compliance-Programmes vor. Jedoch wird ein Geschäftsleiter durch die Implementierung und Überwachung einer Compliance-Organisation regelmäßig der soeben aufgezeigten Legalitäts-, Organisations- und Risikomanagementpflicht entsprechen. Denn Corporate Compliance verfolgt das Ziel, die sorgfältige Auswahl, Einweisung, Information sowie Kontrolle und Überwachung der Unternehmensangehörigen unternehmensweit sicherzustellen, damit die Unternehmensangehörigen dem geltenden Recht entsprechen. Dadurch wird unmittelbar versucht, für Rechtstreue im Unternehmen zu sorgen, und mittelbar wird so erreicht, dass sich die mit Rechtsverletzungen einhergehenden Risiken verringern.

Corporate Compliance scheint deshalb prädesteniert zu sein, um den Geschäftsleiterpflichten nachzukommen. Dabei ist jedoch die Ausgestaltung und Dimension eines Compliance-Programms zu beachten. Selbst wenn die Umsetzung von Corporate Compliance bislang nicht einheitlich betrachtet wird,[491] wird doch ein eindeutiger Pfad gewiesen: Compliance verlangt weit reichende organisatorische Maßnahmen, zu denen unter anderem die Einrichtung einer Compliance-Abteilung und die Benennung eines Compliance-Beauftragten gehören. Anstelle der Durchführung eines Compliance-Programms bestehen noch weitere Möglichkeiten, die Sorgfaltspflichten einzuhalten. Hinzuweisen ist insofern insbesondere auf eine denkbare informelle Sicherstellung der Pflichten, die vorwiegend personen- und situationsgebunden erfolgt. Zudem sieht ein Compliance-Programm lediglich eine Risikominderung vor, ohne weitere Risikosteuerungsmethoden zu erwägen. Eine Compliance-Organisation ist somit nur eine mögliche Lösung, den Geschäftsleiterpflichten zu entsprechen.

a) Geschäftsleiterermessen nach § 93 Abs. 1 S. 2 AktG

Angesprochen ist damit der haftungsfreie, unternehmerische Beurteilungs- und Handlungsspielraum.[492] Nach § 93 Abs. 1 S. 2 AktG ist eine Pflichtver-

---

491 Siehe dazu 1. Kapitel § 4 I.

492 Die Begriffe des Ermessens-, Handlungs-, Beurteilungs- und/oder Entscheidungsspielraums werden weitgehend synonym gebraucht, vgl. BGH NJW 2002, 1585, 1586; OLG Koblenz NZG 2005, 79; OLG Jena NZG 2001, 86, 87; OLG Zweibrücken NZG 1999, 506, 507; *Goette*, in: Hommelhoff/Hopt/v. Werder, Handbuch Corporate Governance, S. 749, 762 f.; *Spindler*, in: Goette/ Habersack, Münchener Kommentar, AktG, § 93 Rn. 35 ff.; *Hirte*, Kapitalge-

letzung ausgeschlossen, „wenn die Geschäftsleitung bei einer unternehmerischen Entscheidung vernünftigerweise annehmen durfte, auf der Grundlage angemessener Information zum Wohle der Gesellschaft zu handeln." Nach dieser Norm genießt die Geschäftsleitung bei der Führung der Geschäfte einen gewissen Freiraum, ohne diesen „eine unternehmerische Tätigkeit schlechterdings nicht denkbar" ist.[493] Mit diesen Worten erkannte der BGH 1997 in Sachen ARAG/Garmenbeck die Figur des Geschäftsleiterermessens an, die auf die sogenannte Business Judgement Rule des US-amerikanischen Gesellschaftsrechts zurückzuführen ist. Auch nach der im Jahr 2005 erfolgten Kodifizierung des Leitungsermessens in § 93 Abs. 1 S. 2 AktG durch das Gesetz zur Unternehmensintegrität und Modernisierung des Anfechtungsrechts (UMAG)[494] behält die Aussage Gültigkeit. Dies folgt neben dem offenen Wortlaut der Norm aus der ausdrücklichen Bezugnahme auf das Urteil in der Gesetzesbegründung.[495] Auf Grund des mit § 93 Abs. 1 S. 1 AktG identischen oder vergleichbaren Sorgfaltsmaßstabs für Geschäftsführer der GmbH findet § 93 Abs. 1 S. 2 AktG auf den GmbH-Geschäftsleiter entsprechende Anwendung.[496]

Sofern sich die Geschäftsleitung an die in der Norm aufgestellten Anforderungen hält, scheidet eine Pflichtverletzung aus. In diesem Fall besteht eine unwiderlegliche Vermutung eines objektiv pflichtkonformen Verhaltens und der Geschäftsleiter befindet sich im übertragenen Sinne im „safe harbor"[497]. Das Geschäftsleiterermessen ist auf zwei Überlegungen zurückzuführen: Erstens soll durch diesen Freiraum verhindert werden, dass eine übermäßig strenge Sanktionsdrohung die Risikobereitschaft der Geschäftsleitung mindert, welche aus unternehmerischer und volkswirtschaftlicher

sellschaftsrecht, Rn. 3.83; *Hopt*, in: Hopt/Wiedemann, Großkommentar, AktG, § 93 Rn. 81; *Hopt/Roth*, in: Hopt/Wiedemann, Großkommentar, AktG, § 93 Abs 1 Satz 2, 4 nF Rn. 15 ff.; *Schneider*, in: Scholz, GmbHG, § 43 Rn. 50 ff.

493 BGHZ 135, 244, 253.

494 Gesetz zur Unternehmensintegrität und Modernisierung des Anfechtungsrechts (UMAG) vom 22.9.2005, BGBl. I 2005, S. 2802.

495 Vgl. BT-Drucks. 15/5092, S. 11.

496 Vgl. BT-Drucks. 15/5092, S. 12: „Der Grundgedanke eines Geschäftsleiterermessens im Bereich unternehmerischer Entscheidungen ist nicht auf den Haftungstatbestand des § 93 AktG und nicht auf die Aktiengesellschaft beschränkt, sondern findet sich auch ohne positivrechtliche Regelung in allen Formen unternehmerischer Betätigung."

497 Vgl. BT-Drucks. 15/5092, S. 11.

Sicht gerade erwünscht ist.[498] Zweitens liegt ihr die Erkenntnis zugrunde, dass eine übertriebene Kontrolle der konkreten Entscheidungssituation nicht gerecht werden kann. Ein Leitungsorgan sieht sich vorwiegend mit einer Vielzahl komplexer Handlungsmöglichkeiten konfrontiert, die – insbesondere von einem nicht unternehmerisch tätigen Richter – nur schwer rekonstruiert werden können. Hinzukommt, dass erfahrungsgemäß die Kenntnis des späteren Geschehensablaufes den ex post-Betrachter dazu verleitet, die Wahrscheinlichkeit eines eingetretenen Schadens höher einzuschätzen, als sie sich aus einer ex ante vorgenommenen Einschätzung tatsächlich darstellte (Rückschaufehler oder hindsight bias).[499]

b)   Tatbestandsmerkmale des § 93 Abs. 1 S. 2 AktG

aa)   Vorliegen einer unternehmerischen Entscheidung

Der Handlungs- und Beurteilungsspielraum ist nur in den Fällen eröffnet, in denen eine unternehmerische Entscheidung zu treffen ist. Das Geschäftsleiterermessen soll – in Abgrenzung zu einer bloßen Untätigkeit – durch den Begriff der „Entscheidung" auf bewusste Handlungen und Unterlassungen eingeschränkt werden.[500] Die zentrale Abgrenzungsfunktion kommt dieser Begriffswahl allerdings gegenüber den rechtlich gebundenen Entscheidungen zu. Nach der Begründung des Gesetzgebers sind unternehmerische Entscheidungen „infolge ihrer Zukunftsbezogenheit durch Prognosen und nicht justiziable Einschätzungen geprägt".[501] Dies unterscheide sie von der „Beachtung gesetzlicher, satzungsmäßiger oder anstellungsvertraglicher Pflichten ohne tatbestandlichen Beurteilungsspielraum"; deren Verletzung damit stets eine Pflichtverletzung darstellt. Eine Entscheidung im Sinne des § 93 Abs. 1 S. 2 AktG liegt nur dann vor, wenn eine Wahl zwischen mehreren Handlungsalternativen besteht. Schließlich trifft das Leitungsmitglied nur

498   Vgl. entsprechend bereits die amtliche Begründung zu § 84 AktG 1937, abgedruckt bei *Klausing*, Amtliche Begründung, S. 71; BGHZ 135, 244, 253; *Fleischer*, FS Wiedemann, S. 827, 829 f.; *Koch*, ZGR 2006, 769, 782; *Kock/Dinkel*, NZG 2004, 441, 442; *Paefgen*, AG 2004, 245, 247; *Ulmer*, DB 2004, 859, 860.

499   Vgl. *Brömmelmeyer*, WM 2005, 2065, 2068; *Fleischer*, FS Wiedemann, S. 827, 830 ff. m.w.N.; *ders.*, FS Immenga, S. 575, 579 f.; *ders.*, ZIP 2004, 685; 686; *Koch*, ZGR 2006, 769, 782; *Paefgen*, AG 2004, 245, 247; *Schneider*, DB 2005, 707, 708 f.

500   BT-Drucks. 15/5092, S. 11. „Ein Handeln oder Unterlassen ohne eine bewusste unternehmerische Entscheidung fällt nicht unter die Bestimmung."

501   BT-Drucks. 15/5092, S. 11.

in diesem Fall eine Entscheidung, die von den Gerichten lediglich eingeschränkt nachvollzogen werden kann.

Einen unternehmerischen Spielraum gibt es nicht, wenn das Gesetz nur eine Verhaltensweise erlaubt.[502] Dogmatisch lässt sich dies so begründen, dass das Geschäftsleiterermessen schließlich die Geschäftsleitung nur vor der Haftung für Entscheidungen schützen will, die sich erst ex post betrachtet als fehlerhaft erweisen.[503] Verstoßen Entscheidungen gegen Gesetz oder Satzung, so stehen diese Verletzungen jedoch schon im Entscheidungszeitpunkt und damit ex ante fest.[504] Erforderlich ist damit eine gesetzesmäßige Entscheidung, die in Ungewissheit der Entscheidungsfolgen getroffen wird und für die Verhaltensalternativen bestehen.[505]

Damit muss festgestellt werden, dass dem Leitungsorgan kein Ermessensspielraum hinsichtlich der Einhaltung und Umsetzung der Legalitätspflicht zukommt, während im Rahmen der Unternehmensorganisation[506] und des Risikomanagements[507] grundsätzlich ein Beurteilungs- und Handlungsspielraum besteht. In den Fällen, in denen das Unternehmen kraft Gesetz zur Sicherstellung der Einhaltung der rechtlichen Ge- und Verbote und damit zum Ergreifen organisatorischer Maßnahmen verpflichtet ist (z. B. § 25a KWG, § 64a VAG und § 33 WpHG), besteht mithin kein Handlungsspielraum für die Geschäftsleitung. Anders stellt sich die Situation außerhalb organisationsrechtlicher Gebote dar. Zwar stehen die rechtlichen Ge- und Verbote nicht zur Disposition, aber die Ausgestaltung der Sicherstellung der Rechtskonformität ist der unternehmerischen Freiheit überlassen. Weil nur bewusste Entscheidungsakte eine „unternehmerische Entscheidung" darstellen, fällt das unbewusste Unterlassen von Compliance-Maß-

---

502 Vgl. *Fleischer*, FS Wiedemann, S. 827, 845; *ders.*, ZIP 2005, 141, 149; *Hopt/Roth*, in: Hopt/Wiedemann, Großkommentar, AktG, § 93 Abs 1 Satz 2, 4 nF Rn. 16; *Koch*, ZGR 2006, 769, 784 f.; *Langenbucher*, DStR 2005, 2083, 2085; *Schäfer*, ZIP 2005, 1253, 1256.

503 Vgl. *Gehb/Heckelmann*, ZRP 2005, 145, 146; *Koch*, ZGR 2006, 185, 196; *Kock/Dinkel*, NZG 2004, 441, 443; *Schäfer*, ZIP 2005, 1253, 1256; *Schneider*, DB 2005, 707, 708 f.

504 In diesen Fällen kann sich die Geschäftsleitung nur durch den Nachweis des fehlenden Schadens, des fehlenden Verschuldens oder unter Berufung auf die Grundsätze des rechtmäßigen Alternativverhaltens von ihrer Haftung befreien.

505 *Bürgers/Israel*, in: Bürgers/Körber, HK-AktG, § 93 Rn. 11; *Koch*, ZGR 2006, 769, 784; *Schäfer*, ZIP 2005, 1253, 1256.

506 So ausdrücklich OLG Frankfurt AG 2008, 453, 455; *Sieg*, PHi 2008, 42.

507 So auch *Koch*, ZGR 2006, 185, 194; ähnlich *Spindler*, in: Goette/Habersack, Münchener Kommentar, AktG, § 91 Rn. 36, § 93 Rn. 29.

nahmen nicht in den Anwendungsbereich des § 93 Abs. 1 S. 2 AktG, so dass eine Pflichtwidrigkeit nicht von vornherein ausgeschlossen ist.

bb) Handeln zum Wohle der Gesellschaft auf der Basis angemessener Information

Der Handlungs- und Beurteilungsspielraum bei unternehmerischen Entscheidungen setzt gemäß § 93 Abs. 1 S. 2 AktG weiterhin voraus, dass die Geschäftsleitung bei ihrer Entscheidung vernünftigerweise annehmen durfte, auf der Grundlage angemessener Information zum Wohle der Gesellschaft zu handeln. Der Gesetzgeber trägt hiermit der Tatsache Rechnung, dass der Geschäftsleitung auch hinsichtlich der Entscheidung darüber, in welchem Umfang sie Informationen einholt und welche Maßnahmen dem Wohl der Gesellschaft dienen, ein Handlungs- und Beurteilungsspielraum zusteht. Die Gesetzgebungsmaterialien verdeutlichen diesen Schluss. Ein Handeln zum Wohle der Gesellschaft soll nach der Begründung des Regierungsentwurfes stets dann vorliegen, wenn es frei von sachfremden Einflüssen und Sonderinteressen „der langfristigen Ertragsstärkung und Wettbewerbsfähigkeit des Unternehmens und seiner Produkte oder Dienstleistungen dient".[508] Die Entscheidung muss im Zeitpunkt der Entscheidungsfindung hinsichtlich Umfang und Qualität der verfügbaren Informationen über Chancen und Risiken angemessen sein. Die Informationsbeschaffung richtet sich nach der dafür zur Verfügung stehenden Zeit, dem Gewicht und der Art der zu treffenden Entscheidung.[509]

Damit erfolgt keine vollständige Subjektivierung des Verhaltensstandards: Objektiv wird der Handlungs- und Beurteilungsspielraum derart begrenzt, dass die Entscheidung der Geschäftsleitung zum Wohle der Gesellschaft sein muss. Ausgeschlossen ist dies in Fällen, in denen die Geschäftsleitung das mit der Entscheidung verbundene Risiko in völlig unverantwortlicher Weise falsch beurteilt hat oder durch ihre Entscheidung in unverantwortlicher Weise unternehmerische Risiken eingegangen ist – also dem Gebot wirtschaftlicher Vernunft zuwider gehandelt hat.[510]

---

508 BT-Drucks. 15/5092, S. 11; in diesem Sinne auch *Bürgers/Israel*, in: Bürgers/Körber, HK-AktG, § 93 Rn. 15; *Fleischer*, in: Fleischer, Handbuch des Vorstandsrechts, § 7 Rn. 56; *Ihrig*, WM 2004, 2098, 2105; *Schneider*, DB 2005, 707, 709 f.; *Ulmer*, DB 2004, 859, 860.

509 BT-Drucks. 15/5092, S. 12; *Bürgers/Israel*, in: Bürgers/Körber, HK-AktG, § 93 Rn. 13; *Koch*, ZGR 2006, 769, 788 f.; *Ulmer*, DB 2004, 859, 860.

510 Vgl. BGH VersR 2003, 208, 209; OLG Naumburg GmbHR 2005, 757, 761; OLG Zweibrücken NZG 1999, 506, 507; OLG Köln NJW-RR 1995, 547, 549;

c) Bedeutung für die Umsetzung von Corporate Compliance

Zur Beantwortung der eingangs dieses Abschnitts aufgeworfenen Frage nach der Geschäftsleiterpflicht zur Umsetzung von Corporate Compliance ist eine Differenzierung zwischen der grundsätzlichen Wahrung der Rechtskonformität unter Beachtung der Legalitäts-, Organisations- und Risikomanagementpflicht und deren konkreter Sicherstellung notwendig.

Der Aufbau und die Durchsetzung einer plausiblen, auf die Vermeidung von Risiken der Gesellschaft angelegten Organisation zählen zu den Grundpflichten des Leitungsorgans.[511] Sie hat die organisatorischen Maßnahmen zu treffen, um die Rechtmäßigkeit des Verhaltens der Gesellschaft sicherzustellen.[512] Dies muss im Einklang mit der Beachtung der Grundprinzipien des Risikomanagements, das heißt der Identifikation, Bewertung, Steuerung und Überwachung von Risiken, im Rahmen der unternehmerischen Tätigkeit geschehen. Denn hierzu ist die Geschäftsleitung nach den Grundsätzen einer ordentlichen und gewissenhaften Geschäftsführung verpflichtet.[513] Missachtet die Geschäftsleitung einen dieser Schritte, etwa die Risikoidentifikation, dann ist ihr die spätere Berufung auf den unternehmerischen Berufungs- und Handlungsspielraum verwehrt.[514]

Hinsichtlich der konkreten Sicherstellung von Compliance im Unternehmen muss hingegen etwas Anderes gelten. Es liegt in der Natur der Sache, dass die genaue organisatorische Ausgestaltung des Unternehmens und die Umsetzung des Risikomanagements Prognosebewertungen und -entscheidungen zu Grunde liegen. In tatsächlicher Hinsicht ist es ungewiss,

Bürgers/Israel, in: Bürgers/Körber, HK-AktG, § 93 Rn. 13; *Hüffer*, AktG, § 93 Rn. 4 g; *Koch*, ZGR 2006, 184, 197.

511 *Abeltshauser*, Leitungshaftung im Kapitalgesellschaftsrecht, S. 214 ff.; *Mertens*, in: Hachenburg/Ulmer, GmbHG, § 43 Rn. 24; *Lutter*, GmbHR 2000, 301, 304; *Schneider*, in: Scholz, GmbHG, § 43 Rn. 95 f.; *Thümmel*, Haftung von Mangern und Aufsichtsräten, S. 76 f.

512 KG Berlin NZG 1999, 400; *Landwehrmann*, in: Heidel, Aktienrecht, § 93 Rn. 13 ff.; *Hopt*, in: Hopt/Wiedemann, Großkommentar, AktG, § 93 Rn. 89, 107; *Spindler*, WM 2008, 905, 915.

513 Vgl. *Goette*, in: Hommelhoff/Hopt/v. Werder, Handbuch Corporate Governance, S. 749, 764; *Hopt*, in: Hopt/Wiedemann, Großkommentar, AktG, § 93 Rn. 89; *Koch*, ZGR 2006, 184, 198; *Lorenz*, ZRFG 2006, 5, 9; *Lutter*, GmbHR 2000, 301, 304; *Pahlke*, NJW 2002, 1680, 1683; *Ringleb*, in: Ringleb/Kremer/Lutter/v. Werder, DCGK, Rn. 652 ff.; *Spindler*, WM 2008, 905, 906 f., der diese Pflicht jedoch aus § 91 Abs. 2 AktG ableitet.

514 Vgl. *Koch*, ZGR 2006, 184, 198; *Lorenz*, ZRFG 2006, 5, 9; *Roth*, Unternehmerisches Ermessen und Haftung des Vorstandes, S. 138 („Mangels Information besteht keine Legitimation zur unternehmerischen Freiheit").

wie sich die relevanten Umstände entwickeln werden. Dies gilt etwa für die Eintrittswahrscheinlichkeit möglicher Rechtsverstöße. Die Geschäftsleitung handelt demzufolge unter dem Schutz des haftungsfreiens Beurteilungs- und Handlungsspielraums, wenn sie die Wahl trifft, nach welchen Methoden sie Risiken identifiziert oder bewertet sowie welche Steuerungsmaßnahmen sie ergreift.[515] Hier hat die Geschäftsleitung die Wahl zwischen mehreren Handlungsalternativen.

Dogmatisch lässt sich eine Geschäftsleiterpflicht – aufgrund einer Gesamtschau der Legalitäts-, Organisations- und Risikomanagementpflicht – zur Implementierung und Durchführung einer Corporate Compliance-Organisation im oben beschriebenen Sinne[516] damit nur unter dem Gesichtspunkt einer Ermessensreduzierung auf Null[517] begründen. Dass allein die Einrichtung einer Corporate Compliance-Organisation dem Handeln eines ordentlichen und sorgfältigen Treuhänders fremder Vermögensinteressen entspricht, ist gegenwärtig auszuschließen.[518] Dies muss schon deshalb gelten, weil ungeklärt ist, was genau eine Compliance-Organisation ausmacht. Es herrscht bislang keine Klarheit über die Elemente einer Organisation; der Detaillierungsgrad und die Ausprägung der Programme sind außerordentlich unterschiedlich.[519] Damit fehlt es insbesondere an einem einheitlichen Standard der Umsetzung und deren Methodik.[520] Dieses Ergebnis rechtfertigt sich weiterhin dadurch, dass die Anforderungen an die Geschäftsleiterpflicht nicht per se überspannt werden dürfen. Die Ausgestaltung der Sorg-

---

515 Vgl. *Hauschka*, AG 2004, 461, 467 f.; *Hüffer*, AktG, § 91 Rn. 7 ff.; *Kiethe*, WM 2003, 861, 864 f.; *Koch*, ZGR 2006, 184, 198; *Pahlke*, NJW 2002, 1680, 1683; *Preussner*, NZG 2004, 57, 58; *Spindler*, WM 2008, 905, 909.

516 Siehe hierzu oben 1. Kapitel § 4 I.

517 Vgl. hierzu *Bürkle*, BB 2005, 565, 570; *Koch*, ZGR 2006, 184, 198; *Weber/Lohr*, GmbHR 2000, 698, 699.

518 Dabei ist zu beachten, dass selbst die Orientierung an einem bestimmten System nicht automatisch zur Einhaltung der Leitungssorgfalt im Sinne der § 93 Abs. 1 S. 1 AktG und § 43 Abs. 1 GmbHG führt, vgl. *Bürgers/Israel*, in: Bürgers/Körber, HK-AktG, § 91 Rn. 12; *Spindler*, in: Goette/Habersack, Münchener Kommentar, AktG, § 91 Rn. 27.

519 *Bürkle*, BB 2005, 565; *Ringleb*, in: Ringleb/Kremer/Lutter/v. Werder, DCGK, Rn. 628. Der Kanon der Compliance-Maßnahmen und -Vorkehrung ist sehr breit ausgestaltet und reicht vom einfachen Appell bis hin zu umfassenden Systemen, vgl. hierzu bereits oben 1. Kapitel § 4 I. sowie *Eisele*, WM 1993, 1021, 1023; *Wessing*, SAM 2007, 175, 180;

520 Vgl. aus der Literatur zur Diskussion des Bestehens einer spezifizierten Risikomanagementpflicht, die zu Recht mit ähnlichen Argumenten abgelehnt wird, *Pahlke*, NJW 2002, 1680, 1683; *Spindler*, in: Goette/Habersack, Münchener Kommentar, AktG, § 91 Rn. 25 ff. jeweils m.w.N.

faltspflicht ist immer eine Frage des Einzelfalles, bei der neben einer Vielzahl von Parametern insbesondere der Größe und der Gegenstand des Unternehmens sowie die obliegenden rechtlichen Bestimmungen für den Pflichteninhalt maßgebend sind.[521] Die Vielfalt unternehmensspezifischer Anforderungen an die Umsetzung von Compliance veranschaulichen die zu Beginn dieses Kapitels dargestellten sektorspezifischen Vorgaben durch das Banken-, Versicherungen- und Wertpapieraufsichtsrecht und die verfasste Literatur zu besonders compliance-sensiblen Industriezweigen wie der pharmazeutischen Industrie[522], der chemischen Industrie[523], der Kreislauf- und Abfallwirtschaft[524], der Bauwirtschaft[525] und der IT-Branche[526]. Die Ausgestaltungsdifferenzen erklären sich durch unterschiedliche rechtliche Risiken. Spielen etwa die Einhaltung kartellrechtlicher Bestimmungen und die Korruptionsbekämpfung in Industrieunternehmen eine besondere Rolle, müssen produzierende Unternehmen gesteigerten Wert auf die Einhaltung der Umweltgesetze legen.[527]

Hinsichtlich des Inhalts und Ausmaßes der Geschäftsleiterpflicht gilt damit Folgendes: Die Organisationshoheit ist dem Leitungsorgan überlassen. Corporate Compliance untersteht dem Leitungsermessen der Geschäftsleitung und ist in hohem Maße einzelfallabhängig.[528] „Patentrezepte" kann es genauso wenig geben,[529] wie für alle Unternehmen gleichermaßen gültige Organisationsvorgaben und -richtlinien, die aus §§ 76 Abs. 1, 93 Abs. 1

---

521 Vgl. *Hauschka*, ZRP 2006, 258, 261; *ders.*, ZIP 2004, 877, 882; *Hopt*, in: Hopt/Wiedemann, Großkommentar, AktG, § 93 Rn. 79; *Müller*, in: Semler/Peltzer, Arbeitshandbuch für Vorstandsmitglieder, § 8 Rn. 90; *Spindler*, in: Goette/Habersack, Münchener Kommentar, AktG, § 91 Rn. 36.

522 Siehe dazu *Leipold*, in: Hauschka, Corporate Compliance, § 33.

523 Siehe dazu *Drohmann*, in: Hauschka, Corporate Compliance, § 34.

524 Siehe dazu *Oexle*, in: Hauschka, Corporate Compliance, § 35.

525 Siehe dazu *Greeve*, in: Hauschka, Corporate Compliance, § 36.

526 Siehe dazu *Lensdorf*, CR 2007, 413 ff.; *Nolte/Becker*, BB 2008, BB-Special Nr. 5 zu Heft 25, 23 ff.; *Steger*, CR 2007, 137 ff.; *Weber/Dittrich*, in: Hauschka, Corporate Compliance, § 37.

527 *Kort*, NZG 2008, 81, 85; *Kremer/Klarhold*, in: Krieger/Schneider, Handbuch Managerhaftung, § 18 Rn. 2.

528 Vgl. *Mosiek*, wistra 2003, 370, 372; *Pahlke*, NJW 2002, 1680, 1683.

529 So zu allgemeinen Risikomanagementsystemen *Pahlke*, NJW 2002, 1680, 1683 m.w.N. „Wer als Verantwortlicher seinen Betrieb so im „Griff" hat, dass Gesetzestreue gewährleistet ist, benötigt keine Compliance-Organisation", *Hauschka*, ZIP 2004, 877, 882.

S. 1 AktG und § 43 Abs. 1 GmbHG folgen.[530] Eine Pflicht zur Implementierung und Durchführung eines Compliance-Programms existiert aus diesen Gründen nicht.[531] Um ihrer Legalitäts-, Organisations- und Risikomanagementpflicht zu genügen, muss die Geschäftsleitung jedoch die Vornahme erforderlicher und geeigneter Corporate Compliance in dem eingangs der Untersuchung definierten Sinne gewährleisten. Konkret bedeutet dies, jeder Geschäftsleiter muss sich über rechtliche Risiken gründlich informieren und mögliche Maßnahmen fortlaufend sorgfältig abwägen.

d) Corporate Compliance-Pflicht und Ermessensgrenzen

Die Geschäftsleitung hat also kein Ermessen im Hinblick auf die Sicherstellung der Rechskonformität.[532] Unternehmerische Freiheit besteht ausschließlich hinsichtlich der Auswahl der konkreten Maßnahmen zu deren Gewährleistung. Der zur Sicherstellung der Rechtskonformität gewährten organisationsrechtlichen, unternehmerischen Freiheit der Geschäftsleitung sind in zweierlei Hinsicht Grenzen gezogen.

aa) Zumutbarkeit als Grenze der Maßnahmen

Die Compliance-Maßnahmen dürfen nicht zu weit reichen und müssen objektiv zumutbar sein.[533] Der BGH hat in diesem Zusammenhang ausdrücklich von dem „realistischerweise Zumutbaren" und den Gefahren gesprochen, die „von zu starkem Misstrauen geprägte Aufsichtsmaßnahmen"

---

530 Vgl. *Fleischer*, CCZ 2008, 1, 2; *ders.*, AG 2003, 291, 299; *Lutter*, GmbHR 2000, 301, 304; *Ringleb*, in: Ringleb/Kremer/Lutter/v. Werder, DCGK, Rn. 639; *Spindler*, in: Goette/Habersack, Münchener Kommentar, AktG, § 93 Rn. 51; *ders.*, WM 2008, 905, 909; ähnlich *Kort*, in: Hopt/Wiedemann, Großkommentar, AktG, § 91 Rn. 62.

531 Vgl. nur *Fleischer*, in: Spindler/Stilz, AktG, § 91 Rn. 43; *Hauschka*, ZIP 2004, 877, 878; *Kort*, in: Hopt/Wiedemann, Großkommentar, AktG, § 91 Rn. 65; *Spindler*, in: Goette/Habersack, Münchener Kommentar, AktG, § 91 Rn. 36, § 93 Rn. 29; a.A. *Bürkle*, BB 2007, 1797, 1798, 1800; *Schneider*, ZIP 2003, 645, 648 f.

532 Vgl. *Bürkle*, BB 2005, 565, 569; *Goette*, FS 50 Jahre BGH, S. 123, 131; *Landwehrmann*, in: Heidel, Aktienrecht, § 93 Rn. 81; *Lutter*, GmbHR 2000, 301, 305.

533 Siehe hierzu *Dreher*, ZWeR 2004, 75, 94 f.; *Fleischer*, in: Spindler/Stilz, AktG, § 93 Rn. 99; *Göhler*, in: Göhler, OWiG, § 130 Rn. 12; *Raum*, in: Langen/Bunte, Kartellrecht, § 81 Rn. 24; *Rogall*, in: Senge, Karlsruher Kommentar, OWiG, § 130 Rn. 38 und 49.

für den Betriebsfrieden bedeuten.[534] Die Würde der Unternehmensangehörigen und die Wahrung des Betriebsklimas sind zu beachten. Maßnahmen, die ausdrücklich oder erkennbar mit der nicht durch Tatsachen belegten Befürchtung begründet werden, die Arbeitnehmer könnten vorsätzliche Gesetzesverstöße begehen, überschreiten die Grenze des objektiv Zumutbaren. Dies gilt gleichfalls für einen Freiraum der Eigenverantwortlichkeit der Mitarbeiter[535] und dem bei Arbeitsteilung geltenden Vertrauensgrundsatz[536]. Dem Leitungsorgan obliegt demzufolge nicht die Pflicht ein nahezu flächendeckendes Kontrollnetz im Unternehmen aufzubauen.[537] Für den Einsatz von Compliance-Maßnahmen allgemein bedeutet dies, dass die objektive Zumutbarkeit für die Betroffenen stets zu beachten und zu wahren ist.

bb) Einschränkung des Geschäftsleiterermessens

Der Beurteilungs- und Handlungsspielraum ist in folgenden Fällen eingeschränkt: Erstens besteht eine Pflicht zum Einschreiten bei Verdachtsmomenten. Liegen Hinweise oder gar Anhaltspunkte für Zuwiderhandlungen oder Unregelmäßigkeiten von Unternehmensangehörigen vor, so muss die Geschäftsleitung diesen nachgehen.[538] Zweitens verpflichten in der Vergangenheit vorgefallene Rechtsverstöße zu besonderer Sorgfalt. Bereits geschehenes Fehlverhalten verschärft die Aufsichtspflicht der Leitungsmitglieder. Intensivere Einweisungs- und Kontrollmaßnahmen gegenüber den nachgeordneten Mitarbeitern sind in diesen Unternehmen angezeigt.[539] Drittens sind intensivierte Compliance-Maßnahmen gefordert, sofern die laufende Erfüllung der Gesellschaftsverbindlichkeiten nicht mehr gewähr-

---

534 BGH WuW/E 2262, 2264; ähnlich auch BGH WuW/E 2148, 2149.

535 Vgl. BGH WuW/E 2262, 2264.

536 *Fleischer*, in: Spindler/Stilz, AktG, § 93 Rn. 99; *Rogall*, in: Senge, Karlsruher Kommentar, OWiG, § 130 Rn. 40, 49.

537 *Fleischer*, in: Spindler/Stilz, AktG, § 93 Rn. 99; *Rogall*, in: Senge, Karlsruher Kommentar, OWiG, § 130 Rn. 40.

538 BGH GmbHR 1985, 143, 144; OLG Koblenz ZIP 1991, 870; *Fleischer*, in: Spindler/Stilz, AktG, § 93 Rn. 97; *ders.*, in: Fleischer, Handbuch des Vorstandsrechts, § 8 Rn. 35; *Göhler*, in: Göhler, OWiG, § 130 Rn. 11; *Rogall*, in: Senge, Karlsruher Kommentar, OWiG, § 130 Rn. 40.

539 *Bürkle*, BB 2005, 565, 570; *Fleischer*, in: Spindler/Stilz, AktG, § 93 Rn. 100; *Göhler*, in: Göhler, OWiG, § 130 Rn. 13; *Rogall*, in: Senge, Karlsruher Kommentar, OWiG, § 130 Rn. 41.

leistet ist, also in Krisensituationen.[540] Weiterhin kann eine Reduzierung des Ermessensspielraums durch allgemein anerkannte Branchenstandards, deren Entwicklung die Geschäftsleitung beobachten muss, hervorgerufen werden.[541] Generelle Grundsätze und Leitlinien können durch eine Ausstrahlungswirkung der eingangs dieses Kapitels erläuterten unternehmensspezifischen Compliance-Vorgaben beeinflusst werden.[542]

Nachdem der Ermessensrahmen der Geschäftsleitung aufgrund der soeben genannten, tatsächlichen Gegebenheiten eingeschränkt sein kann, muss eine generell für alle Unternehmen geltende Ermessensreduzierung Berücksichtigung finden: Geht es nicht um das „Ob" der Pflichterfüllung, sondern allein um die Mittel der Sicherstellung rechtmäßigen Handelns, besteht grundsätzlich ein weiter unternehmerischer Beurteilungs- und Handlungsspielraum. Die Inanspruchnahme von Leitungsermessen ist hinsichtlich Compliance jedoch zweifach eingeschränkt. Der Freiraum kann nur darin bestehen, mittels welcher von mehreren gleichermaßen geeigneten Maßnahmen die Rechtskonformität sichergestellt werden soll.[543] Denn die Aufgabe, für Rechtstreue im Unternehmen zu sorgen, ist dem Leitungsorgan auch im Interesse der Allgemeinheit übertragen worden.[544] Zudem besitzt die Geschäftsleitung als Handlungsorgan der Gesellschaft die zentrale

---

540 Vgl. BGHZ 133, 370, 379; *Fleischer*, in: Spindler/Stilz, AktG, § 93 Rn. 100; *Goette*, Die GmbH, § 8 Rn. 129 ff.; *Hopt*, in: Hopt/Wiedemann, Großkommentar, AktG, § 93 Rn. 59, 82; *Sieg*, PHi 2003, 134, 138.

541 *Binder*, AG 2008, 274, 282 f.; *Bürkle*, BB 2005, 565, 569. Branchenstandards werden zumindest als „Referenzpunkte einer Sorgfaltsbestimmung" dienlich sein, vgl. *Pahlke*, NJW 2002, 1680, 1683 m.w.N.

542 Zu Ausstrahlungswirkungen auf die Generalklausel der Verhaltensanforderung für Geschäftsleiter von Kapitalgesellschaften *Kort*, NZG 2008, 81, 82 f.; ähnlich *Weber-Ray*, AG 2008, 345, 358; *Mutter*, AG-Report 2007, R 352 f.; *Schneider*, ZIP 2003, 645, 649; kritisch zu verbindlichen Leitlinien äußert sich *Fleischer*, CCZ 2008, 1; *ders.*, AG 2003, 291, 299; auf die Ausstrahlungswirkung des US-amerikanischen Rechts auf die deutsche Compliance-Praxis verweist *Ringleb*, in: Ringleb/Kremer/Lutter/v. Werder, DCGK, Rn. 622 f.; ebenso *Bussmann/Matschke*, wistra 2008, 88, 95.

543 Vgl. BGH WM 1980, 1190; *Goette*, FS 50 Jahre BGH, S. 123, 131.

544 Siehe dazu *Goette*, FS 50 Jahre BGH, S. 123, 131; *Spindler*, in: Goette/Habersack, Münchener Kommentar, AktG, § 76 Rn. 91 („Zur Erreichung sozial- und wirtschaftspolitischer Zielsetzungen können auch Beschränkungen gerechtfertigt sein"); *Kort*, in: Hopt/Wiedemann, Großkommentar, AktG, § 76 Rn. 60; *Mertens*, in: Zöllner, Kölner Kommentar, AktG, § 76 Rn. 16 („Der Vorstand hat bei der Ausübung seines unternehmerischen Ermessens eine Reihe von Interessen zu berücksichtigen, nämlich … das Interesse der Öffentlichkeit daran, dass sich das Unternehmen als good corporate citizen in die staatlich verfasste nationale und internationale Gesellschaftsordnung einfügt").

Stellung zur Gewährleistung der Rechtmäßigkeit der Gesellschaft.[545] Die Einschränkung des Geschäftsleiterermessens rechtfertigt sich weiterhin durch die hohe Intensität der Legalitätspflicht; schließlich ist das Legalitäts-interesse dem Gesellschaftsinteresse vorgeordnet[546]. Darüber hinaus ist zu beachten, dass es sich bei der Sicherstellung der Rechtskonformität weniger um eine klassische unternehmerische Entscheidung, als vielmehr um deren konkrete Umsetzung handelt, also eine Maßnahme der Geschäftsführung im engeren Sinn.

In diesem Zusammenhang steht eine weitere Einschränkung: Folgt aus der Pflicht zum Risikomanagement grundsätzlich die Anforderung zur Vor-nahme risikoadäquater Steuerungsmittel, so muss für die Wahrung der Rechtskonformität aufgrund der hohen Bedeutung der Legalitätspflicht et-was anderes gelten. Während sich die Angemessenheit der Risikosteue-rungsmittel im Grundsatz maßgeblich durch das Schadensrisiko (Eintritts-wahrscheinlichkeit und Schadensausmaß) unter Berücksichtigung einer Kosten-/Nutzen-Analyse bestimmt,[547] muss eine ordentliche und gewissen-hafte Geschäftsleitung die Kostenkomponente zurückstellen. Nicht die kos-tengünstigere Alternative, sondern das geeignetere Mittel unter Beachtung der finanziellen Zumutbarkeit für die Gesellschaft entscheidet über die zu ergreifenden Maßnahmen und schränkt damit das Beurteilungs- und Hand-lungsermessen der Geschäftsleitung ein.

3. *Ergebnis: Geschäftsleiterpflicht zur Vornahme geeigneter, erforderlicher, insbesondere risikoadäquater und zumutbarer Compliance-Maßnahmen*

Als Untersuchungsergebnis ist damit Folgendes festzuhalten: Die Ge-schäftsleitung der Aktiengesellschaft und der Gesellschaft mit beschränkter Haftung untersteht der Verantwortung, die Einhaltung der rechtlichen Ge- und Verbote sicherzustellen. Dies folgt aus dem gesellschaftsrechtlichen Pflichtenrahmen nach §§ 76 Abs. 1, 93 Abs. 1 S. 1 AktG und § 43 Abs. 1 GmbHG. Damit besteht – abstrakt beschrieben – eine Geschäftsleiterpflicht, für die Compliance des Unternehmens Sorge zu tragen.

---

545 Vgl. bereits oben 3. Kapitel § 2 III. 1. a).

546 Siehe hierzu oben 3. Kapitel § 2 III. 1. a).

547 Ausführlich hierzu *Koch*, ZGR 2006, 184, 199 ff., der die Geschäftsleitung in Fällen eines existenziellen Risikos oder eines näher bestimmten Großrisikos in der Rechtspflicht sieht, für einen ausreichenden Versicherungsschutz des Unternehmens zu sorgen.

Um zu beschreiben, wie die Geschäftsleitung dieser Pflicht konkret nachzukommen hat, bedarf es einer Generalisierung: Die Geschäftsleitung entspricht ihrer Leitungspflicht stets, wenn sie geeignete, erforderliche, insbesondere risikoadäquate und zumutbare Compliance-Maßnahmen ergreift.[548] Unter Compliance-Maßnahmen sind dabei alle Anstrengungen zu verstehen, die darauf gerichtet sind, für Rechtstreue im Unternehmen zu sorgen. Dazu können insbesondere unsystematische und informelle Maßnahmen, wie etwa ein Vier-Augen-Gespräch, zählen. Welche Maßnahmen zu ergreifen sind, ist einzelfallabhängig. Entscheidend ist allein, dass die Geschäftsleitung sich über die Risikoexposition ihres Unternehmens gründlich informiert und mögliche Maßnahmen daraufhin sorgsam abwägt und entsprechend ergreift. Dieser Prozess aus Information, Bewertung und Reaktion muss fortlaufend an die Entwicklung der Risiken angepasst werden. Dabei ist zu beachten, dass die gewählten Maßnahmen hinsichtlich der Erreichung von Rechtstreue Erfolg versprechend und unter Beachtung der Unternehmensangehörigen und des Betriebsklimas zumutbar sein müssen.

Die Implementierung und Durchführung eines Compliance-Programms und das Initiieren formaler Compliance-Maßnahmen, wie die Veröffentlichung einer Verhaltensrichtlinie, werden durch den gesellschaftsrechtlichen Pflichtenrahmen nicht zwingend vorgegeben. Diese Maßnahmen stellen vielemehr unternehmerische Entscheidungen nach § 93 Abs. 1 S. 2 AktG dar, weil ein Geschäftsleiter zwischen bestehenden und gesetzlich erlaubten Verhaltensalternativen wählen kann. Ein Geschäftsleiter, der die zuvor dargelegten abstrakten und konkreten Compliance-Anforderungen beachtet hat, kann sich dementsprechend grundsätzlich auf den haftungsfreien unternehmerischen Entscheidungsfreiraum berufen – auch wenn ein formales Compliance-Programm fehlte.

Der in der Rechtslehre vertretenen Ansicht, die Geschäftsleitung einer Kapitalgesellschaft sei dieser gegenüber zur Sicherstellung der Einhaltung rechtlicher Ge- und Verbote mittels einer mitunter sogar inhaltlich vorherbestimmten Compliance-Organisation verpflichtet,[549] kann dementspre-

---

548 In der Literatur werden ähnliche Ansätze vertreten, *Fleischer*, CCZ 2008, 1, 3; *ders.*, AG 2003, 291, 300 (die Compliance-Verantwortung „steht unter dem doppelten Vorbehalt der Erforderlichkeit und Zumutbarkeit"); *Dreher* ZWeR 2004, 75, 94 („gelten die Grundsätze der objektiven Geeignetheit, der Erforderlichkeit und der Zumutbarkeit"); *Kort*, NZG 2008, 81, 83 („angemessene und verhältnismäßige Maßnahmen"); *Weber-Ray*, AG 2008, 345, 346 („angemessene und verhältnismäßige Maßnahmen"); vgl. auch *Bürkle*, BB 2005, 565, 569 („im Rahmen der Eignung, Erforderlichkeit und Zumutbarkeit").

549 So etwa *Schneider*, ZIP 2003, 645, 648 ff., der die Geschäftsleitung zur Errichtung einer siebenstufigen Compliance-Organisation verpflichtet sieht;

chend nicht zugestimmt werden. Eine derartig weit reichende Leitungsverantwortung besteht nach der hier vertretenen Auffassung nicht.[550] Weder eine Ausstrahlungswirkung unternehmensspezifischer Rechtsnormen, noch das Vorhandensein allgemeingültiger Branchenstandards führen gegenwärtig zu einer übergreifenden Ermessenseinschränkung der Geschäftsleitung.[551] Schließlich kann dem von Teilen der Wissenschaft als organisatorische Mindestanforderungen gemachte Vorschlag, die Geschäftsleitung solle eine Ressortzuständigkeit für Compliance festlegen und einen Compliance-Officer berufen, der der Geschäftsleitung regelmäßig berichtet und durch die interne Revision unterstützt wird,[552] nach dem Gesagten ebenfalls nicht gefolgt werden. Denn inwieweit der Unternehmer sich für eine zentrale oder dezentrale Unternehmensorganisation entscheidet, den Einsatz von Compliance-Beauftragten festlegt, für Mitarbeiterschulungen sorgt und eine Verhaltensrichtlinie festschreibt und vorlebt, bleibt seiner unternehmerischen Entscheidung im Rahmen der Gesetze überlassen. Der Gesetzgeber hat darauf durch §§ 76 Abs. 1, 93 Abs. 1 S. 1 AktG und § 43 Abs. 1 GmbHG keinen Einfluss genommen.

ders., in: Scholz, GmbHG, § 43 Rn. 361; weniger weit reichende Anforderungen stellen die folgenden Autoren *Bürkle*, BB 2005, 565, 570; *ders.*, BB 2007, 1797, 1798 und *Dieners*, in: Dölling, Handbuch der Korruptionsprävention, S. 183, 188 ff., die eine grundsätzliche Pflicht zur Einrichtung einer Compliance-Organisation vorsehen, deren Ausgestaltung aber der Geschäftsleitung überlassen sei; ähnlich *Fleischer*, in: Spindler/Stilz, AktG, § 91 Rn. 43; *ders.*, Handbuch des Vorstandsrechts, § 8 Rn. 43; *ders.*, BB 2008, 1070, 1072 und *Kiethe*, GmbHR 2007, 393, 397, die allerdings nur bei entsprechendem Gefahrpotential für eine Pflicht zur Einrichtung einer Compliance-Organisation plädieren, deren Ausgestaltung wiederum der Geschäftsleitung überlassen sei; *Hüffer*, AktG, § 76 Rn. 8 fordert mitunter den Einsatz von Compliance-Beauftragten.

550 Diese Ansicht vertreten auch die folgenden Autoren *Bergmoser/Theusinger/ Gushurst*, BB 2008, BB-Special Nr. 5 zu Heft 25, 1, 6; *Hauschka*, in: Hauschka, Corporate Compliance, § 1 Rn. 23; *ders.*, ZIP 2004, 877, 878, 882; *Kort*, in: Hopt/Wiedemann, Großkommentar, AktG, § 91 Rn. 65; *Liese*, BB 2008, Spezial 5 zu Heft 25, 17, 22; *Lücke*, in: Lücke, Vorstand der AG, § 3 Rn. 15; *Müller*, in: Semler/Peltzer, Arbeitshandbuch für Vorstandsmitglieder, § 8 Rn. 90; *Ringleb*, in: Ringleb/Kremer/Lutter/v. Werder, DCGK, Rn. 618 (insbesondere Fn. 32); *Sidhu*, ZCG 2008, 13, 14 f.; *Spindler*, in: Goette/Habersack, Münchener Kommentar, AktG, § 91 Rn. 36, § 93 Rn. 29; in diesem Sinne auch *Bürgers/Israel*, in: Bürgers/Körber, HK-AktG, § 91 Rn. 12.

551 Siehe hierzu bereits oben 3. Kapitel § 2 III. 2. d) bb); dies scheinbar grundsätzlich ausschließend *Fleischer*, AG 2003, 291, 299.

552 *Kort*, NZG 2008, 81, 83; *Bürkle*, BB 2007, 1797, 1799, der weiterhin die Existenz von Verhaltensrichtlinien verlangt.

Im Ergebnis gilt deshalb: Eine sektorunabhängige, allgemeingültige Pflicht zur Implementierung und Durchführung eines Compliance-Programms besteht im deutschen Recht de lege lata nicht, sehr wohl aber eine Verantwortung der Geschäftsleitung zur Sicherstellung der Rechtstreue. Die Ausgestaltung der Sicherstellung untersteht einem unternehmerischen Handlungs- und Beurteilungsspielraum.

§ 3 Corporate Compliance in Deutschland: Zusammenfassung und Ausblick

Corporate Compliance ist in Deutschland noch nicht so verbreitet wie in anderen Rechtsordnungen. Es besteht jedoch ein Trend zur Einführung von Compliance-Programmen.[553] Lag die Verbreitung derartiger Programme in deutschen Unternehmen im Jahr 2000 erst bei ca. 37 Prozent, so betrug der Verbreitungsgrad im Jahr 2005 schon 54 Prozent.[554] Die gegenwärtig zu beobachtende Entwicklung ist auf verschiedene Ursachen zurückzuführen. Zu nennen sind mindestens fünf Gründe.

In einer Welt der zusammenwachsenden Kapitalmärkte übertragen US-amerikanische Investoren und Geldgeber US-Standards und Erwartungen auf ausländische Gesellschaften.[555] Hinzu kommt, dass weltweit tätige Unternehmen ein Interesse an einheitlichen Verfahrens- und Verhaltensweisen haben, wobei sie sich an den Erfordernissen der strengsten und umfassendsten Rechtsordnungen orientieren. Dabei kommt dem US-amerikanischen Recht mit seinem exterritorialen Ansatz eine besondere Bedeutung zu.[556] Neben diesen auf die Globalisierung unternehmerischer Tätigkeit zurückzuführenden Anlässen, trieben nationale Entwicklungen den Trend voran. So förderten Aufsehen erregende Schwierigkeiten einzelner Unternehmen mit der Einhaltung von Rechtsvorschriften und das außerordentliche Medienecho hierauf in der jüngsten Vergangenheit die Aufmerksamkeit für Cor-

---

553 *Klindt*, NJW 2006, 3399; *Ringleb*, in: Ringleb/Kremer/Lutter/v. Werder, DCGK, Rn. 622 ff.

554 *Bussmann/Matschke*, wistra 2008, 88, 91, 92.

555 Vgl. *Ringleb*, in: Ringleb/Kremer/Lutter/v. Werder, DCGK, Rn. 622.

556 Vgl. *Bussmann/Matschke*, wistra 2008, 88, 95; *Ringleb*, in: Ringleb/Kremer/Lutter/v. Werder, DCGK, Rn. 623.

porate Compliance.[557] Der Korruptionsskandal der Siemens AG ist aktuell das herausstechendste Beispiel hierfür.

Doch auch die hiesige Rechtslage hat zur Verbreitung beigetragen. Zwar fehlt eine generelle Pflicht, nach der Unternehmen Compliance-Programme initiieren müssen. Jedoch hat vornehmlich im Banken-, Versicherungs- und Wertpapieraufsichtsrecht eine „Verrechtlichung" der Compliance-Anforderungen eingesetzt.[558] Darüber hinaus sind die Haftungsrisiken für Geschäftsleiter[559] angestiegen, und die Risikoausgangslage hat sich verschärft. Erkennbar haben sowohl die Anzahl der Gebote und Verbote als auch die Intensität der Sanktionierung zugenommen.[560] Die wissenschaftliche Auseinandersetzung mit dem Thema Compliance leistet einen zusätzlichen Beitrag.[561] Compliance-Maßnahmen, die zum Ziel haben, einer möglichen Rechtsüberschreitung der Unternehmensangehörigen durch proaktive Maßnahmen vorzubeugen und es nicht bei einer repressiven Verhaltenssteuerung durch interne Sanktionen oder staatliche Strafen bzw. Bußgelder belassen, wiederfahren eine positive Resonanz in der wissenschaftlichen Literatur und werden als „zukunftsweisende Selbstregulierungstechnik"[562] bezeichnet. Vor diesem Hintergrund ist eine weiter ansteigende Verbreitung von Compliance-Programmen in Deutschland zu erwarten.

---

557 Vgl. *Ringleb*, in: Ringleb/Kremer/Lutter/v. Werder, DCGK, Rn. 624; *Spindler*, WM 2008, 905.

558 Vgl. *Kort*, NZG 2008, 81, 82; *Spindler*, WM 2008, 905, 918.

559 Eine schriftliche Befragung von Aufsichtsräten, Vorständen und Geschäftsführern aus dem Jahr 2004 ergab, dass 80 Prozent der Aufsichtsräte, 73 Prozent der Geschäftsführer und mehr als 50 Prozent der Vorstände eine Zunahme der Organhaftungsklagen in der Zukunft erwarteten, *Köhler/Marten/Hülsberg/Bender*, BB 2005, 501, 509.

560 Vgl. dazu oben 1. Kapitel § 2 III.; siehe zudem *Ringleb*, in: Ringleb/Kremer/Lutter/v. Werder, DCGK, Rn. 624.

561 Aus der mittlerweile reichhaltigen Literatur seien an dieser Stelle nur die folgenden Beiträge genannt *Bürkle*, BB 2005, 565; *Fleischer*, AG 2003, 291; *Hauschka*, ZIP 2004, 877; *Schneider*, ZIP 2003, 645.

562 *Klindt*, NJW 2006, 3399.

Es stellt sich die Frage: Ist es wünschenswert, allgemeingültig verpflichtende Grundsätze und Leitlinien vergleichbar den Vorgaben der US-amerikanischen Strafzumessungsrichtlinie[563] zu entwickeln, um de lege ferenda Compliance-Anforderungen rechtlich zu regulieren[564] und die Verbreitung dadurch zu beschleunigen? Hiermit beschäftigt sich das folgende Kapitel.

---

563 Siehe dazu oben 2. Kapitel § 2.

564 Hiervon abratend und für „Best Practice" anstelle von Regulierung plädierend *Hauschka/Greeve*, BB 2007, 165 und 173; *Hauschka*, ZRP 2006, 258 ff.; *ders.*, NJW 2004, 257, 261; dagegen wohl auch *Röh*, BB 2008, 398 und 399; für eine staatlich normierte Selbstregulierung hingegen *Bachmann/Prüfer*, ZRP 2005, 109 ff. und *Scherer*, RIW 2006, 363 ff.; für ein Compliance-Gesetz oder einen Compliance-Kodex *Möllers*, BB 2008, Heft 25, M1; Erwägungen für ein gesetzgeberisches Einschreiten entsprechend der US-amerikanischen Strafzumessungsrichtlinie finden sich bei *Bussmann/Matschke*, wistra 2008, 88, 95; vgl. zu dieser Diskussion auch *Izraeli/Schwartz*, 17 Journal of Business Ethics (1998), 1045 ff.; *Langevoort*, 71 Columbia Business Law Review (2002), 71 ff.

4. Kapitel
Corporate Compliance – eine Möglichkeit zur Verbesserung der Verhaltenssteuerung in Unternehmen

Corporate Compliance beruht auf einer Hypothese. Die mittlerweile in der Wissenschaft angestellten Erwägungen[565], Corporate Compliance aufgrund fehlender allgemeingültiger Anforderungen staatlich zu regulieren, gehen grundsätzlich auf die Annahme zurück, dass ein derartiges Programm oder einzelne Compliance-Maßnahmen eine Sicherstellung bzw. Verbesserung der Einhaltung rechtlicher Vorgaben durch die Unternehmensangehörigen bewirken. Jene These zu überprüfen, ist die Hauptaufgabe der in diesem Kapitel durchgeführten Untersuchung. Führen die präventiven Eigenaktivitäten der Unternehmen in Form von Corporate Compliance zu einer Verbesserung der Einhaltung rechtlicher Anforderungen durch die Unternehmensmitglieder, so ist die These zu bejahen.[566]

Eingebettet wird die Untersuchung in eine Auseinandersetzung mit den Möglichkeiten der „Verrechtlichung" von Corporate Compliance. Eine staatliche Regulierung müsste Wirksamkeitsvoraussetzungen auf zwei unterschiedlichen Ebenen im Blick haben. Während die erste Ebene die Initiierung der Implementierung und Durchführung von Compliance zum Gegenstand hätte, ginge es auf der zweiten Ebene um den Inhalt der Compliance-Programme und deren Wirkung auf die Unternehmensangehörigen. Damit eröffnen sich aus der Sicht des Gesetzgebers zwei Problemfelder: Zunächst muss die weitere Verbreitung von Compliance-Programmen gesetzlich initiiert werden und daran anknüpfend müssen detaillierte Anforderungen an die Ausgestaltung der präventiven Eigenaktivitäten derart vorgegeben werden, dass die Unternehmensangehörigen in der gewünschten Weise beeinflusst werden. Folglich stellt sich die Initiierung der Selbststeuerung als das erste und die Verhaltenssteuerung der Unternehmensangehörigen

---

565 Siehe dazu die im 3. Kapitel § 3 genannte Literatur.

566 Die Frage der Effektivität von Corporate Compliance wurde in der deutschsprachigen Literatur bereits, allerdings ohne eine Antwort zu geben, aufgeworfen, *Eisele*, in: Schimansky/Bunte/Lwowski, Bankrechts-Handbuch, § 109 Rn. 123 f.; *Hauschka/Greeve*, BB 2007, 165; *Lösler*, WM 2007, 676 f.; *Rodewald/Unger*, BB 2007, 1629; *Spindler*, WM 2008, 905, 918; *Stephan/Seidel*, in: Hauschka, Corporate Compliance, § 25 Rn. 21.

durch die staatlich vorgegebenen Selbststeuerungsmechanismen als das zweite Problemfeld dar.

Der Gang der Untersuchung folgt in diesem Kapitel den gerade aufgezeigten Schwierigkeiten: Zunächst werden die Einflussmöglichkeiten des Gesetzgebers betrachtet, um eine weitere Verbreitung von Compliance-Programmen zu bewirken (§ 1). Prämisse für eine gesetzgeberische Intervention bleibt die Wirksamkeit von Corporate Compliance. Die uneingeschränkte Bejahung der eingangs aufgestellten Hypothese erfordert die Feststellung einer Erhöhung der Rechtskonformität auf Seiten der Unternehmensangehörigen, die sich auf Corporate Compliance zurückführen lässt. Dementsprechend werden als Schwerpunkt dieses Kapitels empirische Untersuchungen zur Wirksamkeit von Compliance-Maßnahmen und Programmen ausgewertet (§ 2). Diese ermöglichen die Schlussfolgerung, dass der Erfolg von Compliance in entscheidender Weise von dem betrieblichen Umfeld und damit den unternehmensspezifischen Orientierungs- und Verhaltensmustern abhängt. Diese Erkenntnis wird einer kritischen Würdigung unterzogen und hält der Überprüfung anhand des Forschungsstandes der kriminologischen Sanktionsforschung sowie der betriebswirtschaftlichen Organisationslehre stand (§ 3). Weiterhin führt sie dazu, dass eine staatliche Regulierung zur Verbreitung von Corporate Compliance verfassungswidrig wäre (§ 4).

§ 1 Staatliche Regulierung, Selbststeuerung der Unternehmen und Verhaltenssteuerung der Unternehmensangehörigen

Bevor das zweite Problemfeld und damit die Wirksamkeit von Compliance beleuchtet wird, sollen einige Vorüberlegungen zu gesetzgeberischen Regulierungsmöglichkeiten dargelegt werden. An den im ersten Kapitel[567] genannten Bedingungen der Verhaltenssteuerung, nämlich der Rechtskenntnis und dem (unbewussten) Pflichtgefühl, setzt die Überlegung an, die Steuerung der Unternehmensangehörigen durch den Einsatz von Corporate Compliance zu verbessern. Als Prämisse erfordert dies zwingend eine Verbreitung derartiger Maßnahmen und Prozesse in den Unternehmen. Dem Gesetzgeber stehen aus gesetzestechnischer Sicht verschiedene Möglich-

---

567 Siehe oben 1. Kapitel § 3 II.

keiten zur Verfügung, damit Corporate Compliance in den Unternehmen[568] tatsächlich umgesetzt wird. Ein solches gesetzgeberisches Vorgehen wäre der Rechtspolitik nicht fremd und erlangte in anderem Zusammenhang unter der Bezeichnung Regulierung der Selbstregulierung Bekanntheit.[569]

Staatlich regulierte Selbstregulierung liegt immer dann vor, wenn private Kräfte nicht nur Hilfsaufgaben wahrnehmen, sondern selbst ein Stück kollektiver Ordnung hervorbringen.[570] Das geschieht beispielsweise bei der Selbstkontrolle oder Selbstorganisation. Unternehmen werden zu einem bestimmten Zweck herangezogen und nicht als „Gegner" betrachtet.[571] Vergegenwärtigt man sich die einzelnen Worte des Begriffs, ergibt sich: *Selbstregulierung* erfasst alle Maßnahmen nichtstaatlicher Instanzen, die zur Sicherung der eigenen Verhaltensmaßstäbe der Beteiligten unternommen werden.[572] Sie stellen kollektive Ordnungsmuster dar, die neben eigenen auch öffentliche Interessen verfolgen können, sofern es um kollektive, übergreifende Ordnungen geht.[573] Die *Regulierung* beschreibt die hoheitlich wahrgenommene Tätigkeit des Staates. Sie wird von einem spezifischen, über den Einzelfall hinausgehenden Ordnungszweck bestimmt. Regulierte Selbstregulierung erlangt erst dann Wirksamkeit, wenn Selbstregulierungsanliegen und Regulierungsanliegen aufeinander bezogen sind und sich ergänzen. *Eberhard Schmidt-Aßmann* folgert dementsprechend: „Die Essenz des Begriffs ist der Verbund."[574] Der Staat kann Selbstregulierungsaktivitäten anregen, nutzen, stabilisieren oder gar begrenzen. Der Anstoß eigenregulativer Prozesse privater Normadressaten befreit jedoch nicht von der umfassenden staatlichen Verantwortung.[575] Selbstregulierung entbindet nicht

---

568 Wobei nicht die Unternehmen selbst, sondern die Unternehmensleitung für einen Steuerungserfolg und damit als Initiator der Umsetzung in Betracht kommt, denn Unternehmen erfüllen die ihnen obliegenden Aufgaben in der Regel durch die Ein- bzw. Zwischenschaltung von Leitungspersonen, die für das Unternehmen arbeiten, ohne Inhaber (Rechtsträger) des Unternehmens zu sein.

569 Vgl. *Hoffmann-Riem*, DVBl. 1994, 1381, 1386 f.

570 *Schmidt-Aßmann*, DV 2001, Beiheft 4, 253, 261.

571 Vgl. *Bachmann/Prüfer*, ZRP 2005, 109, 111; *Swenson*, in: Alwart, Verantwortung und Steuerung von Unternehmen in der Marktwirtschaft, S. 36 ff.

572 *Hoeren*, Selbstregulierung im Banken- und Versicherungsrecht, S. 6; *Schmidt-Aßmann*, DV 2001, Beiheft 4, 253, 255.

573 Vgl. *Schmidt-Aßmann*, DV 2001, Beiheft 4, 253, 255; *Schmidt-Preuß*, VVDStRL 56 (1997), 160, 162 f.

574 *Schmidt-Aßmann*, DV 2001, Beiheft 4, 253, 255.

575 *Hoffmann-Riem*, DVBl. 1994, 1381, 1386.

von der Pflicht eines staatlichen Auffangnetzes, welches die durch das Netz der Selbstregulierung gefallenen (Allgemein-)Interessen bewahrt.[576]

Aufgrund von Problemen regulativer Politik und aufgrund der gebotenen Staatsentlastung setzt der Gesetzgeber seit jeher auf private Problemlösungskapazitäten (I. und II.). Dabei ist staatliche initiierte Selbstregulierung nicht unproblematisch und somit kein Allheilmittel (III.). Deren Aktivierung staatlicherseits kann insbesondere vorgeschrieben oder durch den Einsatz von Anreizinstrumenten gefördert werden (IV.).

I. Regulierte Selbstregulierung – ein Phänomen der heutigen Zeit?

Im deutschen Recht ist vom Grundsatz her das mit der regulativen Idee der regulierten Selbstregulierung verfolgte und beschriebene Konzept arbeitsteiliger Gemeinwohlrealisierung seit langem bekannt. Schon mit den Anfängen der industriellen und technischen Entwicklung im 19. Jahrhundert wurde festgestellt, dass die Sicherheit von technischen Anlagen durch behördliche Kontrolle allein nicht zu gewährleisten ist, sondern eine funktionierende Selbstkontrolle der Betriebe und Unternehmen notwendig ist. Die durch die tägliche Beschäftigung mit einer technischen Anlage vorhandenen Fachkenntnisse und das auf der Grundlage von vertrauensvoller Zusammenarbeit gewachsene innerbetriebliche Informationssystem, welches zum frühzeitigen Erkennen von potentiellen Gefahrenquellen befähigt, war und ist jeder von „außen" kommenden (staatlichen) Kontrolle um ein Vielfaches überlegen. Das Preußische Kabinett hatte deshalb bereits in der „Dampfkesselverordnung" aus dem Jahre 1831 die Überwachung auch in Form der autonomen betrieblichen Selbstkontrolle vorgesehen.[577] Es handelt sich bei der regulierten Selbstregulierung deshalb keineswegs um ein gänzlich neues gesetzgeberisches Vorgehen; vielmehr wird es bereits in vielen Bereichen der gegenwärtigen Rechtsordnung eingesetzt.[578]

---

576 Dementsprechend kann diese Alternative der regulativen Politik nicht als völlige Deregulierung bezeichnet werden, so auch *Brandt*, DV 2001, Beiheft 4, 123, 126; *Hoffmann-Riem*, DVBl. 1994, 1381, 1386.

577 Vgl. *Michalke*, NJW 1990, 417; *Steiner*, DVBl. 1987, 1133.

578 Referenzgebiete finden sich bei *Schmidt-Aßmann*, DV 2001, Beiheft 4, 253, 256 ff. Entsprechende Phänomene und Problemlagen wurden zudem seit Anfang der Siebzigerjahre des 20. Jahrhunderts beispielsweise auf einer Staatsrechtslehrertagung verhandelt: „Die Erfüllung von Verwaltungsaufgaben durch Private"; vgl. die Referate von *Ossenbühl*, VVDStRL 29 (1971), 137 ff. und *Gallwas*, VVDStRL 29 (1971), 211 ff.

Formen regulierter Selbstregulierung finden sich beispielsweise im Handels- und Gesellschaftsrecht. Grundsätzlich dominieren hier die private Wirtschaftstätigkeit und das freie Spiel der Kräfte, denen eine zurückgenommene staatliche Rahmenverantwortung (zum Beispiel für den Gläubigerschutz) gegenübersteht. Zur regulierten Selbstregulierung werden Vorgänge der Privaten erst dadurch, dass der Staat auf der Grundlage seiner Rahmenverantwortung die Beachtung bestimmter Regeln oder die Schaffung bestimmter Organisationen gesetzlich verbindlich vorschreibt.[579] Oft sind die Maßnahmen Ausdruck der Eigeninteressen der beteiligten Wirtschaftssubjekte, die das Vertrauen des Geschäftsverkehrs in die Funktionsfähigkeit und Solidarität der beteiligten Wirtschaftssubjekte stärken sollen. Als gutes Beispiel dient die von § 91 Abs. 2 AktG aufgestellte Pflicht zur Einrichtung eines Risikofrüherkennungssystems oder die Jahresabschlussprüfung durch die externe private Kontrollinstanz des Abschlussprüfers gemäß §§ 316 ff. HGB. Auch die Existenz der Bundesanstalt für Finanzdienstleistungsaufsicht erklärt sich so. Staatliche Regulierung in diesem Bereich bezweckt oftmals die Abstützung der Selbstregulierung, indem sie Vertrauen, Transparenz und Stabilität schafft.

1. Regulierte Selbstregulierung und gegenwärtige Corporate Compliance-Anforderungen

Die Untersuchung im dritten Kapitel dieser Arbeit hat ergeben, dass Corporate Compliance als Form der Selbstregulierung staatlicherseits in unterschiedlichem Maße aufgegriffen wurde. Während sektorspezifische Anforderungen einen gewissen Detaillierungsgrad aufweisen, bleiben sektorunabhängige Normen deutlich hinter diesem Standard zurück. Die Aufsichtspflicht der Geschäftsleiter gemäß § 130 i.V.m. § 9 Abs. 1 OWiG und die allgemeine Sorgfaltspflicht der Geschäftsleitung gemäß § 93 Abs. 1 S. 1 AktG und § 43 Abs. 1 GmbHG beschränken sich auf die Pflicht, rechtswidrigem Verhalten von Unternehmensangehörigen im Rahmen von Erforderlichkeit, Geeignetheit und Zumutbarkeit durch präventive Eigenaktivitäten zu begegnen. Es handelt sich bei diesen Vorgaben gewissermaßen um die „Verhaltenssteuerung der Verhaltenssteuerung". Die Unternehmensleiter sollen als unmittelbare Normadressaten derart beeinflusst werden, dass sie dafür Sorge tragen, dass die Unternehmensangehörigen im Rahmen der Rechtsordnung handeln. Der Wortlaut des § 130 Abs. 1 Satz 1 OWiG verdeutlicht dieses Ziel: „erforderlich …, um … zu verhindern". Die Norm dient der Verstärkung des Rechtsgüterschutzes gegenüber betriebsbezogenen Zuwider-

---

579 Vgl. *Schmidt-Aßmann*, DV 2001, Beiheft 4, 253, 257.

handlungen.[580] Die Verstärkung dieses Schutzes liegt dabei gerade in der zeitlichen Vorverlagerung. Die Geschäftsleiter werden dazu angehalten, Zuwiderhandlungen bereits präventiv, also in einem Vorfeld des Rechtsverstoßes zu begegnen.

Nebeneinander unterstehen die Geschäftsleiter mit den genannten Anforderungen der direkten Steuerung des Ordnungswidrigkeitenrechts und der indirekten Steuerung des Sonderprivatrechts.[581] Während die direkte Verhaltenssteuerung den Geschäftsleiter mit Gebots- und Verbotsregelungen konfrontiert, die alternativlos zu beachten sind, belässt die indirekte Verhaltenssteuerung eine Wahlmöglichkeit zwischen dem pflichtgemäßen Verhalten und der Haftung für pflichtwidriges Verhalten.[582]

Neben dem ordnungsrechtlichen Instrument der direkten Verhaltenssteuerung in Form der Androhung der Bebußung für normabweichendes Verhalten wirkt das Haftungsrecht ergänzend. Die Haftung soll Unternehmensleiter dazu veranlassen, schadenvermeidende Maßnahmen zu ergreifen. Im Rahmen des § 93 Abs. 1, 2 AktG und § 43 Abs 1, 2 GmbHG tritt der Staat dem Bürger nicht hoheitlich im Rahmen eines Subordinationsverhältnisses gegenüber. Anders als bei Instrumenten direkter Verhaltenssteuerung ist die Verhaltenserwartung nicht als verbindlicher Befehl formuliert, dessen Missachtung durch den Adressaten rechtswidrig ist. Stattdessen handelt es sich bei den Normen um ein indirektes Mittel der Verhaltenssteuerung. § 93 Abs. 1 Satz 1 AktG und § 43 Abs. 1 GmbHG legen die allgemeine Sorgfaltspflicht fest, die die Geschäftsleiter bei der Geschäftsführung walten lassen müssen. Die Pflicht zur ordnungsgemäßen Unternehmensleitung obliegt den Vorstandsmitgliedern und den Geschäftsführern nur im Verhältnis zur Gesellschaft, nicht aber gegenüber der Allgemeinheit, den Gesellschaftern oder Gläubigern.[583] Der sonderprivatrechtliche Pflichtrahmen ver-

---

580 *König*, in: Göhler, OWiG, § 130 Rn. 3; *Rogall*, in: Senge, Karlsruher Kommentar, OWiG, § 130 Rn. 14.

581 Es ist zu berücksichtigen, dass das öffentliche Recht in jüngerer Zeit zunehmend zur Konfliktschlichtung unter Privaten eingesetzt wird. In diesen Fällen liegt kein klassisches Subordinationsrechtliches Verhältnis vor; das öffentliche Recht ähnelt im Kartellrecht (GWB, EG) und Wettbewerbsrecht (UWG) vielmehr dem Sonderprivatrecht, *Schmidt-Aßmann*, in: Hoffmann-Riem/Schmidt-Aßmann, Öffentliches Recht und Privatrecht als wechselseitige Auffangordnungen, S. 7, 19.

582 Vgl. zur Verhaltenssteuerung im Umweltrecht *Kloepfer*, Umweltrecht, § 5 Rn. 36 ff., 166; *Peters*, Umweltrecht, Rn. 218.

583 Vgl. BGHZ 31, 258, 278; *Mertens*, in: Zöllner, Kölner Kommentar, AktG, § 93 Rn. 169; *Schneider*, FS Werner, S. 795, 799; *ders.*, in: Scholz, GmbHG, § 43 Rn. 288, 300.

folgt drei Regelungsziele: Neben dem Ausgleich für Nachteile, die der Gesellschaft durch ein pflichtwidriges und schuldhaftes Verhalten der Organmitglieder entstanden sind, und dem Schutz des Treuhandvermögens, gewährleisten die Normen einen mittelbaren Schutz für den Rechtsverkehr – selbst ohne eine unmittelbare Außenhaftung.[584] Verletzen die Geschäftsleiter schuldhaft und pflichtwidrig ihre Pflicht aus § 93 Abs. 1 AktG oder § 43 Abs. 1 GmbHG, dann müssen sie der Gesellschaft einen entstandenen Schaden ersetzen. Die gesetzlich festgeschriebene Haftung ist ein Mechanismus der Verhaltenssteuerung der Geschäftsleitung.[585] Die Verhaltenssteuerung der Geschäftsleitung erfolgt dadurch, dass eine drohende zivilrechtliche Haftung auf die Unternehmensführung (repressiv und präventiv) einwirkt.[586]

2. Regulierte Selbstregulierung und das deutsche Umweltrecht

Ein besonders ausgeprägter Bereich regulierter Selbstregulierung findet sich im Umweltrecht, welches somit als Referenzgebiet für dieses Feld dient.[587] Dementsprechend soll die Darstellung eines fragmentarischen Überblicks dieses Rechtsbereichs das Verständnis für Umsetzungsmöglichkeiten der Regulierung von Corporate Compliance schärfen. Zur Sicherstellung der Einhaltung von Umweltbestimmungen finden sich im Umweltrecht obligatorische und freiwillige Einführungen von Einrichtungen oder Verfahren der Selbstregulierung von Unternehmen. Folgende drei Mechanismen sind herauszustellen, die ihrerseits in staatliche Regulierungsinteressen eingebunden sind: Regelungen über die Pflicht zur betrieblichen Eigenüberwachung nach §§ 26 ff. BImSchG bzw. §§ 21 ff. der 13. BImSchV sowie die Regelungen über die obligatorische Einsetzung von relativ unabhängigen Betriebsbeauftragten, deren Aufgabe es ist, die Einhaltung von umwelt-

---

584 *Fleischer*, in: Fleischer, Handbuch des Vorstandsrechts, § 11 Rn. 4; *Hopt*, in: Hopt/Wiedemann, Großkommentar, AktG, § 93 Rn. 13 jeweils m.w.N.

585 Kritisch zu der verhaltenssteuernden Wirkung der Haftung und Vorschläge zu anderen präventiven Kontrollmechanismen *Hopt*, in: Hopt/Wiedemann, Großkommentar, AktG, § 93 Rn. 15; *ders.*, FS Mestmäcker, S. 909, 914.

586 Es handelt sich entsprechend um eine indirekte Steuerung. Das Privatrecht legt nur eine Rahmenordnung fest. Diese ist die prägende Steuerungsform des Privatrechts, vgl. *Schmidt-Aßmann*, in: Hoffmann-Riem/Schmidt-Aßmann, Öffentliches Recht und Privatrecht als wechselseitige Auffangordnungen, S. 7, 16 ff., 22.

587 *Hoffmann-Riem*, ZAU 1992, 348 ff; *ders.*, in: Hoffmann-Riem/Schmidt-Aßmann/Schuppert, Reform des Allgemeinen Verwaltungsrechts, S. 115, 118 ff.; *Ramsauer*, in: Koch, Umweltrecht, § 3 Rn. 50.

rechtlichen Regelungen zu überwachen. Systematisch gehören hierzu gleichfalls Regelungen über eine freiwillige oder obligatorische Zertifizierung wie zum Beispiel das Umweltaudit. Die beiden zuletzt genannten Bereiche werden nun genauer dargestellt, um möglicherweise Anhaltspunkte für die Verrechtlichung von Compliance zu erhalten.

a)   Pflicht zur Bestellung von Betriebsbeauftragten

Im Jahr 1976 führte das Bundesimmissionsschutzgesetz mit den §§ 53 ff. die Pflicht zur Bestellung von Immissionsbeauftragten ein.[588] Ziel dieser Pflicht ist die Schaffung eines Kontroll- und Überwachungsorgans innerhalb eines privaten Unternehmens. Dieses ist im Unternehmen für bestimmte Belange verantwortlich und gewährleistet ein Mindestmaß an Eigenkontrolle des Unternehmens. Ein Beauftragter berichtet der Unternehmensleitung über bestimmte Probleme bei der Einhaltung umweltrechtlicher Standards, so dass umweltrechtliche Belange in die Entscheidungsfindung der Geschäftsleitung Eingang finden. Damit wird sichergestellt, dass sich die Unternehmensleitung nicht ohne weiteres auf Unkenntnis berufen kann. Neben dieser Berichtsfunktion nimmt der Beauftragte üblicherweise folgende vier Funktionen wahr, nämlich eine Beratungsfunktion, ein Initiativfunktion, eine Kontrollfunktion sowie eine Aufklärungs- bzw. Warnfunktion.[589]
Der Betriebsbeauftragte handelt nicht öffentlichrechtlich, er ist insbesondere kein Beliehener, sondern wird aufgrund eines privatrechtlichen Vertrages tätig.[590] Zumeist wird es sich um einen Angestellten des Unternehmens handeln; dieser genießt besondere Schutzbestimmungen, wie etwa den Schutz vor Benachteiligung und vor Kündigung gemäß § 58 BImSchG. Der Betriebsbeauftragte ist zwar nicht weisungsunabhängig, seine Position innerhalb des Unternehmens ist aber mit bestimmten unmittelbar aus dem

---

588   Weitere Normen sehen eine Pflichten zur Einführung von Betriebsbeauftragen vor; als Beispiele lassen sich anführen der Störfallbeauftragte nach § 58a BImSchG, der Beauftragte für den Abfall nach § 54 KrW/AbfG, der Gewässerschutzbeauftragte nach § 21a WHG und der Strahlenschutzbeauftragte nach § 21 StrSchV.

589   Dazu eingehend *Sparwasser/Engel/Vosskuhle*, Umweltrecht, § 10 Rn. 446 ff. Trotz dieser Kongruenz der Aufgaben eines Compliance-Beauftragten und eines Betriebsbeauftragten ist der Compliance-Beauftragte (auch im Sinne von § 12 Abs. 4 S. 1 WpDVerOV) (noch) kein Betriebsbeauftragter, da es insbesondere an einem Bestellungszwang und einer gesetzlichen Zuweisung von Pflichtaufgaben und Kompetenzen fehlt, *Lösler*, WM 2008, 1098, 1100; a.A. für den Compliance-Beauftragten im Sinne des § 12 Abs. 4 S. 1 WpD-VerOV *Veil*, WM 2008, 1093, 1097; vgl. dazu *Spindler*, WM 2008, 905, 910.

590   *Jarass*, BImSchG, § 53 Rn. 3 m.w.N.

Gesetz folgenden Rechten[591] ausgestattet, die sicherstellen, dass seine Stellungnahmen in Bezug auf seinen Aufgabenkreis bei der Geschäftsleitung Gehör finden. Die Frage, ob eine reflexive Binnensteuerung durch organisatorische Interventionen und deren Ausbau anstelle der konventionellen Außensteuerung von Unternehmen im Bereich des Umweltschutzes sinnvoll ist, kann keineswegs als unstreitig bezeichnet werden. Die Institution des Betriebsbeauftragten gilt jedoch grundsätzlich als bewährt.[592]

b) Zertifizierung und Umweltauditverfahren

Während Betriebsbeauftragte eine betriebsinterne Institutionalisierung der Selbstprüfung darstellen, handelt es sich bei dem Umweltauditverfahren, um ein Zertifizierungskonzept unter Einbeziehung betriebsexterner Einrichtungen. Zertifizierungssysteme sind Instrumente zur externen Kontrolle, die vom kontrollierten Unternehmen freiwillig oder obligatorisch angestoßen werden. Das Ergebnis des Verfahrens ist ein Zertifikat, welches eine bestimmte Qualität bzw. die Einhaltung bestimmter Standards bescheinigt. Dieses Zertifikat vermittelt dem Unternehmen gewisse Vorteile: Einerseits kann es auf dem Markt als Werbeträger eingesetzt werden, denn es signalisiert einen bestimmten Qualitätsstandard. Anderseits kann es eine öffentlich-rechtliche Kontrolle entbehrlich oder weniger wahrscheinlich werden lassen.[593]

Das 1995 eingeführte Umweltauditverfahren wurde durch die EG-Verordnung „über die freiwillige Beteiligung gewerblicher Unternehmen an einem Gemeinschaftssystem für das Umweltmanagement und die Umweltbetriebsprüfung" (EMAS-I) initiiert.[594] Der Anwendungsbereich wurde durch die novellierte Fassung der Verordnung wesentlich erweitert.[595] Zur innerstaatlichen Umsetzung hat Deutschland das Umweltauditgesetz (UAG) und weitere ausführende Rechtsverordnungen erlassen, die sich vor allem mit dem Anwendungsbereich, der Beleihung der Zulassungsstelle, dem Verfahren der Zulassung von Umweltgutachtern sowie Gebühren- und Kosten-

---

591 Vgl. §§ 54 ff. BImSchG.

592 *Rehbinder*, ZHR 165 (2001), 1, 27; *ders.*, ZGR 1989, 305, 350, 367 f.; *Theißen*, Betriebliche Umweltschutzbeauftragte, passim.

593 *Ramsauer*, in: Koch, Umweltrecht, § 3 Rn. 91 f. Zur Zertifizierung und Akkreditierung *Pünder* ZHR 170 (2006), 567 ff., der sich für ein Akkreditierungsgesetz ausspricht, um die Qualität der Prüfung zu standardisieren und wertzuschätzen.

594 VO 1836/93/EWG v. 29.6.1993. Das Gesamtkonzept firmiert unter der Abkürzung EMAS (Environmental Management and Audit Scheme).

595 VO 761/01/EG v. 19.3.2001 (EMAS-II).

fragen befassen.[596] Ziele des Umweltauditverfahrens sind die freiwillige Verbesserung von Umweltleistungen durch die Schaffung und Anwendung von Umweltmanagementsystemen und die Überprüfung dieser Systeme durch einen unabhängigen, staatlich akkreditierten Gutachter.[597]

Das Verfahren der Auditierung besteht in der Durchführung von regelmäßigen Kontrollen durch akkreditierte Umweltgutachter auf der Grundlage der vom Unternehmen selbst bereitgestellten Unterlagen (Umweltbetriebsprüfung). Dabei soll auch kontrolliert werden, inwieweit das Unternehmen seine selbst vorgegebenen Ziele im Bereich der betrieblichen Umweltpolitik erreicht hat und das zu diesem Zweck aufgestellte Umweltprogramm, insbesondere die Einführung eines Umweltmanagements, erfüllt hat. Zu einem derartigen Umweltmanagement gehören die Organisationsstruktur, die Planungen, die Verfahren und die Kontrollen des Programms zur Erreichung der vorgegebenen Umweltziele. Das gesamte System ist also nicht auf die Feststellung der Einhaltung bestimmter Pflichten ausgelegt, sondern zielt auf eine dynamische Verbesserung der umweltrechtlich relevanten Parameter ab. Marktbewusstes betriebliches Verhalten soll mit einem umweltgerechten Verhalten durch ein intelligentes, dynamisches Managementsystem vereinbart werden. Dies scheint in der Praxis zu funktionieren: Die Erfahrungen mit dem seit 1995 durchgeführten Umweltschutzaudit in Deutschland sind überwiegend positiv.[598] Eine Auswertung der vom Bundesland Hessen geförderten Projekte hat dem Umweltaudit eine sehr positve Wirkung bescheinigt.[599] Die Studie bestätigte spürbare Verbesserungen des Umweltmanagements der beteiligten Unternehmen.

II. Gründe für eine Selbstregulierung

Welche Gründe sprechen allgemein betrachtet für eine „planmäßige und gesetzesgeleitete eigenverantwortliche Beteiligung gesellschaftlicher Kräfte

---

596 Die Verordnungen finden sich abgedruckt bei *Landmann/Rohmer*, Umweltrecht, Band 4.

597 Zu weiteren Zielen siehe *Sparwasser/Engel/Voßkuhle*, Umweltrecht, § 4 Rn. 55.

598 Bundesregierung, Bericht über die Erfahrungen mit dem Vollzug des Umweltauditgesetzes (UAG), BT-Drucks. 13/11127; *Bültmann/Wätzold*, ZAU 2000, 155 ff.; *Rehbinder/Heuvels*, DVBl. 1998, 1245, 1252. Relativierend der Rat von Sachverständigen für Umweltfragen, Umweltgutachten, Tz. 106 ff., unter Hinweis auf die unsichere Faktenlage im Hinblick auf die Einhaltung geltender Umweltvorschriften.

599 *Rehbinder/Heuvels*, DVBl. 1998, 1245, 1252 ff.

bei der Erfüllung öffentlicher Aufgaben"[600]? Mindestens fünf Bereiche lassen sich anführen, in denen durch den Einsatz staatlich regulierter Selbstregulierung Verbesserungen erreicht werden können.[601] Die größte Hoffnung dieses Instruments liegt auf der effektiveren Bewältigung öffentlicher Aufgaben durch die Mobilisierung der endogenen Potentiale der Gesellschaft, ihrer Anpassungs-, Reaktions- und Problemlösungskapazitäten. Weiterhin kann der Staat entlastet werden. Im Vordergrund wird dabei die Einsparung von Geld für Personal und Sachmittel stehen, die sich mitunter durch eine Verringerung der Aufwendungen für den administrativen Apparat erzielen lässt. Hinzukommt, dass aus staatlicher Sicht der wünschenswerte Nebeneffekt des Auf- und Ausbaus eines privaten Dienstleistungssektors und damit der Schaffung neuer qualifizierter Arbeitsplätze einhergeht.[602] Die folgenden zwei Gründe, die grundsätzlich für die Einführung von Mechanismen staatlich regulierter Selbstregulierung sprechen, liegen in der subjektiven Wahrnehmung der Allgemeinheit sowie bestimmter Normadressaten: Reflexive Steuerungsmechanismen bergen das Potential der Entlastung politischer Entscheidungsträger vom aktuellen Handlungsdruck. Verantwortung für Fehlverhalten bei der Umsetzung bestimmter Gemeinwohlvorhaben können zu einem Teil dem Bürger und der Wirtschaft zugewiesen werden. Zuletzt verspricht die Einbeziehung Privater in die staatliche Aufgabenbewältigung einen Zuwachs an demokratischer Legitimität und die gesteigerte Akzeptanz bestimmter Entscheidungen.

Die staatlich regulierte Selbststeuerung beschränkt sich auf die Initiierung, Anleitung und Absicherung der eigenverantwortlichen Erfüllung öffentlicher Aufgaben durch Private im Sinne einer „normativen Umhe-

---

600 *Voßkuhle*, in: Schuppert, Jenseits von Privatisierung und „schlankem" Staat, S. 47, 49.

601 Vgl. zu diesen mit umfangreichen Verweisen *Voßkuhle*, in: Schuppert, Jenseits von Privatisierung und „schlankem" Staat, S. 47, 49; siehe auch *FitzSimon/McGreal*, 60 Business Lawyer (2005), 1759, 1765 f.; *Pünder*, ZHR 170 (2006), 567, 568.

602 Die Entstehung eines völlig neuen Dienstleistungssektors Corporate Compliance in den USA beobachten *Bowman*, 39 Wake Forest Law Review (2004), 671, 679 f.; *Kjonstad/Willmott*, 14 Journal of Business Ethics (1995), 445; *Krawiec*, 32 Florida State University Law Review (2005), 571, 574 f.; *McKendall/DeMarr/*Jones.Rikkers, 37 Journal of Business Ethics (2002), 367, 372; *Murphy*, 87 Iowa Law Review (2002), 697, 710 f.; *Rostain*, 75 Fordham Law Review (2006), 1397 ff. m.w.N.; zur Entwicklung in Deutschland siehe *Hauschka*, Corporate Compliance, § 1 Rn. 17; *Rodewald/Unger*, BB 2007, 1629.

gung".[603] An die Position der vollen staatlichen Erfüllungsverantwortung treten damit die staatliche Regulierungs-, Überwachungs-, Beobachtungs- und Auffangverantwortung.[604] Bei dem Konzept der staatlich regulierten Selbstregulierung handelt es sich damit weder um ein einseitig eigennutzorientiertes ökonomisches Modell noch um eine typische Auslagerung öffentlicher Aufgaben durch klassische Privatisierung, sondern um eine „Vergesellschaftung des Rechts" durch eine Kombination aus wohlfahrtstaatlichen Interventionsvorstellungen mit liberalistischen Selbstregulierungsansätzen.[605]

III. Probleme der regulierten Selbstregulierung

Die Bezeichnung regulierte Selbstregulierung bringt die damit einhergehende Problematik bereits zum Ausdruck: Um eine uneinheitliche Entwicklung zu vermeiden, ist eine ausdifferenzierte Regelungsstruktur gefordert. Diese darf einerseits nicht beherrschend durch detaillierte staatliche Strukturvorgaben wirken, andererseits muss sie klare Botschaften enthalten, welche die Möglichkeiten der Selbstregulierung aufzeigt.[606] Die Beweggründe, die es für den Staat attraktiv erscheinen lassen, von hoheitlich-imperativen Steuerungsansätzen Abstand zu nehmen und an deren Stelle selbstregulative Instrumente treten zu lassen, werfen neue Hindernisse auf. Im Vordergrund wird das Problem der administrativen Praktikabilität stehen.[607] Zu bedenken

603 *Sparwasser/Engel/Voßkuhle*, Umweltrecht, § 2 Rn. 170.

604 Grundlegend zu den Verantwortungstypen *Schmidt-Aßmann*, in: Hoffmann-Riem/Schmidt-Aßmann/Schuppert, Reform des Allgemeinen Verwaltungsrechts, S. 11, 43 f. Speziell zum Umweltrecht *Hoffmann-Riem*, in: Hoffmann-Riem/Schneider, Verfahrensprivatisierung im Umweltrecht, S. 9, 22 ff.; *Sparwasser/Engel/Voßkuhle*, Umweltrecht, § 2 Rn. 170.

605 *Voßkuhle*, in: Schuppert, Jenseits von Privatisierung und „schlankem" Staat, S. 47, 51; *Weinreich*, Recht als Medium gesellschaftlicher Selbststeuerung, S. 164.

606 Ausführlich dazu *Hoffmann-Riem*, in: Hoffmann-Riem/Schmidt-Aßmann, Öffentliches Recht und Privatrecht als wechselseitige Auffangordnungen, S. 261, 300 f.

607 Insbesondere aus verwaltungswissenschaftlicher Perspektive kommt diesem Aspekt erhebliches Gewicht zu, dass es gerechtfertigt erscheint, dieses gesondert und nicht etwa als Bestandteil etwa von Effizienzüberlegungen abzuhandeln. Detailliert dazu *Röckseisen*, in: Kotulla/Ristau/Smeddinck, Umweltrecht und Umweltpolitik, S. 171, 176.

sind auch verfassungsrechtliche Probleme.[608] Wenn der Staat seine Auffangverantwortung ernst nehmen will, muss er ein differenziertes und ausgeklügeltes Sanktionsinstrumentarium bereitstellen, das den hohen materiellen und formellen Standards des Rechtsstaats genügt.[609] Zuletzt ist die Effektivität und Effizienz der Selbstregulierung an sich kritisch zu hinterfragen.[610]

IV. Gesetzestechnische Umsetzung einer regulierten Selbstregulierung zur Verbreitung und Durchsetzung von Corporate Compliance

Die Verbesserung der Verhaltenssteuerung der Unternehmensangehörigen soll durch Corporate Compliance erzielt werden. Dieser Bereich stellt die Selbstregulierung dar. Bevor die Ausgestaltung der Selbstregulierung genauer zu erwägen ist, muss die Regulierung an sich und damit die Verbreitung von Compliance-Systemen in Deutschland erörtert werden. Die Regulierung erfordert die Betrachtung der Möglichkeiten, die sich dem Gesetzgeber bieten, um die Implementierung und Durchführung von Corporate Compliance sicherzustellen. Für *Immanuel Kant* war eine derartige Ausgestaltung einfach: Bei der „juridischen Gesetzgebung" geht es immer darum, Handlungen zur Pflicht zu machen, dabei müssen schmerzliche Sanktionen eingesetzt werden, „weil es eine Gesetzgebung, welche nötigend, nicht eine Anlockung, die einladend ist, sein soll"[611]. Mittlerweile sind die Handlungsmöglichkeiten des Gesetzgebers nicht mehr so eindeutig. Der Gesetzgeber ist nicht darauf beschränkt, die von ihm als notwendig oder wünschenswert erachteten Verhaltensweisen derart herbeizuführen, dass sie zur Pflicht deklariert werden. Lenkung kann, statt durch Zwang, gleichfalls durch attraktivitätssteigernde Veränderungen von Rahmenbedingungen oder anderen Formen des Anreizes erzielt werden. Demzufolge sind die ersten beiden Mittel wirksamer Verhaltenssteuerung genannt, nämlich die Erteilung von Befehlen und die Gewährung von Anreizen. Als dritte Möglichkeit verbleibt die Information.[612] Bei der Wahl des adäquaten Mittels entsteht ein

---

608 Dazu BVerfGE 53, 30, 62 ff.; *Brandt*, DV 2001, Beiheft 4, 123, 131; siehe dazu auch die Ausführungen unten im 4. Kapitel § 4 II.

609 Vertiefend dazu *Dempfle*, Normvertretende Absprachen, passim; *Kloepfer*, in: König/Dose, Instrumente und Formen staatlichen Handelns, 1993, S. 329 ff.

610 Siehe zur Effektivität von Corporate Compliance 4. Kapitel § 2 II., III.

611 *Kant*, Die Metaphysik der Sitten, S. 203, 219.

612 *Koch*, JZ 1999, 922; *Rehbinder*, Rechtssoziologie, Rn. 100; *von Hippel*, Rechtspolitik, S. 77 m.w.N. „Nicht nur Strafen und Verbote, sondern auch Vergünstigungen und die Einräumung rechtlich geschützter Freiheiten können

Konflikt zwischen der Erreichung größtmöglicher Konformität und der Gewährung größtmöglicher Handlungsspielräume. Staatliche Verhaltenssteuerung bewegt sich in dem Spannungsfeld zwischen vom Recht zu regelnden Sozialabläufen und der Zurückhaltung zugunsten eines freien Spielraums der gesellschaftlichen Kräfte, also der Regelung durch die anderen Ordnungsmechanismen wie Sitte, Anstand usw.[613]

Ein gesetzliches Einschreiten zur Verbreitung und Durchsetzung von Corporate Compliance kommt dementsprechend grundsätzlich in zwei Formen in Betracht: Einerseits könnte der Gesetzgeber auf sein klassisches Instrument, die direkte Verhaltenssteuerung in der Form des zwingenden Gebots, und damit auf eine gesetzlich vorgeschriebene Compliance-Organisation zurückgreifen. Andererseits wäre die Ausgestaltung in Form Anreiz bietender Normen möglicherweise effektiver (a). Es muss sich jeweils, dies ist entscheidend, um eine Norm handeln, die über ihren eigentlichen Pflichtengehalt hinaus eine Verbesserung der Einhaltung rechtlicher Vorgaben im Unternehmen bewirkt (b). Die staatliche Regulierung diente gewissermaßen nur als Anlass für Verbesserungen, ohne diese als solche zwingend vorschreiben zu können.

1. Gesetzgeberische Möglichkeiten zur Implementierung
   und Durchführung von Corporate Compliance

An dieser Stelle sollen grundsätzliche Überlegungen zu einer gesetzlichen Regulierung von Compliance skizziert werden.[614] Um die Implementierung von Compliance-Programmen zu veranlassen, bietet sich die Schaffung einer unternehmensorganisatorischen Pflicht unter Androhung von Sanktionen als eine Alternative an. Die sektorspezifischen Vorgaben des Banken-, Versicherungen- und Wertpapieraufsichtsrecht ebenso wie Anforderungen

dazu genutzt werden, das Gruppenleben in positiver Weise zu beeinflussen, indem sie eine Tätigkeit hervorrufen, die im Interesse des Einzelnen und der Gruppe liegt. Gruppenintegration kann also nicht nur (repressiv) durch negative Sanktionen, sondern sie kann auch durch positive Sanktionen (z. B. Subventionen, Prämien, Steuerermäßigungen, Gewährungen von Immaterialgütern) bewirkt werden. Derartige Rechtsnormen gestalten, anstatt zu kontrollieren. Nicht die Einhaltung des Althergebrachten, sondern der Anreiz zu schöpferischer Initiative ist ihr Ziel", *Rehbinder*, Rechtssoziologie, Rn. 108.

613 Vgl. *Llewellyn*, 49 The Yale Law Journal (1940), 1355, 1381 f.; *Rehbinder*, Rechtssoziologie, Rn. 100.

614 Instruktiv dazu sind die Vorschläge *Gregor Bachmanns* und *Geralf Prüfers*, die darauf abzielen, die Korruptionsprävention durch gesetzgeberische Maßnahmen zu verbessern, *Bachmann/Prüfer*, ZRP 2005, 109, 112 f.; vgl. auch *Nell*, ZRP 2008, 149 ff.

des Umweltrechts liefern hierfür Vorbilder. Mit dem Ziel die Effektivität des gesetzlich vorgesehnen Compliance-Programmes zu erhöhen, kann dessen Ausgestaltung im Detail ausdifferenziert und standardisiert werden. Eine Feinsteuerung – vergleichbar der Compliance-Anforderungen der US-amerikanischen Strafzumessungsrichtlinie –, die den Pflichtengehalt mit konkreten Maßnahmen umschreibt, wäre eine Möglichkeit, dieses Vorhaben zu fördern.

Eine gesetzliche Einführungspflicht birgt sicherlich eine nicht unerhebliche Schwierigkeit im Nachhinein – für den Fall einer behördlichen oder gerichtlichen Überprüfung – mit der nötigen Sicherheit festzustellen, ob ein Unternehmen Compliance nachhaltig oder bloß „augenscheinlich" verfolgte. Es besteht das Problem, dass auch unerwünschte Compliance-Programme erkannt werden müssen, die nur auf dem Papier existieren, ohne Compliance im Unternehmensalltag tatsächlich zu fordern und zu fördern. Dieses Phänomen umschreibt eine Vielzahl US-amerikanischer Autoren mit dem oben bereits genannten Schlagwort „window-dressing" (deutsch: Schau oder Dekoration).[615] Darüber hinaus erfordert ein gesetzlich vorgeschriebenes Compliance-Programm notwendigerweise einen bürokratischen Aufwand. Es ist anerkannt, dass eine derartige Bürokratie die Gefahr birgt, wiederum Widerstände, Gleichgültigkeit oder Umgehungsstrategien auf Seiten der Unternehmensangehörigen auszulösen.[616]

Anstelle einer Verhaltenspflicht ist eine stimulierende gesetzgeberische Tätigkeit in Betracht zu ziehen, die über Anreizsysteme verhaltensbeeinflussend wirken soll und dabei möglicherweise effektiver als erzwungene Maßnahmen ist.[617] Dabei handelt es sich um ein Mittel der indirekten Verhaltenssteuerung, indem sich die gesetzliche Formulierung auf eine Verhaltenserwartung stützt und diese mit positiven und/oder negativen Anreizen koppelt, ohne jedoch eine eigenständige Verhaltenspflicht zu normieren. Konkret lassen sich Vermeidungsanreize und marktorientierte Anreize unterscheiden.

---

615 Siehe hierzu die umfangreichen Nachweise oben im 2. Kapitel § 4 und unten die Zusammenfassung der wesentlichen Ergebnisse dieser Arbeit.

616 Siehe dazu *Mertens*, AG 1982, 29; *Samson/Langrock*, DB 2007, 1684, 1687; *Spindler*, Unternehmensorganisationspflichten, S. 548, 598; *Wessing*, SAM 207, 175, 179 f. Beispielhaft zur Korruptionsprävention *Bachmann/Prüfer*, ZRP 2005, 109, 112; *Bannenberg*, Korruption in Deutschland und ihre strafrechtliche Kontrolle, S. 461 f.

617 Vgl. *Hoffmann-Riem*, DVBl. 1994, 1381, 1388 f.; *Suchanek*, Ökonomische Ethik, S. 108 f.

Vermeidungsanreize nutzen das ökonomische Motiv der Ausgabenvermeidung, das verhaltenslenkend wirken soll.[618] Zur Verwirklichung dieses Ansatzes könnte das Ordnungswidrigkeitenrecht weiterentwickelt werden. Eine Modifizierung der Verbandsgeldbuße gemäß § 30 OWiG könnte zum einen die Abschreckungswirkung durch eine Erhöhung der Bußgeldhöchstgrenzen steigern und dies zum anderen mit der Gewährung von „Strafrabatten"[619] für wirksame Corporate Compliance-Systeme kombinieren.[620] Das Inaussichtstellen der Strafrabatte würde indirekt zu einer aktiven, kooperativen und präventiven Eigenaktivität der Unternehmen motivieren. Zur Orientierung könnten die Sanktion-Anreiz-Mechanismen („carrot-and-stick") des europäischen und deutschen Kartellrechts[621] und die Compliance-Anforderungen der US-amerikanischen Strafzumessungsrichtlinie[622] herangezogen werden.

Eine weitere Möglichkeit des Gesetzgebers ist die Berücksichtigung marktorientierter Anreize, welche die Reize profitorientierter Austauschprozesse ausnutzen. Ein marktwirtschaftliches Instrument setzt dabei wirtschaftliche Anreize für ein beabsichtigtes Verhalten. Stellvertretend für die-

---

618 *Hoffmann-Riem*, DVBl. 1994, 1381, 1389 m.w.N.

619 „Strafrabatte" würden eine nicht unbedenkliche Einschränkung der dem Richter nach geltendem Recht zur Verfügung stehenden Straf- bzw. Bußgeldbemessung darstellen; vgl. dazu *Meier*, JuS 2005, 879, 880.

620 Vgl. den detaillierten Vorschlag zur Stärkung der Korruptionsprävention und Einzelheiten einer möglichen Ausgestaltung bei *Bachmann/Prüfer*, ZRP 2005, 109, 112 f.; vgl. auch *Nell*, ZRP 2008, 149 ff.

621 Die europäische Kommission hat in entsprechenden Mitteilungen von 1996, 2002 und 2006 eine Bußgeldminderung oder -befreiung als Gegenleistung für die Kooperation von Unternehmen bei der Aufdeckung von Kartellen in Aussicht gestellt (Mitteilung über die Nichtfestsetzung oder die niedrigere Festsetzung von Geldbußen in Kartellsachen, ABl. 1996 C 207/4; Mitteilung über die Nichtfestsetzung oder die niedrigere Festsetzung von Geldbußen in Kartellsachen; ABl. 2002 C 45/3; Neufassung der Mitteilung der Kommission von 2002 über den Erlass und die Ermäßigung von Geldbußen in Kartellsachen, ABl. 2006 C 298/11). Eine inhaltlich ähnliche Kronzeugenregelung bezogen auf Verstöße gemäß § 1 i.V.m. § 81 Abs. 1 Nr. 1 GWB hat das deutsche Bundeskartellamt im Jahr 2000 bekannt gemacht, eine Neubekanntmachung erfolgte 2006 (Bekanntmachung Nr. 68/2000 über die Richtlinien des Bundeskartellamtes für die Festsetzung von Geldbußen – Bonusregelung – vom 17.4.2000; Bekanntmachung Nr. 9/2006 über den Erlass und die Reduktion von Geldbußen in Kartellsachen – Bonusregelung – vom 7.3.2006). Siehe dazu nur *Albrecht*, WRP 2007, 417 ff.; *Engelsing*, ZWeR 2006, 179 ff.; *Voet van Vormizeele*, wistra 2006, 292 ff.

622 Siehe dazu bereits die Darstellung oben, 2. Kapitel § 2.

sen Typ ist der Handel mit Emissionszertifikaten zu nennen,[623] aber auch die akkreditierte Zertifizierung im Umweltauditverfahren bietet einen ökonomischen Anreiz ein Umweltmanagementsystem einzurichten[624], indem zertifizierte Unternehmen mit dem EMAS-Logo nach außen werbend auftreten können. Eine gesetzestechnische Ausgestaltung eines Zertifizierungsverfahrens durch staatlich akkreditierte Prüfer für Corporate Compliance stellt eine denkbare Alternative zur Steigerung der Verbreitung derartiger Systeme dar. Gegenüber einer zwingenden rechtlichen Implementierungspflicht bergen Regelungen, die sich allein auf ökonomische Anreize stützen den Vorteil, dass die rechtliche Eingriffsintensität unter Beachtung des Übermaßverbots als geringer einzustufen ist.

2. Staatliches Einschreiten erfordert Erkenntnisse zur Effektivität von Corporate Compliance

Als nächster Schritt auf dem Weg zur Rechtsetzung wäre eine Entscheidung, welchem der skizzierten Ausgestaltungsansätze gefolgt werden soll, notwendig. Dies erfordert eine systematische Abwägung der jeweiligen Vor- und Nachteile. Entscheidend kommt es darauf an, wie und wo Anlockung, Zwang und die Aktivierung anderweitig schon vorhandener Anlockungs- und Zwangspotentiale am effizientesten eingesetzt werden können. Um an dieser Stelle pauschale Einschätzungen zu vermeiden und zugleich eine Prüfung noch handhabbar gestalten zu können, bietet es sich an, erprobte Kriterien zur Rechtsetzung zu Grunde zu legen – diese lauten: Effektivität, Effizienz, politische Durchsetzbarkeit, administrative Praktikabilität sowie Rechtskonformität.[625] Als Ausgangspunkt wird zu allererst immer die Effektivität zu ermitteln sein.[626]

Geht man von der Prämisse aus, dass die Regulierung der Selbstregulierung, also eine Verrechtlichung von Corporate Compliance, nur dann erfolgt, wenn Compliance-Maßnahmen tatsächlich zu einer verbesserten Ein-

---

623 Vgl. dazu *Frenz*, WuW 2006, 737.

624 Vgl. hierzu *Brandt*, DV 2001, Beiheft 4, 123, 133, der sich auch mit den im Rahmen von Zertifizierung entstehenden Problemen befasst; vgl. zudem *Voßkuhle*, in: Schuppert, Jenseits von Privatisierung und „schlankem" Staat, S. 47, 80 f., der zugleich auf die damit einhergehenden Schwierigkeiten eingeht.

625 Grundlagen für die Instrumentendiskussion werden ausführlich erörtert bei *Brandt/Röckeisen*, Konzeption für ein Stoffstromrecht, S. 93 ff.; *Brandt*, DV 2001, Beiheft 4, 123, 131 ff.

626 *Brandt*, DV 2001, Beiheft 4, 123, 132; *Hartkopf/Bohne*, Umweltpolitik, S. 237; *Uebersohn*, Effektive Umweltpolitik, S. 3 f.

haltung rechtlicher Vorgaben seitens der Unternehmensangehörigen führen, dann darf nicht die Verbreitung von Compliance im Vordergrund stehen, sondern es muss deren Einfluss auf die Unternehmensangehörigen entscheidend berücksichtigt werden. Die Effektivität präventiver Eigenaktivitäten ist ausschlaggebend für eine Verrechtlichung. Anders ausgedrückt bedeutet dies: Die Regulierung ist nur dann zweckmäßig, wenn sich auch die Selbstregulierung als wirksam erweist.

Der Sinn und Zweck der staatlichen Initiierung von Compliance-Bestrebungen besteht im Ergebnis darin, eine Förderung der Einhaltung rechtlicher Vorgaben von außen in die Unternehmen hineinzutragen. Eine ausführliche Erörterung gesetzlicher Ausgestaltungsmöglichkeiten sei deshalb so lange zurückgestellt, bis der Wirksamkeit von Corporate Compliance im Allgemeinen nachgegangen wurde. Die zentrale Frage für die weitere Untersuchung lautet dementsprechend: Führt Corporate Compliance zu einer Verbesserung der Einhaltung rechtlicher Vorgaben in Unternehmen? Die weiteren Ausführungen dieses Kapitels nähern sich einer Beantwortung dieser Frage; ein Rückgriff auf andere Wissenschaftsdisziplinen ist hierfür unerlässlich. Eine Untersuchung empirischer Studien erhellt im nächsten Abschnitt die Effektivität von Corporate Compliance.

§ 2 Wirksamkeit von Corporate Compliance

Eine Verrechtlichung von Corporate Compliance bedeutet eine Einschränkung der Organisationsautonomie und bedarf deshalb einer wohl überlegten Rechtfertigung.[627] Um das bisher allgemein angenommene „Funktionieren" von Compliance-Bemühungen zu verifizieren oder zu widerlegen, ist die Effektivität der präventiven Eigenaktivitäten genauer zu betrachten. Eine vorweg unternommene Plausibilitätsprüfung scheint die Richtigkeit der Annahme des Funktionierens zu bestätigen: Unternehmensangehörige, die durch Richtlinien, Schulungen und Kontrollen hinsichtlich der Befolgung rechtlicher Vorgaben sensibilisiert und durch Beratungsdienste unterstützt werden, erscheinen weniger anfällig und geneigt zu sein, gegen das geltende Recht zu verstoßen als Personen, die nicht mit diesen Compliance-Bemühungen konfrontiert sind. Rechtskenntnis und Pflichtgefühl als Bedingung der Verhaltenssteuerung scheinen gestärkt zu werden.

Die normative Rechtswissenschaft beschäftigt sich mit der Geltung des Rechts. Keine Aussagen vermag sie hingegen über seine Wirksamkeit zu

---

627 Siehe hierzu auch 4. Kapitel § 4 II.

treffen. Eine Untersuchung der Effektivität von Compliance erfordert deshalb die Kooperation mit anderen Wissenschaftsdisziplinen, welche sich mit der Erklärung menschlichen Verhaltens beschäftigen.[628] Ziel dieser Arbeit ist keineswegs, eine umfassende verhaltenstheoretische Erklärung der Unternehmensangehörigen zu entwickeln, sondern die Verbesserung des Verständnisses für die Wirkungsweise von Corporate Compliance zu ermöglichen. Dies geschieht im folgenden Verlauf durch eine interdisziplinäre Untersuchung. Anspruch dieser Arbeit ist es, wissenschaftlich begründete, das heißt systematisch gewonnene und intersubjektiv überprüfbare Aussagen über die soziale Wirklichkeit zusammenzutragen. Die Überzeugungskraft von Corporate Compliance soll auf empirischen Erhebungen beruhen. Diese Arbeit wird keine abschließende Klärung ermöglichen, aber einen in Deutschland noch nicht ersichtlich behandelten Bereich[629] erhellen und zu einer Diskussion anregen.

Bevor zunächst einige allgemeine Schwierigkeiten compliance-bezogener empirischer Untersuchungen aufgezeigt werden (I.), können anschließend Ergebnisse zahlreicher empirischer Untersuchungen zur Wirksamkeit von Verhaltensrichtlinien dargestellt werden (II.). Darauf aufbauen wird eine Schilderung der Durchführung und der Erkenntnisse von drei besonders bedeutsamen Studien zur Effektivität von Corporate Compliance-Programmen (III.). Die Untersuchungen ergeben, dass nicht allein formalistische Compliance-Maßnahmen einen entscheidenden Beitrag zur Verbesserung rechtmäßigen Verhaltens der Unternehmensangehörigen liefern, sondern nur solche Maßnahmen, die in einem betrieblichen Umfeld stattfinden, welches die Einhaltung rechtlicher Vorgaben über die Compliance-Maßnahmen hinaus fordert und fördert (IV.).

---

628 Insbesondere kommen die Fachrichtungen Biologie, Medizin, Psychiatrie, Psychologie und Soziologie in Betracht; siehe dazu *Baehr*, Verhaltenssteuerung durch Ordnungsrecht, S. 22; *Meier*, Kriminologie, § 1 Rn. 28 ff.

629 Die Wirksamkeit von Corporate Compliance wird in folgenden deutschsprachigen Beiträgen hinterfragt *Eisele*, in: Schimansky/Bunte/Lwowski, Bankrechts-Handbuch, § 109 Rn. 123 f.; *Hauscka/Greeve*, BB 2007, 165; *Lösler*, WM 2007, 676 f.; *Rodewald/Unger*, BB 2007, 1629; *Spindler*, WM 2008, 905, 918; *Stephan/Seidel*, in: Hauschka, Corporate Compliance, § 25 Rn. 21.

I. Allgemeine Schwierigkeiten der empirischen Ermittlung der Wirksamkeit von Corporate Compliance

Die Effektivität von Corporate Compliance lässt sich nicht allein anhand der Zahl entdeckter Rechtsverstöße beurteilen.[630] Dies wäre zu einfach und würde die Komplexität des Einflusses präventiver Eigenaktivitäten auf die Unternehmensangehörigen und weiterer Auswirkungen verkennen. Nicht ein absoluter Wert, sondern nur die Zahl der Rechtsverstöße im Vergleich zum Wert ohne Compliance-Maßnahmen, der freilich nicht ermittelbar ist, ermöglichte eine Aussage über die Effektivität der unternommenen Anstrengungen. Die Bestimmung der Wirksamkeit von Corporate Compliance gestaltet sich somit komplexer und wird bisweilen nicht nur als schwierig, sondern sogar als unmöglich eingestuft.[631] Diese Herausforderung gestand auch die „Ad Hoc Advisory Group" der U.S. Sentencing Commission im Jahr 2003 im Zuge der Überarbeitung der US-amerikanischen Strafzumessungsrichtlinie ein. Ihr fehlte die Kenntnis von empirischen Untersuchungen, die nachweisen, dass die in den USA weit verbreiteten Compliance-Anstrengungen tatsächlich Rechtsverletzungen vermeiden.[632]

Nichtsdestotrotz soll der Ermittlung der Wirksamkeit von Corporate Compliance im Folgenden weiter nachgegangen werden: Der wissenschaftlich wünschenswerte Weg, die Wirklichkeit von Corporate Compliance in ihrer Gesamtheit zu erfassen, ist nicht praktikabel.[633] Der anstelle der Totalerhebung verbleibende Weg der Teilerhebung kann nur einen Ausschnitt der

---

630 *Eisele*, in: Schminanski/Bunte/Lwowski, Bankrechtshandbuch, § 109 Rn. 124. Dies bringt auch die US-amerikanische Strafzumessungsrichtlinie mit § 8 B2.1(a)(2) FSG zum Ausdruck. Dort heißt es wörtlich: „The failure to prevent or detect the instant offense does not necessarily mean that the program is not generally effective in preventing and detecting criminal conduct."

631 Vgl. *Eisele*, in: Schminanski/Bunte/Lwowski, Bankrechtshandbuch, § 109 Rn. 123 f.; *Lösler*, WM 2007, 676 f.; *Rodewald/Unger*, BB 2007, 1629; siehe dazu insbesondere *Farrell/Cobbin/Farrell*, 17 Journal of Managerial Psychology (2002), 468, 469 ff.; *Krawiec*, 32 Florida State University Law Review (2005), 571, 591 ff.; *dies.*, 81 Washington University Law Quarterly (2003), 487, 510 ff.; *Newberg*, 29 Vermont Law Review (2005), 253, 264 ff.

632 Ad Hoc Advisory Group, Report, S. 35.

633 Zur Methodik der empirischen Sozialforschung finden sich Einführungen bei *Eisenberg*, Kriminologie, S. 101 ff.; *Meier*, Kriminologie, § 4 Rn. 1 ff.; *Schwind*, Kriminologie, S. 156 ff. Ein Model zur Bestimmung der Wirksamkeit von Verhaltensrichtlinien findet sich bei *Kaptein/Schwartz*, 77 Journal of Business Ethics (2008), 111, 117 ff.; vgl. auch die Vorschläge bei *Cassell/Johnson/Smith*, 16 Journal of Business Ethics (1997), 1077 ff.; *Helin/Sandström*,75 Journal of Business Ethics (2007), 253, 263; *Peterson*, 41 Journal of Business Ethics (2002), 313 ff.

Wirklichkeit erfassen. Um daraus adäquate Rückschlüsse auf die Gesamtheit zu ziehen, ist zunächst eine hinreichende Repräsentativität der Untersuchungen zu gewährleisten und es müssen weiterhin angemessene quantitative und qualitative Untersuchungsmerkmale zugrunde gelegt werden. Als quantitatives Bewertungskriterium kommt der Häufigkeit von Rechtsverstößen eine entscheidende Bedeutung zu, qualitative Bewertungskriterien sind hingegen vielfältiger. In Betracht kommen etwa die Inhalte von Verhaltensrichtlinien, die Akzeptanz von Compliance bei Management und Mitarbeitern, das Compliance-Bewusstsein des Managements (aus Sicht) der Mitarbeiter, Kommunikations- und Schulungsarten sowie die Berücksichtigung von compliance-relevanten Gesichtspunkten in Rahmen von Personalauswahl und -entwicklung.[634]

Damit sich Untersuchungen zur Wirksamkeit von Corporate Compliance nicht nur auf Plausibilitätsniveau bewegen, müssen Methodenwahl und Kausalitätsermittlung sorgfältig bedacht werden.[635] Da unzählige Einflussfaktoren auf die Unternehmensangehörigen einwirken, ist es niemals auszuschließen, dass bestimmte Faktoren von einer Untersuchung unberücksichtigt bleiben. Stellt sich somit einerseits die richtige Herstellung der Kausalität als Schwierigkeit dar, ist darüber hinaus die angemessene Methodenwahl (z. B. Erhebung im Unternehmen oder experimentelle Anordnung, Zahlen- bzw. Datenmaterial und/oder Mitarbeiterbefragung durch Fragebögen oder Interviews) ausschlaggebend für repräsentative Ergebnisse.

Wenn man gewisse Detailschwierigkeiten ausblendet, erscheint die nachfolgend skizzierte Untersuchungsanordnung als eine Möglichkeit zur Bestimmung der Wirksamkeit von Corporate Compliance:[636] Nachdem eine Gruppe vergleichbarer Unternehmen gefunden wurde (sog. Benchmarking), müssen zwei unterschiedliche Datensätze erhoben werden. Einerseits

---

634 Siehe nur *Mathews*, in: Preston/Frederick, Research in Corporate Social Performance and Policy, S. 107, 110 f. *McKendall/DeMarr/Jones-Rikkers*, 37 Journal of Business Ethics (2002), 367, 375; *Treviño/Weaver/Gibson/Toffler*, 41 (Nr. 2) California Management Review (1999), 131, 136 f.; vgl. *Eisele*, in: Schminanski/Bunte/Lwowski, Bankrechtshandbuch, § 109 Rn. 123 f.; *Lösler*, WM 2007, 676 f.

635 Vgl. *Meier*, Kriminologie, § 9 Rn. 74.

636 Siehe ausführlich dazu *Mathews*, in: Preston/Frederick, Research in Corporate Social Performance and Policy, S. 107, 108 ff. *McKendall/DeMarr/Jones-Rikkers*, 37 Journal of Business Ethics (2002), 367, 375; *McKendall/Wagner*, 8 Organization Science (1997), 624, 632 ff. Eine andere vielversprechende Versuchsanordnung findet sich bei *Treviño/Weaver/Gibson/Toffler*, 41 (Nr. 2) California Management Review (1998), 131 ff.

müssen die tatsächlich geschehenen Rechtsverstöße der untersuchten Unternehmen für einen bestimmten Zeitraum festgestellt werden.[637] Anderseits müssen die Compliance-Bemühungen der betrachteten Unternehmen innerhalb dieses Zeitrahmens ermittelt werden.[638] Im Rahmen der Auswertung der erhobenen Daten kann die Intensität der Compliance-Aktivitäten zu den Rechtsverstößen ins Verhältnis gesetzt und aufgrund der Ähnlichkeit der Unternehmen können Effektivitätsbewertungen erzielt werden. Wenngleich auch nach dieser Methode die Wirksamkeit einer konkreten Compliance-Maßnahme nicht zu beurteilen ist, so ermöglicht dieser Ansatz jedenfalls, ein vertretbares und aussagekräftiges Gesamturteil über die Wirksamkeit von Corporate Compliance zu treffen.

II. Wirksamkeit von Verhaltensrichtlinien

Neben verpflichtenden Schulungen und einem optionalen Beratungs- und Informationsangebot gehören Verhaltensrichtlinien zu den klassischen Instrumenten eines Compliance-Officers. Aufgrund dieser exponierten Bedeutung, die durch deren Verbreitung in über 90 Prozent der US-amerikanischen und in etwa 50 Prozent der deutschen Unternehmen verdeutlicht wird,[639] ist ihrer Wirksamkeit nun gesondert nachzugehen. Wissenschaftliche Untersuchungen zur Erforschung eben jenes Ziels sind in 81 unterschiedlichen Niederschriften dargelegt worden, die der grafischen Übersicht im Anhang dieser Arbeit entnommen werden können.[640] Ausgehend von diesen Untersuchungen wird der wissenschaftliche Erkenntnisstand zur Wirksamkeit der Beeinflussung von Unternehmensangehörigen durch Verhaltensrichtlinien nun dargelegt.

Stellt man fünf unterschiedliche Wirksamkeitskategorien auf, um die verschiedenen Untersuchungen besser miteinander vergleichen zu können, und ordnet die Untersuchungsergebnisse den einzelnen Kategorien zu, dann ergibt sich folgendes Bild: Die Auswirkung einer Richtlinie auf das Verhalten der Mitarbeiter konnte in 27 Untersuchungen als deutlich und in immer-

---

637 Beispielsweise durch Auswertung von (staatlichen) Datenbanken.

638 Beispielsweise durch Befragung von Compliance-Officern oder anderen Mitarbeitern.

639 Nachweise der Verbreitung von Compliance finden sich am Anfang des zweiten Kapitels.

640 Vgl. insbesondere auch *Helin/Sandström*, 75 Journal of Business Ethics (2007), 253 ff.; *Kaptein/Schwartz*, 77 Journal of Business Ethics (2008), 111 ff.; *Schwartz*, 32 Journal of Business Ethics (2001), 247, 248 ff.; *Stevens*, 78 Journal of Business Ethics (2008), 601 ff.

hin noch elf Erhebungen als schwach positiv eingestuft werden. Während 30 Untersuchungen keine aussagekräftige Verbindung zwischen Verhaltensrichtlinie und Mitarbeiterverhalten ermitteln konnten, kamen elf Untersuchungen zu uneinheitlichen Auswirkungen und zwei zu einer nicht vorhandenen Verknüpfung.[641] Der bisherige Forschungsstand zur Wirksamkeit von Verhaltensrichtlinien kann dementsprechend als uneinheitlich und allein durch eine derartige Kategorisierung als nicht sehr aussagekräftig eingestuft werden.[642]

Aufgrund der Vielzahl der bislang unternommenen Untersuchungen kann grundsätzlich nicht einzeln, sondern nur allgemein auf die Ergebnisse der empirischen Erhebungen eingegangen werden. Eine Ausnahme verdient die Untersuchung von *Marilyn Cash Mathews*, die in einem achtjährigen Zeitraum von 1973 bis 1980 den Einfluss von Verhaltensrichtlinien auf die Häufigkeit bestimmter Rechtsverstöße ermittelt hat.[643] Die Untersuchung beruht auf der Erhebung zweier unterschiedlicher Datensätze und setzt diese zueinander ins Verhältnis. Die Autorin ermittelte, wie häufig 485 US-amerikanische Unternehmen in den acht Jahren des Untersuchungszeitraumes gegen bestimmte, die Gesellschaft und die Verbraucher schützende Normen[644] verstoßen hatten. Zugleich prüfte sie, ob die Unternehmen eine Verhaltensrichtlinie implementiert hatten und ordnete diese ihrem Inhalt entsprechend 64 Kategorien zu.[645] Die Untersuchung konnte keine statistisch signifikant niedrigere Wahrscheinlichkeit feststellen, nach der Unternehmensangehörige aufgrund einer Verhaltensrichtlinie nicht gegen Rechtsvorgaben verstoßen.[646] Im Gegenteil gilt für diese Untersuchung: Je detaillierter die Verhaltensrichtlinie ausgestaltet ist, desto höher ist die

641 Siehe dazu im Anhang dieser Arbeit „Ergebnisse empirischer Untersuchungen zur Wirksamkeit von Verhaltensrichtlinien".

642 Vgl. *Kaptein/Schwartz*, 77 Journal of Business Ethics (2008), 111, 113.

643 *Mathews*, in: Preston/Frederick, Research in Corporate Social Performance, S. 107 ff.

644 Die Untersuchung stützte sich auf Daten der folgenden Behörden: Food and Drug Administration, Environmental Protection Agency, Consumer Product Safety Commission und National Highway Traffic Administration, *Mathews*, in: Preston/Frederick, Research in Corporate Social Performance, S. 107, 108 f.

645 *Mathews*, in: Preston/Frederick, Research in Corporate Social Performance, S. 107, 110 ff.

646 *Mathews*, in: Preston/Frederick, Research in Corporate Social Performance, S. 107, 124 f.

Anzahl der Rechtsverletzungen.[647] Nach Ansicht der Autorin gelten implementierte Verhaltensrichtlinien nicht als Beweis für eine wirksame Selbstregulierung der Unternehmen, da die Richtlinien keine nachweisbaren Auswirkungen auf die Häufigkeit von Rechtsverstößen hätten.[648]

1. Gründe für die deutlichen Wirksamkeitsunterschiede

Die Ursachen für die von Untersuchung zu Untersuchung unterschiedlichen Ergebnisse sind vielfältig. Neben unternehmensspezifischen Eigenarten können dafür auch die Untersuchungen selbst verantwortlich sein. Drei mögliche Gründe seien genannt:[649] Zunächst fehlt es an einer einheitlich angewandten Definition einer Verhaltensrichtlinie. Dies kommt bereits durch die Vielzahl der verwendeten Umschreibungen zum Ausdruck: Code of Ethics, Code of Conduct, Business Code, Code of Practice etc.[650] Die unterschiedlichen Möglichkeiten, eine Verhaltensrichtlinie zu definieren und insbesondere ihren Inhalt zu bestimmen, könnte eine Ursache der Wirksamkeitsdifferenzen sein.[651] Die Erwartungen an die Wirksamkeit einer Verhaltensrichtlinie unterscheiden sich, wenn diese einerseits allein auf spezifische Anweisungen reduziert ist,[652] sich andererseits auf unternehmenseigene Werte beschränkt[653] oder sowohl Anweisungen als auch Werte enthält[654].

---

647 Ebenda. Hingegen hatten die Zugehörigkeit zu einem bestimmten Industriezweig und die Größe des Unternehmens eine signifikante Auswirkung auf die Häufigkeit von Rechtsverstößen.

648 *Mathews*, in: Preston/Frederick, Research in Corporate Social Performance, S. 107, 126. Dabei wird kritisiert, die Reduzierung von Rechtsverletzungen sei nicht das alleinige Ziel einer Verhaltensrichtlinie, weshalb die Wirksamkeit der Richtlinien durch die Untersuchung nicht grundsätzlich widerlegt sei, *Kaptein/Schwartz*, 77 Journal of Business Ethics (2008), 111, 121.

649 Vgl. zu diesen und weiteren Ursachen *Kaptein/Schwartz*, 77 Journal of Business Ethics (2008), 111, 114 ff.; *Helin/Sandström*, 75 Journal of Business Ethics (2007), 253, 262 f.

650 Zu verschiedenen Umschreibungen siehe bereits 1. Kapitel § 4 I. 3.; vgl. auch *Schwartz*, 55 Journal of Business Ethics (2004), 323, 324; *Stephan/Seidel*, in: Hauschka, Corporate Compliance, § 25 Rn. 214.

651 *Kaptein/Schwartz*, 77 Journal of Business Ethics (2008), 111, 114.

652 Zum Beispiel *Treviño/Weaver/Gibson/Toffler*, 41 (Nr. 2) California Management Review (1998), 131, 146.

653 Zum Beispiel *Valentine/Fleischman*, 40 Journal of Business Ethics (2002), 301, 303.

654 Zum Beispiel *Adam/Rachman-Moore*, 54 Journal of Business Ethics (2004), 225, 230.

Mit dieser Uneinheitlichkeit geht eine zweite Unstimmigkeit einher: Eine Effektivitätsbewertung erfordert zwingend die Bestimmung eines Ziels, welches erreicht werden soll. Geht es in dieser Untersuchung generell um die Vermeidung von Rechtsverstößen, so beurteilen andere Untersuchungen etwa speziell die Vermeidung von Betrug oder Kinderarbeit im Unternehmen oder aber die Verbesserung der Reputation des Unternehmens oder dessen sozialer Vielfalt[655]. Diese Ziele unterscheiden sich hinsichtlich ihrer Komplexität und Beeinflussbarkeit, weshalb divergierende Effektivitätsbewertungen nicht unwahrscheinlich sind.

Darüber hinaus ist die unterschiedliche Methodik der einzelnen empirischen Untersuchungen zu beachten.[656] Diese erschwert deren Vergleichbarkeit und könnte die Ungewissheit des Forschungsstandes erklären. Insofern ist besonders offensichtlich, dass die Studien sowohl hinsichtlich der empirischen Basis als auch in der Wahl der Erhebungsmethode differieren. Mit Blick auf die empirische Basis sind folgende Unterschiede festzustellen: Die Studien wurden in verschiedenen Ländern erhoben. Untersuchungen wurden sowohl in Australien, Irland, Norwegen und Hongkong durchgeführt, während sich der Großteil jedoch auf die USA bezog.[657] Die Zahl der einbezogenen Unternehmen und Personen unterscheiden sich von Studie zu Studie. Die Spannweite reicht von einem bis zu 650 Unternehmen und von 17 bis zu über 10000 Personen.[658] Hinzukommt, dass verschiedene Erhebungsmethoden angewandt worden sind: Während sich die Mehrzahl der durchgeführten Untersuchungen auf die Wahrnehmung der Befragten – sei es durch Fragebögen oder Interviews – stützt, basieren andere Studien auf objektiven Fakten und Zahlen oder beziehen diese mit ein.[659] Andere Studien beruhen hingegen allein auf der Auswertung von Verhaltensrichtlinien oder der Durchführung von experimentellen Anordnungen, beispielsweise

---

655 Siehe dazu *Kaptein/Schwartz*, 77 Journal of Business Ethics (2008), 111, 115 m.w.N. Zu verschiedenen Zielen aus Sicht der Unternehmensangehörigen siehe *Schwartz*, 55 Journal of Business Ethics (2004), 323, 331.

656 Ausführlich dazu *Kaptein/Schwartz*, 77 Journal of Business Ethics (2008), 111, 115 ff.; *Krawiec*, 32 Florida State University Law Review (2005), 571, 591 f.; *dies.*, 81 Washington University Law Quarterly (2003), 487, 511 f.; *Newberg*, 29 Vermont Law Review (2005), 253, 266 f. m.w.N.

657 *Kaptein/Schwartz*, 77 Journal of Business Ethics (2008), 111, 115.

658 *Kaptein/Schwartz*, 77 Journal of Business Ethics (2008), 111, 113 f.

659 Vgl. *Kaptein/Schwartz*, 77 Journal of Business Ethics (2008), 111, 115 ff. Zu den Schwierigkeiten, die mit Befragungen, insbesondere Kausalitätsproblemen, einhergehen, siehe *Newberg*, 29 Vermont Law Review (2005), 253, 267 m.w.N.

mit Studenten.[660] Diese untersuchungsbedingten Gründe könnten die dargestellte Uneinheitlichkeit in der Effektivitätsbewertung von Verhaltensrichtlinien erklären.

2. *Gemeinsamkeiten wirksamer Richtlinien*

In ihrer empirischen Studie aus dem Jahr 2004 untersuchten *Avshalom Adam*
und *Dalia Rachman-Moore*, welche Umstände für die erfolgreiche Implementierung einer Verhaltensrichtlinie im Unternehmen entscheidend
sind.[661] Die Untersuchung unter Einbeziehung von 812 Mitarbeitern eines
US-amerikanischen Tochterunternehmens in Israel ergab, dass formale
Maßnahmen, also Schulungen, Kontrollen und Sanktionen, wie sie von
der US-amerikanischen Strafzumessungsrichtlinie als Compliance-Maßnahmen vorgesehen werden, für den Erfolg der Implementierung einer Verhaltensrichtlinie nur von untergeordneter Bedeutung sind.[662] Ihrer Untersuchung zufolge haben andere informale Faktoren den größten Einfluss auf
das Verhalten von Unternehmensangehörigen: Die soziale Dimension der
Arbeit hatte die stärkste Auswirkung auf deren Verhalten.[663] Die unternehmensspezifischen Verhaltens- und Wertemuster und das beispielhafte Verhalten der Führungskräfte wurden als die Schlüsselfaktoren in der Einflussnahme auf das Verhalten der Unternehmensangehörigen ermittelt. Die Un-
ternehmenswerte und das Vorleben der Werte durch die Führungskräfte haben nach ihrer Studie einen bedeutend höheren Einfluss auf die Einhaltung
der Vorgaben als die Verhaltensrichtlinie selbst.[664]

Diese Erkenntnisse werden durch die Ergebnisse anderer Untersuchungen unterstützt: *Joanne Hoven Stohs* und *Teresa Brannick* sind auf Grund
ihrer Studie, die sich auf die Befragung von 348 irischen Führungskräften
stütz, zu der Ansicht gelangt, Verhaltensrichtlinien müssten mit den im Unternehmen vorherrschenden Werten korrespondieren, um Mitarbeiter tatsächlich zu beeinflussen. Unternehmensangehörige würden vornehmlich

---

660 Es ist zu bedenken, dass experimentelle Anordnungen nur eine Simulation der
Unternehmenspraxis sein können, *Newberg*, 29 Vermont Law Review (2005),
253, 267.

661 *Adam/Rachman-Moore*, 54 Journal of Business Ethics (2004), 225 ff.

662 *Adam/Rachman-Moore*, 54 Journal of Business Ethics (2004), 225.

663 *Adam/Rachman-Moore*, 54 Journal of Business Ethics (2004), 225, 235,
237 ff.

664 Zu diesem Ergebnis kommen auch die folgenden Autoren *Cassell/Johnson/
Smith*, 16 Journal of Business Ethics (1997), 1077, 1083; *Fritz Harden/Arnett/
Conkel*, 20 Journal of Business Ethics (1999), 289, 295; *Laufer/Robertson*, 16
Journal of Business Ethics (1997), 1029 ff.

durch Kollegen und nicht durch Verhaltensrichtlinien beeinflusst, welche von der Unternehmensspitze initiiert würden.[665] Eine wirksame Richtlinie stimme dementsprechend mit den im Unternehmen vorherrschenden Ansichten überein. *Muel Kaptein* und *Johan Wempe* vertreten eine ähnliche Ansicht. Sie halten eine Verhaltensrichtlinie für wirksam, die unter Beachtung der unternehmenseigenen Moralvorstellungen entworfen und implementiert wird.[666] Ihre Einschätzung sollte Berücksichtigung finden. Schließlich erforschten und begleiteten die Autoren über einen längeren Zeitraum die Implementierung einer Verhaltensrichtlinie beim niederländischen Flughafenbetreiber N.V. Luchthaven Schiphol. Auch für *Cash Mathews* ist ein informaler Umstand entscheidend für die Wirksamkeit einer Verhaltensrichtlinie. Bringt diese die kulturelle Prägung des Unternehmens zum Ausdruck, sei sie wirksam.[667] Eine Verhaltensänderung der Unternehmensangehörigen erfolge aber nicht allein durch eine Verhaltensrichtlinie, sondern nur durch die Änderung der gesamten Unternehmenskultur, dessen Teil die Richtlinie sei.[668]

Ausdruck der Unternehmenskultur ist die Kommunikation im Unternehmen, welche einigen Autoren zufolge bedeutenden Einfluss auf die Wirksamkeit einer Verhaltensrichtlinie hat.[669] Eine offen gestaltete Diskussionskultur über Unternehmensprinzipien, in der Unternehmensangehörige unabhängig von ihrer Hierarchieebene ethische Themen ansprechen können, scheint sehr wichtig zu sein.[670] Wertediskussionen und Debatten über ethische Zwangslagen verdeutlichten Mitarbeitern, dass „richtige" Entscheidungen oft von einem langwierigen und durchdachten Prozess begleitet würden.[671] Gelänge es, eine offene Diskussionskultur zu schaffen, dann verbesserten sich Entscheidungsfindungsprozesse. Hierzu gehört auch, dass falsche Entscheidungen erkannt und analysiert, Fehler zugegeben und Probleme, sofern möglich, behoben würden.[672]

---

665 *Stohs/Brannick*, 22 Journal of Business Ethics (1999), 311, 324.

666 *Kaptein/Wempe*, 17 Journal of Business Ethics (1998), 853, 862, die die Ansicht vertreten: „a code is nothing, coding is everything".

667 *Mathews*, in: Preston/Frederick, Research in Corporate Social Performance, S. 107, 127.

668 Ebenda.

669 Siehe zur Bedeutung der Kommunikation auch *Stevens*, 78 Journal of Business Ethics (2008), 601, 606; vgl. *Rodewald/Unger*, BB 2007, 1629 ff.

670 *Fritz Harden/Arnett/Conkel*, 20 Journal of Business Ethics (1999), 289, 295.

671 Vgl. *Adam/Rachman-Moore*, 54 Journal of Business Ethics (2004), 225, 238.

672 *Stevens*, 78 Journal of Business Ethics (2008), 601, 606.

Daneben wird die Bedeutung der konsequenten Befolgung der unternehmenseigenen Verhaltensmaßstäbe betont.[673] Die Wirksamkeit der Einhaltung einer Verhaltensrichtlinie würde die Sanktionierung von Verstößen erfordern. Frustration und Ärger entstünden unter den Mitarbeitern, sofern Unternehmen auf Richtlinienverstöße sanktionslos reagierten.[674] Dies stimmt mit den Erkenntnissen überein, dass Prozesse, Systeme und Arbeitsabläufe die Bedeutung der Richtlinie im Unternehmen symbolisieren müssten.[675] Verfolgung von vermuteten oder gemeldeten Richtlinienverstößen ist eine für alle Mitarbeiter sichtbare Form, dass die Richtlinie nicht nur auf dem Papier existierte, sondern deren Einhaltung gefordert und durchgesetzt wird. Fehlte diese Visualisierung, dann würden die Unternehmensangehörigen die Richtlinie als fremdartig ansehen und nicht von ihr beeinflusst werden.[676]

Zugleich wird in der Literatur hervorgehoben, dass sich wirksame Verhaltensrichtlinien keineswegs allein als bloßes Befehls- und Kontrollinstrument darstellten.[677] Verhaltensrichtlinien würden derart implementiert nicht Teil der Unternehmenskultur und könnten eine Verhaltenssteuerung deshalb nicht erreichen. Schließlich seien Verhaltensrichtlinien als bloße Dokumente einfach zu ignorieren.[678] Die unternehmenseigenen und persönlichen Wertevorstellungen könnten deshalb ein Hauptgrund für die Übereinstimmung mit dem durch die Richtlinie vorgezeichneten Verhalten sein.[679] Fasst

---

673 *McKendall/DeMarr/Jones-Rikkers*, 37 Journal of Business Ethics (2002), 367, 372 f. m.w.N.; *Nitsch/Baetz/Hughes*, 57 Journal of Business Ethics (2005), 327 ff.; *Stevens*, 78 Journal of Business Ethics (2008), 601, 606.

674 *Nitsch/Baetz/Hughes*, 57 Journal of Business Ethics, 327, 339.

675 *Fritz Harden/Arnett/Conkel*, 20 Journal of Business Ethics (1999), 289, 295; *Marnburg*, 9 Business Ethics: A European Review (2000), 200, 208.

676 *Fritz Harden/Arnett/Conkel*, 20 Journal of Business Ethics (1999), 289, 295; *Marnburg*, 9 Business Ethics: A European Review (2000), 200, 208; entsprechend wird die Durchsetzung der Verhaltensmaßstäbe als „controlling factor" bezeichnet, so *Adam/Rachman-Moore*, 54 Journal of Business Ethics (2004), 225, 239.

677 *Healy/Iles*, 39 Journal of Business Ethics (2002), 117, 123; *Schwartz*, 23 Journal of Business Ethics (2000), 173, 182; *Snell/Herndon*, 51 Journal of Business Ethics (2004), 75, 85.

678 Vgl. *Weaver/Treviño/Cochran*, 42 Academy of Management Journal (1999), 539, 550.

679 Vgl. *Adam/Rachman-Moore*, 54 Journal of Business Ethics (2004), 225, 235; *Barker*, 12 Journal of Business Ethics (1993), 165, 173; *Molander*, 6 Journal of Business Ethics (1987), 619, 630; *Schwartz*, 32 Journal of Business Ethics (2001), 247, 253.

man die Schlussfolgerungen der Autoren zusammen, dann scheint es so, als würde eine Verhaltensrichtlinie immer dann wirksam sein, wenn sie die gelebten Verhaltens- und Orientierungsmuster zum Ausdruck bringt. Es scheint, als könne sie das Verhalten der Mitarbeiter hingegen nicht beeinflussen. Differieren die schriftliche und die praktizierte Erwartungshaltung, dann wäre es dieser Annahme zufolge nicht verwunderlich, wenn eine Verhaltensrichtlinie unwirksam ist.

III. Wirksamkeit von Corporate Compliance-Programmen

Entsprechend der US-amerikanischen Strafzumessungsrichtlinie entworfene Compliance-Programme führen zu keiner erkennbaren Reduzierung von Rechtsverletzungen. Zu diesem Schluss kommen drei voneinander unabhängig durchgeführte empirische Untersuchungen. Keine dieser drei Untersuchungen konnte einen nennenswerten Effekt von Verhaltensrichtlinien, Schulungen und anderen Compliance-Bemühungen auf die Häufigkeit von Rechtsverstößen ermitteln. Diese empirischen Untersuchungen sollen im Folgenden genauer dargestellt werden: *Marie McKendall, Beverly DeMarr* und *Catherine Jones-Rikkers* (im Folgenden *McKendall*-Studie I)[680] (1.), *Marie McKendall* und *John Wagner* (im Folgenden *McKendall*-Studie II)[681] (2.) sowie *Linda Treviño, Gary Weaver, David Gibson* und *Barbara Toffler* (im Folgenden *Treviño*-Studie)[682] (3.) untersuchten 108, 80 und sechs Unternehmen auf die Wirksamkeit der jeweiligen Compliance-Programme. Zwischen den drei Untersuchungen ist ein bedeutender Unterschied festzustellen: Während die *McKendall*-Studien tatsächlich begangene Rechtsverletzungen miteinbeziehen, beruht die *Treviño*-Studie allein auf einer Befragung von Unternehmensangehörigen, um der Wirksamkeit von Compliance-Maßnahmen nachzugehen. Die letztgenannte Art der Datenerhebung ermöglicht am Ende dieses Abschnitts eine genauere Betrachtung entscheidender Einflüsse auf die Einhaltung rechtlicher Vorgaben durch Unternehmensangehörige.

---

680 *McKendall/DeMarr/Jones-Rikkers*, 37 Journal of Business Ethics (2002), 367 ff.

681 *McKendall/Wagner*, 8 Organization Science (1997), 624 ff.

682 *Treviño/Weaver/Gibson/Toffler*, 41 (Nr. 2) California Management Review (1998), 131 ff.

1. Die McKendall-Studie I

Die *McKendall*-Studie hat die allgemeine und insbesondere die Chapter 8 der US-amerikanischen Strafzumessungsrichtlinie zugrunde gelegte Annahme, Corporate Compliance bewirke eine Reduzierung der Rechtsverletzungen, in einer breit angelegten Untersuchung überprüft. Dazu stellten die Autoren zunächst vier Hypothesen auf:[683] Erstens: Unternehmen mit sorgfältig implementierten Verhaltensrichtlinien verzeichnen weniger Rechtsverstöße. Zweitens: Je stärker ein Unternehmen sicht- und hörbar ethische Themen kommuniziert, desto seltener begehen die Unternehmensangehörigen Rechtsverstöße. Drittens: Je stärker ein Unternehmen seine Mitarbeiter förmlich schult, desto seltener begehen die Unternehmensangehörigen Rechtsverstöße. Viertens: Je stärker ein Unternehmen in förmlicher Weise Ethik in seine Mitarbeiterauswahl, Disziplinierung, Leistungsbewertung, Stellenbeschreibung und andere Organisationsprozesse einbezieht, desto seltener begehen die Unternehmensangehörigen Rechtsverstöße. Diese Hypothesen wurden anhand tatsächlicher Rechtsverletzungen für die Zeit von 1989 bis 1991 und ermittelter Compliance-Anstrengungen der Unternehmen überprüft.[684]

a) Gegenstand und Methodik

Die Studie bezieht sich nicht umfassend auf alle Rechtsverstöße, sondern konzentriert sich auf den Bereich der Arbeitssicherheit. Die Untersuchung beschränkte sich auf die Häufigkeit staatlich registrierter Verletzungen arbeitnehmersichernder Regelungen in Form des Occupational Safety and Health Act (im Folgenden OSH-Act) und in dessen Folge ergangener Vorschriften.[685] Zudem bewerteten die Autoren Corporate Compliance-Pro-

---

683 „H1: Companies which have well developed ethical codes will have fewer legal violations. H2: The more a company, visually and aurally communicates about ethics, the fewer legal violations the company will have. H3: The more a company formally trains its employees about ethics, the fewer legal violations the compnay will have. H4: The more a company formally includes ethics in its selection, disciplice, performance appraisal, job description, and other organizational processes, the fewer legal violations the company will have.", *McKendall/DeMarr/Jones-Rikkers*, 37 Journal of Business Ethics (2002), 367, 373.

684 *McKendall/DeMarr/Jones-Rikkers*, 37 Journal of Business Ethics (2002), 367, 374 f.

685 *McKendall/DeMarr/Jones-Rikkers*, 37 Journal of Business Ethics (2002), 367, 374. Die Occupational Safety and Health Administration ist eine Bundesbehörde, verantwortlich für die Sicherstellung, dass alle US-amerikanischen

gramme von 108 Unternehmen. Die durch Datenbankenanalyse und Befragung erhobenen Daten wurden im Anschluss daran ausgewertet, um die Hypothesen zu überprüfen.

Bevor genauer auf die Ergebnisse der Untersuchung eingegangen wird, soll das methodische Vorgehen in gebotener Kürze aufgezeigt werden:[686] Von den 1.000 umsatzstärksten US-amerikanischen Unternehmen wurden 315 anhand verschiedener Kriterien, wie z. B. der Zugehörigkeit zur verarbeitenden Industrie, ausgewählt.[687] Ein Fragebogen über die ethische Unternehmenspraxis wurde jeweils einer Schlüsselperson in den Unternehmen zugesandt. Bei diesen Personen handelte es sich entweder um Mitglieder der Personal- oder Rechtsabteilung oder um spezielle Ethik-/Compliance-Beauftragte. Verwertbare Informationen konnten von 108 Unternehmen erhoben werden. Dies entspricht einer Antwortrate von 34 Prozent.[688]

Die Rechtsverstöße wurden für einen Zeitraum von drei Jahren – von 1989 bis 1991 betrachtet. Weil Chapter 8 FSG am 1. November 1991 in Kraft trat, wählten die Autoren eben jenen Zeitraum, um eine Konfundierung der Effekte auszuschließen. Die Autoren beabsichtigten den Einfluss von Compliance-Programmen auf die Häufigkeit und Schwere der Verstöße herauszufinden. In der Untersuchung sollte ausgeschlossen sein, dass nur auf dem Papier existierende Programme mitberücksichtigt werden würden.[689] Diese Eventualität sollte durch die Wahl des Zeitraumes vermieden werden. Die Anzahl der Verletzungen des OSH-Act konnte durch eine Auswertung der „Enforcement Action Data Base", die von der Occupational Safety and

Arbeitnehmer ein sicheres und gesundheitsfreundliches Arbeitsumfeld vorfinden. OSHA wurde im Jahr 1970 aufgrund des Occupational Safety and Health Act of 1970 geschaffen. Die Behörde erlässt Normen, setzt diese durch und bietet Unternehmen sowie Arbeitsnehmern technische Assistenz und Beratung an. Weiterhin ermutigt der Occupational Safety and Helath Act von 1970 die Bundesstaaten zur Entwicklung und Führung eigener Programme. Im Jahr 2007 hat allein die Bundesbehörde 39.324 Arbeitsplätze untersucht, vgl. http://www.osha.gov/dep/enforcement/enforcement_results_07.html (zuletzt besucht am 3.4.2008). Gleichzeitig wurde eine noch größere Anzahl an Arbeitsplätzen durch die 26 Bundesstaaten und deren eigene arbeitnehmersichernde Programme kontrolliert.

686 Zu einer ausführlichen Darstellung der Methodik siehe *McKendall/DeMarr/ Jones-Rikkers*, 37 Journal of Business Ethics (2002), 367, 373 ff.

687 *McKendall/DeMarr/Jones-Rikkers*, 37 Journal of Business Ethics (2002), 367, 374.

688 *McKendall/DeMarr/Jones-Rikkers*, 37 Journal of Business Ethics (2002), 367, 374.

689 *McKendall/DeMarr/Jones-Rikkers*, 37 Journal of Business Ethics (2002), 367, 374 f.

Health Administration gepflegt wird, ermittelt werden.[690] Die Rechtsverstöße werden bereits durch OSHA in vier Kategorien als absichtliche, gravierende, wiederholte und sonstige Verstöße unterteilt.[691] Für die ausgewählten
108 Unternehmen wurden 9.093 Verletzungen des OSH-Act im Zeitraum
von 1989 bis 1991 festgestellt.[692] Entsprechend der Kategorisierung entfie-
len 4.182 Fälle auf gravierende Verstöße, 138 auf absichtliche, 379 auf wiederholte und 4.394 auf sonstige Zuwiderhandlungen. Die Untersuchung bezog sich auf aufgedeckte Verstöße. Mit aller größter Wahrscheinlichkeit ist
das Ausmaß der tatsächlich begangenen Rechtsverletzungen höher.

Neben dieser abhängigen Variablen (Häufigkeit der Rechtsverstöße), die
für die Jahre 1989, 1990 und 1991 ermittelt wurde, erhoben die Autoren eine
unabhängige Variable sowie bestimmte Kontrollvariablen für die Jahre 1987
und 1988.[693] Als unabhängige Variable diente die Intensität der jeweiligen
unternehmensspezifischen Compliance-Anstrengungen. Um diese zu eva-
luieren, wurde ein 47-teiliger Fragebogen entwickelt, erhoben und ausgewertet.[694] Nach einem Punktesystem wurden die Compliance-Bemühungen
in vier unterschiedlichen Bereichen gemessen; Verhaltensrichtlinie, Kommunikation, Schulungen und die Beachtung von Compliance durch die Per-
sonalentwicklung und die organisatorische Praxis.[695] Unternehmen konnten
so einen Punktwert zwischen 0 und 65 erreichen. Je höher der Wert ausfiel,
desto höher wurde das Niveau des Compliance-Programms eingestuft. Als

690   *McKendall/DeMarr/Jones-Rikkers*, 37 Journal of Business Ethics (2002), 367,
      375.

691   *McKendall/DeMarr/Jones-Rikkers*, 37 Journal of Business Ethics (2002), 367,
      375 („Serious, Willful, Repeat and Other-than-Serious Violations.").

692   *McKendall/DeMarr/Jones-Rikkers*, 37 Journal of Business Ethics (2002), 367,
      375.

693   *McKendall/DeMarr/Jones-Rikkers*, 37 Journal of Business Ethics (2002), 367,
      375 f.

694   *McKendall/DeMarr/Jones-Rikkers*, 37 Journal of Business Ethics (2002), 367,
      375.

695   „1) ethics codes (questions about presence, development, content and revision:
      0 to 13 points); 2) communication about ethics (questions about type and
      frequency of communication: 0 to 20 points); 3) ethics training (questions
      about type and frequency of training, who must attend: 0 to 19 poinst); 4)
      inclusion of ethics in human resource and organizational practices (questions
      about the inclusion of ethics in performance appraisal, selection process, job
      description, discipline process, audits, hotlines, suggestion system: 0 to 12
      points).", *McKendall/DeMarr/Jones-Rikkers*, 37 Journal of Business Ethics
      (2002), 367, 375.

Kontrollvariablen dienten Unternehmensgewinn, Branchengewinn, Unternehmensgröße und ein „Standard Industrial Classification"-Wert.[696]

b)   Analyse und gewonnene Erkenntnisse

Von den 108 untersuchten Unternehmen hatten 15 (13,9 Prozent) keine gravierenden Rechtsverstöße, 91 (84,3 Prozent) keine absichtlichen Verstöße, 71 (65,7 Prozent) keine wiederholten Verstöße und 15 (13,9 Prozent) keine „sonstigen" Zuwiderhandlungen zu verzeichnen.[697] Aus der tabellarischen Darstellung[698] der Ergebnisse lässt sich keine der vier von den Autoren aufgestellten Hypothesen bestätigen bzw. aufrechterhalten. Im Gegenteil, während die Einbeziehung von Compliance in organisatorische Prozesse einen maßgeblichen Bezug zu absichtlichen Rechtsverstößen aufwies, förderten die Prozesse die Häufigkeit der Verstöße, anstatt sie zu senken.[699] Die Durchführung von Schulungen erreichte ein niedriges Bedeutungsniveau und das Verhältnis war, wie zu erwarten, negativ.[700] Eine Auswertung der Kontrollvariablen ergibt, dass allein die Unternehmensprofitabilität eine signifikante Auswirkung auf absichtliche und wiederholte Zuwiderhandlungen hatte.[701] Eine niedrigere Profitabilität ging mit einem höheren Ausmaß an Rechtsverletzungen einher. Der Branchengewinn hatte keinerlei Auswirkungen auf die Ergebnisse. Die Unternehmensgröße hatte einen geringen Einfluss auf die ausgemachten gravierenden und „sonstigen" Zuwiderhandlungen in der Hinsicht, dass die Wahrscheinlichkeit für verhältnismäßig mehr Rechtsverletzungen mit absinkender Unternehmensgröße zunahm.

Die *McKendall*-Studie unterstützt damit nicht die Annahme, dass Corporate Compliance die Einhaltung rechtlicher Vorgaben durch Unternehmensangehörige verbessert.[702] Die untersuchten Corporate Compliance-Maßnahmen entsprachen den Vorschlägen der US-amerikanischen Strafzu-

---

696   Siehe ausführlich dazu *McKendall/DeMarr/Jones-Rikkers*, 37 Journal of Business Ethics (2002), 367, 375 f.

697   *McKendall/DeMarr/Jones-Rikkers*, 37 Journal of Business Ethics (2002), 367, 376.

698   *McKendall/DeMarr/Jones-Rikkers*, 37 Journal of Business Ethics (2002), 367, 377 f.

699   *McKendall/DeMarr/Jones-Rikkers*, 37 Journal of Business Ethics (2002), 367, 378.

700   Ebenda.

701   Ebenda.

702   *McKendall/DeMarr/Jones-Rikkers*, 37 Journal of Business Ethics (2002), 367, 376, 379.

messungsrichtlinie in der Fassung von vor 2004, mit der Ausnahme, dass die Verantwortung eines einzelnen Mitarbeiters für das Compliance-Programm keine Berücksichtigung gefunden hat.[703]

c)   Bewertung der Untersuchung

Das Ergebnis der Untersuchung wirft die Frage auf, wieso Corporate Compliance in der *McKendall*-Studie I versagt hat. Zur Beantwortungen der Frage sind verschiedene Gründe denkbar. Eine erste mögliche Ursache könnte in der Untersuchung selbst begründet sein. Die *McKendall*-Studie I befasst sich allein mit dem Einfluss von Compliance auf arbeitnehmersichernde Rechtsnormen. Die Vermeidung derartiger Rechtsverstöße ist üblicherweise nicht das Hauptziel von Corporate Compliance. Eine Betrachtung der Untersuchungen zum Inhalt von Verhaltensrichtlinien offenbart, dass Unternehmen sich in diesen vornehmlich auf Selbstschutz konzentrieren. Verhaltensrichtlinien verbieten beispielsweise unternehmensschädigende Handlungen im Rahmen des Korruptions- und Wettbewerbsrechts.[704] Dementsprechend könnte Corporate Compliance in anderen Rechtsbereichen durchaus das Ziel erfüllen und nur hinsichtlich der arbeitnehmersichernden Vorschriften ohne Wirkung geblieben sein. Hinzukommt, dass einige Autoren es gar für möglich halten, dass Unternehmensangehörige die von der Verhaltensrichtlinie nicht erfassten, aber verbotenen Handlungen, aufgrund deren fehlender, ausdrücklicher Adressierung als zulässig oder erwünscht betrachten.[705]

Denkbar erscheint zugleich eine weitere Erklärung, nämlich dass das Ziel von Compliance-Programmen gar nicht die Vermeidung von Rechtsverletzungen ist, sondern Compliance der Öffentlichkeitsarbeit des Unter-

---

703 *McKendall/DeMarr/Jones-Rikkers*, 37 Journal of Business Ethics (2002), 367, 376 ff.

704 Vgl. *Beckenstein/Gabel*, 51 Antitrust Law Journal (1983), 459 ff.; *Chatov*, 22 (Nr. 4) California Management Review (1980), 20, 22; *Cressey/Moore*, 25 (Nr. 4) California Management Review (1983), 53, 56 ff.; *Cunningham*, 29 Journal of Corporation Law (2004), 267, 283 f.; *Helin/Sandstöm*, 75 Journal of Business Ethics (2007) 2007, 253, 256; *Langlois/Schlegelmilch*, 21 Journal of International Business Studies (1990), 519, 530; *Mathews*, in: Preston/ Frederick, Research in Corporate Social Performance, S. 107, 110 f.; *Snell/ Chak/Chu*, 22 Journal of Business Ethics (1999), 281; *Stevens*, 13 Journal of Business Ethics (1994), 63, 67; *White/Montgomery*, 23 (Nr. 2) California Management Review (1980), 80, 84.

705 Vgl. *McKendall/DeMarr/Jones-Rikkers*, 37 Journal of Business Ethics (2002), 367, 379; *Molander*, 6 Journal of Business Ethics (1987), 619, 624.

nehmens zu dienen bestimmt ist.[706] In den Fällen, in denen Rechtsverletzungen das Image und die Reputation eines Unternehmens gefährden, können Compliance-Anstrengungen gegenüber der Öffentlichkeit derart dargestellt werden, als wäre alles erdenklich Mögliche im Vorfeld und im Nachhinein der Rechtsverstöße unternommen worden, um Rechtskonformität zu gewährleisten. Zudem kann die Implementierung von Corporate Compliance auch eine Reaktion auf die hohe Verbreitung derartiger Programme und damit auf das Verhalten der Wettbewerber sein.[707] Ohne nachhaltig für eine Verhaltensbeeinflussung sorgen zu wollen, könnten Unternehmen damit einfach einem Motto folgen: „Wenn es alle haben, müssen wir es auch haben." Sind Öffentlichkeitsarbeit, Wettbewerber oder die Zufriedenstellung von Stakeholdern die Motivation zur Vornahme von Compliance-Maßnahmen, so verwundert es nicht, dass die Häufigkeit von Rechtsverletzungen tatsächlich nicht beeinflusst wird.

Ein weiteres Alternativziel stellen seit 1991 die FSG dar.[708] Corporate Compliance könnte allein deshalb implementiert und durchgeführt worden sein, um in die Gunst eines etwaigen Strafnachlasses gemäß § 8 B 2.1 FSG zu gelangen.[709] *Gary Weaver*, *Linda Treviño* und *Philip Cochran* befürchten aufgrund einer von ihnen durchgeführten Untersuchung, dass Compliance-Programme bloß als „window-dressing" implementiert werden, ohne Unternehmensangehörige tatsächlich zu beeinflussen oder beeinflussen zu sollen.[710] Die Programme könnten leicht marginalisiert und von wirk-

---

706 *Barker*, 12 Journal of Business Ethics (1993), 165 f.; *Kaptein/Wempe*, 17 Journal of Business Ethics (1998), 853 und 864; *Laufer*, 43 Journal of Business Ethics (2003), 253 ff. m.w.N.; *Molander*, 6 Journal of Business Ethics (1987), 619, 624; *Schwartz*, 32 Journal of Business Ethics (2001), 247, 248; *Stevens*, 78 Journal of Business Ethics (2008), 601.

707 Vgl. *Adam/Rachman-Moore*, 54 Journal of Business Ethics (2004), 225, 226; *Cunningham*, 29 Journal of Corporation Law (2004), 267, 277 ff.; *Kaptein/Schwartz*, 77 Journal of Business Ethics (2008), 111; *O'Dwyer/Madden*, 63 Journal of Business Ethics (2006), 217, 219; *Parker/Nielsen*, 31 Melbourne University Law Review (2006), 441, 482; *Schwartz*, 32 Journal of Business Ethics (2001), 247, 248 m.w.N.; *Stevens*, 78 Journal of Business Ethics (2008), 601, 602 m.w.N.

708 Dieses Argument rechtfertigt nicht die festgestellte Unwirksamkeit im Rahmen der *McKendall*-Studie I, da diese sich auf einen Zeitraum vor Erlass von Chapter 8 FSG bezieht.

709 Vgl. *Izraeli/Schwartz*, 17 Journal of Business Ethics (1998), 1045, 1047; *McKendall/DeMarr/Jones-Rikkers*, 37 Journal of Business Ethics (2002), 367, 379.

710 *Weaver/Treviño/Cochran*, 42 Academy of Management Journal (1999), 539. Diese Befürchtung äußern gleichfalls *Krawiec*, 32 Florida State University

lichen Erwartungen und Normen getrennt werden, würden aber auf dem Papier existieren, um möglicherweise in einem Gerichtsverfahren oder gegenüber Behörden die mit Compliance verbundenen rechtlichen Vorteilen wie den Strafnachlass nutzen zu können. Ein Ergebnis der *McKendall*-Studie I erhält unter Berücksichtigung dieser möglichen, bloß augenscheinlichen Implementierungen eine ganz neue Bedeutung: Die Untersuchung ergab, je stärker Unternehmen Compliance in organisatorische Abläufe einbinden, desto wahrscheinlicher werden absichtliche und wiederholte Verletzung der arbeitnehmersichernden Normen. Da absichtliche Verletzungen die Mitschuld des Managements als wahrscheinlich erscheinen lassen, vermuten *Marie McKendall*, *Beverly DeMarr* und *Catherine Jones-Rikkers*, dass Unternehmen Compliance-Programme zur Ablenkung und Verschleierung von gezielten Rechtsverstößen einsetzen.[711]

Der 2001 an die Öffentlichkeit getretene Bilanzfälschungsskandal des texanischen Unternehmens Enron könnte diese Annahme bestätigen: Enron war bekannt dafür, ein umfangreiches Ethik- und Compliance-Programm zu besitzen, das auf dem Papier alle denkbaren Erwartungen zu erfüllen schien.[712] Gleichzeitig, so wird vorgebracht, herrschte eine weit verbreitete „Cowboy"-Kultur. Regeln wurden regelmäßig missachtet, aggressives und individualistisches Verhalten honoriert.[713] Ein Mitglied von Enrons „board of directors" ließ sich mindestens zweimal von der Geltung der Verhaltensrichtlinie befreien.[714] Dies macht den Stellenwert der Compliance-Maßnahmen im Unternehmen Enron sichtbar. In der Literatur wird geschlussfolgert, das es sich bei Corporate Compliance im Fall Enron um bloße Artefakte han-

---

Law Review (2005), 571, 593; *dies.*, 81 Washington University Law Quarterly (2003), 487, 491 f.; *Langevoort*, 71 Columbia Business Law Review (2002), 71, 114 ff.; *Laufer*, 52 Vanderbilt Law Review (1999), 1343, 1407 ff.; *Wellner*, 27 Cardozo Law Review (2005), 497, 512 ff.

711 *McKendall/DeMarr/Jones-Rikkers*, 37 Journal of Business Ethics (2002), 367, 380.

712 *Megan*, 23 (Nr. 6) Journal of Business Strategy (2002), 37 ff.; *Moore*, 15 Business Ethics: A European Review (2006), 407, 412 f.; *Sims/Brinkmann*, 45 Journal of Business Ethics (2003), 243 und 254; *Stevens*, 78 Journal of Business Ethics (2008), 601, 604; *Wellner*, 27 Cardozo Law Review (2005), 497, 498 (Fn. 6), der das Programm als „state-of-the-art" bezeichnet. Siehe zur Entwicklung der US-amerikanischen Corporate Governance nach Enron *Donald*, WM 2003, 705 ff.

713 *Stevens*, 78 Journal of Business Ethics (2008), 601, 604.

714 *Moore*, 15 Business Ethics: A European Review (2006), 407, 413; *Sims/Brinkmann*, 45 Journal of Business Ethics (2003), 243, 247; *Stevens*, 78 Journal of Business Ethics (2008), 601, 604.

delte, die nichts mit der tatsächlichen Unternehmenskultur gemeinsam hatte.[715] Hiermit stimmt überein, dass *Bruce Drake* und *Eileen Drake* losgelöst vom Enron-Fall oftmals eine grundsätzliche Abweichung zwischen vorgegebenen Zielen und Erwartungen sowie der alltäglichen Unternehmenspraxis feststellen.[716]

Eine Antwort auf die Frage, weshalb Corporate Compliance laut der *McKendall*-Studie I unwirksam ist, konnte die Bewertung nicht ans Licht bringen. Hingegen könnte sie darauf hinweisen, dass eine Betrachtung der formalen Compliance-Maßnahmen nicht ausreicht und tiefer gehen muss, um eine Aussage über deren Wirksamkeit zu treffen.

2. Die McKendall-Studie II

Eine andere Untersuchung unterstützt den soeben gewonnen Eindruck: *Marie McKendall* und *John Wagner* erforschten 80 US-amerikanische Unternehmen und Ursachen für deren Verstöße gegen das Umweltrecht.[717] Ein schwächeres Ethikklima ginge mit einer höheren Zahl von Rechtsverstößen einher, lautete eine ihrer untersuchten Hypothesen.[718] Das Ethikklima ist dabei eine Beschreibung für Verhaltensrichtlinien, Schulungen und weitere Compliance-Maßnahmen.[719] Die Compliance-Anstrengungen wurden wie in der zuvor genannten Untersuchung mittels eines 47-teiligen Fragebogens von jeweils einem Unternehmensangehörigen erhoben und anschließend einem Wert von 0 bis 65 zugeordnet.[720] Je höher dieser war, desto umfangreicher waren auch die festgestellten Maßnahmen. Die Autoren stützten sich zur Ermittlung der Rechtsverstöße auf Daten der Environmental Protection Agency und der U.S. Coast Guard.[721] Insgesamt verstießen die 80 Unterneh-

---

715 Vgl. *Moore*, 15 Business Ethics: A European Review (2006), 407, 412 f.; *Sims/Brinkmann*, 45 Journal of Business Ethics (2003), 243 und 254; *Stevens*, 78 Journal of Business Ethics (2008), 601, 604.

716 *Drake/Drake*, 30 (Nr. 2) California Management Review (1988), 107, 110 m.w.N.

717 *McKendall/Wagner*, 8 Organization Science (1997), 624 ff.

718 „A weaker ethical climate is associated with greater corporate illegality.", *McKendall/Wagner*, 8 Organization Science (1997), 624, 628.

719 *McKendall/Wagner*, 8 Organization Science (1997), 624, 644; vgl. *McKendall/DeMarr/Jones-Rikkers*, 37 Journal of Business Ethics (2002), 367, 369.

720 *McKendall/Wagner*, 8 Organization Science (1997), 624, 635; vgl. schon die nach demselben Verfahren durchgeführte *McKendall*-Studie I und die dortigen Ausführungen unter 4. Kapitel § 2 III. 1. a).

721 *McKendall/Wagner*, 8 Organization Science (1997), 624, 632.

men von 1983 bis 1987 in 1.731 Fällen gegen die rechtlichen Vorgaben.[722] Das Ergebnis der Untersuchung ergab, dass Corporate Compliance keinen statistisch signifikanten Einfluss auf die Häufigkeit von Umweltrechtsverstößen hatte.[723] Diese im Jahr 1997 veröffentlichte Untersuchung verstärkt damit den in der *McKendall*-Studie I gewonnenen Eindruck, Compliance-Maßnahmen seien (zumindest) zur Bestimmung der Wahrscheinlichkeit eines Rechtsverstoßes bedeutungslos.

3. Die Treviño-Studie

Linda Treviño, *Gary Weaver*, *David Gibson* und *Barbara Toffler* widmeten sich im Jahr 1999 der Untersuchung der Wirksamkeit von Corporate Compliance.[724] Das Ziel ihrer umfangreichen empirischen Erhebung war die Feststellung, von welchen Faktoren die Wirksamkeit eines Compliance-Programmes abhängt. Die Untersuchung erfolgte mit dem Anspruch, eine Hilfestellung für Führungskräfte, Berater und Gesetzgeber zu schaffen.[725] Ausgangspunkt der Studie war abermals das Ausmaß unethischen und rechtswidrigen Verhaltens in Unternehmen und dessen Beeinflussung durch Corporate Compliance.[726] Ein bedeutender Unterschied im Vergleich zu den *McKendall*-Studien liegt darin, dass die Datenerhebung auf Mitarbeitererfahrungen und damit auf Befragungen beruht.

a) Gegenstand und Methodik

Die Autoren der Studie versprachen sich das aussagekräftigste Ergebnis einer Untersuchung davon, einerseits sieben mögliche Auswirkungen eines Compliance-Programmes zu untersuchen und andererseits vier diese Auswirkungen beeinflussende Unternehmenseigenarten miteinzubeziehen. Die unterschiedlichen Eigenarten mit den möglichen Auswirkungen in Verbindung gebracht, sollte Aufschluss darüber geben, welche Programmgestaltung entscheidend für den Erfolg von Corporate Compliance ist. Bei den sieben Auswirkungen handelt es sich um die Häufigkeit rechtswidrigen Verhaltens, ein Ethikbewusstsein, die Bereitschaft der Mitarbeiter Rat zu su-

---

722 *McKendall/Wagner*, 8 Organization Science (1997), 624, 632 ff.

723 *McKendall/Wagner*, 8 Organization Science (1997), 624, 637 f.

724 *Treviño/Weaver/Gibson/Toffler*, 41 (Nr. 2) California Management Review (1998), 131 ff.

725 *Treviño/Weaver/Gibson/Toffler*, 41 (Nr. 2) California Management Review (1998), 131, 132.

726 *Treviño/Weaver/Gibson/Toffler*, 41 (Nr. 2) California Management Review (1998), 131, 132 f.

chen, die Bereitschaft Fehlverhalten zu melden, die Wahrscheinlichkeit der Meldung eines Fehlverhaltens, die Mitarbeiterverbundenheit und, zuletzt, eine verbesserte Entscheidungspraxis.[727] Die vier Unternehmenseigenarten unterteilen sich in Programmausrichtung, formale Programmbestandteile, Compliance-Befolgung und Unternehmenskultur.[728]

Die Untersuchung beruht auf einer Befragung von mehr als 10.000 Mitarbeitern unterschiedlichster Hierarchieebenen aus sechs verschiedenen Unternehmen.[729] Die Unternehmen entstammen verschiedenen Branchen und die Ausgestaltung der jeweiligen Compliance-Programme unterscheidet sich. Da die Datenerhebung durch eine Befragung mittels Fragebögen erfolgt ist, sorgten sich die Autoren vor vorurteilsbelasteten Antworten. Dieser Umstand wurde im Rahmen der Strukturierung des Fragenkataloges berücksichtigt.[730] Die Fragebögen wurden den Teilnehmern nach Hause gesandt und von dort direkt an die Autoren. Zunächst wurde das von den Befragten wahrgenommene unethische und rechtswidrige Verhalten ermittelt. Die Häufigkeit von 32 Vorkommnissen, die von der Lüge gegenüber Kunden, über wettbewerbsrechtliche Verstöße bis zu umweltrechtlichen Zuwiderhandlungen reichen, beurteilten die Befragten auf einer Fünf-Punkte-Skala von 1 entsprechend nie bis 5 entsprechend sehr oft.[731] Anschließend gaben die Befragten weitere Antworten, die sich von einem starken Widerspruch bis zu einem starken Zuspruch erstrecken konnten.[732]

b) Analyse und gewonnene Erkenntnisse

Die Antworten der über 10.000 Befragten wurden zusammengetragen und ausgewertet. Die sieben Auswirkungen von Corporate Compliance wurden

---

727 *Treviño/Weaver/Gibson/Toffler*, 41 (Nr. 2) California Management Review (1998), 131, 136 f. („Unethical Conduct, Ethical Awareness, Advice Seeking, OK to Deliver Bad News, Likely to Report Violations, Employee Commitment and Better Decision Making").

728 *Treviño/Weaver/Gibson/Toffler*, 41 (Nr. 2) California Management Review (1998), 131, 136 („Programm Orientation, Formal Program Charasterictics, Program Follow-Through and Ethical Culture").

729 *Treviño/Weaver/Gibson/Toffler*, 41 (Nr. 2) California Management Review (1998), 131, 132.

730 *Treviño/Weaver/Gibson/Toffler*, 41 (Nr. 2) California Management Review (1998), 131, 132 f.

731 *Treviño/Weaver/Gibson/Toffler*, 41 (Nr. 2) California Management Review (1998), 131, 133.

732 Siehe ausführlich dazu *Treviño/Weaver/Gibson/Toffler*, 41 (Nr. 2) California Management Review (1998), 131, 133.

zu den vier Unternehmenseigenarten in Beziehung gesetzt. Die sich daraus ergebenden Verhältnisse wurden in einer Tabelle graphisch dargestellt.[733] Das Ergebnis der *Treviño*-Studie lässt sich in einem Satz derart zusammenfassen: Formale Compliance-Maßnahmen haben nur einen untergeordneten Einfluss gegenüber spezifischen Eigenarten der Unternehmenskultur und der konsequenten Befolgung und Durchsetzung ethischer Ziele auf die Häufigkeit rechtswidrigen Verhaltens durch Unternehmensangehörige.[734] Die Untersuchung hat ergeben, dass die positivsten Auswirkungen auf die Häufigkeit rechtswidriger Handlungen mit der Übereinstimmung von postulierten Zielen und dem tatsächlichen Verhalten der Mitarbeiter sowie einzelner Bestandteile der Unternehmenskultur, besonders dem Führungsverhalten, der Behandlung der Mitarbeiter und der Diskussionskultur, einhergingen.[735] Zugleich wurden die negativsten Auswirkungen festgestellt, wenn die Mitarbeiter das Compliance-Programm als bloßen Schutz des Topmanagements vor dessen Verschulden an etwaigen Rechtsverstößen wahrgenommen haben, und wenn sie die Unternehmenskultur als geprägt von Egoismus und autoritären Strukturen empfunden haben.[736] Dieser kurzen Zusammenfassung der Ergebnisse folgt nun eine ausführlichere Darstellung.

aa) Programmausrichtung

Die *Treviño*-Studie unterscheidet vier unterschiedliche Ziele und Ausrichtungen eines Compliance-Programms:[737] Ein compliance-orientierter Ansatz diene dazu, Rechtsverstöße zu vermeiden, aufzudecken und zu bestrafen. Ein werteorientierter Ansatz konzentriert sich hingegen auf die Definition unternehmensweiter Werte und ermutigt die Unternehmensangehörigen, ethische Ziele zu verfolgen. Eine Stakeholder-Orientierung ist darauf ausgerichtet, Kunden, Lieferanten und die gesamte Gesellschaft zufrieden zu stellen. Der vierte, haftungsorientierte Ansatz zielt allein darauf ab,

---

733 *Treviño/Weaver/Gibson/Toffler*, 41 (Nr. 2) California Management Review (1998), 131, 136 f.

734 *Treviño/Weaver/Gibson/Toffler*, 41 (Nr. 2) California Management Review (1998), 131.

735 *Treviño/Weaver/Gibson/Toffler*, 41 (Nr. 2) California Management Review (1998), 131 f.

736 *Treviño/Weaver/Gibson/Toffler*, 41 (Nr. 2) California Management Review (1998), 132.

737 *Treviño/Weaver/Gibson/Toffler*, 41 (Nr. 2) California Management Review (1998), 132, 135 ff.; siehe hierzu auch *Paine*, 72 Harvard Business Review (1994), 106 ff.; *Wellner*, 27 Cardozo Law Review (2005), 497, 513.

das Topmanagement von einem Schuldvorwurf im Fall der Entdeckung von Rechtsverstößen freizusprechen.

Die *Treviño*-Studie hat den Einfluss dieser vier Ausrichtungen auf die Mitarbeiterwahrnehmung untersucht. Das Ergebnis der Studie ist eindeutig: Sofern Mitarbeiter eine wertebasierte Ausrichtung des Compliance-Programmes wahrgenommen haben, waren alle sieben Wirkungen deutlich positiv. Die Häufigkeit rechtswidrigen Verhaltens war niedriger, das Ethikbewusstsein war höher und die Wahrscheinlichkeit Rechtsverletzungen zu melden war, im Vergleich zu den übrigen Ausrichtungen, mit deutlichem Abstand höher.[738] Insgesamt waren die Auswirkungen für auf Stakeholder ausgerichtete Programme ebenfalls positiv, wenn auch nicht so stark wie für compliance-orientierte Programme und für die den stärksten positiven Einfluss habenden wertebasierten Programme. Ausnahmslos alle Ergebnisse waren negativ und erreichten hier Spitzenwerte für bloß als Topmanagementschutz empfundene Compliance-Programme.[739] Die Befragung brachte weiterhin zum Vorschein, dass aus der Sicht der über 10.000 Unternehmensangehörigen, verschiedene Programmausrichtungen zugleich verfolgt werden können.[740] Beispielsweise wurden 60 Prozent der Programme zugleich eine Werteorientierung und eine Compliance-Orientierung zuerkannt. 53 Prozent der werteorientierten Programme fielen zudem mit einer Stakeholder-Orientierung zusammen.

bb) Programmbestandteile

Alle sechs untersuchten Unternehmen hatten Grundbestandteile eines Compliance-Programmes implementiert: eine eigenständige Compliance-Abteilung sowie einen Compliance-Officer, eine Verhaltensrichtlinie und

---

738 *Treviño/Weaver/Gibson/Toffler*, 41 (Nr. 2) California Management Review (1998), 132, 136 f.

739 Ebenda. Eine andere Untersuchung kann dieses Ergebnis nicht bestätigen: Befragte gaben dort an, dass kein von ihnen wahrgenommenes Ziel, weshalb eine Verhaltensrichtlinie implementiert wurde, ihre Kollegen oder sie in der Einhaltung der Richtlinie beeinflussen würde, *Schwartz*, 55 Journal of Business Ethics, 323, 331.

740 *Treviño/Weaver/Gibson/Toffler*, 41 (Nr. 2) California Management Review (1998), 132, 139. Dies Ergebnis stimmt mit Untersuchungen überein, laut derer, compliance- und werteorienierte Ansätze zugleich verfolgt werden könnten, *Weaver/Treviño/Cochran*, 42 Academy of Management Journal (1999), 539, 549.

eine Telefonhotline.[741] Die *Treviño*-Studie brachte zum Vorschein, dass es unbedeutend war, ob Arbeitnehmer mit den Programmbestandteilen vertraut waren oder ob sie die Verhaltensrichtlinie regelmäßig zu Rate zogen. Diese Faktoren hatten wenig Einfluss auf den Effekt eines Compliance Programmes. Insbesondere die Häufigkeit von Rechtsverletzungen blieb weitgehend unbeeinflusst von diesen zwei Parametern.[742] In diesem Zusammenhang erforschten die Autoren der Studie, welchen Einfluss zwei andere Faktoren hatten: Erstens, ob im Unternehmen formalen Systeme bestehen, um Compliance-Belange und Bedenken zu äußern, und zweitens, ob Compliance standardmäßig als Teil der Leistungsbewertung Berücksichtigung findet.[743] Diese beiden Programmcharakteristika sind beide dynamisch. Sie erfordern eine laufende Einbeziehung in die Unternehmenspraxis, während eine Verhaltensrichtlinie auch nur entworfen, veröffentlicht und nicht weiter beachtet werden kann. Alle sieben Wirkungen eines Compliance-Programmes waren deutlich positiv, sofern Mitteilungsmöglichkeiten bestanden und Compliance in die Leistungsbewertung einfloss.[744]

cc) Befolgung und Durchsetzung ethischer Ziele

Die *Treviño*-Studie untersuchte die Konsequenzen der Befolgung und Durchsetzung der vom Unternehmen postulierten ethischen Ziele. Hierzu wurde der Einfluss von drei Faktoren berücksichtigt: die Entdeckung von Rechtswidrigkeiten, die Verfolgung von Meldungen und die Übereinstimmung von Unternehmensvorgaben mit der tatsächlichen Unternehmenspraxis.[745] Dies wird regelmäßig als „walk the talk" bezeichnet. Die genannten Faktoren spiegeln für die Unternehmensangehörigen den Stellenwert von Ethik und Compliance wider, der diesen Aspekten durch das Management entgegengebracht wird.[746] Die Untersuchung ergab, je stärker die Befolgung der vorgegebenen Ziele empfunden wurde, desto besser waren die Ergebnis-

---

741 *Treviño/Weaver/Gibson/Toffler*, 41 (Nr. 2) California Management Review (1998), 131, 140.

742 *Treviño/Weaver/Gibson/Toffler*, 41 (Nr. 2) California Management Review (1998), 131, 136 f., 140.

743 *Treviño/Weaver/Gibson/Toffler*, 41 (Nr. 2) California Management Review (1998), 131, 140.

744 *Treviño/Weaver/Gibson/Toffler*, 41 (Nr. 2) California Management Review (1998), 131, 136 f., 140.

745 *Treviño/Weaver/Gibson/Toffler*, 41 (Nr. 2) California Management Review (1998), 131, 141.

746 Ebenda.

se.[747] Insbesondere eine wahrgenommene Übersteinstimmung von unternehmenseigenen Vorgaben mit der tatsächlichen Unternehmenspraxis hatte einen enormen Einfluss auf die Reduzierung von Rechtsverstößen.

dd) Unternehmenskultur

Die Untersuchung erforschte zugleich den Einfluss verschiedener Faktoren, die der Unternehmenskultur zuzuordnen sind. Die sechs wichtigsten untersuchten Faktoren lauten im Einzelnen: Führungsverhalten, Belohnungsanreize, Fairness, Kommunikation, autoritäre Struktur und Unternehmensorientierung.[748] Die Untersuchung ergab, dass einige dieser Faktoren den größten Einfluss auf die Wirksamkeit eines Compliance-Programms hatten. Das Führungsverhalten war ein Schlüsselfaktor: Hatten die Unternehmensangehörigen das Gefühl, die Vorgesetzten und die Geschäftsführung nahmen Ethik ernst und achteten Moral und Werte genauso wie den Profit, dann waren alle Ergebnisse eindeutig positiv.[749] Die Auswirkungen keiner anderen Unternehmenseigenart waren im Durchschnitt so einflussreich wie das Führungsverhalten. Die Untersuchungsfragen, ob sich die Mitarbeiter fair behandelt fühlten, zielten nicht direkt auf das Compliance-Programm ab. Vielmehr ging es darum, ob die Mitarbeiter Belohnungen und Disziplinierungen seitens des Unternehmens als angemessen empfanden und sich von Vorgesetzen würde- und respektvoll behandelt fühlten.[750] Bejahten die Unternehmensangehörigen diese Fragen, dann reduzierte sich die Wahrscheinlichkeit eines Rechtsverstoßes deutlich und auch die anderen sechs Auswirkungen erreichten Werte in der Spitzengruppe.[751] Positive Auswirkungen konnten zudem festgestellt werden, wenn eine Diskussionskultur im Unternehmen vorhanden war, um Ethik und Werte offen zu erör-

---

747 *Treviño/Weaver/Gibson/Toffler*, 41 (Nr. 2) California Management Review (1998), 131, 136 f., 141.

748 *Treviño/Weaver/Gibson/Toffler*, 41 (Nr. 2) California Management Review (1998), 131, 136 f. und 141 ff. („Executive Leadership, Supervisory Leadership, Fair Treatment, Ethics Talk, Ethics in Decisions, Ethical Behavior Rewarded, Unethical Behavior Punished, Obedience to Authority, Employee Focus, Community Focus, Self-Interest Focus").

749 *Treviño/Weaver/Gibson/Toffler*, 41 (Nr. 2) California Management Review (1998), 131, 142.

750 *Treviño/Weaver/Gibson/Toffler*, 41 (Nr. 2) California Management Review (1998), 131, 142 f.

751 *Treviño/Weaver/Gibson/Toffler*, 41 (Nr. 2) California Management Review (1998), 131, 136 f.

tern, diese in Entscheidungsfindungen einbezogen wurden sowie normkonformes Verhalten belohnt und gegenteiliges sanktioniert wurde.[752]

Die im Durchschnitt negativsten Auswirkungen haben sich ergeben, wenn Mitarbeiter eine autoritäre Unternehmensstruktur, welche eine bedingungslose Befolgung der Anordnungen der Vorgesetzten erfordert, wahrnahmen.[753] Als weiterer Bestandteil der Unternehmenskultur wurde die Unternehmensorientierung in dreifacher Weise berücksichtigt: Die Autoren differenzieren zwischen einer Ausrichtung auf die Interessen und Belange der Belegschaft, einer Ausrichtung auf die Vorteile für Kunden und die gesamte Gesellschaft sowie einer egozentrischen Orientierung der einzelnen Unternehmensangehörigen.[754] Eine Fokussierung auf Eigeninteressen führte zu den im Durchschnitt zweitnegativsten Auswirkungen, wohingegen die anderen Orientierungen – insbesondere die Ausrichtung auf Arbeitnehmerinteressen – zu positiven Auswirkungen führten.[755] Die *Treviño*-Studie ermittelte, dass die Unternehmenskultur den stärksten Einfluss auf das Ergebnis der sieben untersuchten Auswirkungen hatte. Dies gilt sowohl in positiver (Führungsverhalten und Fairness) als auch in negativer (Autoritätshörigkeit und Fokussierung auf Eigeninteressen) Hinsicht.

c)   Zusammenfassung der Untersuchung

Drei Erkenntnisse der *Treviño*-Studie sind besonders hervorzuheben: Erstens ermittelte die Untersuchung, dass den Programmbestandteilen aus Sicht der Unternehmensangehörigen eine untergeordnete Bedeutung zukommt. Die Verhaltensrichtlinie und die Häufigkeit ihrer Nutzung haben nahezu keinerlei Einfluss auf die Häufigkeit von Rechtsverstößen.[756] Weiterhin ergab die Untersuchung, dass verschiedene Ziele von Corporate Compliance nebeneinander verfolgt werden können.[757] Ein allein haftungsorientiertes Compliance-Programm führte jedoch zu einer signifikanten Ver-

---

752 *Treviño/Weaver/Gibson/Toffler*, 41 (Nr. 2) California Management Review (1998), 131, 136 f., 143.

753 *Treviño/Weaver/Gibson/Toffler*, 41 (Nr. 2) California Management Review (1998), 131, 136 f., 143 f.

754 Vgl. *Treviño/Weaver/Gibson/Toffler*, 41 (Nr. 2) California Management Review (1998), 131, 136 f., 144.

755 *Treviño/Weaver/Gibson/Toffler*, 41 (Nr. 2) California Management Review (1998), 131, 136 f., 144.

756 *Treviño/Weaver/Gibson/Toffler*, 41 (Nr. 2) California Management Review (1998), 131, 136 f.

757 *Treviño/Weaver/Gibson/Toffler*, 41 (Nr. 2) California Management Review (1998), 131, 139.

schlechterung der gemessenen Auswirkungen, wohingegen ein werteorientiertes einen deutlich positiven Einfluss ausübte. Dieses Teilergebnis stimmt mit den Erkenntnissen zur Unternehmenskultur überein, die als besonders entscheidend eingestuft wurde. Damit ist die dritte Erkenntnis angesprochen: Es ist zu betonen, dass Elemente der Unternehmenskultur und die Übereinstimmung zwischen Unternehmensvorgaben und Unternehmenspraxis der *Treviño*-Studie zufolge den stärksten und positivsten Einfluss auf die Häufigkeit rechtlicher Verstöße haben.[758]

IV. Zusammenfassung des gegenwärtigen Forschungsstandes zur Wirksamkeit von Corporate Compliance

Teilweise wird in der Literatur vertreten, dass den Ergebnissen der Untersuchungen zur Erforschung der Wirksamkeit von Corporate-Compliance zufolge eine eindeutige Aussage, ob und wie Compliance-Maßnahmen auf die Unternehmensangehörigen wirken, nicht getroffen werden kann.[759] Demzufolge wäre nur eine gesicherte Feststellung möglich, das Hauptziel von Corporate Compliance, die Einhaltung rechtlicher Vorgaben seitens der Unternehmensangehörigen zu verbessern, müsste als empirisch nicht belegt eingestuft werden. Diese Annahme kann aufgrund der Erkenntnisse, die die empirische Forschung in diesem Wissenschaftsfeld hervorgebracht hat, nicht aufrechterhalten werden.[760] Richtig ist, Compliance-Maßnahmen führen nicht per se zu einer Verhaltenssteuerung der Unternehmensangehörigen. Mithin wird die Einhaltung rechtlicher Vorgaben nicht automatisch verbessert; außerhalb der formalen Compliance-Maßnahmen liegende Umstände entscheiden über deren Wirksamkeit oder Wirkungslosigkeit.

Der Umfang der formalen Compliance-Maßnahmen stellt demzufolge keinen verlässlichen Indikator für eine Vorhersage zukünftiger Rechtsverletzungen dar.[761] Als Beispiel wurde bereits das Unternehmen Enron angeführt: Zwar war Enron für sein umfangreiches Compliance-Programm be-

---

758 Vgl. *Treviño/Weaver/Gibson/Toffler*, 41 (Nr. 2) California Management Review (1998), 131, 136 f.

759 *Helin/Sandström*, 75 Journal of Business Ethics (2007), 253, 262; *Schwartz*, 32 Journal of Business Ethics (2001), 247, 249 ff.; *Stevens*, 54 Journal of Business Ethics (2004), 163, 169 f.; *dies.*, 13 Journal of Business Ethics (1994), 63, 68.

760 Nunmehr auch *Stevens*, 78 Journal of Business Ethics (2008), 601, 606 f.

761 Vgl. *Mathews*, in: Preston/Frederick, Research in Corporate Social Performance, S. 107, 126 f.; *Pape*, CCZ 2009, 233; *Weaver/Treviño/Cochran*, 18 Journal of Business Ethics (1999), 283, 293.

kannt, das augenscheinlich alle denkbaren Erwartungen zu erfüllen schien. Den Bilanzfälschungsskandal und weitere Rechtsverletzungen konnten die weit reichenden formalen Maßnahmen jedoch nicht verhindern.[762] Compliance-Maßnahmen und Prozesse müssen, um wirksam zu sein, mit den im Unternehmen vorherrschenden Verhaltens- und Entscheidungsmustern, also der spezifischen Unternehmenskultur, einhergehen.[763] Diese für die Wirksamkeit notwendige Übereinstimmung zwischen kultureller Prägung des Unternehmens und den Compliance-Maßnahmen selbst scheint jedoch nicht in allen Corporate Compliance nutzenden Unternehmen vorzuliegen. Dies veranschaulicht eine Untersuchung von *Christine Parker* und *Vibeke Lehmann Nielsen*:[764] In einer empirischen Betrachtung der 999 größten australischen Unternehmen, gemessen an deren Mitarbeitern, stellten sie fest, dass die Compliance-Anstrengungen „partial, symbolic and half-hearted" (auf Deutsch unvollständig, symbolisch und halbherzig) waren.[765] Häufig wurden allein weniger kostenintensive Maßnahmen wie der Entwurf und die Veröffentlichung einer Verhaltensrichtlinie gewählt. Nachhaltige Strukturen und Compliance fördernde Anreize seitens der Führungskräfte waren bedeutend seltener ersichtlich.[766] *Gary Weaver*, *Linda Treviño* und *Philip Cochran* kamen in einer in den USA durchgeführten Untersuchung von 254 Unternehmen zu vergleichbaren Ergebnissen.[767] Weiterhin deckten sie auf, dass die Geschäftsleitung der betrachteten Unternehmen nur zu einem zu vernachlässigenden Ausmaß in die Compliance-Aktivitäten eingebunden war und den Unternehmensangehörigen den Stellenwert von Compliance nicht sichtbar verdeutlichte.[768] Die Untersuchungsergebnisse spre-

---

762 Vgl. *Megan*, 23 (Nr. 6) Journal of Business Strategy (2002), 37 ff.; *Moore*, 15 Business Ethics: A European Review (2006), 407, 412 f.; *Sims/Brinkmann*, 45 Journal of Business Ethics (2003), 243 und 254; *Stevens*, 78 Journal of Business Ethics (2008), 601, 604.

763 *Adams/Rachman-Moore*, 54 Journal of Business Ethics (2004), 225, 237 ff.; *Stevens*, 54 Journal of Business Ethics (2004), 163, 169 f.; *Weaver/Treviño/Cochran*, 18 Journal of Business Ethics (1999), 283.

764 *Parker/Nielsen*, 31 Melbourne University Law Review (2006), 441 ff.

765 *Parker/Nielsen*, 31 Melbourne University Law Review (2006), 441, 444 und 471 ff.

766 *Parker/Nielsen*, 31 Melbourne University Law Review (2006), 441, 471 ff.

767 *Weaver/Treviño/Cochran*, 18 Journal of Business Ethics (1999), 283 ff.

768 *Weaver/Treviño/Cochran*, 18 Journal of Business Ethics (1999), 283, 290 f. Eine Befragung von 30 Absolventen des Harvard MBA-Programms durch *Joseph Badaracco* und *Allen Webb* brachte zum Vorschein, viele dieser jungen Führungskräfte empfanden, dass sich Führungskräfte mit ethischen Fragen nicht befassten, weil sie entweder zu beschäftigt waren oder Verantwortung

chen dafür, dass die Compliance-Anstrengungen in der Mehrzahl der untersuchten Fälle nicht mit der jeweiligen kulturellen Prägung der Unternehmen übereinstimmten.

Hiermit ist angesprochen, was wirksames Corporate Compliance im Detail voraussetzt: Um in einem Unternehmen die Einhaltung rechtlicher Vorgaben nachhaltig zu verbessern, reichen Aktivitäten, die allein von der Compliance-Abteilung ausgehen, nicht aus. Entscheidend ist, dass Ethik und Compliance im Unternehmen eine breite Anerkennung finden und grundsätzlich in Unternehmensprozesse und den Unternehmensalltag integriert werden.[769] Formale Compliance-Maßnahmen ohne entsprechende Anerkennung im Unternehmen stellen bloße Artefakte dar.[770] Aus dieser Erkenntnis heraus erklärt sich, weshalb Corporate Compliance als ein ausschließliches Befehls- und Kontrollsystem zum Misserfolg verurteilt ist.[771] Compliance darf sich nicht allein durch die Reduzierung des Handlungsspielraums der Unternehmensangehörigen, also durch strikte Vorgaben von richtig oder falsch, auszeichnen. Anstatt nur zu belehren, müssen Compliance-Programme mehr leisten. Sie müssen die Entwicklung eines Moralverständnisses, eines Orientierungs- und Verhaltensmusters begleiten und unterstützen. Schließlich, und dies muss zum Verständnis betont werden, ist der Erfolg von Compliance bedingt durch persönliche Entscheidungen und Verhaltensweisen einzelner Unternehmensmitglieder.[772] Dass die Verstöße gegen unternehmensinterne und externe Vorgaben geahndet werden müssen, um bei den Unternehmensangehörigen als ernsthaftes Unternehmensziel wahrgenommen zu werden, sei hierdurch ausdrücklich nicht

---

vermeiden wollten, *Badaracco/Webb*, 37 (Nr. 2) California Management Review (1995), 8, 9.

769 Vgl. *Adams/Rachman-Moore*, 54 Journal of Business Ethics (2004), 225, 237 ff.; *Healy/Iles*, 39 Journal of Business Ethics (2002), 117, 122 f.; *Marnburg*, 9 Business Ethics: A European Review (2000), 200, 208; *McKendall/DeMarr/Jones-Rikkers*, 37 Journal of Business Ethics (2002) 367, 379; *Snell/Herndon*, 51 Journal of Business Ethics (2004), 75, 81; *Stevens*, 78 Journal of Business Ethics (2008), 601, 605 ff.

770 Vgl. *Pape*, CCZ 2009, 233; *Sims/Brinkmann*, 45 Journal of Business Ethics (2003), 243 und 254; *Stevens*, 78 Journal of Business Ethics (2008), 601, 604.

771 *Barker*, 12 Journal of Business Ethics (1993), 165, 174; *Kjonstad/Willmott*, 14 Journal of Business Ethics (1995), 445, 448; *Schwartz*, 23 Journal of Business Ethics (2000), 173, 175 ff.; *Stevens*, 13 Journal of Business Ethics (1994), 63, 66; *Treviño/Weaver*, Managing Ethics in Organizations, S. 194.

772 Vgl. *Barker*, 12 Journal of Business Ethics (1993), 165, 174.

ausgeschlossen.[773] Compliance ist nur in dem Maße wirksam, wie es innerhalb des Unternehmens durchgesetzt wird.[774]

Die entscheidende Rolle, um diesen umfassenden Prozess der Integration von Compliance in Unternehmensprozesse und den Unternehmensalltag
anzustoßen und voranzutreiben, kommt der Unternehmensleitung zu.[775]
Diese besitzt die hierzu notwendigen Entscheidungsbefugnisse und verkör-
pert zugleich eine Vorbildfunktion, mit der sie sowohl kriminelle als auch
antikriminelle Verhaltensmuster vorleben kann.[776] Der ausschlaggebende
informale Umstand, Corporate Compliance wirksam zu integrieren, ist damit das Führungsverhalten des Managements.[777] Die Führungspersönlichkeiten werden zu Vorbildern für die Sozialisierung innerhalb des Unternehmens und innerhalb der Unternehmenskultur. Ihr Ausdruck und Verhalten
dient den nachgeordneten Mitarbeitern in bedeutendem Maße als Orientierung. Diese Annahme bekräftigt eine Untersuchung von 868 Arbeitnehmern
durch *Janie Harden Fritz*, *Ronald Arnett* und *Michele Conkel*.[778] Die größte

773 Vgl. *McKendall/DeMarr/Jones-Rikkers*, 37 Journal of Business Ethics (2002),
      367, 372 f. m.w.N.; *Nitsch/Baetz/Hughes*, 57 Journal of Business Ethics
      (2005), 327 ff.; *Stevens*, 78 Journal of Business Ethics (2008), 601, 606.

774 Siehe hierzu bereits 4. Kapitel § 2 II. 2.

775 *Adams/Rachman-Moore*, 54 Journal of Business Ethics (2004), 225, 237 ff.;
      Barker, 12 Journal of Business Ethics (1993), 165, 174; *Fritz Harden/Arnett/
      Conkel*, 20 Journal of Business Ethics (1999), 289 ff.; *Hess/McWhorter/Fort*,
      11 Fordham Journal of Corporation & Financial Law (2006), 725, 744 f.;
      Mathews, in: Preston/Frederick, Research in Corporate Social Performance,
      S. 107, 127; *McKendall/DeMarr/Jones-Rikkers*, 37 Journal of Business Ethics
      (2002), 367, 379; *Schwartz/Dunfee/Kline*, 58 Journal of Business Ethics
      (2005), 79 ff.; *Weaver/Treviño/Cochran*, 42 Academy of Management Journal
      (1999), 539, 546 ff. Nach einer Untersuchung von *Anit Jose* und *Mary Thi-
      bodeaux* erachteten 98,8 Prozent der Befragten die Unterstützung des Spit-
      zenmanagements für notwenig, um die Einhaltung rechtlicher Vorgaben zu
      verbessern; in der Befragung war dies bedeutend wichtiger als Richtlinien,
      Schulungen und ähnliche Maßnahmen, *Jose/Thibodeaux*, 22 Journal of
      Business Ethics (1999), 133, 138.

776 *Mathews*, in: Preston/Frederick, Research in Corporate Social Performance,
      S. 107, 127. Eine Befragung von 30 Absolventen des Harvard MBA-Pro-
      gramms durch *Joseph Badaracco* und *Allen Webb* brachte zum Vorschein, dass
      viele dieser jungen Führungskräfte genaue Anweisungen erhielten oder zu-
      mindest starken Druck des Unternehmens empfanden, Dinge zu tun, die ihrer
      Ansicht nach unethisch und teilweise rechtswidrig waren, *Badaracco/Webb*,
      37 (Nr. 2) California Management Review (1995), 8.

777 *Treviño/Weaver/Gibson/Toffler*, 41 (Nr. 2) California Management Review
      (1999), 131, 136 f., 141 f.

778 *Fritz Harden/Arnett/Conkel*, 20 Journal of Business Ethics (1999), 289 ff.

Sensibilisierung der Arbeitnehmer für Compliance erfolgte dadurch, dass deren Vorgesetzte den rechtlichen Vorgaben folgten, denn die Mitarbeiter orientierten sich besonders an deren Handlungen und deren Vorbildfunktion.[779] Um Compliance wirksam zu implementieren, muss die Unternehmensführung demzufolge die Compliance-Bestrebungen fördern. Sie muss die Einhaltung rechtlicher Vorgaben als Unternehmensziel ausgeben und tatkräftig vorleben.[780] Dies kann zum einen dadurch geschehen, dass die unternehmenseigenen Ziele und Erwartungen durch Entscheidungen und Verhalten der Führungskräfte im Unternehmensalltag bestätigt und zum anderen von diesen in Unternehmensprozesse integriert werden.[781] Die Einbeziehung von Ethik und Compliance in die Personalauswahl, -bewertung und -beförderung kann beispielsweise erfolgreich die Bedeutung von Compliance in der Unternehmenspraxis hervorheben.[782] Um den Compliance-Gedanken noch stärker durch informale Maßnahmen zu unterstützen, sollte eine offene Kommunikations- und Diskussionsstruktur hinsichtlich rechtlicher und moralischer Probleme angestrebt werden.[783] Einige rechtliche Schwierigkeiten würden nicht auftauchen, wenn die Kommunikation unter den Unternehmensmitgliedern intensiver wäre, so wird argumentiert.[784]

---

779 *Fritz Harden/Arnett/Conkel*, 20 Journal of Business Ethics (1999), 289, 293. Das mittlere Management würde gleichfalls durch das Verhalten des Spitzenmanagements geprägt, noch stärker wirkten sich nur Gespräche mit Kollegen der jeweiligen Ebene aus, *Fritz Harden/Arnett/Conkel*, 20 Journal of Business Ethics (1999), 289, 294.

780 Vgl. *Mathews*, in: Preston/Frederick, Research in Corporate Social Performance, S. 107, 127.

781 Vgl. *Snell/Herndon*, 51 Journal of Business Ethics (2004), 75, 76 m.w.N. *Marie McKendall* und *John Wagner* zitieren eine Untersuchung, in der 64 pensionierte Führungskräfte von „Fortune 500"-Unternehmen das Verhalten und die Philosophie der Topmanager am häufigsten als Grund für Rechtsverstöße nennen, *McKendall/Wagner*, 8 Organization Science (1997), 624, 628.

782 *Treviño/Weaver/Gibson/Toffler*, 41 (Nr. 2) California Management Review (1998), 131, 146 f.; *Weaver/Treviño/Cochran*, 18 Journal of Business Ethics (1999), 283, 293.

783 *Adams/Rachman-Moore*, 54 Journal of Business Ethics (2004), 225, 237 ff.; *Barker*, 12 Journal of Business Ethics (1993), 165, 174; *Drake/Drake*, 30 (Nr. 2) California Management Review (1988), 107, 114; *Jose/Thibodeaux*, 22 Journal of Business Ethics (1999), 133 und 138 ff.; *McKendall/DeMarr/Jones-Rikkers*, 37 Journal of Business Ethics (2002), 367, 373; *Treviño/Weaver/Gibson/Toffler*, 41 (Nr. 2) California Management Review (1998), 131, 145; *Waters/Bird*, 6 Journal of Business Ethics (1987), 15, 22.

784 *Barker*, 12 Journal of Business Ethics (1993), 165, 174.

Die in der Literatur geäußerten Bedenken an der grundsätzlichen Wirkungslosigkeit von Corporate Compliance, sofern deren Maßnahmen allein das Ziel verfolgen, etwaige Strafnachlässe oder ähnliche rechtliche Vorteile zu bewirken, Marketing- oder Reputationszwecken zu dienen oder mit Wettbewerbern gleichzuziehen,[785] verstärken sich durch die vorliegende Untersuchung. Zwar dienen formale Compliance-Maßnahmen wie die Einführung einer Verhaltensrichtlinie, die Durchführung von Schulungen und die Einrichtung einer Telefonhotline der Stärkung antikrimineller Verhaltens- und Orientierungsmuster in den Unternehmen. Tatsächlich erfolgreich sind diese jedoch so lange nicht, bis sie nachhaltig durch informelle Maßnahmen unterstützt und etabliert werden.[786] Zusammenfassend bedeutet dies Folgendes: In einem Unternehmen, welches den Stellenwert von Compliance im Unternehmensalltag durch das vorbildliche Verhalten der Führungskräfte und compliance-integrierende Maßnahmen und Prozesse verdeutlicht, werden die Unternehmensangehörigen für die compliance-relevanten Vorgaben sensibilisiert.[787] Als Ergebnis dieser Entwicklung werden sich Rechtsverstöße seltener ereignen, womit eine verbesserte Verhaltenssteuerung der Unternehmensangehörigen zu erwarten ist.[788] Unter

---

785 Vgl. *Kaptein/Wempe*, 17 Journal of Business Ethics (1998), 853; *Laufer*, 52 Vanderbilt Law Review (1999), 1343, 1408 f.; *Molander*, 6 Journal of Business Ethics (1987), 619, 622; *Snell/Herndon*, 54 Journal of Business Ethics (2004), 75, 83; *Stevens*, 54 Journal of Business Ethics (2004), 163, 170.

786 *Laufer*, 52 Vanderbilt Law Review (1999), 1343, 1409 f.; *Mathews*, in: Preston/Frederick, Research in Corporate Social Performance, S. 107, 127.

787 In der Literatur wird sogar argumentiert, die Unternehmensangehörigen müssten den Eindruck gewinnen, die Rechtsgeltung besitze einen vergleichbaren Stellenwert wie die Erzielung des Unternehmensgewinnes, dann würde Corporate Compliance erfolgreich sein, vgl. *Fritz Harden/Arnett/Conkel*, 20 Journal of Business Ethics (1999), 289, 297; *McKendall/DeMarr/Jones-Rikkers*, 37 Journal of Business Ethics (2002), 367, 372; *Molander*, 6 Journal of Business Ethics (1987), 619, 624 f.; *Treviño/Weaver/Gibson/Toffler*, 41 (Nr. 2) California Management Review (1998), 131, 142; *Waters/Bird*, 6 Journal of Business Ethics (1987), 15, 18 ff.

788 Der Eingangs dieser Zusammenfassung geäußerten Kritik einiger Autoren (*Helin/Sandström*, 75 Journal of Business Ethics (2007), 253, 262; *Stevens*, 54 Journal of Business Ethics (2004), 163, 169 f.; *dies.*, 13 Journal of Business Ethics (1994), 63, 68) hinsichtlich der Funktionsweise von Corporate Compliance kann aufgrund des bestehenden Forschungsstandes entgegnet werden, dass Compliance grundsätzlich, aber abhängig von weiteren Umständen, zu einer verbesserten Einhaltung rechtlicher Vorgaben beitragen kann; zukünftige Untersuchungen sollten jedoch verstärkt Handlungen und Prozesse innerhalb der Unternehmen mit in eine Evaluierung einbeziehen, um die Funktionsweise noch genauer beschreiben zu können, vgl. *Helin/Sandström*,

Wirksamkeitsgesichtspunkten hat damit, unter Zugrundelegung der im ersten Kapitel dieser Arbeit unternommenen Differenzierung zwischen einem defensiven Compliance-Ansatz und einem compliance-integrierenden Ansatz,[789] allein ein compliance-integrierender Ansatz Aussicht auf Erfolg.[790]

§ 3 Überprüfung und Einordnung des ermittelten Ergebnisses zur Wirksamkeit von Corporate Compliance

Neben der im vorhergehenden Abschnitt behandelten rechtssoziologischen Betrachtung, lässt sich die Fragestellung – Verbesserung der Einhaltung rechtlicher Vorgaben – auch aus dem Blickwinkel anderer Disziplinen beobachten. Dazu kommen insbesondere verschiedene Fachrichtungen der Biologie, Medizin, Psychiatrie und Psychologie in Betracht. Eingang in eine wissenschaftliche Auseinandersetzung hat die Beeinflussung des Verhaltens von Menschen zudem in den sogleich dargestellten strafrechtlichen und kriminologischen Diskurs (I.) sowie in die betriebswirtschaftliche Organisationslehre gefunden (II.). Eine Auseinandersetzung mit den dortigen Erkenntnissen trägt zur Verifizierung der in dieser Arbeit vertretenen Auffassung bei: Das betriebliche Umfeld entscheidet grundsätzlich über die Einhaltung rechtlicher Vorgaben durch die Unternehmensangehörigen und damit den Erfolg von Corporate Compliance.

75 Journal of Business Ethics (2007), 253, 263. Weiterhin wäre es wünschenswert, wenn Untersuchungen zunehmend tatsächliche Fakten miteinbezögen, vgl. *Izraeli/Schwartz*, 17 Journal of Business Ethics (1998), 1045, 1049. Zudem ist es sinnvoll, Datensätze über längere Zeiträume zu erheben. Die in dieser Arbeit ausgewerteten Studien beziehen sich bis auf wenige Ausnahmen (z. B. *Kaptein/Wempe*, 17 Journal of Business Ethics (1998), 853 ff.; *Snell/Herndon*, 51 Journal of Business Ethics (2004), 75 ff.) nicht auf langfristige Untersuchungen. Um zu verstehen, welchen Einfluss Compliance-Maßnahmen auf Unternehmensangehörige haben, sind jedoch Studien über einen größeren Zeitabschnitt viel versprechender, so auch *Helin/Sandström*, 75 Journal of Business Ethics (2007), 253, 262; *Schwartz*, 32 Journal of Business Ethics (2001), 247, 259.

789 Siehe dazu 1. Kapitel § 4 II. 1.

790 Vgl. exemplarisch *Barker*, 12 Journal of Business Ethics (1993), 165 ff.; *Paine*, 72 Harvard Business Review (1994), 106 ff.; *Stevens*, 78 Journal of Business Ethics (2008), 601, 607. Siehe hierzu auch den Beitrag von *Thorsten Rosbach* als Compliance-Manager von General Electric, *Rosbach*, CCZ 2008, 101 ff.

I. Corporate Compliance aus Sicht der kriminologischen, strafrechtlichen Sanktionsforschung

Ein Ziel von Corporate Compliance ist, die Begehung von Straftaten durch die Unternehmensangehörigen zu verhindern. Beispielsweise sollen Submissionsbetrug (§ 263 StGB) und Bestechung (§ 299 StGB) entgegengewirkt werden. Die Androhung und Durchsetzung der Strafe bedarf aufgrund ihres unmittelbar einschränkenden Charakters einer Rechtfertigung. Diese liefern verschiedene, die staatliche Strafe legitimierende sowie Sinn und Zweck begründende Theorien.[791] Dem heutigen Strafrecht liegt ein präventiver Gedanke zugrunde, auf dem auch Corporate Compliance beruht. Die staatliche Bestrafung bezweckt, zukünftige Straftaten zu verhindern. Die empirische Überprüfung der Strafrechtstheorien kann daher auf den Compliance-Ansatz übertragen und zur Bestätigung des compliance-integrierenden Ansatzes herangezogen werden.

Die heute vertretenen Strafrechtstheorien können in einen spezialpräventiven und einen generalpräventiven Ansatz unterteilt werden. Die Straftheorie der Spezialprävention rechtfertigt die Bestrafung dadurch, dass auf solche Personen, die eine Straftat begangen haben, Einfluss genommen wird, um eine Änderung im Sinne der Besserung ihrer Grundhaltung zu bewirken und so in Zukunft Straftaten zu vermeiden.[792] Aus generalpräventiver Sicht lässt sich einerseits argumentieren, die Aufgabe des Strafrechts sei es, tatgeneigten Personen durch Androhung empfindlicher Übel ein Gegenmotiv zur Begehung der Straftat zu liefern.[793] Andererseits wird das Ziel der Strafe der Stärkung des Rechtsbewusstseins und des Vertrauens der Allgemeinheit in die Rechtsordnung zugeschrieben.[794] Es wird somit zwischen einer negativen und einer positiven Generalprävention unterschieden. Die negative Generalprävention ist auf die Abschreckung anderer Personen gerichtet. Der positive, generalpräventive Ansatz zielt hingegen auf die Bezeichnung von besonders sozialschädlichen Verhaltensweisen als Straftaten ab. Deren Verfolgung und Sanktionierung durch den Staat wird als eine unverzichtbare Notwendigkeit dafür betrachtet, dass die mit diesen Straftatbe-

---

791 Ausführlich zu den einzelnen Theorien *Bock*, JuS 1994, 89 ff.; *Meier*, Strafrechtliche Sanktionen, S. 17 ff.; *Roxin*, Strafrecht, § 3. Die insgesamt vorherrschenden Vereinigungstheorien integrieren die im folgenden Verlauf der Arbeit vorgestellten Grundpositionen und sollen in dieser Untersuchung außer Betracht bleiben; vgl. zu diesen nur *Roxin*, Strafrecht, § 3 Rn. 33 f.

792 Siehe hierzu *Roxin*, Strafrecht, § 3 Rn. 21 ff.

793 *Roxin*, Strafrecht, § 3 Rn. 25.

794 *Roxin*, Strafrecht, § 3 Rn. 256 ff. m.w.N.

ständen geschützten Werte vom prinzipiell guten Bürger geachtet und eingehalten werden.

Die kriminologische Sanktionsforschung hat sich mit der Gültigkeit der Strafzwecktheorien auseinandergesetzt: Das Ergebnis ist ernüchternd. Weder die spezial- noch die generalpräventiven Anätze lassen die staatliche Strafandrohung und -durchsetzung per se als gerechtfertigt erscheinen.[795] Untersuchungen haben vielmehr ergeben, dass von höheren Strafdrohungen bzw. von härteren Strafen keine nachweisbaren Wirkungen im Sinne der negativen Generalprävention ausgehen.[796] Allenfalls werden der Erhöhung des Entdeckungs- und Verfolgungsrisikos mäßige Abschreckungseffekte bescheinigt.[797] Größere Bedeutung als der reinen Abschreckungswirkung wird deshalb allgemein der positiven Generalprävention beigemessen.[798] Als bedeutender Erklärungsfaktor für normkonformes Verhalten wird die wahrgenommene Verbindlichkeit der Strafnorm bzw. die Strafnormakzeptanz genannt. Der moralischen Verbindlichkeit einer Norm und den informellen Reaktionen im Umfeld des Straftäters werden ein nicht unerheblicher Einfluss auf das Täterverhalten zugemessen.[799] Es gilt danach: Je verwerflicher die Tat eingeschätzt wird und je stärker die vom Umfeld des Täters – zum Beispiel von Freunden, Bekannten und Arbeitskollegen – erwartete Missbilligung ist, desto höher ist die Wahrscheinlichkeit, dass die Tat nicht begangen wird.[800] Nicht die Strafschwere steht im Vordergrund der

---

795 Siehe hierzu ausführlich die Feststellungen zur Spezialprävention bei *Albrecht*, Kriminologie, S. 48 ff.; *Kunz*, Kriminologie, § 34 Rn. 4 ff.; *Streng*, Strafrechtliche Sanktionen, Rn. 61 ff. und zur Generalprävention bei *Albrecht*, Kriminologie, S. 54 ff.; *Kunz*, Kriminologie, § 33 Rn. 24; *Streng*, Strafrechtliche Sanktionen, Rn. 53 ff.; für den Bereich Corporate Crimes siehe auch *Hefendehl*, MschrKrim 86 (2003), 27 ff.

796 Siehe *Bussmann*, zfwu (2004), 35, 37 ff.; *Hefendehl*, MschrKrim 86 (2003), 27, 38.

797 Vgl. *Albrecht*, Kriminologie, S. 54.

798 Vgl. *Meier*, Strafrechtliche Sanktionen, S. 23; *Roxin*, Strafrecht, § 3 Rn. 27 m.w.N.

799 *Bussmann*, zfwu (2004), 35, 39; *Dannecker*, in: Wabnitz/Janowski, Handbuch des Wirtschafts- und Steuerstrafrechts, S. 1, 66. Dieses Ergebnis erstaunt keineswegs, wenn man sich verdeutlicht, dass staatliches Strafen auf zwei Ebenen wirkt: Zum einen enthält ein staatlicher Strafausspruch ein zwangsweise auferlegtes Übel und gleichzeitig führt ein Schuldspruch zu einem öffentlich sozialethischen Unwerturteil über die verübte Tat, vgl. *Jescheck/Weigend*, Strafrecht, S. 65; *Meier*, Kriminologie, § 9 Rn 16 ff.; *ders.*, Strafrechtliche Sanktionen, S. 15 ff.

800 Vgl. *Dölling*, in: Kerner/Kury/Sessar, Deutsche Forschungen zur Kriminalitätsentstehung und Kriminalitätskontrolle, S. 51, 59 ff.; *Meier*, Strafrechtliche

Präventionswirkung[801], sondern ein kommunikativer Ansatz im Sinne einer unmissverständlichen Missbilligung der Tat[802].

Für die Wirksamkeit von Corporate Compliance bedeuten die Erkenntnisse der kriminologischen Sanktionsforschung Folgendes: Ein Compliance-Programm, vorrangig verstanden als ein Befehls-, Kontroll- und Sanktionierungssystem, dient allein dem Zweck der Spezial- und negativen Generalprävention. Ein solches System verspricht aufgrund der kriminologischen Forschungserkenntnisse keine Aussicht auf eine nennenswerte Verbesserung der Einhaltung rechtlicher Vorgaben innerhalb des Unternehmens.[803] Rechtsverletzungen der Unternehmensangehörigen durch zielgerichtete, systematische Kontrollen und andere Compliance-Maßnahmen aufzuspüren und deren Meldung durch internes „Whistleblowing" zu fördern, führen allein zu einer Erhöhung des Aufdeckungsrisikos. Dabei ist zu beachten, dass der zur Straftat Entschlossene sich oftmals über die Aufdeckungsrisiken in unbegründeter Zuversicht hinwegsetzt oder mit Blick auf das Maß an Aufdeckungsgefahren immer ausgefeiltere Umgehungsmethoden ersinnen wird.[804] Allein eine verbesserte Aufdeckung von Rechtsverstößen durch Corporate Compliance darf nicht zu übersteigerten Erfolgserwartungen führen. Diese Schlussfolgerung wird durch die im Rahmen von Compliance erwogene, planmäßige Anwendung von Sanktionierungsmaßnahmen, die sich über das gesamte zivil- und arbeitsrechtliche Instrumentarium erstrecken können und der unternehmenseigenen Disziplinierung dienen, nicht beeinflusst.[805] Die beschriebenen Maßnahmen stehen allein im Dienste der negativen Generalprävention und damit einer empirisch erwiesenermaßen wirkungslosen Abschreckung.[806]

Sanktionen, S. 28 m.w.N.; *Schöch*, FS Jescheck, S. 1081, 1098 ff.; *ders.*, in: Jehle, Kriminalprävention und Strafjustiz, S. 291, 293 ff.

801 *Schöch*, FS Jescheck, S. 1081, 1099 ff., 1102; *ders.*, in: Jehle, Kriminalprävention und Strafjustiz, S. 291, 294 ff.; *Streng*, Strafrechtliche Sanktionen, Rn. 55; *Villmow*, in: NK-StGB, Vor § 38 Rn. 81.

802 Vgl. *Hörnle*, Tatproportionale Strafzumessung, S. 112 ff., 387 f.; *Hassemer*, FS Roxin, S. 1001, 1012 ff.; *Maultzsch*, Jura 2001, 85, 91 f. *Meier*, Strafrechtliche Sanktionen, S. 28 f.; *Streng*, Strafrechtliche Sanktionen, Rn. 55 m.w.N.

803 So auch *Samson/Langrock*, DB 2007, 1684, 1687; vgl. Bussman, zfwu (2004), 35, 38 f.

804 *Samson/Langrock*, DB 2007, 1684, 1687.

805 Vgl. Bussman, zfwu (2004), 35, 39.

806 *Samson/Langrock*, DB 2007, 1684, 1687.

In den Vordergrund müssten aus kriminologischer Sicht somit die Compliance-Maßnahmen gerückt werden, die das soziale Werteempfinden im Rechtsbewusstsein der Unternehmensangehörigen stärken und damit vordringlich die positive Generalprävention unterstützen. Die notwendigen kriminalpräventiven und Rechtsverstößen vorbeugenden Compliance-Maßnahmen werden in der kriminologischen Literatur grundsätzlich positiv bewertet, wenn sie auch nicht ohne Kritik bleiben.[807] Zur Bedeutung der Notwendigkeit einer moralischen Komponente eines Compliance-Systems führt *Kai Bussmann* aus: „Der Vermittlung von Werten und Normen kommt unter allen möglichen Ursachen und Präventionsstrategien die höchste Bedeutung zu. Dies gilt gerade im Bereich der Wirtschaft, denn hier kumulieren die Probleme sowohl hinsichtlich der Opportunity Structures, der Persönlichkeitsmerkmale, als auch gerade bezüglich der dominanten und teilweise konfligierenden Wertorientierungen."[808] Die Betonung der Vermittlung von Werten und Normen beruht auf der Erkenntnis, dass Deutschlands Unternehmensleiter den Verfall gesellschaftlicher Werte als die Hauptursache für Kriminalität im eigenen Unternehmen ausmachen.[809] Folge dieser Erkenntnis, so wird in der Literatur argumentiert, muss die forcierte Einführung von Verhaltensrichtlinien sein, die der Vermittlung von Werten und Normen dienen, die Kommunikation und Diskussion über ethische Grenzen anregen, für ethische Werte sensibilisieren, rechtliche Grenzen kommunizieren und Effekte der Selbstbindung fördern.[810] Neben der Einführung von Verhaltensrichtlinien wird zugleich die Bedeutung der Kommunikation im Unternehmen und der Durchführung von Compliance-Schulungen betont.[811] Entscheidend für die Wirksamkeit von Compliance sei die Integration in den Unternehmensalltag; Compliance müsse „gelebt" werden und

---

807 Aus der strafrechtlichen, kriminologischen Literatur siehe *Bussmann/Salvenmoser*, NStZ 2006, 203, 208; Bussman, zfwu (2004), 35 ff.; *ders.*, MschrKrim 86 (2003), 89 ff.; *Hefendehl*, ZStW 119 (2007), 816, 844 ff.; *ders.*, JZ 2006, 119 ff.; *ders.*, NJ 2006, 17, 19; *ders.*, JZ 2004, 18, 23; *Samson/Langrock*, DB 2007, 1684, 1687 ff.; *Schünemann*, in: Hefendehl, Empirische und dogmatische Fundamente, S. 349, 361 f.; vgl. auch *Achenbach*, GA 2004, 559, 574.

808 Bussman, zfwu (2004), 35, 46.

809 Bussman, zfwu (2004), 35, 40, 43; *ders.*, MschrKrim 86 (2003), 89, 97 f.; *Hefendehl*, JZ 2006, 119, 121. Das mangelnde Unrechtsbewusstsein der Täter wird als Hauptursache für Wirtschaftsstraftaten betrachtet, *Bussmann/Salvenmoser*, NStZ 2006, 203, 207.

810 Bussman, zfwu (2004), 35, 45; *Hefendehl*, JZ 2006, 119, 121; vgl. *Bussmann/Salvenmoser*, NStZ 2006, 203, 208.

811 Hierzu *Bussmann*, MschrKrim 86 (2003), 89, 100 ff.

ein Teil der Unternehmenskultur sein, um auf diese Weise in das Bewusstsein der Mitarbeiter zu gelangen.[812]

Derweil bleibt die Verbreitung von Corporate Compliance nicht ohne Kritik. Nach Ansicht *Roland Hefendehls* würden die Compliance-Bemühungen die wahren Vorgänge innerhalb der Unternehmen lediglich beschönigen.[813] Während in der englischsprachigen compliance-relevanten Literatur dieser Vorgang durch das Schlagwort „window-dressing" umschrieben und geprägt wurde, so äußert *Hefendehl* die Sorge, dass es sich um ein „Alibiinstitut" handele.[814] Sofern Compliance nur dazu diene, gegenüber Unternehmensexternen ein Bild des integren Unternehmens aufrechtzuerhalten, tatsächlich aber konsequent „Risk Seeker" fördere, bliebe Corporate Compliance wirkungslos.[815] Trotz dieser Bedenken, die sich auf das Ziel der Implementierung seitens der Unternehmen und die Konsequenz ihrer Umsetzung beziehen, aber nicht deren grundsätzliche Wirksamkeit in Frage stellen, kann die kriminologische Sanktionsforschung im Ergebnis die Gültigkeit der compliance-relevanten empirischen Forschung bestätigen: Corporate Compliance, getragen von einer Rechtskonformität achtenden Unternehmenskultur, fördert die Einhaltung rechtlicher Vorgaben.

II. Einordnung der Unternehmenskultur: ein Blick auf die betriebswirtschaftliche Organisationslehre

Die erfolgreiche Führung und Steuerung eines Unternehmens verlangt mehr als technologisches Wissen und betriebswirtschaftliche Kennzahlen. Notwendig dazu ist auch die gewünschte Steuerung der Unternehmensangehörigen, die im Rahmen der betriebswirtschaftlichen Organisationslehre diskutiert wird. Zu diesem Wissenschaftsfeld gehört die Betrachtung der Unternehmenskultur, insbesondere unter Berücksichtigung der sozialpsychologischen Führungsforschung.[816] Nachdem sowohl die compliance-relevante Empirie als auch die kriminologische Sanktionsforschung dem betrieblichen Umfeld der Unternehmensangehörigen ausschlaggebenden Einfluss

---

812 *Bussman*, zfwu (2004), 35, 46; *ders.*, MschrKrim 86 (2003), 89, 102.

813 *Hefendehl*, ZStW 119 (2007), 816, 847.

814 *Hefendehl*, JZ 2004, 18, 23.

815 *Hefendehl*, JZ 2006, 119, 124 f., der weiterhin von „Scheinheiligkeit" und „Scheinwelt" spricht; siehe zur Kritik auch *Schünemann*, in: Hefendehl, Empirische und dogmatische Fundamente, S. 349, 361 f.

816 Siehe nur *Hungenberg*, Strategisches Management in Unternehmen, S. 38 ff.; *Paul*, DB 2005, 1581 ff.; *Schein*, Unternehmenskultur, passim; *Steinmann/Schreyögg*, Management, S. 707 ff.

auf die Wirksamkeit von Corporate Compliance zuerkennen, sollen im Folgenden zum besseren Verständnis der bisherigen Untersuchungsergebnisse und deren Einordnung, die Unternehmenskultur betrachtet werden. Dies erfordert einen grundsätzlichen Blick auf den Inhalt der kulturellen Prägung eines Unternehmens (1.), deren Einfluss auf die Unternehmensangehörigen (2.) und deren gezielte Beeinflussbarkeit (3.). Bevor im Anschluss daran eine Beurteilung der voraussichtlichen Wirksamkeit von Compliance-Maßnahmen erfolgen kann (4.).

1. Die Unternehmenskultur und ihre Elemente

Möchte man beschreiben, was Unternehmenskultur[817] ausmacht, so muss das gesamte Unternehmen zunächst als eine Art Kultursystem betrachtet werden. Diese Herangehensweise ist auf die Ethnologie zurückzuführen. Die Ethnologie nutzt den Kulturbegriff, um besondere, historisch gewachsene und zu einem komplexen Geflecht verdichtete Merkmale von Volksgruppen zu bezeichnen.[818] Darunter sind Werte- und Denkmuster einschließlich der diese vermittelnden Symbolsysteme zu verstehen, welche sich im Zuge menschlicher Interaktion herausbilden. Kultur wird deshalb als „mentale kollektive Programmierung des Geistes" bezeichnet, die Mitglieder einer bestimmten Gruppe von den Mitgliedern einer anderen Gruppe unterscheidet.[819]

Auf die Unternehmenswelt übertragen bedeutet dieser Ansatz, dass sich in jedem Unternehmen eigene, unverwechselbare Vorstellungs- und Orientierungsmuster, die das Verhalten der Unternehmensangehörigen und der betrieblichen Funktionsbereiche nachhaltig prägen, entwickeln.[820] Unternehmenskultur wird definiert als „die Gesamtheit der Grundannahmen, Werte, Normen, Einstellungen und Überzeugungen einer Unternehmung, die sich in einer Vielzahl von Verhaltensweisen und Artefakten ausdrückt und sich als Antwort auf die vielfältigen Anforderungen, die an diese Unternehmung gestellt werden, im Laufe der Zeit herausgebildet hat".[821]

Mit der Definition der „Unternehmenskultur" ist gleichwohl wenig gewonnen, denn die Unternehmenskultur stellt ein komplexes, mehrschichtiges Phänomen dar, das nicht in einem Satz verdeutlicht werden kann. Es

---

817 Die Unternehmenskultur wird zuweilen (weiter gefasst) auch als Organisationskultur, Organizational Culture oder Corporate Culture bezeichnet.

818 *Steinmann/Schreyögg*, Management, S. 710 m.w.N.

819 *Hofstede*, Interkulturelle Zusammenarbeit, S. 18 f.

820 *Steinmann/Schreyögg*, Management, S. 710.

821 *Kutschker/Schmid*, Internationales Management, S. 678.

kennzeichnet „Charaktereigenschaften" eines Unternehmens.[822] Eine Beschreibung der Kernelemente, die mehrheitlich mit dem Begriff der Unternehmenskultur verbunden werden, dient weiterer Klärung:[823] Die Unternehmenskultur ist ein im Wesentlichen implizites Phänomen, das nur eingeschränkt beobachtbar ist. Denn Denk-, Werte- und Orientierungsmuster treten regelmäßig nicht offen zu Tage. Bei diesen dem Handeln der Unternehmensangehörigen zugrunde liegenden Verhaltensmustern spricht man des Weiteren von einem gemeinsamen und gelebten Phänomen, das bis zu einem gewissen Grad zu einer Vereinheitlichung des Handelns der Unternehmensangehörigen beiträgt und diese dabei einem Sozialisationsprozess unterwirft. Zugleich spiegelt die Unternehmenskultur einen Lernprozess im Umgang mit internen und externen Anforderungen wider.

Um noch verständlicher zu beschreiben, was sich hinter dem Begriff Unternehmenskultur verbirgt, und um die Bedeutung von Compliance-Maßnahmen einordnen zu können, bietet sich eine nähere Betrachtung des von *Edgar Schein* entwickelten Modells der Unternehmenskultur an.[824] Dieses ordnet die verschiedenen Dimensionen der Unternehmenskultur und verdeutlicht ihre Beziehungen zueinander. Das auf der Kulturanthropologie aufbauende Modell unterscheidet drei miteinander in Beziehung stehende Ebenen: (1) Basisannahmen, (2) Werte und Normen und (3) Artefakte.[825]

Auf der untersten Ebene (1) finden sich die Basisannahmen. Eine Unternehmenskultur beruht auf grundlegenden Vorstellungs- und Orientierungsmustern. Hierbei handelt es sich um langfristige Auffassungen über die Natur des Menschen, seine Beziehung zur Umwelt sowie Vorstellungen über die Wahrheit und Zeit. Die Basisannahmen haben sich im Laufe der Zeit oftmals unbewusst herausgebildet und werden von den Unternehmensangehörigen grundsätzlich als selbstverständlich vorausgesetzt. Die Basisannahmen sind deshalb nicht sichtbar. Neben den Basisannahmen enthält das Modell eine zweite Ebene (2). Diese besteht aus den kollektiven Werten und Normen der Unternehmensangehörigen. Während Werte abstrakte Auffassungen eines Individuums über das Wünschens- und Erstrebenswerte sind, handelt es sich bei den Normen um Verhaltensstandards, welche als abge-

---

822 Vgl. *Hungenberg*, Strategisches Management in Unternehmen, S. 39.

823 Vgl. *Schein*, Unternehmenskultur, S. 20 ff.; *Steinmann/Schreyögg*, Management, S. 711 f.

824 *Schein*, 25 (Nr. 2) Sloan Management Review (1984), 3 ff.; *Schein*, Unternehmenskultur, S. 29 ff.; vgl. dazu *Hungenberg*, Strategisches Management in Unternehmen, S. 39 f.; *Steinmann/Schreyögg*, Management, S. 712 ff.

825 *Schein*, 25 (Nr. 2) Sloan Management Review (1984), 3 ff.; *Schein*, Unternehmenskultur, S. 29 ff.

stimmte, von außen gesetzte Handlungserwartungen jedem Unternehmensmitglied auferlegt werden. Werte als ganz persönliche Einstellungen werden in dem Moment zum Gegenstand der Unternehmenskultur, in dem sie zumindest von einer Mehrheit der Unternehmensmitglieder geteilt werden. Sie sind vorwiegend unsichtbar und vorrangig im Unterbewusstsein verankert. Anders verhält es sich mit Normen, die als ungeschriebene oder ausdrücklich formulierte Vorgaben gegenwärtig sind. Normen führen jedoch nicht zwingend zu einer Verhaltensbeeinflussung, weil die Unternehmensangehörigen sich ihrer nicht notwendigerweise bewusst sind.[826]

Nach Scheins Modell der Unternehmenskultur stellen die Artefakte die sichtbare Ebene (3) dar. Zu diesem Teil der Unternehmenskultur gehören die von den Unternehmensmitgliedern entwickelten und gelebten Verhaltensweisen, wie Sitten und Gebräuche oder die täglichen Umgangsformen. Beispielhaft können weiterhin Anekdoten und Legenden, Formen der Sanktionierung und Belohnung oder Bekleidungsgewohnheiten genannt werden.[827] Die Artefakte machen die Unternehmenskultur sichtbar und lebendig und damit für neue Unternehmensangehörige erlebbar. Auf der Ebene der Artefakte schlagen sich die oftmals nur halbbewussten Normen und Werte nieder. Daraus folgt, dass die sichtbaren Artefakte nur mit den zugrunde liegenden weiteren Ebenen zu verstehen sind. Zwischen den drei unterschiedlichen Ebenen besteht eine enge wechselseitige Beziehung, so dass aus dem Zusammenspiel der einzelnen Ebenen eine unverwechselbare kulturelle Prägung des Unternehmens entsteht.

2. Der Einfluss der Unternehmenskultur auf die Unternehmensangehörigen

Eine Betrachtung des Begriffs der Unternehmenskultur verdeutlicht, dass diese bis zu einem gewissen Grade zu einem homogenen Verhalten der Unternehmensangehörigen beiträgt. Das Ausmaß der Homogenität differiert von Unternehmen zu Unternehmen. Es hängt entscheidend von der Stärke der Unternehmenskultur ab.[828] Der Einfluss der kulturellen Prägung des Un-

---

826 *Hungenberg*, Strategisches Management in Unternehmen, S. 39.

827 Zu weiteren Beispielen siehe *Hungenberg*, Strategisches Management in Unternehmen, S. 40; *Steinmann/Schreyögg*, Management, S. 716 f.

828 In der Wissenschaft werden Unternehmenskulturen zudem hinsichtlich ihres Inhaltes typologisiert, siehe dazu *Bleicher*, Das Konzept integriertes Management, S. 238 ff.; *Hungenberg/Wulf*, Grundlagen der Unternehmensführung, S. 90 ff.; siehe insbesondere die Vier-Felder-Typologie aus dem Jahr 1982 von *Terrence Deal* und *Allan Kennedy*, *Deal/Kennedy*, Corporate Cultures, S. 107 ff.

ternehmens auf die Entscheidungen und das Verhalten der Unternehmensangehörigen ist umso bedeutender, je ausgeprägter die Unternehmenskultur ist. Die Stärke der Unternehmenskultur bemisst sich anhand von drei Merkmalen: dem Ausmaß der Prägnanz, dem Verbreitungsgrad und der Verankerungstiefe.[829] Eine starke Unternehmenskultur zeichnet sich dadurch aus, dass die Werte und Normen klar und deutlich ausgeprägt sind, um jedem Unternehmensmitglied eine Ausrichtung seines Verhaltens an diesen zu ermöglichen (Prägnanz). Der Verbreitungsgrad ist umso höher und die Unternehmenskultur damit umso stärker, je mehr Unternehmensangehörige von den Werten und Normen der Unternehmenskultur überzeugt sind. Entscheidend für den Verbreitungsgrad ist die Einheitlichkeit im Denken und Verhalten der Unternehmensmitglieder. Sind die Werte und Normen der Unternehmenskultur nicht nur vordergründig übernommen worden, sondern tief im Bewusstsein der Unternehmensangehörigen verwurzelt, so spricht man von einer hohen Verankerungstiefe.

Die Auswirkungen einer starken Unternehmenskultur auf die Unternehmensangehörigen sowie die Unternehmensentwicklung und den Unternehmenserfolg können sehr vielfältig sein.[830] Eine compliance-relevante Ausprägung der kulturellen Prägung ist der geringe Kontrollaufwand, den die Betriebswirtschaftslehre starken Unternehmenskulturen zuschreibt.[831] Das bedeutet, in derartigen Unternehmen besteht eine ausgeprägte Tendenz zur Selbstkontrolle hinsichtlich der Einhaltung *unternehmensspezifischer Vorgaben*. Diese Kontrolle findet auf einem indirekten, unterschwelligen

---

829 *Paul*, DB 2005, 1581, 1582; *Steinmann/Schreyögg*, Management, S. 723.

830 Siehe hierzu exemplarisch die Ausführungen bei *Hungenberg/Wulf*, Grundlagen der Unternehmensführung, S. 94 ff.; *Steinmann/Schreyögg*, Management, S. 728 ff. Die Betriebswirtschaftslehre begann in den 1980er Jahren, die Unternehmenskultur aufgrund verschiedener Untersuchungen als einen wichtigen Erfolgsfaktor zu betrachten, vgl. *Deal/Kennedy*, 19 Journal of Applied Behavioral Science (1983), 498 ff.; *Pascal/Athos*, The Art of Japanese Management, passim; *Peters/Waterman*, Auf der Suche nach Spitzenleistungen, passim; *Ouchi*, Theory Z, passim. Den positiven Wirkungen einer starken Unternehmenskultur stehen jedoch zugleich Risiken gegenüber, die sich vorwiegend daraus ergeben, dass das Wertesystem starker Unternehmenskulturen und die durch sie geprägten Orientierungsmuster den notwendigen Blick für Veränderungen in der Unternehmensumwelt überlagern können, *Bleicher*, Das Konzept integriertes Management, S. 235 ff.; *Hungenberg*, Strategisches Management, S. 42.

831 Vgl. *Bleicher*, Das Konzept integriertes Management, S. 229; *Paul*, DB 2005, 1581, 1582.

Wege statt und wird deshalb als Sozialkontrollmechanismus beschrieben.[832] Dieser auf die hohe Übereinstimmung und Befürwortung von Werten und Normen der Unternehmenskultur zurückgehenden, informalen Sozialkontrolle wird in der Literatur eine höhere Effektivität als formalen Kontrollstrukturen zuerkannt.[833] Für eine permanente Kontrolle bestünde grundsätzlich keine Notwendigkeit, denn die Orientierungsmuster seien verinnerlicht; die Kontrollaktivitäten könnten sich vielmehr auf stichprobenartige Überprüfungen beschränken. Eine starke Unternehmenskultur signalisiere den Mitgliedern einen Korridor für das zukünftig von ihnen erwartete Verhalten und wirke damit quasi als „Autopilot" im Sinne einer impliziten Verhaltenssteuerung.[834]

Für den Einfluss der Unternehmenskultur auf das Verhalten der Unternehmensangehörigen bedeuten diese Erkenntnisse: Eine starke Unternehmenskultur zeichnet sich durch eine hohe Homogenität der Entscheidungen und des Verhaltens der Unternehmensangehörigen aus und verstärkt diese Homogenität weiter, indem eine Selbstkontrolle bezüglich der Wahrung unternehmensspezifischer Vorgaben erfolgt. Bei diesen Vorgaben handelt es sich um das von der Unternehmenskultur transportierte Werte- und Orientierungssystem, also den Kulturinhalt. Der Kulturinhalt kann durch kriminelle oder antikriminelle Verhaltensmuster geprägt sein. Für die Bestimmung der Stärke einer Unternehmenskultur bleibt grundsätzlich außer Betracht, welche Werte die kulturelle Prägung repräsentiert und transportiert.[835] Eine Verbesserung der Rechtskonformität innerhalb des Unternehmens wird erst dann erreicht, wenn die Einhaltung rechtlicher Vorgaben zu dem von der Unternehmenskultur transportierten Werte- und Orientierungssystem gehört.

---

832 *O'Reilly*, 31 (Nr. 4) California Management Review (1989), 9, 10 ff.; *Saffold*, 13 The Academy of Management Review (1988), 546, 552; *Sørensen*, 47 Administrative Science Quarterly (2002), 70, 72.

833 *O'Reilly/Chatman*, 18 Research in Organizational Behavior (1996), 157 ff.; *Sørensen*, 47 Administrative Science Quarterly (2002), 70, 72 und 89.

834 *Bleicher*, Das Konzept integriertes Management, S. 229; *Wilkins*, 12 (Nr. 2) Organizational Dynamics (1983), 24, 27.

835 Der Unternehmenskulturansatz ist wertfrei anzuwenden. Ob der Kulturinhalt als moralisch oder unmoralisch einzustufen ist, gehört nicht zur Frage der Stärke einer Unternehmenskultur, sondern ist der Unternehmensethik zuzuordnen, *Steinmann/Schreyögg*, Management, S. 723 m.w.N. Die Erforschung der Unternehmenskultur beschäftigt sich ausschließlich mit der Beschreibung und Erfassung der Wirkungsweise der Unternehmensethik.

3. Die Beeinflussbarkeit der Unternehmenskultur

Unter Berücksichtigung der Bedeutung, die der Unternehmenskultur in der empirischen Forschung zur Effektivität von Corporate Compliance und zur Legitimität staatlichen Strafens zugewiesen wird, stellt sich die Frage nach der Gestaltbarkeit der kulturellen Prägung eines Unternehmens. Die Beeinflussbarkeit von Unternehmenskulturen wird in der Betriebswirtschaftslehre kontrovers diskutiert: Während einerseits vertreten wird, die Unternehmenskultur ließe sich wie andere Führungsinstrumente gezielt einsetzen und planmäßig verändern, wird die Unternehmenskultur andererseits als nicht beeinflussbare, organisch gewachsene Lebenswelt betrachtet, mehrheitlich wird hingegen eine Konsensposition vertreten.[836] Danach ist einerseits anerkannt, dass sich die Unternehmenskultur durch einen Prozess kultureller und sozialer Evolution eigenständig entwickelt und einer direkten Beeinflussung entzogen ist. Andererseits verbleibt die Möglichkeit, zumindest die internen Einflussgrößen der Unternehmenskultur zu gestalten und diese somit indirekt, aber dennoch gezielt, zu beeinflussen.

Die damit angesprochenen Einflussgrößen sind vielfältig. Aufgrund der sozialpsychologischen Führungsforschung von *Edgar Schein* können die die Unternehmenskultur beeinflussenden Instrumente in primäre und sekundäre Kulturprägungsmechanismen unterteilt werden.[837] Ein Einflussfaktor hat ausschlaggebende Bedeutung für die Entwicklung und Gestaltung der Unternehmenskultur. Es handelt sich um das Management selbst.[838] Begründet wird deren herausragende Bedeutung dadurch, dass das Verhalten der Führungskräfte von allen Mitarbeitern beobachtet wird und deren Handeln Vorbildcharakter besitzt. Neben reinen inhaltlichen Konsequenzen trägt das Management eine starke symbolische Bedeutung. Die Entscheidungen und Handlungen der Führungskräfte werden demzufolge als primärer Kulturprägungsmechanismus bezeichnet.[839] Aspekte, welche vom Management beachtet, gemessen oder kontrolliert werden sowie Reaktionen des Managements auf kritische Ereignisse oder Verhaltensweisen, stellen wesentliche Einflussfaktoren dar, an denen sich Unternehmensangehörige orientieren. Darüber hinaus entscheiden die von den Führungskräften fest-

---

836 Siehe dazu *Hungenberg*, Strategisches Management, S. 42; *Steinmann/ Schreyögg*, Management, S. 735 m.w.N.

837 Vgl. *Schein*, Unternehmenskultur, S. 185 ff.

838 *Bleicher*, Intergriertes Management, S. 229 ff., 245; *Hungenberg/Wulf*, Grundlagen der Unternehmensführung, S. 98; *Hungenberg*, Strategisches Mangament, S. 42 f.; *Schein*, Unternehmenskultur, S. 171 ff., 202 ff., 308.

839 Vgl. *Schein*, Unternehmenskultur, S. 185.

gelegten Kriterien der Zuteilung von beschränkten Ressourcen über die kulturelle Prägung in einem Unternehmen. Um den Unternehmensangehörigen Prioritäten, Werte und Prämissen zu verdeutlichen, sind auch die Voraussetzungen, nach denen Belohnungen und Status zugeteilt werden und Disziplinierungen ergehen, bedeutsam. Neben der Vorbildfunktion der Führungskräfte, vor allem in informellen Situationen, sind die Kriterien für Mitarbeiterauswahl und Entwicklung zwar die mitunter subtilsten, sogleich jedoch nachdrücklichsten zur Gestaltung der kulturellen Prägung.[840]

Als weitere Mechanismen, die die Unternehmenskultur beeinflussen, kommen die Wahl der Unternehmensstruktur, das Führungssystem und die formellen Aussagen zu offiziellen Vorgaben, Visionen und Zielen des Unternehmens in Betracht.[841] Bei diesen Einflussgrößen handelt es sich jedoch um sekundäre Mechanismen, die bloß der Artikulierung und Bekräftigung des Führungsverhaltens dienen können.[842] Sie entfalten keinerlei Wirkung und werden von den Unternehmensangehörigen ignoriert, sofern die durch sie entsandten Botschaften nicht mit dem Verhalten der Führungskräfte übereinstimmen.[843]

Nachdem nun feststeht, dass auf die Gestaltung der Unternehmenskultur durch den Einsatz bestimmter Instrumente Einfluss genommen werden kann, müssen die damit einhergehenden Schwierigkeiten und grundsätzlichen Gestaltungsgrenzen aufgezeigt werden. Schwierigkeiten ergeben sich daraus, dass der Einfluss auf bereits tief verankerte Verhaltens- und Orientierungsmuster, die sich über viele Jahre herausgebildet haben, große Anstrengungen und viel Zeit erfordern.[844] Die Auslösung eines sogenannten Kulturwandlungsprozesses verlangt „Auftaukräfte", die die Motivation zum Wandel unter den Unternehmensangehörigen verbreiten.[845] Auftau-

840 *Schein*, Unternehmenskultur, S. 192 ff.

841 Vgl. *Hungenberg*, Strategisches Management, S. 42 f.; *Schein*, Unternehmenskultur, S. 186, 195 ff.

842 Vgl. *Schein*, Unternehmenskultur, S. 195 ff.

843 *Schein*, Unternehmenskultur, S. 195. Dabei ist zu beachten, dass die sekundären Einflussgrößen im Laufe der Unternehmensentwicklung an Bedeutung gewinnen. Je stärker Struktur, Verfahren, Routineabläufe und bekundete Werte zum Erfolg eines Unternehmens beitragen, desto höher ist ihr Einfluss auf die Auswahl und Beförderung neuer Führungspersönlichkeiten, die diese Werte verinnerlicht haben und weitergeben, *Schein*, Unternehmenskultur, S. 203 f., 247.

844 *Schein*, Unternehmenskultur, S. 229, 250 („Veränderungen dauern zwischen fünf und fünfzehn oder mehr Jahren").

845 Zum Ablauf des Kulturwandlungsprozesses siehe nur *Steinmann/Schreyögg*, Management, S. 733 f. m.w.N. Grundlegend hierfür ist das 3-Phasen Modell

kräfte beinhalten beunruhigende Informationen, lösen Schuld- und Angst-
gefühle aus und gehen somit oftmals mit einer Konfliktsituation, wie einem
nicht zu ignorierenden Skandal oder rapide sinkenden Umsätzen, einher, so
dass feste Denk- und Verhaltensmuster der Unternehmensangehörigen in
Frage gestellt werden.[846] Der Prozess, die Unternehmensangehörigen zu einer Änderung der Verhaltens- und Orientierungsmuster zu veranlassen,
kann durch personelle Veränderungen und die Einschleusung neuer, außen-
stehender Mitarbeiter initiiert oder ergänzt werden.[847] Eine neue Zusam-
mensetzung der Unternehmensangehörigen kann die bisherigen gemeinsamen Grundprämissen hinterfragen. Das plakativste Vorgehen, die Gruppe
neu zu ordnen, stellt die Auswechselung der Unternehmensleitung dar. Zugleich oder alternativ können weitere Positionen auch unterhalb der Ebene
des leitenden Managements systematisch neu besetzt werden.[848] Dieses Vorgehen führt zwangsläufig zu einer Auseinandersetzung zwischen verschiedenen kulturellen Prämissen, die in Konflikt geraten. Der Kulturwandlungsprozess endet, sobald die neuen Prämissen kontinuierlich Verunsicherungen
vermindern und Probleme lösen oder aber die neuen Ansätze sich nicht
durchsetzen und scheitern.

Neben diesen Schwierigkeiten sind der Gestaltung der Unternehmenskultur Grenzen gesetzt: Der bewusste Einsatz der Einflussfaktoren verlangt
als Prämisse eine objektive Diagnose und eine wertende Beurteilung der unternehmensspezifischen kulturellen Prägung.[849] Berücksichtigt man, dass es
sich bei der Unternehmenskultur im Wesentlichen um ein unsichtbares Phänomen mit impliziten Verhaltens- und Orientierungsmustern handelt, dann
wird deutlich, dass die Komplexität der Unternehmenskultur eine vollständige Erfassung und Beschreibung verhindert und damit eine beabsichtigte,

von *Kurt Lewin* aus dem Jahr 1947, das die Veränderung in Organisationen in
drei Abschnitte namens Unfreezing, Moving und Freezing einteilt, *Lewin*, 1
Human Relations (1947), 5, 34 f.

846 *Schein*, Unternehmenskultur, S. 263 f.

847 Vgl. *Schein*, Unternehmenskultur, S. 254 ff.

848 Möglich ist der Einsatz sogenannter Change Agents, vgl. *Hungenberg/Wulf*,
Grundlagen der Unternehmensführung, S. 98 f. Dies sind Führungskräfte, die
im Unternehmen akzeptiert sind, die aber sogleich für eine angestrebte Neu-
ausrichtung der Unternehmenskultur stehen und deshalb aufgrund ihrer Fähigkeiten an Schlüsselpositionen im Unternehmen platziert werden. Als
Change Agents kommen auch unternehmensexterne Personen in Betracht,
deren Führungsfähigkeit allgemein bekannt und akzeptiert ist.

849 *Steinmann/Schreyögg*, Management, S. 736; vgl. ausführlich dazu *Schein*,
Unternehmenskultur, S. 132 ff.

planvolle Konstruktion unmöglich macht.[850] Eine weitere Steuerungsgrenze bildet die Akzeptanz neuer Werte und Normen.[851] Ein Kulturveränderungsprozess kann keinesfalls auf Anordnung erfolgen. Weder die Verordnung von außen noch die im Unternehmen von der Unternehmensführung ausgehende Neuorientierung verspricht Erfolg, sofern die Unternehmensangehörigen die neuen Verhaltens- und Orientierungsmuster nicht verinnerlichen. Dies geschieht solange nicht, bis die Unternehmensangehörigen die Überzeugung gewinnen, dass eine Neuorientierung notwendig ist und sie die Motivation und Bereitschaft aufbringen, einem neuen Muster zu folgen.

Im Ergebnis ist damit festzuhalten: Der Kulturwandlungsprozess verläuft im Wesentlichen evolutorisch, also ungeplant.[852] Durch den bedachten Einsatz bestimmter Instrumente ist jedoch eine gezielte Einflussnahme möglich. Das bedeutendste Mittel sind die Führungskräfte selbst mit ihren Entscheidungen und Handlungen. Sie können problematische Wirkungen aufzeigen, für neue Werte plädieren und diese sowie ihre Bedeutung demonstrieren.[853] Der Weg der Kulturbeeinflussung verlangt demzufolge zunächst immer eine eindeutige und einheitliche Identifizierung aller Führungskräfte mit den veränderten Werten und Normen, bevor von allen Unternehmensangehörigen erwartet werden kann, dass sie ihre Entscheidungen und Handlungen auf das veränderte Selbstverständnis des Unternehmens ausrichten.[854]

4. Corporate Compliance und Unternehmenskultur

Nun stellt sich die Frage, welche Schlussfolgerungen die Betrachtung des wissenschaftlichen Kenntnisstandes zur Unternehmenskultur für die Beurteilung des effektiven Einsatzes von Corporate Compliance erlaubt. Zu-

---

850 Vgl. *Schein*, Unternehmenskultur, S. 35, 73; *Steinmann/Schreyögg*, Management, S. 736.

851 *Bleicher*, Das Konzept integriertes Management, S. 232 f.; *Steinmann/ Schreyögg*, Management, S. 736. „Lernen und Wandel kann man den Menschen nicht einfach aufzwingen. Ihr Engagement und ihre Beteiligung sind Voraussetzung für eine Diagnose der Situation, für die Entwicklung von Lösungsvorschlägen und die tatsächliche Umsetzung.", *Schein*, Unternehmenskultur, S. 326.

852 *Bleicher*, Das Konzept integriertes Management, S. 228; vgl. auch *Hungenberg/Wulf*, Grundlagen der Unternehmensführung, S. 86; *Scholz*, Personalmanagement, S. 779.

853 *Steinmann/Schreyögg*, Management, S. 736 m.w.N.

854 *Hungenberg/Wulf*, Grundlagen der Unternehmensführung, S. 98; *Hungenberg*, Strategisches Management, S. 43.

nächst ist hervorzuheben, dass Unternehmensangehörige durch die im Unternehmen vorherrschenden Werte- und Orientierungsmuster nachhaltig geprägt werden und ihr Verhalten an diesen Mustern ausrichten. Dies bedeutet: Das Ausmaß der Einhaltung rechtlicher Vorgaben hängt zu einem nicht unbedeutenden Teil von dessen unternehmensspezifischer Wertschätzung ab. Die wiederum entscheidend durch das Verhalten der Führungspersönlichkeiten bestimmt wird, denn Werte, Normen und Prämissen werden vorrangig durch diese Gruppe von Unternehmensmitgliedern geprägt. Die Wirkungsweise kultureller Prägung lässt sich folglich so beschreiben: „Climate shapes people, but people also shape climate."[855]

Um die Wirksamkeit des Einsatzes von Corporate Compliance zu bestimmen, sind zwei Fragen aufzuwerfen: Erstens ermöglichen die Existenz von Compliance-Maßnahmen den Rückschluss darauf, dass ein Compliance-Gedanke Teil der Unternehmenskultur ist? Und zweitens verspricht die Initiierung von Compliance-Maßnahmen per se die Einhaltung rechtlicher Vorgaben zu verbessern? Aufgrund der vorherigen Untersuchungsergebnisse müssen beide Fragen negiert werden. Der Aufbau einer Compliance-Abteilung, die Schaffung der Stelle eines Compliance-Officers, die Einrichtung eines Telefondienstes und die Veröffentlichung einer Verhaltensrichtlinie sind in Scheins Modell der Unternehmenskultur eindeutig den sichtbaren Ebenen der Artefakte und der Normen zuzuordnen. Eine Betrachtung dieser Bemühungen allein erlaubt keinen Rückschluss auf die tatsächliche kulturelle Prägung des Unternehmens. Die für die Unternehmenskultur entscheidenden Dimensionen der nicht sichtbaren Werte und Basisannahmen kommen durch die genannten Compliance-Maßnahmen nicht zwingend zum Ausdruck. Besonders deutlich trifft dies auf die weit verbreiteten Verhaltensrichtlinien zu: Die Unternehmensleitung mag diesen Mechanismus nutzen, um für das Unternehmen zentrale Aspekte anzusprechen und Unternehmensangehörige an fundamentale Prämissen zu erinnern, ohne dass dies jedoch bedeutet, den bekundeten Werten und Normen würde tatsächlich im Unternehmen entsprochen.[856] Verhaltensrichtlinien stellen in kultureller Hinsicht keine Beschreibung der Unternehmenswirklichkeit dar.[857] Denn die sichtbaren Compliance-Maßnahmen verlangen Akzeptanz

---

855 *Brinkmann/Ims*, 12 Business Ethics: A European Review (2003), 265, 269.

856 *Schein*, Unternehmenskultur, S. 202; vgl. auch *Cassell/Johnson/Smith*, 16 Journal of Business Ethics (1997), 1077 ff., 1090.

857 Vgl. *Hungenberg*, Strategisches Manegement, S. 39; *Marnburg*, 9 Business Ethics: A European Review (2000), 200, 208; *Moore*, 15 Business Ethics: A European Review (2006), 407, 412 f.; *Schein*, Unternehmenskultur, S. 195;

und die Einhaltung durch die Unternehmensangehörigen, um wirklich ein Teil der kulturellen Prägung zu sein.

Diese Ausführungen leiten bereits die Beantwortung der zweiten Frage ein: Die Implementierung von Compliance-Maßnahmen für sich genommen reicht nicht aus, um diese in kultureller Hinsicht im Unternehmen zu verankern und demzufolge ihre grundsätzliche Wirksamkeit annehmen zu können. Die durch die genannten formalen Compliance-Maßnahmen ausgesandten Botschaften müssen mit dem Führungsverhalten übereinstimmen, um dieses zum Ausdruck bringen und bekräftigen zu können.[858] Formale Compliance-Maßnahmen können als sekundäre Kulturprägemechanismen nur unterstützend wirken und werden von den Unternehmensangehörigen ignoriert, sofern sie nicht die unternehmenseigenen Verhaltens- und Orientierungsmuster widerspiegeln.[859] Dies ermöglicht folgende Schlussfolgerung: Die Wirksamkeit der Compliance-Maßnahmen entscheidet sich anhand der Signale, die die Führungskräfte aussenden. Sind die Compliance-Maßnahmen durch ein Augenzwinkern nach der Devise „Wir müssen es haben, aber wir nehmen es nicht wirklich ernst." begleitet, so sind die Bemühungen zum Scheitern verurteilt.[860] Plakativ gesprochen: Compliance beginnt in den Köpfen der Führungspersönlichkeiten und ihre Wirksamkeit erfordern deren vorbehaltlose Bekenntnis und deren unmissverständliche Unterstützung.[861] Dem Ton, den die Unternehmensleitung implizit und explizit vorgibt, fügen sich die Unternehmensangehörigen.[862] Aus Sicht der Managementforschung bestätigt sich die zuvor im Rahmen dieser Untersuchung erlangte Erkenntnis; die Wirksamkeit von Corporate Compliance hängt ausschlaggebend von der Unternehmenskultur und dem Verhalten der Führungskräfte ab.

Sims/Brinkmann, 45 Journal of Business Ethics (2003), 243 ff.; *Steinmann/Schreyögg*, Management, S. 715.

858 Vgl. hierzu die empirische Untersuchung bei *Schwartz*, 32 Journal of Business Ethics (2001), 247, 253.

859 Vgl. *Moore*, 15 Business Ethics: A European Review (2006), 407, 412 f.; *Schein*, Unternehmenskultur, S. 195; *Sims/Brinkmann*, 45 Journal of Business Ethics (2003), 243 ff.

860 *Wessing*, SAM 2007, 175, 180; in diesem Sinne auch *Hefendehl*, JZ 2006, 119; 125; *Schünemann*, in: Hefendehl, Empirische und dogmatische Fundamente, S. 349, 361 f.

861 Vgl. *Pape*, CCZ 2009, 233, 236; *Wessing*, SAM 2007, 175, 180.

862 *Fritz Harden/Arnett/Conkel*, 20 Journal of Business Ethics (1999), 289 ff.; *Mathews*, in: Preston/Frederick, Research in Corporate Social Performance, S. 107, 127.

§ 4 Regulierung von Corporate Compliance

Ein Resümee dieses Kapitels ermöglicht die Beantwortung der beiden eingangs aufgeworfenen Leitfragen: Sollte der Gesetzgeber eine Verrechtlichung von Corporate Compliance vornehmen und führt die Implementierung und Durchführung von Compliance zu einer Reduzierung von Rechtsverstößen durch Unternehmensangehörige?

I. Corporate Compliance und Verhaltenssteuerung

Für die Beantwortung der ersten Frage ist die Wirksamkeit von Corporate Compliance entscheidend. Die Annahme, Compliance-Maßnahmen trügen grundsätzlich zu einer Verhaltenssteuerung der Unternehmensangehörigen im Sinne des Gesetzgebers und mithin der Allgemeinheit bei, ist nach den in dieser Untersuchung gewonnenen Erkenntnissen nicht richtig. Das Ergebnis dieser Untersuchung weist daraufhin, dass die alleinige Existenz eines Compliance-Programms kein Ausdruck von Corporate Social Responsibility, einer rechtskonforme Verhaltensmuster fördernden Unternehmenskultur oder einer wirksamen Selbstregulierung ist.[863] Die Hypothese, präventive Eigenaktivitäten der Unternehmen in Form von Corporate Compliance führen zwingend zu einer Verbesserung der Einhaltung rechtlicher Anforderungen durch die Unternehmensmitglieder, kann nicht aufrechterhalten werden. Allein formale Compliance-Maßnahmen wie die Benennung eines Compliance-Officers, die Einführung einer Verhaltensrichtlinie, die Durchführung von Schulungen und die Schaltung einer Telefonhotline verbleiben solange ohne Wirkung auf das Verhalten der Unternehmensangehörigen, bis die Führungspersönlichkeiten des Unternehmens die Compliance-Bemühungen sichtbar und informell unterstützen und somit für die notwendige kulturelle Prägung des Unternehmens Sorge tragen. Eine rechtskonformität achtende Unternehmenskultur ist Vorraussetzung dafür, dass formale Compliance-Maßnahmen Wirkung entfalten.

Im ersten Kapitel dieser Arbeit wurde dargelegt, dass die vom Gesetzgeber beabsichtigte Verhaltenssteuerung (Einhaltung des geltenden Rechts) voraussetzt, dass die Unternehmensangehörigen über eine hinreichende Rechtskenntnis verfügen und sich zumindest unbewusst zu einem rechtskonformen Verhalten verpflichtet fühlen.[864] Die Auswertung empirischer Untersuchung hat zum Vorschein gebracht, dass diese Anforderungen durch

---

863 So auch *Mathews*, in: Preston/Frederick, Research in Corporate Social Performance, S. 107, 127 f.

864 Siehe hierzu 1. Kapitel § 3 II.

204

die Initiierung von Compliance-Maßnahmen nicht automatisch erfüllt werden. Durch den Einsatz von Verhaltensrichtlinien, Schulungen und weiterer formaler Compliance-Maßnahmen nimmt die Wahrscheinlichkeit zu, dass Unternehmensangehörige in die Lage versetzt werden, der gewünschten Verhaltenssteuerung aufgrund der derart vermittelten Rechtskenntnis zu folgen. Keine Aussage lässt sich hingegen hinsichtlich der Intensität des Pflichtgefühls der Unternehmensmitglieder treffen. Dieses ist vorrangig bedingt durch informale Gegebenheiten und nicht durch formalistische Compliance-Maßnahmen. Damit bleibt festzuhalten: Corporate Compliance ist kein Allheilmittel zur Steigerung der Rechtskonformität. In dem richtigen Umfeld bieten Compliance-Maßnahmen jedoch eine vielversprechende Möglichkeit zur Verbesserung der Verhaltenssteuerung.

Dieses Ergebnis bestätigt der Bericht von *Richard Barker*, der die Auswirkungen der Compliance-Anstrengungen des US-amerikanischen Unternehmens General Dynamics für den Zeitraum von 1983 bis 1991 beschreibt.[865] Mehrere Überprüfungen der Compliance-Anstrengungen ergaben, dass die Einhaltung rechtlicher Vorgaben verbessert werden konnte. *Richard Barker*, der die Maßnahmen als Change Agent begleitete, identifizierte dabei mehrere Erfolgsbedingungen; unter anderem müsse das Compliance-Programm als Hilfestellung für die Arbeitnehmer geschaffen werden und die Unterstützung durch alle Führungskräfte sei absolut notwendig.[866]

II. Grenzen und Möglichkeiten des Gesetzgebers zur Förderung von Corporate Compliance

Eine gesetzliche Regulierung der Implementierung und Durchführung von Compliance-Programmen aufgrund fortwährend auftauchender Unzulänglichkeiten bei der Einhaltung rechtlicher Vorgaben durch Unternehmensangehörige wäre in Deutschland gegenwärtig verfassungswidrig. Im Ergebnis unbedeutend ist dabei, ob die Regulierung durch eine Verpflichtung zur Initiierung von wirksamen Compliance-Programmen oder durch den Erlass

---

865 *Barker*, 12 Journal of Business Ethics (1993), 165 ff. Als Reaktion auf weit reichende Rechtsverletzungen durch Unternehmensmitglieder Mitte der 1980er Jahre initiierte die Unternehmensleitung ein Compliance-Programm. Im Anschluss an die Analyse der Unternehmenskultur anhand des im 4. Kapitel (§ 3 II. 1.) beschriebenen Modells von *Edgar Schein* wurden innerhalb von General Dynamics umfangreiche Maßnahmen ergriffen, um die Einhaltung rechtlicher Vorgaben zu verbessern und das Arbeitsumfeld menschlicher zu gestalten.

866 *Barker*, 12 Journal of Business Ethics (1993), 165, 174.

von Normen, die vergleichbar der US-amerikanischen Strafzumessungs-richtlinie Anreize zur Einhaltung von Rechtsvorschriften schaffen, erfolgte. Gegen die Verfassungsmäßigkeit sprechen folgende Gesichtspunkte:

Abgesehen von der konkreten gesetzlichen Ausgestaltung ist davon aus-zugehen, dass Compliance regulierende Normen gegen das aus Art. 20 Abs. 3 GG folgenden Bestimmtheitsgebot verstießen, weil die Justitiabilität der Compliance-Anforderungen derzeit nicht zu gewährleisten ist. Fehlt es an der gerichtlichen Überprüfbarkeit eines Gesetzes, so liegt ein Verstoß des aus dem Rechtsstaatsprinzip folgenden Bestimmheitsgrundsatzes vor.[867] Art. 20 Abs. 3 GG sieht vor, das die Rechtsprechung „an Gesetz und Recht gebunden" ist. Diese Verpflichtung stellt qualitative Anforderungen an die richterliche Entscheidungsfindung. Um willkürliche Entscheidungen aus-zuschließen, muss die richterliche Entscheidung im Rahmen einer Recht-streitigkeit nach den Regeln der Kunst – also lege artis – gewonnen und ra-tional begründet werden.[868] Das Bestimmheitsgebot ist verletzt, wenn die richterliche Überprüfung der Einhaltung der Grenzen des Gesetzes nicht möglich ist[869] und die willkürliche Handhabung durch die Behörden nicht ausgeschlossen werden kann[870]. So hat das Bundesverfassungsgericht die Bestimmung einer „örtlichen Vergleichsmiete" zwar noch für möglich und überprüfbar gehalten, aber nur, weil das Vorliegen der „tatsächlichen Voraussetzungen für die in der Rechtsnorm ausgesprochene Rechtsfolge" in zumutbarer Weise festgestellt werden konnte."[871]

Um die Jusititiabilität gesetzlicher Compliance-Anforderungen zu ge-währleisten, müsste die Evaluation der Effektivität eines einzelnen Compli-ance-Programmes möglich sein.[872] Die Wirksamkeitsvoraussetzungen von

---

867 Vgl. zur Notwendigkeit der Justitiabilität BVerfGE 6, 32, 42 f.; BVerfGE 8, 274, 325; BVerfGE 21, 73, 79 f.; BVerfGE 35, 348, 358; BVerfGE 37, 132, 142; BVerfGE 80, 137, 161; *Spindler*, Unternehmensorganisationspflichten, S. 461.

868 BVerfGE 34, 269, 290 ff.; BVerfGE 34, 369, 280; *Rennert*, NJW 1991, 12, 16; *Schulze-Fielitz*, in: Dreier, GG, Art. 20 Rn. 176 m.w.N.

869 BVerfGE 6, 32, 42 f.; BVerfGE 21, 73, 79 f.; *Jarass*, in: Jarass/Pieroth, GG, Art. 20 Rn. 61.

870 BVerwGE 105, 144, 147; *Jarass*, in: Jarass/Pieroth, GG, Art. 20 Rn. 61.

871 BVerfGE 37, 132, 142; so auch BVerfGE 103, 332, 384.

872 Folgende Autoren äußern starke Bedenken, ob eine derartige Wirksamkeits-beurteilung möglich ist *Arlen/Kraakman*, 72 New York University Law Re-view (1997), 687, 705 (Fn. 44); *Fischel/Sykes*, 25 Journal of Legal Studies (1996), 319, 329; *Hess/McWhorter/Fort*, 11 Fordham Journal of Corporation & Financial Law (2006), 725, 731 ff., 757; *Khanna*, 91 Georgetown Law Journal (2003), 1215, 1227 f.; *Krawiec*, 32 Florida State University Law Re-

Compliance-Programmen lassen sich zwar im Grundsatz ermitteln. Schwierig bis unmöglich ist aber die Bewertung des Einzelfalles.[873] Es existiert noch keine wissenschaftlich anerkannte Methode, mit deren Hilfe die Effektivität eines einzelnen Compliance-Programmes bewertet werden kann.[874] Die Schwierigkeit der Wirksamkeitsbestimmung besteht darin, dass dieser nicht nur objektive Kriterien zugrunde gelegt werden können.[875] Quantitative Bewertungskriterien wie etwa die Häufigkeit entdeckter Rechtsverletzungen oder die Häufigkeit der Inanspruchnahme einer Compliance-Hotline reichen alleine nicht aus, die Wirksamkeit zu bestimmen.[876] Eine Compliance-Bewertung ist auf die Einbeziehung subjektiver Kriterien angewiesen: Die Wirksamkeit von Compliance ergibt sich gerade aus den schwierig zu überprüfenden „Charaktereigenschaften" eines Unternehmens.[877] Denn die Regulierung von Corporate Compliance müsste aufgrund der in dieser Arbeit entwickelten Wirksamkeitsprämissen vorrangig darauf abzielen, dass die Führungskräfte eine Rechtskonformität achtende Unternehmenskultur prägen.

view (2005), 571, 572, 580 f., 591 f.; *dies.*, 81 Washington University Law Quarterly (2003), 487, 491 f.; *Langevoort*, 71 Columbia Business Law Review (2002), 71, 81 und 114; *Laufer*, 43 Journal of Business Ethics, (2003), 253, 254 f.; *ders.*, 87 Iowa Law Review (2002), 643, 648 f.; *ders.*, 52 Vanderbilt Law Review (1999), 1343, 1390 f., 1418; *Parker/Nielsen*, 30 Melbourne University Law Review (2006), 441, 477 ff.; *Parker*, 25 Law & Policy (2003), 221, passim; *Wellner*, 27 Cardozo Law Review (2005), 497, 498 f., 512 ff. Die Schwierigkeiten seien laut *Amitai Aviram* zu vernachlässigen, da die Gerichte völlig unwirksame Programme erkennen könnten, *Aviram*, 32 Florida State University Law Review (2005), 763, 769 ff.; vgl. auch *Newberg*, 29 Vermont Law Review (2005), 253, 265 f.

873 Vgl. *Lösler*, WM 2007, 676, 677; *Rodewald/Unger*, BB 2007, 1629.

874 *Laufer*, 52 Vanderbilt Law Review (1999), 1343, 1390. Ein Untersuchungsmodell zur Bestimmung der Wirksamkeit einer Verhaltensrichtlinie haben *Muel Kaptein* und *Mark Schwartz* entwickelt, *Kaptein/Schwartz*, 77 Journal of Business Ethics (2008), 111, 117 ff.; ähnlich *Helin/Sandström*, Journal of Business Ethics (2007), 253, 263.

875 Vgl. hierzu nur *Laufer*, 52 Vanderbilt Law Review (1999), 1343, 1419.

876 Siehe dazu bereits 4. Kapitel § 2 I.; so kann zum Beispiel der objektiv messbare Anstieg von telefonischen Nachfragen über die Compliance-Hotline einerseits auf die Wirksamkeit hinweisen, in dem Sinne, dass die eingeleiteten Maßnahmen funktionieren, andererseits könnte eine Zunahme eine gestiegene Kriminalität im Unternehmen und damit die Unwirksamkeit der Compliance-Maßnahmen anzeigen, *Laufer*, 43 Journal of Business Ethics (2003), 253, 254; *ders.*, 52 Vanderbilt Law Review (1999), 1343, 1391 (Fn. 210).

877 *Hess/McWhorter/Fort*, 11 Fordham Journal of Corporation & Financial Law (2006), 725, 757.

Während sich die Existenz und der Umfang formaler Compliance-Maßnahmen verhältnismäßig einfach bestimmen lassen und die Justitiabilität soweit fraglos möglich ist, gestaltet sich die Bewertung der mehrschichtigen, kulturellen Prägung eines Unternehmens komplexer. Die Bewertung eines Compliance-Programmes muss aber über die Überprüfung sichtbarer Compliance-Maßnahmen anhand einer Checkliste hinausgehen und tiefgreifende Analysen der Unternehmensstruktur und der Unternehmensmitglieder vornehmen.[878] Ein gesetzlich initiiertes Compliance-Programm birgt die Gefahr, dass im Rahmen einer behördlichen oder gerichtlichen Wirksamkeitsbeurteilung nur oder vorwiegend formale Compliance-Anstrengungen Berücksichtigung fänden mit der Folge, dass die tatsächlich entscheidenden intersubjektiven Strukturen außer Betracht gelassen würden. Dass eine staatliche Beurteilung die Effektivität eines Compliance-Systems dementsprechend in einer zumutbaren, Rechtssicherheit gewährleistenden Art und Weise in den Grenzen eines behördlichen oder gerichtlichen Verfahrens sicherstellen kann, wird in der Literatur zurecht angezweifelt[879] und muss nach dem gegenwärtigen Forschungsstand verneint werden. Deshalb ist die Justitiabilität Compliance regulierender Gesetze gegenwärtig nicht zu gewährleisten.

Daneben besteht das Problem, dass ohne ausreichende Bewertungsmethode nicht herausgefunden werden kann, ob ein Unternehmen das Vorhandensein einer Compliance-Kultur im Zeitpunkt der staatlichen Untersuchung lediglich vortäuscht. Insofern ist bedeutsam, dass eine angestrengte Evaluation ex post, also im Nachhinein der Rechtsverletzung stattfände, während Compliance gerade auf eine präventive Wirkung abzielt.[880] Ohne die Existenz einer verlässlichen Methodik zur Wirksamkeitsbeurteilung von Compliance sind Außenstehende stark von manipulationsfähigen Schilderungen der Unternehmen abhängig.[881] Gegner der Honorierung von

878 Vgl. *Fiorelli/Tracey*, 32 Journal of Corporation Law (2007), 467, 471; *Langevoort*, 71 Columbia Business Law Review (2002), 71, 114, 118; *Parker/ Nielsen*, 30 Melbourne University Law Review (2006), 441, 478, 481; *Wellner*, 27 Cardozo Law Review (2005), 497, 507.

879 Eine tiefgreifende Untersuchung würde jedoch umfangreiche und subjektive Untersuchungen von Experten voraussetzen, die im gerichtlichen Prozess möglicherweise Glaubwürdigkeitsschwierigkeiten hervorriefen, *Langevoort*, 71 Columbia Business Law Review (2002), 71, 114 (insbesondere Fn. 95).

880 Vgl. *Krawiec*, 81 Washington University Law Quarterly (2003), 487, 491 f.; *Langevoort*, 71 Columbia Business Law Review (2002), 71, 118.

881 Vgl. *Laufer*, 43 Journal of Business Ethics (2003), 253, 254 („Without metrics for assessing compliance effectiveness, regulators and prosecutors often rely on little more than corporate representations.").

Compliance durch die US-amerikanische Strafzumessungsrichtlinie argumentieren deshalb, einige Compliance-Systeme seien nur „window-dressing" und könnten im Zuge einer behördlichen Untersuchung nicht adäquat von tatsächlich wirksamen Systemen unterschieden werden. Compliance-Programme bergen die Gefahr, dass Behörden getäuscht würden und rechtfertigten damit nicht die in Aussicht gestellten hohen Strafnachlässe.[882]

Darüber hinaus droht die Gefahr, dass in den Fällen nur augenscheinlicher Compliance-Programme Ressourcen verschwendet werden: Es mag einer deutschen Gesetzesinitiative gelingen, die Verbreitung formalistischer Compliance-Programme zu initiieren bzw. zu steigern. So finden sich empirische Belege für den Einfluss der am 1. November 1991 in Kraft getretenen, geänderten US-amerikanischen Strafzumessungsrichtlinie, die erstmals eine deutliche Reduzierung von Strafen für wirksame Compliance-Programme in Aussicht stellte, auf die Unternehmenspraxis. *Dove Izraeli* und *Mark Schwatz* führen insofern eine Untersuchung von 333 Unternehmen an, von denen 64 Prozent ihr Compliance-Programm aufgrund der Gesetzesänderung ins Leben riefen oder veränderten.[883] Zudem verweisen sie auf eine zweite Untersuchung, nach der 38 Prozent von 750.000 Befragten, die 203 unterschiedlichen Unternehmen angehörten, angaben, das Compliance-Programm ihres Unternehmens habe sich aufgrund der Gesetzesänderung deutlich verändert. Jedoch geht die Verbreitung formalistischer Compliance-Programme nicht automatisch mit dem der Regulierung eigentlich zugrunde liegenden Ziel einher, eine die Rechtskonformität achtenden Unternehmenskultur zu schaffen. Gelingt es einer Regulierung nur vordergründig, formalistische Compliance-Maßnahmen zu verankern, bleiben positive Wirkungen auf die Unternehmensangehörigen aus. Die mit den Compliance-Maßnahmen verbundenen Personal- und Sachaufwendungen ließen sich nicht rechtfertigen und stellten lediglich eine Verschwendung von Ressourcen dar.[884]

Weitere verfassungsrechtliche Bedenken ergeben sich hinsichtlich einer Verpflichtung der Geschäftsleiter von Kapitalgesellschaften, für die Imple-

---

882 *Krawiec*, 32 Florida State University Law Review (2005), 571, 572 und 580 ff.; *dies.*, 81 Washington University Law Quarterly (2003), 487, 491 f.; *Langevoort*, 71 Columbia Business Law Review (2002), 71, 114 ff.; *Laufer*, 52 Vanderbilt Law Review (1999), 1343, 1407 ff.; *Wellner*, 27 Cardozo Law Review (2005), 497, 498 f., 511 ff.

883 *Izraeli/Schwatz*, 17 Journal of Business Ethics (1998), 1045, 1047; kritisch hierzu *Wellner*, 27 Cardozo Law Review (2005), 497, 509.

884 *Krawiec*, 32 Florida State University Law Review (2005), 571, 572; *dies.*, 81 Washington University Law Quarterly (2003), 487 ff.; *Wellner*, 27 Cardozo Law Review (2005), 497, 499.

mentierung und Durchführung wirksamer Compliance-Programme Sorge zu tragen. Die interne Unternehmensorganisation gehört zur grundrechtlich geschützten unternehmerischen Dispositionsfreiheit gemäß Art. 12 Abs. 1 i.V.m. Art. 19 Abs. 3 GG und ist Bestandteil des Eigentums nach Art. 14 Abs. 1 i.V.m. Art. 19 Abs. 3 GG.[885] Die Pflicht zur Errichtung eines Compliance-Programmes würde einen Eingriff in den derart geschützten Bereich der Organisationsautonomie darstellen. Zwar mag dieser Eingriff einem legitimen öffentlichen Zweck dienen, die organisatorischen Anforderungen müssten jedoch darüber hinaus geeignet, erforderlich und angemessen sein, um wirksame Corporate Compliance zu bewirken.[886] Andernfalls wäre der Eingriff in die Organisationsfreiheit verfassungswidrig. Ob die organisationsrechtlichen Compliance-Anforderungen zulässig sind, beurteilt sich im Rahmen der Verhältnismäßigkeitsprüfung anhand ihres Kausalbeitrages zur Verhinderung der spezifischen Gefahr, vor der das Gesetz schützen will.[887] Die Gefahr ist die Missachtung geltenden Rechts durch Unternehmensangehörige. In diesem Zusammenhang hat *Gerald Spindler* festgestellt: „Je entfernter die organisatorischen Risiken zur Gefahr sind, desto geringer sind auch die organisatorischen Anforderungen, da hier der Kausalitätsbeitrag und damit die Geeignetheit und Erforderlichkeit der Organisationspflicht nicht mehr eindeutig bestimmbar ist."[888] Organisatorische Vorkehrungen tragen zur Verringerung der Gefahr der Begehung von Rechtsverstößen durch Unternehmensangehörige wenig bei. Dies belegen die Ergebnisse der untersuchten empirischen Erhebungen. Organisatorische Maßnahmen werden als bloße Artefakte ignoriert, sofern sie nicht mit der kulturellen Prägung des Unternehmens übereinstimmen. Der geringe bis nicht vorhandene Kausalitätsbeitrag stärkt die verfassungsrechtlichen Bedenken an der Regulierung von Corporate Compliance.

Aus den genannten Gründen stellt sich eine Verrechtlichung von Compliance nach dem derzeitigen Kenntnisstand trotz des dem Gesetzgeber in-

885 BVerfGE 30, 292, 334 f.; BVerfGE 50, 290, 363; BVerfGE 97, 228, 253; ausführlich dazu *Spindler*, Unternehmensorganisationspflichten, S. 453 ff. m.w.N.; vgl. *Badura*, DÖV 1990, 353, 358; *Bürgers/Israel*, in: Bürgers/Körber, HK AktG, § 91 Rn. 12; *Kort*, in: Großkommentar AktG, § 91 Rn. 62; *Spindler*, in: Münchner Kommentar AktG, § 91 Rn. 27; *Theusinger/Liese*, NZG 2008, 289, 290.

886 Vgl. nur BVerfGE, 7, 377, 405 f.; BVerfGE 17, 306, 313 f.

887 *Spindler*, Unternehmensorganisationspflichten, S. 457, 461.

888 *Spindler*, Unternehmensorganisationspflichten, S. 457.

sofern zustehenden weiten Gestaltungsspielraums[889] als nicht durchführbar dar. Bevor die Wissenschaft sich nicht eingehender mit geeigneten Methoden zur Bestimmung der Effektivität von Compliance beschäftigt hat und sich insofern einheitliche Standards zur Wirksamkeitsermittlung herausgebildet haben, erscheinen gesetzgeberische Aktivitäten unpraktikabel, wenn nicht verfassungswidrig. Somit muss die Ausgestaltung der Unternehmensorganisation mit Blick auf Compliance wegen der hohen Abhängigkeit des Erfolges der Compliance-Programme von personengebundenen Einstellungen, Werten und Verhalten dem Verantwortungsbewusstsein der Geschäftsleiter und ihrer Führungskräfte überlassen werden. Unternehmen und deren Verbände sind unterdessen dazu aufgefordert, Best Practices zu entwickeln, um ihrer gesellschaftlichen Verantwortung gerecht zu werden.[890]

Welche Möglichkeit verbleibt dem Gesetzgeber im Anschluss an diese recht aussichtslos erscheinende Situation? Zu Beginn dieses Kapitels konnte aufgezeigt werden, dass die ihm zur Verfügung stehenden Mittel, um auf menschliches Verhalten Einfluss zu nehmen, begrenzt sind.[891] Die Betrachtung ergab zugleich, dass neben der Erteilung von Befehlen und der Gewährung von Anreizen die Möglichkeit der Information besteht. Der Gesetzgeber ist aufgefordert, die Information als Mittel der compliance-relevanten Verhaltenssteuerung zu nutzen. Dies verlangt die Vermittlung von Erkenntnissen und Wissen über Nutzen[892] und Grenzen von Corporate Compliance. Eine Aufklärung der Unternehmensleiter und -angehörigen muss erfolgen.

---

889 Zu der weiten Einschätzungsprärogative des Gesetzgebers hinsichtlich der Geeignetheit und Erforderlichkeit der gesetzgeberischen Mittel und der Wertung im Zweifel zugunsten des Gesetzgebers vgl. nur BVerfGE 73, 40, 91 f.; BVerfGE 77, 84, 106 f.

890 So auch *Hauschka/Greeve*, BB 2007, 165 und 173; *Hauschka*, ZRP 2006, 258 ff.; *ders.*, NJW 2004, 257, 261; Best Practices dürfen jedoch kein Abbild durchschnittlicher Compliance-Programme sein, sondern müssen nach dem neusten Stand der Wissenschaft, die Erfolg versprechenden Mittel aufgreifen, *Langevoort*, 71 Columbia Business Law Review (2002), 71, 75, 115.

891 Siehe dazu 4. Kapitel § 1 IV.

892 Als Nutzen eines Compliance-Programms werden neben den bereits im ersten Kapitel dieser Arbeit genannten Vorteile (1. Kapitel § 4 II. 2.) folgende Auswirkungen angeführt: Verbesserungen des Unternehmensrufes und des Verhältnisses zu den Stakeholdern, insbesondere zu den Arbeitnehmern, sowie eine Verbesserung der Wettbewerbsfähigkeit und der Gewinnmargen, vgl. *Barker*, 12 Journal of Business Ethics (1993), 165; *Langevoort*, 71 Columbia Business Law Review (2002), 71, 79; *Marnburg*, 9 Business Ethics: A European Review (2000), 200 ff.; *Schwartz*, 32 Journal of Business Ethics (2001), 247, 248; *Weaver/Treviño/Cochran*, 42 Academy of Management Journal (1999), 539, 540 m.w.N.

Dieses Vorgehen verspricht die Entwicklung von Best Practices durch den Gesetzgeber bestmöglich zu fördern.

III. Erweiterung des Deutschen Corporate Governance Kodex

Darüber hinaus sollte die Bedeutung von Compliance im DCGK stärker zum Ausdruck kommen. Die Aufgabe des DCGK liegt darin, die in Deutschland geltenden Regeln für Unternehmensleitung und -überwachung für nationale und internationale Investoren transparent zu machen. Ziel ist es, das Vertrauen von Investoren in die Unternehmensführung deutscher Gesellschaften zu stärken.[893] Gegenwärtig finden sich verschiedene compliance-relevante Bestimmungen und Regelungen im Kodex. Hierzu gehört insbesondere Ziffer 4.1.3 DCGK, wonach der Vorstand für die Einhaltung der gesetzlichen Bestimmungen und der unternehmensinternen Richtlinien zu sorgen habe und auf deren Beachtung durch die Konzernunternehmen hinwirke. Damit beschreibt der Kodex richtigerweise die Compliance-Verantwortung der Unternehmensleitung.

Der Kodex sollte zudem die Bedeutung der Unternehmenskultur zum Ausdruck bringen. Die in dieser Arbeit dargelegten empirischen Erkenntnisse machen sehr deutlich, dass der Erfolg von Corporate Compliance stark von den unternehmensspezifischen Werte- und Verhaltensmustern abhängt. Die spezifische Unternehmenskultur entscheidet über die Wirksamkeit von formalistischen Compliance-Maßnahmen.[894] Der Kodex sollte dieser Tatsache Rechnung tragen und dies durch eine entsprechende Anregung widerspiegeln. Diese müsste beinhalten, dass der Vorstand eine compliance-achtende Unternehmenskultur fordert und fördert. Der gewünschte Verhaltensmaßstab würde eine gute Unternehmensleitung und Unternehmensüberwachung in geeigneter Form darstellen. Die Anregung würde dazu beitragen, eine compliance-spezifische Best Pracitice sehr gut zu entwickeln. Aus bereits zuvor genannten Gründen wäre dies im Sinn des Gesetzgebers, der Gesellschaften selbst und der jeweiligen Stakeholder.[895] Diese Bestimmung würde dem DCGK auch nicht die erforderliche und wünschenswerte Flexibilität nehmen, weil die empirischen Untersuchungen gezeigt haben, dass Erfolg versprechende Compliance-Maßnahmen ohne eine entsprechende Unternehmenskultur nicht möglich sind. Es besteht damit gar kein Spielraum für Flexibilität. Dieser entsteht erst auf einer zweiten Ebene, auf der

---

893 Präambel des DCGK.

894 Siehe hierzu 4. Kapitel § 2 IV.; *Pape*, CCZ 2009, 233 ff.

895 Vgl. hierzu 1. Kapitel § 2 und 3.

es darum geht, bestimmte Compliance-Maßnahmen und Prozesse zu initiieren. Für diese zweite Ebene sollte der DCGK keine Bestimmungen aufnehmen, um den Gesellschaften genügend Gestaltungsspielraum zu belassen.

Zusammenfassung der wesentlichen Ergebnisse dieser Arbeit

Zum Abschluss dieser Untersuchung werden die zentralen Ergebnisse noch einmal zusammengefasst und bis hierhin offene Fragestellungen beantwortet.

Im ersten Kapitel wurde Compliance als die unternehmensweite Sicherstellung der Einhaltung rechtlicher Vorgaben durch unternehmenseigene Maßnahmen und Prozesse definiert.[896] Im Anschluss an die in dieser Arbeit unternommene Untersuchung kann festgestellt werden, zu den „Maßnahmen und Prozessen" ist zu allererst das vorbildliche Verhalten der Führungskräfte zu zählen, denn ohne deren implizite und explizite Unterstützung bleibt der Erfolg jeglichen Compliance-Bemühungen verwehrt. Das Verhalten der Führungskräfte schafft erst die Grundlage, nämlich eine Rechtskonformität achtende Unternehmenskultur, für die klassischen Compliance-Maßnahmen (Verhaltensrichtlinie, Schulung und Telefondienst) und ist damit deren Erfolgsbedingung. Zu beachten ist: Das Management kann gleichfalls gegenteilige, also compliance-feindliche Verhaltens- und Orientierungsmuster begründen, mit der Folge, dass alle formalistischen Compliance-Anstrengungen wirkungslos bleiben. Um das gesamte Compliance-Programm jedweder Bedeutung zu entheben, kann bereits ein „Augenzwinkern" des Topmanagements ausreichen.[897]

In der deutschsprachigen rechtswissenschaftlichen Literatur wurde bisher nicht ersichtlich zwischen einem defensiven Compliance- und einem compliance-integrierenden Ansatz differenziert.[898] Während sich der defensive Compliance-Ansatz auf Aufklärung, Überwachung und Sanktionierung beschränkt, reicht der compliance-integrierende Ansatz darüber hinaus, indem er die genannten Maßnahmen einbindet und nur zur Betonung eines eigenverantwortlichen, werteorientierten Verhaltens der Unternehmensangehörigen nutzt. Die Förderung eines solchen Mitarbeiterverhaltens

---

896 So 1. Kapitel § 1.

897 Vgl. *Hefendehl*, JZ 2006, 119, 125; *Itzen*, BB 2008, BB-Special Nr. 5 zu Heft 25, 12, 14; *Pape*, CCZ 2009, 233, 236; *Schünemann*, in: Hefendehl, Empirische und dogmatische Fundamente, S. 349, 361 f.; *Wessing*, SAM 2007, 175, 180.

898 Siehe hierzu 1. Kapitel § 4 II. 1.; vgl. zur Differenzierung insbesondere *Paine*, 72 Harvard Business Review (1994), 106 ff.

steht im Mittelpunkt der Herangehensweise. Die Auswertung empirischer Erhebungen brachte zum Vorschein, allein der werteorientierte Ansatz trägt dazu bei, die Einhaltung rechtlicher Vorgaben zu fördern. Compliance verlangt, Bestandteil eines unternehmensweiten Wertekanons zu sein, um das Kernziel, die Sicherstellung der Einhaltung rechtlicher Vorgaben, erreichen zu können. Insoweit gilt: „… you can't have a culture of compliance unless you also have a culture of ethics."[899] Dabei muss betont werden, dass ein Wertemanagement durchaus ohne formalistische Compliance-Programme auskommt, umgekehrt ist dies nicht möglich. Compliance funktioniert nur, sofern die notwendigen Werte auch in anderer Form im Unternehmensalltag transportiert und betont werden.

Die Compliance über die Sicherstellung der Einhaltung rechtlicher Vorgaben hinaus zuerkannten Aufgaben und Funktionen (Marketingfunktion, Qualitätssicherungs- oder Innovationsfunktion, Schutzfunktion, Beratungs- und Informationsfunktion sowie eine Überwachungsfunktion)[900] müssen dementsprechend ergänzt werden: Nach der bereits dargestellten Erfolgsbedingung in Form der kulturellen Prägung des Unternehmens wird deutlich, ohne Compliance als Wertevermittlungsfunktion zu begreifen, laufen die bislang anerkannten Aufgaben und Funktionen leer. Ziel jeglicher Compliance-Anstrengungen muss zuallererst die Artikulierung, Visualisierung und Betonung der Rechtstreue achtenden Orientierungs- und Verhaltensmuster der Führungskräfte sein.

Wird damit deutlich, dass Corporate Compliance nicht automatisch ein Beweis für Corporate Social Responsibility und für eine wirksame Selbststeuerung der Unternehmen darstellt, dann ist die Compliance-Programmen zuweilen entgegengebrachte Skepsis gerechtfertigt.[901] Denn formalistische,

---

899 *Dov L. Seidman* zitiert von *Hess/McWhorter/Fort*, 11 Fordham Journal of Corporation & Financial Law (2006), 725, 738. Ziel der US-amerikanischen Strafzumessungsrichtlinie müsse es sein, „[to] provid[e] and foster [an] atmosphere where people who want to do the right thing are encouraged to do it and people who don't want to do the right thing are found out and prevented from doing it" (*Bill Lytton*) bzw. „[to] encourage organizations to foster ethical cultures, to ensure focus on the intent of legal and regulatory requirements as opposed to mere technical compliance that can potentially circumvent the intent or spirit of law or regulation" (*Stuart Gillman*), ebenda.

900 Siehe dazu 1. Kapitel § 4 II. 2.

901 Siehe zum Beispiel *Hefendehl*, JZ 2006, 119, 125; *Krawiec*, 32 Florida State University Law Review (2005), 571, 572, 580 f.; *dies.*, 81 Washington University Law Quarterly (2003), 487, 491; *Langevoort*, 71 Columbia Business Review (2002), 71, 117 f.; *Schünemann*, in: Hefendehl, Empirische und dogmatische Fundamente, S. 349, 361 f.; *Wellner*, 27 Cardozo Law Review (2005), 497, 498 f.; vgl. *Nell*, ZRP 2008, 149 ff.

nach außen leicht belegbare Compliance-Bemühungen ohne hinreichende ⌐ Unterstützung der Führungskräfte sind nur eines und dies muss in aller Deutlichkeit benannt werden: ein Deckmantel der Unternehmen und Geschäftsleiter, um sich mit Hilfe von Compliance moralischer Anschuldigen zu erwehren, rechtlicher Verantwortung zu entziehen und damit vor finanziellen Nachteilen zu schützen.[902] Im Fall derartiger sogenannter „Cosmetic Compliance"[903] können die Compliance-Aktivitäten dazu dienen, sicherzustellen, dass Fehlverhalten der Unternehmensmitglieder von Außenstehenden vornehmlich als individuelle Handlungen und weniger als solche der Gesellschaft angesehen werden.[904] Die eigentliche Ursache des Rechtsverstoßes, nämlich die innere Struktur und kulturelle Prägung des Unternehmens, könnte mit dem Hinweis auf die fehlende Individualmoral abgetan werden und das Unternehmen sich auf diese Weise von jedweder Verantwortung freisprechen. Derartige Compliance-Systeme werden in der Literatur bereits als neuartige Versicherungsform unternehmerischer Risiken eingestuft.[905] Im Rahmen von Corporate Compliance droht die Gefahr, dass Programme nur zu dem Zweck implementiert werden, um Legitimität und Rechtsschutz von Unternehmen und dessen Leitung zu gewährleisten.[906] Corporate Compliance kann insofern als Persilschein missbraucht werden, um die Verantwortung für rechtswidriges Mitarbeiterverhalten abzuwenden.

902 Vgl. *Hefendehl*, JZ 2006, 119, 124, der festhält, Compliance-Programme würden ganz nüchtern deshalb propagiert, weil sie Haftungsrisiken innerhalb der Unternehmen verringerten.

903 Vgl. *Garrett*, 93 Virginia Law Review (2007), 853, 876; *Hess/McWhorter/Fort*, 11 Forham Journal of Corporation & Financial Law (2006), 725, 731; *Krawiec*, 32 Florida State University Law Review (2005), 571, 582 ; *dies.*, 81 Washington Law Review (2003), 487 ff.; *Laufer*, 52 Vanderbilt Law Review (1999), 1343, 1407 f., 1415; *Molander*, 6 Journal of Business Ethics (1987), 619, 622; *Parker/Nielsen*, 30 Merlbourne University Law Review (2006), 441, 443, 474; *Ramirez*, 47 Arizona Law Review (2005), 933, 972.

904 *Laufer*, 52 Vanderbilt Law Review (1999), 1343, 1402 f.

905 *Laufer*, 52 Vanderbilt Law Review (1999), 1343, 1402 ff. Vgl. auch den aussagekräftigen Titel einer seit Januar 2008 erscheinenden Zeitschrift: „Corporate Compliance Zeitschrift. Zeitschrift zur Haftungsvermeidung im Unternehmen"; ähnlich lautet der Titel eines im Jahr 2007 von *Christoph E. Hauschka* herausgegebenen Buches: „Corporate Compliance. Handbuch der Haftungsvermeidung im Unternehmen".

906 *Laufer*, 52 Vanderbilt Law Review (1999), 1343, 1408 m.w.N.; siehe auch *Laufer*, 87 Iowa Law Review (2002), 643, 649.

Derzeit können derartige „Alibiinstrumente"[907] nicht eindeutig von wirksamen Compliance-Programmen unterschieden werden, weil rational-methodische Untersuchungsvorgehen nicht existieren. Somit ist der Gesetzgeber gezwungen, auf eine Regulierung von Compliance zu verzichten. Diese wäre verfassungswidrig, denn die Einhaltung der rechtlichen Grenzen des Gesetzes wäre nicht justitiabel und der aus dem Rechtsstaatsprinzip folgende Bestimmtheitsgrundsatz verletzt.[908] Dieses Fazit konfligiert nicht mit den Ergebnissen, die im Rahmen der Untersuchung der compliance-relevanten Pflichten der Geschäftsleiter von Aktiengesellschaft und Gesellschaft mit beschränkter Haftung erzielt wurden, denn die bestehenden Rechtslage verlangt keine bestimmte nicht überprüfbare Unternehmenskultur.

Im dritten Kapitel dieser Arbeit konnte herausgearbeitet werden, dass Geschäftsleiter Organisations- und Aufsichtspflichten treffen, die sich aus § 130 OWiG, § 91 Abs. 2 AktG sowie §§ 76 Abs. 1, 93 Abs.1 S. 1 AktG und § 43 Abs. 1 GmbHG ergeben, um die Einhaltung der rechtlichen Vorgaben durch die Unternehmensangehörigen sicherzustellen.[909] Es besteht deshalb – abstrakt beschrieben – eine Pflicht der Geschäftsleiter, für die Compliance im Unternehmen zu sorgen. Diese Verantwortung leitet sich maßgeblich aus der gesellschaftsrechtlichen Legalitäts- und Vermögensbetreuungspflicht der Geschäftsleiter ab.[910] Konkret bedeutet dies, dass die Geschäftsleiter geeignete, erforderliche, insbesondere risikoadäquate und zumutbare Compliance-Maßnahmen vornehmen oder delegieren müssen. Als Compliance-Maßnahme kann in einem Fall ein Vier-Augen-Gespräch ausreichen, während eine andere Situation umfangreiche Schulungen erforderlich macht. Welche Maßnahmen zu ergeifen sind, ist in hohem Maße einzelfallabhängig. Die Größe, die Struktur und die Branche sind nur einige Kriterien, die insofern von Bedeutung sind. Entscheidend ist, dass rechtliche Risiken fortlaufend erkannt und bewertet werden, um daraufhin angemessene Maßnahmen zu ergreifen. Diese stellen dann unternehmerische Entscheidungen nach § 93 Abs. 1 S. 2 AktG dar. Festzuhalten bleibt, dass es derzeit keine deutsche Rechtsnorm gibt, die Unternehmen generell zur Implementierung und Durchführung eines formalen Compliance-Programms verpflichtet. Die Durchführung von Compliance im Sinne des compliance-integrierenden Ansatzes gehört somit nicht zum Sorgfaltsmaßstab der Ge-

---

907 Vgl. *Hefendehl*, JZ 2004, 18, 23.
908 Siehe hierzu 4. Kapitel § 4 II.
909 Siehe hierzu 3. Kapitel § 2.
910 Ausführlich hierzu 3. Kapitel § 2 III.

schäftsleiter und kann aufgrund deren Unüberprüfbarkeit auch (noch) nicht dazu erhoben werden.

Dieses Ergebnis bedeutet, Corporate Compliance ist nicht nur ein Thema der Rechtswissenschaften. Die Wirksamkeit von Compliance-Maßnahmen ist in Zukunft noch intensiver zu erforschen. Hierzu können die Wissenschaftsbereiche der betriebswirtschaftlichen Unternehmensführung und Unternehmensethik sowie der Soziologie und Organisationspsychologie einen bedeutenden Teil beitragen. Der Gesetzgeber kann über Grenzen und Nutzen von Compliance informieren, um die Verhaltenssteuerung von Unternehmensangehörigen zu verbessern. Die Regierungskommision kann den DCGK um eine Anregung erweitern, wonach Vorstände eine compliance-achtende Unternehmenskultur fordern und fördern sollten. Damit würde die Bedeutung der Unternehmenskultur angemessen herausgestellt und ein Standard guter und verantwortungsvoller Unternehmensleitung und Unternehmensüberwachung etabliert werden.

Anhang

Ergebnisse empirischer Untersuchungen zur Wirksamkeit von Verhaltensrichtlinien

Wirkung der Verhaltensrichtlinie auf das Verhalten der Mitarbeiter	Empirische Studien (insgesamt 81 verschiedene Untersuchungen)
Deutlich positiv	Zu diesem Ergebnis kamen 27 Untersuchungen (33,3 Prozent). *Adams/Tashchian/Shore*, 29 Journal of Business Ethics (2001), 199 ff.; *Barnett/Cochran/Taylor*, 12 Journal of Business Ethics (1993), 127 ff.; *Beneish/Chatov*, 12 Journal of Accounting and Public Policy (1993), 3, 29; *Boo/Koh*, 5 Teaching Business Ethics (2001), 357, 365; *Bowman*, 10 Public Personell Management Journal (1981), 59[1]; *Chonko/Wotruba/Loe*, 42 Journal of Business Ethics (2003), 237, 248; *Ferrell/Skinner*, 25 Journal of Marketing Research (1988), 103, 106 f.; *Finegan/Theriault*, 27 Journal of Applied Social Psychology (1997), 708, 720; *Fisher*, 10 Business Ethics: A European Review (2001), 145, 154 f.; *Hegarty/Sims*, 64 Journal of Applied Psychology (1979), 331, 336; *Kaptein/Wempe*, 17 Journal of Business Ethics (1998), 853, 860 ff.; *McCabe/Treviño/Butterfield*, 6 Business Ethics Quarterly (1996), 461 ff.; *Nakano*, 18 Journal of Business Ethics (1999), 335 ff.; *Peterson*, 41 Journal of Business Ethics (2002), 313 ff.; *Pierce/Henry*, 28 Journal of Business Ethics (2000), 307, 316; *dies.*, 15 Journal of Business Ethics (1996), 425, 430; *Rich/Smith/Mihalek*, 72 (Nr. 3) Management Accounting (1990), 34 ff.; *Sajhau* (1998)[1]; *Sims/Keon*, 19 Journal of Business Ethics (1999), 393, 395; *Singhapakdi/Vitell*, 10 (Nr. 1) Journal of Macromarketing (1990), 4, 13; *Stevens*, 20 Journal

of Business Ethics (1999), 113 ff.; *Touche Ross* (1988)[1]; *Valentine/Barnett*, 23 Journal of Personal Selling & Sales Management (2004), 359 und 365; *Valentine/Fleischman*, 40 Journal of Business Ethics (2002), 301 ff.; *Vittel/Hidalgo*, 64 Journal of Business Ethics (2006), 31 ff.; *Weaver/Ferrell*, in: Greenberg/Bellenger, Contemporary Marketing Thought, S. 477[1]; *Weaver/Treviño/Cochran*, 42 Academy of Management Journal (1999), 41, 53 f.

Schwach positiv
Zu diesem Ergebnis kamen 11 Untersuchungen (13,6 Prozent).

Badaracco/Webb, 37 (Nr. 2) California Management Review (1995), 8, 14; *Beets/Killough*, 9 Journal of Business Ethics (1990), 115, 124 f.; *Bruce*, 17 Public Productivity and Management Review (1994), 241, 248; *Dubinsky/Jolson/Michaels/Kotabe/Un Lim*, 12 (Nr. 4) Journal of Personal Selling & Sales Management (1992), 9, 18; *Mathews*, in: Preston/Frederick, Research in Corporate Social Performance, S. 107, 126; *Murphy/Smith/Daley*, 11 Journal of Business Ethics (1992), 11 ff.; *Schwartz*, 32 Journal of Business Ethics (2001), 247, 253; *Stevens/Steensma/Harrison/Cochran*, 26 Strategic Management Journal (2005), 181, 193; *Valentine/Barnett*, 40 Journal of Business Ethics (2002), 191 ff.; *Weaver*, 14 Journal of Business Ethics (1995), 367, 380; *Weeks/Nantel*, 11 Journal of Business Ethics (1992), 753, 757.

Nicht aussagekräftig
Zu diesem Ergebnis kamen 30 Untersuchungen (37,0 Prozent).

Akaah/Riordan, 26 Journal of Marketing Research (1989), 112 ff.; *Allen/Davis*, 12 Journal of Business Ethics (1993), 449, 456; *Ashkanasy/Falkus/Callan*, 25 Journal of Business Ethics (2000), 237 ff.; *Brief/Dukerich/Brown/Brett*, 15 Journal of Business Ethics (1996), 183, 192 f.; *Cabral-Cardoso*, 49 Journal of Business Ethics (2004), 75 ff.; *Callan*, 11 Journal of Business Ethics (1992), 761 ff.; *Chonko/Hunt*, 13 Journal of Business Research (1985), 339, 354; *Cleek/Leonard*, 17 Journal of Business Ethics (1998), 619, 627; *Cowton/Thompson*, 24 Journal of Business Ethics (2000), 165, 170; *Diller*, 138 International Labor Review (1999), 99, 120; *Embse/Desai/Desai*, 12 Information Management & Computer Security (2004), 146, 150 f.; *Farrell/Cobbin/Farrell*, 17 Journal of Managerial Psychology (2002), 468, 482 f.; *Ford/Gray/Landrum*, 71 Management Review (1982), 53 ff.; *Harker/Harker*, 20 (Nr. 2) Journal of Macromarketing (2000), 155, 163 f.; *Healy/Iles*, 39 Journal of Business Ethics (2002), 117, 122; *Hume/Larkins/Iyer*, 18 Journal of Business Ethics (1999), 229 ff.; *Hunt/Chonko/Wilcox*, 21 Journal of Marketing Research (1984), 309, 319; *Kohut/Corriher*, 59 (Nr. 1) SAM Advanced Management Journal (1994), 32[1]; *Kolk/van Tulder*, 20 European Management Journal (2002), 260, 269 f.; *Marnburg*, 9 Business Ethics: A European Review (2000), 200, 208; *McKendall/DeMarr/Jones*-Rikkers, 37 Journal of Business Ethics (2002), 367, 376; *Montoya/Richard*, 13 Journal of Business Ethics (1994), 713 ff.; *Nwachukwu/Vitell*, 16 Journal of Business Ethics (1997), 757 ff.; *Ryan*, 3 Business Ethics: A European Review (1994), 54, 62 f.; *Sims/Brinkmann*, 45 Journal of Business Ethics (2003), 243 ff.; *Schwartz*, 55 Journal of Business Ethics (2004), 323, 338 f.; *Snell/Herndon*, 17 Asia Pacific Journal of Management (2000), 493 ff.; *Snell/Chak/Chu*, 22 Journal of Business Ethics (1999), 281 ff.; *Stevens*, 54 Journal of Business Ethics (2004), 163, 169; *Treviño/Butterfield/McCabe*, 8 Business Ethics Quarterly (1998), 447, 467 ff.

Uneinheitlich Zu diesem Ergebnis kamen 11 Untersuchungen (13,6 Prozent).

Adam/Rachman-Moore, 54 Journal of Business Ethics (2004), 225, 237 ff.; *Brenner/Molander*, 55 (Nr. 1) Harvard Business Review (1977), 57, 59; *Harrington*, 20 MIS Quarterly (1996), 257, 272; *Higgs-Kleyn/Kapelianis*, 19 Journal of Business Ethics (1999), 363 ff.; *Kitson*, 15 Journal of Business Ethics (1996), 1021 ff.; *Laczniak/Inderrieden*, 6 Journal of Business Ethics (1987), 297 ff.; *Mitchell/Daniels/Hopper/George-Falvy/Ferris*, 15

| | Journal of Business Ethics (1996), 439, 451 f.; *Peppas*, 26 (Nr. 6) Management Research News (2003), 77, 85 f.; *Rodríguez-Garavito*, 33 Politics & Society (2005), 203, 228 f.; *Singh*, 111 Business and Society Review (2006), 119, 131; *Somers*, 30 Journal of Business Ethics (2001), 185, 189 ff. |
| Nicht vorhanden | Zu diesem Ergebnis kamen 2 Untersuchungen (2,5 Prozent). Ethics Resource Center (1994)[1]; *Stohs/Brannick*, 22 Journal of Business Ethics (1999), 311, 318. |

Quelle: *Kaptein/Schwartz*, 77 Journal of Business Ethics (2008), 111, 114; vgl. *Helin/Sandström*, 75 Journal of Business Ethics (2007), 253, 264 ff.; *Schwartz*, 32 Journal of Business Ethics (2001), 247, 249 f.; *Stevens*, 78 Journal of Business Ethics (2008), 601, 605.

[1] Zitiert nach *Kaptein/Schwartz*, 77 Journal of Business Ethics (2008), 111, 114.

Literaturverzeichnis

Achenbach, Hans: in: Wolfgang Jaeger (u. a.) (Hrsg.), Frankfurter Kommentar zum Kartellrecht mit Kommentierung des GWB, des EG-Kartellrechts und einer Darstellung ausländischer Kartellrechtsordnungen, Vorbemerkungen zu § 81 GWB, 61. Ergänzungslieferung, Köln 2006 (zitiert: *Achenbach*, Frankfurter Kommentar, GWB).

ders.: Zur aktuellen Lage des Wirtschaftsstrafrechts in Deutschland, GA 2004, 559.

Achenbach, Hans/Wegner, Carsten: Probleme der „reinen" Ahdungsgeldbuße im Kartellrecht (§ 81 Abs. 5 GWB), ZWeR 2006, 49.

Abeltshauser, Thomas E.: Leitungshaftung im Kapitalgesellschaftsrecht. Zu den Sorgfalts- und Loyalitätspflichten von Unternehmensleitern im deutschen und im US-amerikanischen Kapitalgesellschaftsrecht, Köln (u. a.) 1998.

Ad Hoc Advisory Group, Report of the Ad Hoc Advisory Group on the Organizational Sentencing Guidelines, veröffentlicht unter http://www.ussc.gov/corp/advgrprpt/AG_final.pdf (zuletzt besucht am 11. Juli 2008; zitiert: Ad Hoc Advisory Group, Report).

Adam, Avshalom/Rachman-Moore, Dalia: The Methods Used to Implement an Ethical Code of Conduct and Employee Attitudes, 54 Journal of Business Ethics (2004), 225.

Adams, Heinz W./Johannsen, Dirk: Das „gerichtsfeste" Produktionsunternehmen, BB 1996, 1017.

Adams, Janet/Tashchian, Armen/Shore, Ted: Code of Ethics as Signals for Ethical Behavior, 29 Journal of Business Ethics (2001), 199.

Adlestein, Alan L.: A Corporation's Right to a Jury Trial Under the Sixth Amendment, 27 University of California Davis Law Review (1994), 375.

Akaah, Ishamael/Riordan, Edward: Judgements of Marketing Professionals about Ethical Issues in Marketing Research: A Replication and Extension, 26 Journal of Marketing Research (1989), 112.

Albrecht, Peter-Alexis: Kriminologie – Eine Grundlegung zum Strafrecht, 3. Auflage, München 2005.

Albrecht, Stephan: Die neue Kronzeugenermittlung der Europäischen Kommission in Kartellsachen, WRP 2007, 417.

Albright, Katharine/Won, Grace: Foreign Corrupt Practices Act, 30 American Criminal Law Review (1993), 773.

Alschuler, Albert: Ancient Law and the Punishment of Corporations, 71 Bosten University Law Review (1991), 307.

Altmeppen, Holger: Die Auswirkungen des KonTraG auf die GmbH, ZGR 1999, 291.

anonym: Growing the Carrot: Encouraging Effective Corporate Compliance, 109 Harvard Law Review (1996), 1783.

Appel, Klaus/Renz, Hartmut: Chinesische Mauern in Anwaltskanzleien?, AnwBl. 2004, 576.

Arlen, Jennifer/Kraakman, Reinier: Controlling Corporate Misconduct: An Analysis of Corporate Liability Regimes, 72 New York University Law Review (1997), 687.

Ashkanasy, Neal/Falkus, Sarah/*Callan, Victor:* Predictors of Ethical Code Use and Ethical Tolerance in the Public Sector, 25 Journal of Business Ethics (2000), 237.

Assmann, Heinz-Dieter/Schneider, Uwe H. (Hrsg.): Wertpapierhandelsgesetz. Kommentar, 4. Auflage, Köln 2006 (zitiert: Assmann/Schneider, WpHG).

Aubert, Vilhelm: Some Social Functions of Legislation, in: Aubert, Vilhelm (Hrsg.), Sociology of Law, Harmondsworth 1969, S. 116.

Aviram, Amitai: In Defense of Imperfect Compliance Programs, 32 Florida State University Law Review (2005), 763.

Bach, Albrecht/Klumpp, Ulrich: Nach oben offene Bußgeldskala – erstmals Bußgeldleitlinien des Bundeskartellamts, NJW 2006, 3524.

Bachmann, Gregor/Prüfer, Geralf: Korruptionsprävention und Corporate Governance, ZRP 2005, 109.

Backmann, Julia: Die Verantwortung des Vorstandes für ein bestandssicherndes Überwachungssystem. Risikomanagement nach den Anforderungen des § 91 Abs. 2 AktG, Diss. Eichstätt-Ingolstadt, Hamburg 2006 (zitiert: Überwachungssystem).

Badaracco, Joseph/Webb, Allen: Business Ethics: A View From the Trenches, 37 (Nr. 2) California Management Review (1995), 8.

Badura, Peter: Die Unternehmensfreiheit der Handelsgesellschaften, DÖV 1990, 353.

Baehr, Thomas: Verhaltenssteuerung durch Ordnungsrecht. Das Vollzugsdefizit als Verfassungsproblem, Diss. Osnabrück, Baden-Baden 2005.

Baker, John S., Jr.: Reforming Corporations Through Threats of Federal Prosecution, 89 Cornell Law Review (2004), 310.

Balzer, Peter: Anlegerschutz bei Verstößen gegen die Verhaltenspflichten nach §§ 31 ff. Wertpapierhandelsgesetz (WpHG), ZBB 1997, 260.

Bamberger, Heinz Georg/Roth, Herbert (Hrsg.): Kommentar zum Bürgerlichen Gesetzbuch, 2. Auflage, München 2008 (zitiert: Bamberger/ Roth, BGB).

Bannenberg, Britta: Korruption in Deutschland und ihre strafrechtliche Kontrolle. Eine kriminologisch-strafrechtliche Analyse, Neuwied, Kriftel 2002.

Barker, Richard A.: An Evaluation of the Ethics Program at General Dynamics, 12 Journal of Business Ethics (1993), 165.

Barnett, Tim/Cochran, Daniel/Taylor, Stephen: The Internal Disclosure Policies of Private Sextor Employers: An Initial Look at Their Relationship to Employee Whistleblowing, 12 Journal of Business Ethics (1993), 127.

Baumbach, Adolf/Hueck, Alfred: Gesetz betreffend die Gesellschaften mit beschränkter Haftung. Kommentar, 18. Auflage, München 2006 (zitiert: *Baumbach/Hueck,* GmbHG).

Bechtold, Rainer (Hrsg.): Kartellgesetz. Gesetz gegen Wettbewerbsbeschränkungen. Kommentar, 5. Auflage, München 2008 (zitiert: Bechtold, GWB).

Bechtold, Rainer/Bosch, Wolfgang/Brinker, Ingo/Hirsbrunner, Simon: EG-Kartellrecht. Kommentar, München 2005.

Bechtold, Rainer/Buntscheck, Martin: Die 7. GWB-Novelle und die Entwicklung des deutschen Kartellrechts 2003 bis 2005, NJW 2005, 2966.

Beckenstein, Alan/Gabel, Landis: Antitrust Compliance: Results of a Survey of Legal Opinion, 51 Antitrust Law Journal (1983), 459.

Beets, Douglas/Killough, Larry: The Effectiveness of a Complaint-Based Ethics Enforcement System: Evidence from the Accounting Profession, 9 Journal of Business Ethics (1990), 115.

Beneish, Messod/Chatov, Robert: Corporate Codes of Conduct: Economic Determinants and Legal Implications for Independent Auditors, 12 Journal of Accounting and Public Policy (1993), 3.

Bergmoser, Ulrich/Theusinger, Ingo/Gushurst, Klaus-Peter: Corporate Compliance – Grundlagen und Umsetzung, BB-Special Nr. 5 zu Heft 25, BB 2008, 1.

Bharara, Preet: Corporations Cry Uncle and Their Employees Cry Foul: Rethinking Prosecutorial Presure on Corporate Defendants, 44 American Criminal Law Review (2007), 53.

Bier, Sascha: Risk-Management zur Haftungsminimierung im E-Business, K&R 2005, 59.

Binder, Jens-Hinrich: Geschäftsleiterhaftung und fachkundiger Rat, AG 2008, 274.

Bleicher, Knut: Normatives Management, Frankfurt 1994.

ders.: Das Konzept integriertes Management, 6. Auflage, Frankfurt (u. a.) 2001.

Bock, Michael: Prävention und Empirie – Über das Verhältnis von Strafzwecken und Erfahrungswissen, JuS 1994, 89.

Boo, El'Fred/Koh, Hian Chye: The Influence of Organizational and Code-Supporting Variables on the Effectiveness of a Code of Ethics, 5 Teaching Business Ethics (2001), 357.

Bosse, Christian: Wesentliche Neuregelungen ab 2007 aufgrund aufgrund des Transpazenzrichtlinie-Umsetzungsgesetzes börsennotierter Unternehmen, DB 2007, 39.

Bowmann, Frank O., III.: Drifting Down the Dnieper with Prince Potemkin: Some Skeptical Reflections About the Place of Compliance Programs in Federal Criminal Sentencing, 39 Wake Forest Law Review (2004), 671.

Brandt, Edmund: Regulierte Selbstregulierung im Umweltrecht, DV 2001, Beiheft 4, 123.

Brandt, Edmund/Röckeisen, Susana: Konzeption für ein Stoffstromrecht, Berlin 2000.

Breinlinger, Astrid/Krader, Garbriela: Whistleblowing – Chancen und Risiken bei der Umsetzung von anonym nutzbaren Hinweisgebersystemen im Rahmen des Compliance-Managements von Unternehmen, RDV 2006, 60.

Brenner, Steven N./Molander, Earl A.: Is the ethics of business changing?, 55 (Nr. 1) Harvard Business Review (1977), 57.

Breyer, Stephen: The Federal Sentencing Guidelines and the Key Compromises Upon Which They Rest, 17 Hofstra Law Review (1988), 1.

Brickey, Kathleen F.: Corporate Criminal Accountability: A Brief History and an Observation, 60 Washington University Law Quarterly (1982), 393.

Brief, Arthur/Dukerich, Janet/Brown, Paul/Brett, Joan: What's Wrong with the Treadway Commission Report? Analyses of the Effects of Personal Values and Codes of Conduct on Fraudulent Financial Reporting, 15 Journal of Business Ethics (1996), 183.

Brinkmann, Johannes: Business and Marketing Ethics as Professional Ethics. Concepts, Approaches and Typologies, 41 Journal of Business Ethics (2002), 159.

Brinkmann, Johannes/Ims, Knut: Good intentions aside: drafting a functionalist look at codes of ethics, 12 Business Ethics: A European Review (2003), 265.

Brown, Lowell H.: The Coporate Director's Compliance Oversight Responsibility in the Post Caremark Era, 26 Delaware Journal of Corporate Law (2001), 1.

Brömmelmeyer, Christoph: Neue Regeln für die Binnenhaftung des Vorstands – Ein Beitrag zur Konkretisierung der Business Judgement Rule, WM 2005, 2065.

Bruce, Willa: Ethical People Are Productive People, 17 Public Productivity & Management Review (1994), 241.

Buchanan, Mary Beth: Organizational Sentencing: Federal Sentencing and the Benefits of Programs to Prevent and Detect Violations of Law, 39 Wake Forest Law Review (2004), 587.

Bültmann, Alexandra/Wätzold, Frank: Die wirtschaftliche Ausgestaltung des Öko-Audit-Systems in Deutschland – Erfahrungen und Analyse, ZAU 2000, 155.

Bürgers, Tobias/Körber, Torsten (Hrsg.): Heidelberger Kommentar zum Aktiengesetz, Heidelberg 2008 (zitiert: Bürgers/Körber, HK-AktG).

Bürkle, Jürgen: VAG-Novelle: Organisationspflichten zwichen Anspruch und Wirklichkeit, VW 2008, 212.

ders.: Die rechtliche Dimension von Solvency II, VersR 2007, 1595.

ders.: Corporate Compliance als Standard guter Unternehmensführung des Deutschen Corporate Governance Kodex, BB 2007, 1797.

ders.: Unternehmensinterne Selbstkontrolle durch Compliance-Beauftragte, in: Hauschka, Christoph E. (Hrsg.), Corporate Compliance. Handbuch der Haftungsvermeidung im Unternehmen, München 2007, § 8.

ders.: Corporate Compliance – Pflicht oder Kür für den Vorstand der AG?, BB 2005, 565.

ders.: Weitergabe von Informationen über Fehlverhalten in Unternehmen (Whistleblowing) und Steuerung auftretender Probleme durch ein Compliance-System, DB 2004, 2158.

ders.: Compliance im Versicherungsunternehmen: Ja, aber wie?, VW 2004, 830.

Bussmann, Kai: Kriminalprävention durch Business Ethics. Ursachen von Wirtschaftskriminalität und die besondere Bedeutung von Werten, zfwu 2004, 35.

ders.: Business Ethics und Wirtschaftsstrafrecht. Zu einer Kriminologie des Managements, MschrKrim 86 (2003), 89.

Bussmann, Kai/Matschke, Sebastian: Der Einfluss nationalen Rechts auf Kontroll- und Präventionsmaßnahmen von Unternehmen, wistra 2008, 88.

Bussmann, Kai/Salvenmoser, Steffen: Internationale Studie zur Wirtschaftskriminalität, NStZ 2006, 203.

Cabral-Cardoso, Carlos: Ethical Misconduct in the Business School: A Case of Plagiarism that Turned Bitter, 49 Journal of Business Ethics (2004), 75.

Callan, Victor: Predicting Ethical Values and Training Needs in Ethics, 11 Journal of Business Ethics (1992), 761.

Campos Nave, José: Chief Compliance Officer – Werbewirksame Mogelpackung oder Garant einer effizienten Corporate Governance?, BB 2007, Heft 31, Die erste Seite.

Campos Nave, José/Bonenberger, Saskia: Korruptionsaffären, Corporate Compliance und Sofortmaßnahmen für den Krisenfall, BB 2008, 734.

Cassell, Cathy/Johnson, Phil/Smith, Ken: Opening the Black Box: Corporate Codes of Ethics in Their Organizational Context, 16 Journal of Business Ethics (1997), 1077.

Chatov, Robert: What Corporate Ethics Statements Say, 22 (Nr. 4) California Management Review (1980), 20.

Chonko, Lawrence/Hunt, Shelby: Ethics and Marketing Management: An Empirical Examination, 13 Journal of Business Research (1985), 339.

Chonko, Lawrence/Wotruba, Thomas/Loe, Terry: Ethics Code Familiarity and Usefulness: Views on Idealist and Relativist Managers Under Varying Conditions of Turbulence, 42 Journal of Business Ethics (2003), 237.

Claussen, Carsten Peter/Schwark, Eberhard (Hrsg.): Insiderrecht für Finanzanalysten, Köln 1997 (zitiert: Claussen/Schwark, Insiderrecht für Finanzanalysten).

Cleek, Margaret Anne/Leonard, Sherry Lynn: Can Corporate Codes of Ethics Influence Behavior?, 17 Journal of Business Ethics (1998), 619.

Coffee, John C.: Beyond the Shut-Eyed Sentry: Toward a Theoretical View of Corporate Misconduct and an Effective Legal Response, 63 Virginia Law Review (1977), 1099.

ders.: From Tort to Crime: Some Reflections on the Criminalization of Fiduciary Breaches and the Problematic Line Between Law and Ethics, 19 American Criminal Law Review (1981), 117.

Coffee, John C., Jr.: Gatekeeper Failure and Reform: The Challenge of Fashioning Relevant Reforms, 84 Boston University Law Review (2004), 301.

Conway, John Calvin: Self-Evaluative Privilege and Corporate Compliance Audits, 68 Southern California Law Review (1995), 621.

Copeland, John D.: The Tyson Story: Building an effective Ethics and Compliance Program, 5 Drake Journal of Agricultural Law (2000), 305.

Couden, Carmen: The *Thompson* Memorandum: A Revised Solution or just a problem?, 30 Journal of Corporation Law (2005), 405.

Cowton, Christopher/Thompson, Paul: Do Codes Make a Difference? The Case of Bank Lending and the Environment, 24 Journal of Business Ethics (2000), 165.

Cressey, Donald/Moore, Charles: Managerial Values and Corporate Codes of Ethics, 25 (Nr. 4) California Management Review (1983), 53.

Cunningham, Lawrence: The Appeal and Limits of Internal Controls to Fight Fraud, Terrorism, and Other Ills, 29 Journal of Corporation Law (2004), 267.

Dannecker, Gerhard: Die Entwicklung des Wirtschaftsstrafrechts in der Bundesrepublik Deutschland, in: Wabnitz, Heinz-Bernd/Janowski, Thomas (Hrsg.), Handbuch des Wirtschafts- und Steuerstrafrechts, 3. Auflage, München 2007.

Deal, Terrence/Kennedy, Allan: Culture: A New Look Through Old Lenses, 19 Journal of Applied Behavioral Science (1983), 498.

dies.: Corporate Cultures: The Rites and Rituals of Corporate Life, Reading (MA) 1982.

Dempfle, Ulrich: Normvertretende Absprachen. Zugleich ein Beitrag zur Lehre vom Rechtsverhältnis, Diss Trier, Pfaffenweiler 1993.

Deter, Henryk/Arends, Hilde/Bozicevic, Falko: Weniger positive Stimmung zu den neuen Kapitalmarktgesetzen, AG-Report 2006, R 532.

Deter, Henryk/Gremmler, Susanne: Compliance wandert zunehmend von der Rechtsabteilung zu Investor Relations, AG-Report 2007, R 326.

Deutsches Institut für Interne Revision (Hrsg.), Grundlagen der internen Revision. Standards für die berufliche Praxis der internen Revision, Frankfurt a.M. 2002.

Diekmann, Andreas: Die Befolgung von Gesetzen. Empirische Untersuchungen zu einer rechtssoziologischen Theorie, Berlin 1980.

Dieners, Peter: Vermeidung von Korruptionsrisiken aus Unternehmenssicht – Rechtliche Gestaltung von Geschäftsbeziehungen, Behördenkontakten und Lobbying, in: Dölling, Dieter (Hrsg.): Handbuch der Korruptionsprävention, München 2007, S. 183.

Diller, Janelle: A social conscience in the global marketplace? Labour dimensions of codes of concudt, social labelling and investor initiatives, 138 International Labor Review (1999), 99.

Dölling, Dieter: Generalprävention durch Strafrecht: Realität oder Illusion?, ZStW 102 (1990), 1.

ders: Strafeinschätzungen und Delinquenz bei Jugendlichen und Heranwachsenden – Ein Beitrag zur empirischen Analyse der generalpräventiven Wirkungen der Strafein, in: Kerner, Hans-Jürgen/Kury, Helmut/Sessar, Klaus (Hrsg.): Deutsche Forschungen zur Kriminalitätsentstehung und Kriminalitätskontrolle, Köln (u.a.) 1983, S. 51.

Donald, David C.: Die Entwicklung der US-amerikanischen Corporate Governance nach Enron, WM 2003, 705.

Drake, Bruse/Drake, Eileen: Ethical and Legal Aspects of Managing Corporate Cultures, 30 (Nr. 2) California Management Review (1988), 107.

Dreher, Mainrad: Kartellrechtscompliance. Voraussetzungen und Rechtsfolgen unternehmens- oder verbandsinterner Maßnahmen zur Einhaltung des Kartellrechts, ZWeR 2004, 75.

ders.: Kartellrechtscompliance in der Versicherungswirtschaft, VersR 2004, 1.

Dreier, Horst (Hrsg.): Grundgesetz, Kommentar, 2. Auflage, Tübingen 2004 (zitiert: Dreier, GG).

Drohmann, Dieter, Compliance in der chemischen Industrie, in: Hauschka, Christoph E. (Hrsg.): Corporate Compliance. Handbuch der Haftungsvermeidung im Unternehmen, München 2007, § 34.

Dubinsky, Alan J./Jolson, Marvin A./Michaels, Ronald E./Kotabe, Masaaki/Un Lim, Chae: Ethical Perceptions of Field Sales Personnel: An Empirical Assessment, 12 (Nr. 4) Journal of Personal Selling & Sales Management (1992), 9.

Ebenroth, Carsten Thomas/Boujong, Karlheinz/Joost, Detlev/Strohn, Lutz (Hrsg.), Handelsgesetzbuch, Band 2, 2. Auflage, München 2009.

Ebenroth, Carsten Thomas/Lange, Knut Werner: Sorgfaltpflichten und Haftung des Geschäftsführers einer GmbH nach § 43 GmbHG, GmbHR 1992, 69.

Edwards, Jonathan/Wolfe, Simon: A compliance competence partnership approach model, 14 Journal of Financial Regulation and Compliance (2006), 140.

Eisele, Dieter: Insiderrecht und Compliance, WM 1993, 1021.

Eisenberg, Ulrich: Kriminologie, 6. Auflage, München 2005.

Ellinghaus, Dieter: Verkehrsvorschriften und Verhaltenssteuerung, NZV 1998, 186.

Elson, Charles M./Gyves, Christopher J.: In re Caremark: Good Intentions, Unintended Consequences, 39 Wake Forest Law Review (2004), 691.

Embse, Thomas von der/Desai, Mayur/Desai, Seema: How well are corporate ethics codes and policies applied in the trenches?, 12 Information Management & Computer Security (2004), 146.

Engelsing, Felix: Die neue Bonusregelung des Bundeskartellamtes von 2006, ZWeR 2006, 179.

Falkenhausen, Joachim Freiherr von/Widder, Stefan: Die Weitergabe von Insiderinformationen innerhalb einer Rechtsanwalts-, Wirtschaftsprüfer- oder Steuerberatersozietät, BB 2004, 165.

Farrell, Brian/Cobbin, Deirdre/Farrell, Helen: Can codes of ethics really produce consistent behaviours?, 17 Journal of Managerial Psychology (2002), 468.

Feest, Johannes: Compliance with Legal Regulations. Observation of Stop Sign Behavior, 2 Law and Society Review (1968), 447.

Feldman, Steven: Memory as a moral decision. The role of ethics in organizational culture, New Brunswick/NJ 2002.

Ferrell, O. C./Gresham, Larry G.: A Contingency Framework for Understanding Ethical Decision Making in Marketing, 49 Journal of Marketing (1985), 87.

Ferrell, O. C./LeClair, Debbie Thorne/Ferrell, Linda: The Federal Sentencing Guidelines for Organizations: A Framework for Ethical Compliance, 17 Journal of Business Ethics (1998), 353.

Ferrell, O. C./Skinner, Steven; Ethical Behavior and Bureaucratic Structure in Marketing Research Organizations, 25 Journal of Marketing Research (1988), 103.

Finegan, Joan/Theriault, Cindy: The Relationsship Between Personal Values and the Perception of the Coporation's Code of Ethics, 27 Journal of Applied Social Psychology (1997), 708.

Fiorelli, Paul E.: Will U.S. Sentencing Commission Amendments encourage a new ethical culture in Organizations?, 39 Wake Forest Law Review (2004), 565.

ders.: Legal Developments. Fine Reductions Through Effective Ethics Programs, 56 Albany Law Review (1992), 403.

Fiorelli, Paul E./Rooney, Cynthia: The Environmental Sentencing Guidelines for Business Organizations: Are There Murky *Waters* in Their Future?, 22 Boston College Environmental Affairs Law Review (1995), 481.

Fiorelli, Paul E./Tracey, Ann Marie: Why Comply? Organizational Guidelines Offer a Safe Harbor in the Storm, 32 Journal of Corporation Law (2007), 467.

Fischel, Daniel R./Sykes, Alan O.: Corporat Crime, 25 Journal of Legal Studies (1996), 319.

Fischer, Thomas H./Petri, Jens-Holger/Steidle, Roland: Outsourcing im Bankbereich – neue aufsichtsrechtliche Anforderungen § 25a KWG und MaRisk, WM 2007, 2313.

Fischer, Thomas: Strafgesetzbuch und Nebengesetze. Kommentar, 55. Auflage, München 2008 (zitiert: *Fischer*, StGB).

Fisher, Colin: Managers' perceptions of ethical codes: dialectics and dynamics, 10 Business Ethics: A European Review (2001), 145.

FitzSimon, Jean K./McGreal, Paul E.: Corporate Compliance Survey, 60 Business Lawyer (2005), 1759.

Fleischer, Holger: Kartellrechtsverstöße und Vorstandsrecht, BB 2008, 1070.

ders.: Corporate Compliance im aktienrechtlichen Unternehmensverbund, CCZ 2008, 1.

ders. (Hrsg.): Handbuch des Vorstandsrechts, München 2006.

ders.: Aktienrechtliche Legalitätspflicht und „nützliche" Pflichtenverletzungen von Vorstandsmitgliedern, ZIP 2005, 141.

ders.: Legal Transplants im deutschen Aktienrecht, NZG 2004, 1129.

ders.: Die „Business Judgement Rule" – vom Richterrecht zur Kodifizierung, ZIP 2004, 685.

ders.: Behavioral Law and Economics im Gesellschafts- und Kapitalmarktrecht – ein Werkstattbericht, in: Fuchs, Andreas (Hrsg.), Festschrift für Ulrich Immenga zum 70. Geburtstag, München 2004, S. 575 (zitiert: FS Immenga).

ders.: Vorstandsverantwortlichkeit und Fehlverhalten von Unternehmens-angehörigen – Von der Einzelüberwachung zur Errichtung einer Compliance-Organisation, AG 2003, 291.

ders.: Zur Leitungsaufgabe des Vorstands im Aktienrecht, ZIP 2003, 1.

ders.: Die „Business Judgement Rule" im Spiegel von Rechtsvergleichung und Rechtsökonomie, in: Wank, Rolf (u. a.) (Hrsg.), Festschrift für Herbert Wiedemann zum 70. Geburtstag, München 2002, S. 827 (zitiert: FS Wiedemann).

Ford, Richard/Gray, Bonnie/Landrum, Robert: Do organizational codes of conduct really affect employees' behavior?, 71 Management Review (1982), 53.

Franzius, Claudio: Der „Gewährleistungsstaat" – ein Leitbild für den sich wandelnden Staat?, Der Staat 2003, 493.

Frenz, Walter: Kostenlose Emissionszertifikate und unangemessene Preise, WuW 2006, 737.

Friedman, Lawrence: In Defense of Corporate Criminal Liability, 23 Harvard Journal of Law & Public Policy (2000), 833.

Friedman, Lawrence M.: Das Rechtssystem im Blickfeld der Sozialwissenschaften, Berlin 1981.

Fries, Douglas F.: The Federal Sentencing Guidelines Weight-Loss Plan: Just How Mandatory are the „Advisory" Guidelines After United States v. Booker?, 55 Case Western Reserve Law Review (2005), 1097.

Fritz Harden, Janie/Arnett, Ronald/Conkel, Michele: Organizational Ethical Standards and Organizational Commitment, 20 Journal of Business Ethics (1999), 289.

Gallwas, Hans-Ulrich: Die Erfüllung von Verwaltungsaufgaben durch Private, VVDStRL 29 (1971), 211.

Garrett, Brandon L.: Structural Reform Prosecution, 93 Virginia Law Review (2007), 853.

Garrn, Heino: Rechtswirksamkeit und faktische Rechtsgeltung. Ein Beitrag zur Rechtssoziologie, Diss. Mainz, Mainz 1969.

Gebauer, Stefan: Compliance-Organisation in der Banken- und Wertpapier-dienstleistungsbranche, in: Hauschka, Christoph E. (Hrsg.), Corporate Compliance. Handbuch der Haftungsvermeidung im Unternehmen, München 2007, § 31.

ders.: Compliance – Instrument der Selbstkontrolle im Unternehmen, in: DIRK e.V. (Hrsg.), Handbuch Investor Relations, Wiesbaden 2004, S. 505.

Gebhardt, Hans-Jürgen: Reform des OWi-Gesetzes, ein Rechts- oder ein Finanzproblem, DAR 1996, 1.

Gehb, Jürgen/Heckelmann, Martin: Haftungsfreistellung von Vorständen, ZRP 2005, 145.

Gelhausen, Hans Friedrich: Ausgestaltung und Prüfung des Risikomanagementsystems, in: Institut der Wirtschaftsprüfer in Deutschland e. V. (Hrsg.), Wirtschaftsprüfer-Handbuch 2000. Handbuch für Rechnungslegung, Prüfung und Beratung, Band I, 12. Auflage, Düsseldorf 2000.

Göbel, Elisabeth: Unternehmensethik. Grundlagen und praktische Umsetzung, Stuttgart 2006.

Goette, Wulf: Haftung, in: Hommelhoff, Peter/Hopt, Klaus J./Werder, Axel von (Hrsg.), Handbuch Corporate Governance. Leitung und Überwachung börsennotierter Unternehmen in der Rechts- und Wirtschaftspraxis, Köln, Stuttgart 2003, S. 749.

ders.: Die GmbH. Darstellung anhand der Rechtsprechung des BGH, 2. Auflage, München 2002.

ders.: Leitung, Aufsicht, Haftung – zur Rolle der Rechtsprechung bei der Sicherung einer modernen Unternehmensführung, in: Festschrift aus Anlaß des fünfzigjährigen Bestehens von Bundesgerichtshof, Bundesanwaltschaft und Rechtsanwaltschaft beim Bundesgerichtshof, Köln (u. a.) 2000, S. 123 (zitiert: FS 50 Jahre BGH).

ders.: Zur Haftung eines Geschäftsführers einer GmbH für die Abführung von Sozialversicherungsabgaben sowie zu dessen trotz Aufgabenverteilung und Delegation von Aufgaben fortbestehender Gesamtverantwortung, DStR 1996, 2029.

Goette, Wulf/Habersack, Mathias (Hrsg.): Münchener Kommentar zum Aktiengesetz, Band 2, 3. Auflage, München 2008 (zitiert: Goette/Habersack, Münchener Kommentar, AktG).

Göhler, Erich (Hrsg.): Gesetz über Ordnungswidrigkeiten. Kommentar, 14. Auflage, München 2006 (zitiert: Göhler, OWiG).

Greeve, Gina: Korruptionsbekämpfung, in: Hauschka, Christoph E. (Hrsg.), Corporate Compliance. Handbuch der Haftungsvermeidung im Unternehmen, München 2007, § 24.

dies.: Illegale Beschäftigung am Bau, in: Hauschka, Christoph E. (Hrsg.), Corporate Compliance. Handbuch der Haftungsvermeidung im Unternehmen, München 2007, § 36.

dies.: Korruptionsdelikte in der Praxis, München 2005.

Grohnert, Stephan: Rechtliche Grundlagen einer Compliance-Organisation und ausgewählte Fragen der Umsetzung, Diss. Hamburg, Hamburg

1999 (zitiert: *Grohnert*, Rechtliche Grundlagen einer Compliance-Organisation).

Grundmann, Stefan u. a. (Hrsg.): Anleger- und Funktionsschutz durch Kapitalmarktrecht – Symposium und Seminar zum 65. Geburtstag von Eberhard Schwark, Berlin 2006.

Haas, Ulrich: Anmerkung zu ThürOLG Jena, Urt. v. 8. 8. 2000, 8 U 1387/98, DStR 2001, 863.

Hachenburg, Max/Ulmer, Peter (Hrsg.): Gesetz betreffend die Gesellschat mit beschränkter Haftung. Großkommentar, 8. Auflage, 2. Band, §§ 35–52, Berlin, New York 1997 (zitiert: Hachenburg/Ulmer, GmbHG).

Hahn, Dietger/Taylor, Bernard (Hrsg.): Strategische Unternehmensplanung – Strategische Unternehmensführung. Stand und Entwicklungstendenzen, 9. Auflage, Berlin 2005.

Hanten, Mathias/Görke, Oliver: Outsourcing-Regelungen unter Geltung des § 25a Abs. 2 KWG in der Fassung des FRUG, BKR 2007, 489.

Harker, Debra/Harker, Michael: The Role of Codes of Conduct in the Advertising Self-Regulatory Framework, 20 (Nr. 2) Journal of Macromarketing (2000), 155.

Harrington, Susan: The Effect of Codes of Ethics and Personal Denial of Responsibility on Computer Abuse Judgements and Intentions, 20 MIS Quarterly (1996), 257.

Hartkopf, Günter/Bohne, Eberhard: Umweltpolitik, Band 1: Grundlagen, Analysen und Perspektiven, Oplanden 1983 (zitiert: *Hartkopf/Bohne*, Umweltpolitik).

Hasnas, John: Ethics and the Problem of *White* Collar Crime, 54 American University Law Review (2005), 579.

Hassemer, Winfried: Das Symbolische am symbolischen Strafrecht, in: Festschrift für Claus *Roxin* zum 70. Geburtstag, Berlin 2001, S. 1001 (zitiert: FS *Roxin*).

Hauschka, Christoph E.: Einführung, in: Hauschka, Christoph E. (Hrsg.), Corporate Compliance. Handbuch der Haftungsvermeidung im Unternehmen, München 2007, § 1.

ders.: Die Voraussetzungen für ein effektives Compliance System i.S. von § 317 Abs. 4 HGB, DB 2006, 1143.

ders.: Von Compliance zu Best Practice, ZRP 2006, 258.

ders.: Der Compliance-Beauftragte im Kartellrecht. Absicherungsstrategien für mittelständische Unternehmen und deren Organe, BB 2004, 1178.

ders.: Compliance am Beispiel der Korruptionsbekämpfung, ZIP 2004, 877.

ders.: Corporate Compliance – Unternehmensorganisatorische Ansätze zur Erfüllung der Pflichten von Vorständen und Geschäftsführern, AG 2004, 461.

ders.: Compliance, Compliance-Manager, Compliance-Programme: Eine geeignete Reaktion auf gestiegene Haftungsrisiken für Unternehmen und Management?, NJW 2004, 257.

Hauschka, Christoph E./Greeve, Gina: Compliance in der Korruptionsprävention – was müssen, was sollen, was können die Unternehmen tun?, BB 2007, 165.

Hawks, Ronnie P.: Enironmental Self-Audit Privilege and Immunity: Aid to Enforcement or Polluter Protection?, 30 Arizona State Law Journal (1998), 235.

Healy, Mike/Iles, Jennifer: The Establishment and Enforcement of Codes, 39 Journal of Business Ethics (2002), 117.

Hefendehl, Roland: Außerstrafrechtliche und strafrechtliche Instrumentarien zur Eindämmung der Wirtschaftskriminalität, ZStW 119 (2007), 816.

ders.: Corporate Governance und Business Ethics: Scheinberuhigung oder Alternativen bei der Bekämpfung der Wirtschaftskriminalität?, JZ 2006, 119.

ders.: Die technische Prävention und das Strafrecht. Äpfel und Birnen oder Steine statt Steine, NJ 2006, 17.

ders.: Enron, Worldcom und die Folgen: Das Wirtschaftsstrafrecht zwischen kriminalpolitischen Erwartungen und dogmatischen Erfordernissen, JZ 2004, 18.

ders.: Kriminalitätstheorien und empirisch nachweisbare Funktionen der Strafe: Argumente für oder wider die Etablierung einer Unternehmensstrafbarkeit?, MschrKrim 86 (2003), 27.

Hegarty, Harvey/Sims, Jr., Hernry: Organizational Philosophy, Policies, and Objectives Related to Unethical Decision Behavior: A Laboratory Experiment, 64 Journal of Applied Psychology (1979), 331.

Hehn, Paul von/Hartung, Wilhelm: Unabhängige interne Untersuchungen in Unternehmen als Instrument guter Corporate Governance – auch in Europa?, DB 2006, 1909.

Heidel, Thomas (Hrsg.): Aktienrecht und Kapitalmarktrecht, 2. Auflage, Baden-Baden 2007 (zitiert: Heidel, Aktienrecht).

Helin, Sven/Sandström, Johan: An Inquiry into the Study of Corporate Code of Ethics, 75 Journal of Business Ethics (2007), 253.

Henze, Hartwig: Prüfungs- und Kontrollaufgaben des Aufsichtsrates in der Aktiengesellschaft, NJW 1998, 3309.

Herzog, Roman: Von der Akzeptanz des Rechts, in: Rüthers, Bernd/Stern, Klaus (Hrsg.): Freiheit und Verantwortung im Verfassungsstaat, Festgabe zum 10jährigen Jubiläum der Gesellschaft für Rechtspolitik, München 1984, S. 127 (zitiert: FG Gesellschaft für Rechtspolitik).

Hess, David: A Business Ethics Perspective on Sarbanes-Oxley and the Organizational Sentencing Guidelines, 105 Michigan Law Review (2007), 1781.

Hess, David/McWhorter, Robert S./Fort, Timothy L.: The 2004 Amendments to the Federal Sentencing Guidelines and Their Implicit Call for a Symbiotic Integration of Business Ethics, 11 Fordham Journal of Corporation and Financial Law (2006), 725.

Higgs-Kleyn, Nicola/Kapelianis, Dimitri: The Role of Professional Codes in Regulating Ethical Conduct, 19 Journal of Business Ethics (1999), 363.

Hippel, Eike von: Rechtspolitik. Ziele, Akteure, Schwerpunkte, Berlin 1992.

Hirsch, Ernst E.: Die Steuerung menschlichen Verhaltens, JZ 1982, 41.

Hirte, Heribert: Kapitalgesellschaftsrecht, 4. Auflage, Köln 2003.

Hirte, Heribert/Möllers, Thomas J. M. (Hrsg.): Kölner Kommentar zum WpHG, 1. Auflage, Köln, Berlin, München 2007 (zitiert: Hirte/Möllers, KK-WpHG).

Hoeren, Thomas: Selbstregulierung im Banken- und Versicherungsrecht, Karlsruhe 1995.

Hoffmann-Riem, Wolfgang: Öffentliches Recht und Privatrecht als wechselseitige Auffangordnungen – Systematisierung und Entwicklungsperspektiven, in: Hoffmann-Riem, Wolfgang/Schmidt-Aßmann, Eberhard (Hrsg.), Öffentliches Recht und Privatrecht als wechselseitige Auffangordnungen, 1. Auflage, Baden-Baden 1996, S. 261.

ders.: Reform des Allgemeinen Verwaltungsrechts – Vorüberlegungen, DVBl. 1994, 1381.

ders.: Instrumente indirekter Verhaltenssteuerung, ZAU 1992, 348.

ders.: Verfahrensprivatisierung als Modernisierung, in: Hoffmann-Riem, Wolfgang/Schneider, Jens-Peter (Hrsg.), Verfahrensprivatisierung im Umweltrecht, Baden-Baden 1996, S. 9.

Hoffmann-Riem, Wolfgang/Schmidt-Aßmann, Eberhard/Schuppert, Gunnar Folke, Reform des Allgemeinen Verwaltungsrechts. Grundfragen, 1. Auflage, Baden-Baden 1993.

Hofstede, Geert: Interkulturelle Zusammenarbeit. Kulturen, Organisationen, Management, Wiesbaden 1993.

Hohn, Kristian: Abschöpfung der Steigerung des Firmenwerts als Bruttowertersatzverfall?, wistra 2006, 321.

Holst, Jonny/Holtkamp, Willy: Risikoquantifizierung und Frühwarnsystem auf Basis der Value at Risk-Konzeption, BB 2000, 815.

Hommelhoff, Peter: Risikomanagement im GmbH-Recht, Berger, Klaus Peter (u. a.) (Hrsg.), Festschrift für Otto Sandrock zum 70. Geburtstag, Heidelberg 2000, S. 373 (zitiert: FS Sandrock).

Hommelhoff, Peter/Mattheus, Daniela: Risikomanagementsystem im Entwurf des BilMoG als Funktionselement der Corporate Governance, BB 2007, 2787.

Hoor, Gerd: Die Präzisierung der Sorgfaltsanforderungen nach § 93 Abs. 1 AktG durch den Entwurf des UMAG, DStR 2004, 2104.

Hopt, Klaus: Die Haftung von Vorstand und Aufsichtsrat – Zugleich ein Beitrag zur Corporate Governance-Debatte, in: Immenga, Ulrich (Hrsg.), Festschrift für Ernst-Joachim Mestmäcker zum siebzigsten Geburtstag, Baden-Baden 1996, S. 909 (zitiert: FS Mestmäcker).

Hopt, Klaus/Wiedemann, Herbert (Hrsg.): Aktiengesetz. Großkommentar, 4. Auflage, §§ 76–83 Stand 2003, §§ 84–91 und Nachtrag zu § 93 Stand 2006, §§ 92–94 Stand 1999, Berlin (zitiert: Hopt/Wiedemann, Großkommentar, AktG).

Horn, Norbert: Die Haftung des Vorstandes der AG nach § 93 AktG und die Pflichten des Aufsichtsrates, ZIP 1997, 1129.

Hörnle, Tatjana: Tatproportionale Strafzumessung, Diss. München, Berlin 1999.

Hüffer, Uwe: Aktiengesetz. Kommentar, 8. Auflage, München 2008 (zitiert: *Hüffer,* AktG).

ders.: Das Leitungsermessen des Vorstandes in der Aktiengesellschaft, in: Festschrift für Thomas Raiser zum 70. Geburtstag am 20. Februar 2005, Berlin 2005, S. 163 (zitiert: FS Raiser).

Hume, Evelyn/Larkins, Ernest/Iyer, Govind: On Compliance with Ethical Standards in Tax Return Preparation, 18 Journal of Business Ethics (1999), 229.

Hungenberg, Harald: Strategisches Management in Unternehmen. Ziele – Prozesse – Verfahren. 3. Auflage, Wiesbaden 2004.

Hungenberg, Harald/Wulf, Torsten: Grundlagen der Unternehmensführung, Berlin (u. a.) 2004.

Hunt, Shelby/Chonko, Lawrence/Wilcox, James: Ethical Problems of Marketing Researchers, 21 Journal of Marketing Research (1984), 309.

Hütten, Christoph/Stromann, Hilke: Umsetzung des Sarbanes-Oxley Act in der Unternehmenspraxis, BB 2003, 2223.

Ihrig, Hans-Christoph: Reformbedarf beim Haftungstatbestand des § 93 AktG, WM 2004, 2098.

Immenga, Frank A.: Für Kartellsünder bricht ein neues Zeitalter an: Nun soll es richtig wehtun!, BB 2007, Heft 16, Die erste Seite.

Impert, John E.: A Program for the Compliance with the Foreign Corrupt Practices Act and Foreign Law Restrictions on the Use of Sales Agents, 24 International Lawyer (1990), 1009.

Itzen, Uta: Richtungswechsel, Bestandsaufnahme, Prävention: Das Gerüst einer erfolgreichen Compliance-Strategie, BB 2008, BB-Special Nr. 5 zu Heft 25, 12.

Izraeli, Dove/Schwartz, Mark S.: What Can We Learn from the U.S. Federal Sentencing Guidelines for Organizational Ethics?, 17 Journal of Business Ethics (1998), 1045.

Jarass, Hans D.: Bundes-Immisionsschutzgesetz, Kommentar, 7. Auflage, München 2007 (zitiert: *Jarass*, BImSchG).

Jarass, Hans D./Pieroth, Bodo (Hrsg.): Grundgesetz. Kommentar, 8. Auflage, München 2006 (zitiert: Jarass/Pieroth, GG).

Jescheck, Hans-Heinrich/Weigend, Thomas: Lehrbuch des Strafrechts. Allgemeiner Teil, 5. Auflage, Berlin 1996 (zitiert: *Jescheck/Weigend*, Strafrecht).

Jones, Harry W.: The Efficacy of Law, Evanston (IL) 1969.

Jose, Anita/Thibodeaux, Mary: Institutionalization of Ethics: The Perspective of Managers, 22 Journal of Business Ethics (1999), 133.

Kahlenberg, Harald/Hallmigk, Christian: Referentenentwurf der 7. GWB-Novelle: Tief greifende Änderung des deutschen Kartellrechts, BB 2004, 389.

Kant, Immanuel: Die Metaphysik der Sitten, in: Königlich Preußische Akademie der Wissenschaften (Hrsg.), Kant's gesammelte Schriften, Band VI, Berlin 1907, S. 203 (zitiert: *Kant*, Die Metaphysik der Sitten).

Kaptein, Muel: Business Codes of Multinational Firms: What Do They Say?, 50 Journal of Business Ethics (2004), 13.

Kaptein, Muel/Schwartz, Mark S.: The Effectiveness of Business Codes: A Critical Examination of Existing Studies and the Development of an Integrated Research Model, 77 Journal of Business Ethics (2008), 111.

Kaptein, Muel/Wempe, Johan: Twelve Gordon Knots When Developing an Organizational Code of Ethics, 17 Journal of Business Ethics (1998), 853.

Kets de Vries, Manfred/Miller, Danny: Personality, Culture and Organization, 11 Academy of Management Review (1986), 266.

Khanna, Vikramaditya S.: Should the Behavior of Top Management Matter?, 91 Georgetown Law Journal (2003), 1215.

ders.: Corporate Criminal Liability: What Purposes Does It Serve?, 109 Harvard Law Review (1996), 1477.

Kiethe, Kurt: Vermeidung der Haftung von geschäftsführenden Organen durch Corporate Compliance, GmbHR 2007, 393.

ders.: Die zivil- und strafrechtliche Haftung von Vorstandsmitgliedern eines Kreditinstituts für riskante Kreditgeschäfte, WM 2003, 861.

Killias, Martin: Zur Bedeutung von Rechtsgefühl und Sanktionen für die Konformität des Verhaltens gegenüber neuen Normen: Das Beispiel der Gurtanlegepflicht, in: Lampe, Ernst-Joachim (Hrsg.), Das sogenannte Rechtsgefühl, Jahrbuch für Rechtssoziologie und Rechtstheorie, Band 10, Opladen 1985, S. 257.

Kitson, Alan: Taking the Pulse: Ethics and the British Cooperative Bank, 15 Journal of Business Ethics (1996), 1021.

Kjonstad, Bjørn/Willmott, Hugh: Business Ethics: Restrictive or Empowering?, 14 Journal of Business Ethics (1995), 445.

Klausing, Friedrich von: Gesetz über Aktiengesellschaften und Kommanditgesellschaften auf Aktien. Nebst Einführungsgesetz und ‚Amtlicher Begründung', Berlin 1937 (zitiert: *Klausing,* Amtliche Begründung).

Kleinfeld, Annette: Identität durch moralische Integrität: Die Rolle der Corporate Ethics, in: Bickmann, Roland (Hrsg.), Chance: Identität. Impulse für das Management von Komplexität, Berlin (u. a.) 1999, S. 363.

Klindt, Thomas: Nicht-börsliches Compliance-Management als zukünftige Aufgabe der Inhouse-Juristen, NJW 2006, 3399.

Klinger, Michael A./Klinger, Oskar: ABC der Gestaltung und Prüfung des Internen Kontrollsystems (IKS) im Unternehmen, 2. Auflage, Wien 2008.

Kloepfer, Michael: Umweltrecht, 3. Auflage, München 2004.

ders.: Alte und neue Handlungsformen staatlicher Steuerung im Umweltbereich, in: König, Klaus/Dose, Nicolai (Hrsg.), Instrumente und Formen staatlichen Handelns, Köln 1993, S. 329

Kloepfer, Michael/Elsner, Thomas: Selbstregulierung im Umwelt- und Technikrecht, DVBl. 1996, 964.

Klubes, Benjamin B.: The Department of Defense Voluntary Disclosure Program, 19 Public Contract Law Journal (1990), 504.

Knauff, Matthias: Der Gewährleistungsstaat. Reform der Daseinsvorsorge, Diss. Freie Universität Berlin, Berlin 2004.

Koch, Hans-Joachim (Hrsg.): Umweltrecht, 2. Auflage, Köln (u. a.) 2007.

Koch, Harald: Die Präventions- und Steuerungswirkung des Schuld- und Wettbewerbsrechts, JZ 1999, 922.

Koch, Jens: Das Gesetz zur Unternehmensintegrität und Modernisierung des Anfechtungsrechts (UMAG), ZGR 2006, 769.

Koch, Robert: Geschäftsleiterpflicht zur Sicherstellung risikoadäquaten Versicherungsschutzes, ZGR 2006, 184.

Kock, Martin/Dinkel, Renate: Die zivilrechtliche Haftung von Vorständen für unternehmerische Entscheidungen, NZG 2004, 441.

Kohler, Klaus: Von Rechtsberatung zum Risikomanagement – Die gewandelte Rolle der Unternehmensrechtsabteilung, in: Ekkenga, Jens/Hadding, Walther/Hammen, Horst (Hrsg.), Bankrecht und Kapitalmarktrecht in der Entwicklung. Festschrift für Siegfried Kümpel zum 70. Geburtstag, Berlin 2003, S. 301 (zitiert: FS Kümpel).

Köhler, Annette/Marten, Kai-Uwe/Hülsberg, Frank/Bender, Gregor: Haftungsrisiken für Gesellschaftsorgane – Aktuelle Beurteilung und Gegenmaßnahmen, BB 2005, 501.

Kohut, Gary/Corriher, Susan: The Relationship of Age, Gender, Experience and Awareness of Written Ethics Policies to Business Decission Making, 59 SAM Advanced Management Journal (1994), 1.

Kolk, Ans/Tulder, Rob van: The Effectivenes of Self-Regulation: Corporate Codes of Conduct and Child Labour, 20 European Management Journal (2002), 260.

Kort, Michael: Verhaltensstandardisierung durch Corporate Compliance, NZG 2008, 81.

Kotter, John/Heskett, James: Corporate Culture and Performance, New York 1992.

Krawiec, Kimberly: Organizational Misconduct: Beyond the Principal-Agent Model, 32 Florida State University Law Review (2005), 571.

dies.: The Future Disclosure System: Cosmetic Compliance and the Failure of Negotiated Governance, 81 Washington University Law Quarterly (2003), 487.

Kreikebaum, Hartmut: Internationale Unternehmensethik, ZfB-Special Issue 2006, Nr. 1, 1.

Krieger, Gerd/Schneider, Uwe H. (Hrsg.): Handbuch Managerhaftung. Risikobereiche und Haftungsfolgen für Vorstand, Geschäftsführer und Aufsichtsrat, Köln 2007.

Krüger, Hans-Peter: Verzicht auf Sanktionsnormen im Straßenverkehrsrecht – ein Beitrag zur Effektivität von Verhaltensnormen?, in: Hof, Hagen/Lübbe-Wolff, Gertrude (Hrsg.), Wirkungen und Erfolgsbedingungen von Gesetzen, Wirkungsforschung zum Recht I, 1. Auflage, Baden-Baden 1999, S. 223.

Krüger, Uwe: Der Adressat des Rechtsgesetzes. Ein Beitrag zur Gesetzgebungslehre, Diss. Mainz, Berlin 1969.

Kunz, Karl-Ludwig: Kriminologie. Eine Grundlegung, 2. Auflage, Berlin (u. a.) 1998.

Kust, Egon: Zur Sorgfaltspflicht und Verantwortlichkeit eines ordentlichen und gewissenhaften Geschäftsleiters, WM 1980, 758.

Kutschker, Michael/Schmid, Stefan: Internationales Management, 5. Auflage, München, Wien 2006.

Laczniak, Gene/Inderrieden, Edward: The Influence of Stated Organizational Concern upon Ethical Decision Making, 6 Journal of Business Ethics (1987), 297.

Lampert, Thomas: Compliance-Organisation, in: Hauschka, Christoph E. (Hrsg.), Corporate Compliance. Handbuch der Haftungsvermeidung im Unternehmen, München 2007, § 9.

ders.: Gestiegenes Unternehmensrisiko Kartellrecht – Risikoreduzierung durch Competition-Compliance-Programme, BB 2002, 2237.

Landmann, Robert von/Rohmer, Gustav (Hrsg.): Umweltrecht. Kommentar, Band 4, München Stand 2008.

Langen, Eugen/Bunte Hermann-Josef (Hrsg.): Kommentar zum deutschen und europäischen Kartellrecht, Band 1, Deutsches Kartellrecht, 10. Auflage, München 2006 (zitiert: Langen/Bunte, Kartellrecht).

Langenbucher, Katja: Vorstandshaneln und Kontrolle, DStR 2005, 2083.

Langevoort, Donald C.: The Behavioral Economics of Corporate Compliance Law, 71 Columbia Business Law Review (2002), 71.

Langlois, Catherine/Schlegelmilch, Bodo: Do Corporate Codes of Ethics Reflect National Charakter? Evidence form Europe and the United Stats, 21 Journal of International Business Studies (1990), 519.

Laufer, William S.: Social Accountability and Corporate Greenwashing, 43 Journal of Business Ethics (2003), 253.

ders.: Corporate Prosecution, Cooperation, and the Trading of Favors, 87 Iowa Law Review (2002), 643.

ders.: Corporate Liability, Risk Shifting and the Paradox of Compliance, 52 Vanderbilt Law Review (1999), 1343.

Laufer, William S./Robertson, Diana: Corporate Ethics Initiatives As Social Control, 16 Journal of Business Ethics (1997), 1029.

Leipold, Klaus: Compliance in der pharmazeutischen Industrie, in: Hauschka, Christoph E. (Hrsg.), Corporate Compliance. Handbuch der Haftungsvermeidung im Unternehmen, München 2007, § 33.

Lensdorf, Lars: IT-Compliance – Maßnahmen zur Reduzierung von Haftungsrisiken von IT-Verantwortlichen, CR 2007, 413.

Lepsius, Oliver: Steuerungsdiskussion, Systemtheorie und Parlamentarismuskritik, Tübingen 1999.

Levy, Robert S.: The Antibribery Provisions of the Foreign Corrupt Practices Act of 1977: Are They Really as Valuable as We Think They Are?, 10 Delaware Journal of Corporation Law (1985), 71.

Lewin, Kurt: Frontiers in Group Dynamics. Concept, Method and Reality in Social Science; Social Equilibria and Social Change, 1 Human Relations (1947), 5.

Liese, Jens: Much Adoe About Nothing? oder: Ist der Vorstand einer Aktiengesellschaft verpflichtet, eine Compliance-Organisation zu implementieren?, BB 2008, BB-Special Nr. 5 zu Heft 25, 17.

Linklater, William/McElyea, John: Die Auswirkungen von „Corporate Compliance Codes" auf die strafrechtliche Haftung eines Unternehmens unter den US-amerikanischen „Federal Sentencing Guidelines", RIW 1994, 117.

Llewellyn, Karl: The Normative, the Legal, and the Law-Jobs: The Problem of Juristic Method, 49 The Yale Law Journal (1940), 1355.

Longobardi, Laura E.: Reviewing the Situation: What is to be Done with the Foreign Corrupt Practices Act?, 20 Vanderbilt Journal of Transnational Law (1987), 431.

Lösler, Thomas: Zur Rolle und Stellung des Compliance-Beauftragten, WM 2008, 1098.

ders.: Spannungen zwischen der Effizienz der internen Compliance und möglichen Reporting-Pflichten des Compliance-Officers, WM 2007, 676.

ders.: Das moderne Verständnis von Compliance im Finanzmarktrecht, in: Grundmann, Stefan (u. a.) (Hrsg.), Anleger- und Funktionsschutz durch Kapitalmarktrecht. Symposium und Seminar zum 65. Geburtstag von Eberhard Schwark, Berlin 2006, S. 23.

ders.: Das moderne Verständnis von Compliance im Finazmarktrecht, NZG 2005, 104.

ders.: Compliance im Wertpapierdienstleistungskonzern, Diss. Würzburg, Berlin (u. a.) 2003.

Lorenz, Manuel: Rechtliche Grundlagen des Risikomanagements. Juristische Rahmenbedingungen für den Aufbau und die Ausgestaltung von Risikomanagementsystemen in deutschen Unternehmen, ZRFG 2006, 5.

Lübbe-Wolff, Gertrude: Instrumente des Umweltrechts – Leistungsfähigkeit und Leistungsgrenzen, NVwZ 2001, 481.

dies.: Vollzugsprobleme der Umweltverwaltung, NuR 1993, 217.

Lück, Wolfgang: Managementrisiken im Risikomanagementsystem, DB 2000, 1473.

ders.: Elemente eines Risiko-Managementsystems. Die Notwendigkeit eines Risiko-Managementsystems durch den Entwurf eines Gesetzes zur Kontrolle und Transparenz im Unternehmensbereich (KonTraG), DB 1998, 8.

Lücke, Oliver (Hrsg.): Beck'sches Mandats Handbuch. Vorstand der AG, München 2004 (zitiert: Lücke, Vorstand der AG).

Lutter, Marcus: Haftung und Haftungsfreiräume des GmbH-Geschäftsführers. 10 Gebote an den Geschäftsführer, GmbHR 2000, 301.

ders.: Haftung und Haftungsfreiräume des GmbH-Geschäftsführers. 10 Gebote an den Geschäftsführer, in: Gesellschaftsrechtliche Vereinigung (Hrsg.), Jahrestagung 1998 der Gesellschaftsrechtlichen Vereinigung, Band 1, Köln 1999, S. 87 (zitiert: *Lutter*, VGR).

ders.: Zum unternehmerischen Ermessen des Aufsichtsrates, ZIP 1995, 441.

Lutter, Marcus/Krieger, Gerd: Die Rechte und Pflichten des Aufsichtsrats, 4. Auflage, Köln 2002.

Macharzina, Klaus: Unternehmensführung. Das internationale Managementwissen. Konzepte – Methoden – Praxis, 4. Auflage, Wiesbaden 2003.

Markert, David/Devero, Nicole/Donahue, Brendan: Environmental Crimes, 41 American Criminal Law Review (2004), 443.

Marnburg, Einar: The Behavioural Effects of Corporate Ethical Codes: Empirical Findings and Discussion, 9 Business Ethics: A European Review (2000), 200.

Mathews, Cash M.: Codes of Ethics: Organizational Behavior and Misbehavior, in: Preston, Lee E./Frederick, William C. (Hrsg.), Research in Corporate Social Performance and Policy, Greenwich 1987, S. 107

Martin, Klaus: Auswirkungen des KonTraG auf das Risk Management, VW 2001, 1460.

Maultzsch, Felix: Hegels Strafphilosophie als Grundlage systemtheoretischer Strafbegründung, Jura 2001, 85.

Mayntz, Renate: Regulative Politik in der Krise?, in: Matthes, Joachim (Hrsg.), Sozialer Wandel in Westeuropa, Verhandlungen des 19. Deutschen Soziologentages, Frankfurt a.M., New York 1979, S. 55.

dies.: Politische Steuerung und gesellschaftliche Steuerungsprobleme – Anmerkungen zu einem theoretischen Paradigma, in: Ellwein, Thomas/Hesse, Joachim Jesse/Mayntz, Renate/Scharpf, Fritz W. (Hrsg.): Jahrbuch zur Staats- und Verwatungswissenschaft. Band 1, 1. Auflage, Baden-Baden 1987, S. 89.

dies.: Durchsetzung und Wirksamkeit des Rechts in der Soziologie, in: Irle, Martin (u. a.) (Hrsg.), Die Durchsetzung des Rechts, Mannheim (u. a.) 1984, S. 9

McCabe, Donald/Treviño, Linda Klebe/Butterfield, Kenneth: The Influence of Collegiate and Corporate Code of Conduct on Ethics-Realted Behavior in the Workplace, 6 Business Ethics Quarterly (1996), 461.

McCartt, Anne T./Braver, Elisa R./Geary, Lori L.: Driver's Use of Handheld Cell Phones Before and After New York State's Cell Phone Law, 36 Preventive Medicine (2003), 629.

McGreal, Paul E.: Counteracting Ambition: Applying Corporate Compliance and Ethics to the Separation of Powers Concerns with Domestic Surveillance, 60 Southern Methodist University Law Review (2007), 1571.

ders.: Corporate Compliance Survey, 61 Business Lawyer (2006), 1645.

ders.: Legal Risk Assessment After the Amended Sentencing Guidelines: The Challenge for Small Organisations, 23 Corporation Counsel Review (2004), 153.

McKendall, Marie/DeMarr, Beverly/Jones-Rikkers, Catherine: Ethical Compliance Programs and Corporate Illegality: Testing the Assumptions of the Corporate Sentencing Guidelines, 37 Journal of Business Ethics (2002), 367.

McKendall, Marie/Wagner, John, III.: Motive, Opportunity, Choice, and Corporate Illegality, 8 Organization Science (1997), 624.

Megan, Barry: Why Ethics & Compliance Programms Can Fail, 23 (Nr. 6) Journal of Business Strategy (2002), 37.

Meier, Bernd-Dieter: Kriminologie, 3. Auflage, München 2007.

ders.: Strafrechtliche Sanktionen, 2. Auflage, Heidelberg 2006.

ders.: Licht ins Dunkel: Die richterliche Strafzumessung, JuS 2005, 769 und 879.

Mengel, Anja/Hagemeister, Volker: Compliance und arbeitsrechtliche Implementierung um Unternehmen, BB 2007, 1386.

dies.: Compliance und Arbeitsrecht, BB 2006, 2466.

Menzies, Christof (Hrsg.): Sarbanes-Oxley und Corporate Compliance. Nachhaltigkeit, Optimierung, Integration, Stuttgart 2006.

Mertens, Hans-Joachim: Leges praeter legem. Helmut Coing zum 70. Geburtstag, AG 1982, 29.

Meyer, Frank: Gesprengte Ketten? Zur Zukunft des Guidelines Sentencing im US-amerikanischen Strafzumessungsrecht, 118 ZStW (2006), 512.

Meyke, Rolf: Die Haftung des GmbH-Geschäftsführers, 5. Auflage, Köln 2007.

Michalke, Regina: Die Verwertbarkeit von Erkenntnissen der Eigenüberwachung zu Beweiszwecken in Straf- und Ordnungswidrigkeitenverfahren, NJW 1990, 417.

Miller, Samuel R.: Corporate Criminal Liability: A Principle Extended to Its Limits, 38 Federal Bar Journal (1979), 49.

Miller, Samuel R./Levine, Lawrence C.: Recent Developments in Corporate Criminal Liability, 24 Santa Clara Law Review (1984), 41.

Miller, Emmett H., III.: Federal Sentencing Guidelines for Organizational Defendants, 46 Vanderbilt Law Review (1993), 197.

Mitchell, Terence/Daniels, Denise/Hopper, Heidi/George-Falvy, Jane/Ferris, Gerald: Perceived Correlates of Illegal Behavior in Organizaions, 15 Journal of Business Ethics (1996), 439.

Molander, Earl: A Paradigm for Design, Promulgation and Enforcement of Ethical Codes, 6 Journal of Business Ethics (1987), 619.

Möllers, Thomas: Compliance-Gesetz oder Compliance Kodex. Eine Alternative zum Status quo?, BB 2008, Heft 25, M1.

Montoya, Isaac/Richard, Alan: A Comparative Study of Codes of Ethics in Health Care Facilities and Energy Companies, 13 Journal of Business Ethics (1994), 713.

Moore, Geoff: Managing ethics in higher education: implementing a code or embedding virtue?, 15 Business Ethics: A European Review (2006), 407.

Mori, Madoka: A Proposal to Revise the SEC Instructions for Reporting Waivers of Corporate Codes of Ethics for Conflicts of Interest, 24 Yale Journal on Regulation (2007), 293.

Mosiek, Marcus: Risikosteuerung im Unternehmen und Untreue – zur Untreuestrafbarkeit Unternehmensverantwortlicher in Aktiengesellschaften und GmbH bei Verstößen gegen gesetzliche Risikosteuerungspflichten, wistra 2003, 370.

Müller, Reinhold/Hendel, Philipp: Gelfwäsche im Bereich der Finanzdienstleistungen – Implementierung von Präventionssystemen am Beispiel der §§ 25a Abs. 1, 44 KWG, 14 Abs. 2 Nr. 2 GwG, 91 Abs. 2 AktG, Richtlinie 1005/60/EG, VuR 2006, 390.

Müller, Welf (Hrsg.): Beck'sches Handbuch der AG. Gesellschaftsrecht, Steuerrecht, Börsengang, 1. Auflage, München 2004.

Müller-Bonanni, Thomas/Sagan, Adam: Arbeitsrechtliche Aspekte der Compliance, BB 2008, BB-Special Nr. 5 zu Heft 25, 28.

Murphy, Diana E.: The Federal Sentencing Guidelines for Organizations: A Decade of Promoting Compliance and Ethics, 87 Iowa Law Review (2002), 697.

Murphy, Patrick: Implementing Business Ethics, 7 Journal of Business Ethics (1988), 907.

Murphy, Paul/Smith, Jonathan/Daley, James: Executive Attitudes, Organizational Size and Ethical Issues: Perspectives on a Service Industry, 11 Journal of Business Ethics (1992), 11.

Mutter, Stefan: Compliance im Corporate Governance Kodex, AG-Report 2007, R 352.

Nagel, Ilene H./Swenson, Winthrop M.: The Federal Sentencing Guidelines for Corporations: Their Development, Theoretical Underpinnings, and Some Thoughts About Their Future, 71 Washington University Law Quarterly (1993), 205.

Nakano, Chiaki: Attempting to Institutionalize Ethics: Case Studies from Japan, 18 Journal of Business Ethics (1999), 335.

Nell, Mathias: Korruptionsbekämpfung ja – aber richtig! – Reformüberlegungen zur Unternehmenshaftung nach OWiG, ZRP 2008, 149.

Neumann, Ulfried/Puppe, Ingeborg/Schild, Wolfgang: Nomos-Kommentar zum Strafgesetzbuch, 2. Auflage, Baden-Baden, Vor § 38 StGB, Stand 2001 (zitiert: NK-StGB).

Newberg, Joshua A.: Corporate Codes of Ethics, Mandatory Disclosure, and the Market for Ethical Conduct, 29 Vermont Law Review (2005), 253.

Nitsch, Detlev/Baetz, Mark /Hughes Christensen, Julia: Why Code of Conduct Violations go Unreported: A Conceptual Framework to Guide Intervention and Future Research, 57 Journal of Business Ethics (2005), 327.

Noll, Bernd: Wirtschafts- und Unternehmensethik in der Marktwirtschaft, Stuttgart, Berlin, Köln 2002.

Noll, Peter: Gesetzgebungslehre, Reinbek bei Hamburg 1973.

ders.: Gründe für die soziale Unwirksamkeit von Gesetzen, in: Rehbinder, Manfred/Schelsky, Helmut (Hrsg.), Zur Effektivität des Rechts, Jahrbuch für Rechtssoziologie und Rechtstheorie, Band 3, Düsseldorf 1972, S. 259.

Nolte, Norbert/Becker, Thomas: IT-Compliance, BB 2008, BB-Special Nr. 5 zu Heft 25, 23.

Nunes, Jeffrey W.: Organizational Sentencing Guidelines: The Conundrum of Compliance Programs and Self-Reporting, 27 Arizona State Law Journal (1995), 1039.

Nwachukwu, Saviour/Vitell, Jr., Scott: The Influence of Coporate Culture on Managerial Ethical Judgements, 16 Journal of Business Ethics (1997), 757.

Oakes, Richard: Anthropomorphic Projection and Chapter Eight of the Federal Sentencing Guidelines: Punishing the Good Organization When It Does Evil, 22 Hamline Law Review (1999), 749.

Oexle, Anno: Compliance in der Kreislauf- und Abafallwirtschaft, in: Hauschka, Christoph E. (Hrsg.), Corporate Compliance. Handbuch der Haftungsvermeidung im Unternehmen, München 2007, § 35.

O'Dwyer, Brendan/Madden, Grainne: Ethical Codes of Conduct in Irish Companies: A Survey of Code Content and Enforcement Procedures, 63 Journal of Business Ethics (2006), 217.

Ogbonna, Emmanuel: Managing organizational culture: fantasy or reality?, 3 Human Resource Management Journal (1992), Nr. 2, 42.

Ohrtmann, Nicola: Korruption im Vergaberecht – Konsequenzen und Prävention, NZBau 2007, 201.

Opp, Karl-Dieter: Einige Bedingungen für die Befolgung von Gesetzen, Kriminologisches Journal 3 (1971), 1.

O'Reilly, Charles, III.: Corporations, Culture, and Commitment: Motivation and Social Control in Organizations, 31 (Nr. 4) California Management Review (1989), 9.

O'Reilly, Charles, III./Chatman, Jennifer: Culture as social control: Corporations, cults and commitment, 18 Research in Organizational Behavior (1996), 157.

Orland, Leonard: The Transformation of Corporate Criminal Law, 1 Brooklyn Journal of Corporate, Financial & Commercial Law (2006), 45.

Ossenbühl, Firtz: Die Erfüllung von Verwaltungsaufgaben durch Private, VVDStRL 29 (1971), 137.

Otto, Harro: Die Haftung für kriminelle Handlungen in Unternehmen, Jura 1998, 409.

Ouchi, William: Theory Z – How American Business Can Meet Japanese Challenge, London 1981.

Paefgen, Walter G.: Dogmatische Grundlagen, Anwendungsbereich und Formulierung einer Business Judgement Rule im künftigen UMAG 2004, 245.

ders.: Unternehmerische Entscheidungen und Rechtsbindung der Organe in der AG, Köln 2002.

Pahlke, Anne-Kathrin: Risikomanagement nach KonTraG – Überwachungspflichten und Haftungsrisiken für den Aufsichtsrat, NJW 2002, 1680.

Paine, Lynn Sharp: Moral Thinking in Management: An Essential Capability, 6 Business Ethics Quarterly (1996), 477.

dies.: Managing for Organizational Integrity, 72 Harvard Business Review (1994), 106.

Pampel, Gunnar: Die Bedeutung von Compliance-Programmen im Kartellordnungswidrigkeitenrecht, BB 2007, 1636.

Pananis, Panos: Insidertatsache und Primärinsider. Eine Untersuchung zu den Zentralbegriffen des § 13 Abs. WpHG, Diss. Gießen, Berlin 1999.

Pape, Jonas: Zur Wirksamkeit von Corporate Compliance, CCZ 2009, 233.

Pant, Michael: Angst ist ein schlechter Ratgeber. Anmerkung eines langjährigen Unternehmensjuristen zur Haftung von Organmitgliedern, VersR 2004, 690.

Parker, Christine: Regulator-Required Corporate Compliance Audits, 25 Law & Policy (2003), 221.

dies.: The Open Corporation: Effective Self-Regulation and Democracy, Cambridge 2002.

Parker, Christine/Nielsen Lehmann, Vibeke: Do Businesses Take Compliance Systems Seriously? An Empirical Study of the Implementation of Trade Practices Compliance Systems in Australia, 30 Melbourne University Law Review (2006), 441.

Pascal, Richard/Athos, Anthony: The Art of Japanese Management, New York 1982.

Paul, Walter: Die Bedeutung der Unternehmenskultur für den Erfolg eines Unternehmens und ihre Bestimmungsfaktoren. Ein Praxisleitfaden, DB 2005, 1581.

Peppas, Spero: Attitudes Toward Codes of Ethics: The Effects of Corporate Misconduct, 26 (Nr. 6) Management Research News (2003), 77.

Persson Blegvad, Britt-Mari/Møller Nielsen, Jette: Recht als Mittel des sozialen Wandels. Eine Fallstudie, in: Rehbinder, Manfred/Schelsky, Helmut (Hrsg.), Zur Effektivität des Rechts, Jahrbuch für Rechtssoziologie und Rechtstheorie, Band 3, Düsseldorf 1972, S. 429.

Peters, Heinz-Joachim: Umweltrecht, 3. Auflage, Stuttgart 2005.

Peters, Tom/Waterman, Robert: Auf der Suche nach Spitzenleistungen, Landsberg am Lech 1984.

Peterson, Dane: The Realtionship between Unethical Behavior and the Dimensions of the Ethical Climate Questionnaire, 41 Journal of Business Ethics (2002), 313.

Pierce, Margaret Anne/Henry, John: Judgements about Computer Ethics: Do Individual, Co-worker, and Company Judgements Differ? Do Company Codes Make a Difference?, 28 Journal of Business Ethics (2000), 307.

dies.: Computer Ethics: The Role of Personal, Informal and Formal Codes, 15 Journal of Business Ethics (1996), 425.

Pieth, Mark: Das OECD-Übereinkommen über die Bekämpfung der Bestechung ausländischer Amtsträger im internationalen Geschäftsverkehr, in: Dölling, Dieter (Hrsg.), Handbuch der Korruptionsprävention. Für Wirtschaftsunternehmen und öffentliche Verwaltung, München 2007, S. 563.

Pitt, Harvey L./Groskaufmanis, Karl A.: Minimizing Corporate Civil and Criminal Liability: A Second Look at Corporate Codes of Conduct, 78 Georgetown Law Journal (1990), 1559.

President's Blue Ribbon Commission on Defense Management, A Quest For Excellence: Final Report to the President, 1986, veröffentlicht unter http://www.ndu.edu/library/pbrc/pbrc.html (zuletzt besucht am 4. Juli 2008; zitiert: Packard, Final Report).

President's Blue Ribbon Commission on Defense Management, A Quest For Excellence: Appendix, 1986, veröffentlicht unter http://www.ndu.edu/library/pbrc/pbrc.html (zuletzt besucht am 4. Juli 2008; zitiert: Packard, Appendix).

President's Blue Ribbon Commission on Defense Management, Conduct and Accountability: A report to the President, 1986, veröffentlicht unter http://www.ndu.edu/library/pbrc/pbrc.html (zuletzt besucht am 4. Juli 2008; zitiert: Packard, Conduct and Accountability).

Preußner, Joachim: Risikomanagement im Schnittpunkt von Bankenaufsichtsrecht und Gesellschaftsrecht, NZG 2004, 57.

Preußner, Joachim/Pananis, Panos: Risikomanagement und strafrechtliche Verantwortung – Corporate Governance am Beispiel der Kreditwirtschaft, BKR 2004, 347.

Preußner, Joachim/Zimmermann, Dörte: Risikomanagement als Gesamtaufgabe des Vorstandes, AG 2002, 657.

Prüfer, Geralf: Korruptionssanktionen gegen Unternehmen. Regelungsdefizite/Regelungsalternativen, Diss. Humboldt-Universität zu Berlin, Berlin 2004.

Pünder, Hermann: Zertifizierung und Akkreditierung – private Qualitätskontrolle unter staatlicher Gewährleistungsverantwortung, ZHR 170 (2006), 567.

Raiser, Thomas: Grundlagen der Rechtssoziologie, 4. Auflage, Tübingen 2007.

Raiser, Thomas/Veil, Rüdiger: Recht der Kapitalgesellschaften. Ein Handbuch für Praxis und Wissenschaft, 4. Auflage, München 2006.

Ramirez Kreiner, Mary: The Science Fiction of Corporate Criminal Liability: Containing the Machine through the Corporate Death Penalty, 47 Arizona Law Review (2005), 933.

Rat von Sachverständigen für Umweltfragen, Umweltgutachten, Baden-Baden 2002.

Regelin, Frank Peter/Fisher, Raymond: Zum Stand der Umsetzung des Sarbanes-Oxley Act aus deutscher Sicht, IStR 2003, 276.

Rehbinder, Eckard: Umweltsichernde Unternehmensorganisation, ZHR 165 (2001), 1.

ders.: Das Vollzugsdefizit im Umweltrecht und das Umwelthaftungsrecht, Leipzig 1995.

ders.: Andere Organe der Unternehmensverfassung, ZGR 1989, 305.

Rehbinder, Eckart/Heuvels, Karl: Die EG-Öko-Audit-Verordnung auf dem Prüfstand, DVBl. 1998, 1245.

Rehbinder, Manfred (Hrsg.): Einführung in die Rechtssoziologie, Frankfurt 1971.

ders.: Rechtssoziologie, 6. Auflage, München 2007.

ders.: Rechtskenntnis, Rechtsbewusstsein und Rechtsethos als Probleme der Rechtspolitik, in: ders./Schelsky, Helmut (Hrsg.), Zur Effektivität des Rechts, Jahrbuch für Rechtssoziologie und Rechtstheorie, Band 3, Düsseldorf 1972, S. 25.

Rennert, Klaus: Die Verfassungswidrigkeit „falscher" Gerichtsentscheidungen, NJW 1991, 12.

Rich, Anne J./Smith, Carl S./Mihalek, Paul H.: Are Corporate Codes of Conduct Effective?, 72 (Nr. 3) Management Accounting (1990), 34.

Rieger-Goroncy, Michael: Rechtsentwicklung in den USA und Großbritannien und ihr Einfluß auf die Unternehmensleiterhaftpflichtversicherung (D) in Deutschland, NVersZ 1999, 247.

Riehmer, Klaus W.: Compliance-Pflichten für TK-Unternehmen, CR 1998, 270.

Ringleb, Hernrik-Michael/Kremer, Thomas/Lutter, Marcus/Werder, Axel von (Hrsg.): Kommentar zum Deutschen Corporate Governance Kodex, 3. Auflage, München 2008 (zitiert: Ringleb/Kremer/Lutter/v. Werder, DCGK).

Robeck, Mark/Vazquez, Amy/Clark, Michael E.: Corporate Cooperation in the Face of Government Investigations, 17 Health Lawyer (2005), 20.

Röckseisen, Susana: Kriterien zur Beurteilung der Leistungsfähigkeit umweltpolitischer Instrumente, in: Kotulla, Michael/Ristau, Herbert/Smeddinck, Ulrich (Hrsg.): Umweltrecht und Umweltpolitik, Heidelberg 1998, S. 171.

Rodewald, Jörg/Unger, Ulrike: Kommunikation und Krisenmanagement im Gefüge der Corporate Compliance-Organisation, BB 2007, 1629.

dies.: Corporate Compliance – Organisatorische Vorkehrungen zur Vermeidung von Haftungsfällen der Geschäftsleitung, BB 2006, 113.

Rodríguez-Garavito, César: Global Governance and Labor Roghts: Codes of Conduct and Anti-Sweatshop Struggles in Global Apparel Factories in Mexico and Guatemala, 33 Politics & Society (2005), 203.

Röh, Lars: Compliance nach der MiFID – zwischen höherer Effizienz und mehr Bürokratie, BB 2008, 398.

Rosbach, Thorsten: Ethik in einem Wirtschaftsunternehmen – nützliche oder überflüssige Förmelei?, CCZ 2008, 101.

Ross, Laurence H.: Traffic Law Violation: A Folk Crime, 8 Social Problems (1960), 231.

Rostain, Tanina: The Emergence of „Law Consultants", 75 Fordham Law Review (2006), 1397.

Roth, Günter H./Altmeppen, Holger: Gesetz betreffend die Gesellschaften mit beschränkter Haftung. Kommentar, 5. Auflage, 2005 (zitiert: *Roth/ Altmeppen,* GmbHG).

Roth, Markus: Unternehmerisches Ermessen und Haftung des Vorstandes. Handlungsspielräume und Haftungsrisiken insebesondere in der wirtschaftlichen Krise, Diss. Hamburg, München 2001.

Rottleuthner, Hubert: Einführung in die Rechtssoziologie, Darmstadt 1987.

Rowedder, Heinz/Schmidt-Leithoff (Begr./Hrsg.): Gesetz betreffend die Gesellschaft mit beschränkter Haftung (GmbHG), 4. Auflage, München 2002 (zitiert: Rowedder/Schmidt-Leithoff, GmbHG).

Roxin, Claus: Strafrecht – Band 1. Allgemeiner Teil. 4. Auflage, München 2006 (zitiert: *Roxin,* Strafrecht).

Ryan, Leo: Ethical Codes in British Companies, 3 Business Ethics: A European Review (1994), 54.

Ryffel, Hans: Bedingende Faktoren der Effektivität des Rechts, in: Rehbinder, Manfred/Schelsky, Helmut (Hrsg.), Zur Effektivität des Rechts, Jahrbuch für Rechtssoziologie und Rechtstheorie, Band 3, Düsseldorf 1972, S. 225.

Saffold, Guy, III.: Culture, Traits, Strength, and Organizational Performance: Moving beyond "Strong" Culture, 13 Academy of Management Review (1988), 546.

Samson, Erich/Langrock, Marc: Bekämpfung der Wirtschaftskriminalität im und durch Unternehmen, DB 2007, 1684.

Sanderson, Glen/Varner, Iris: What's Wrong with Corporate Codes of Conduct?, 66 Management Accounting (1984), 28.

Savigny, Carl Friedrich von: Vom Beruf unserer Zeit für Gesetzgebung und Rechtswissenschaft, Heidelberg 1814.

Schäfer, Carsten: Die Binnenhaftung von Vorstand und Aufsichtsrat nach der Renovierung durch das UMAG, ZIP 2005, 1253.

Schein, Edgar: Unternehmenskultur. Ein Handbuch für Führungskräfte, Frankfurt a. M., New York 1995.

ders.: Organizational Culture and Leadership, San Francisco 1985.

ders.: Coming to a New Awareness of Organizational Culture, 25 (Nr. 2) Sloan Management Review 1984, 3.

Scherer, Joachim: Korruptionsbekämpfung durch Selbstregulierung, RIW 2006, 363.

Scherp, Dirk: Compliance. Ein Beitrag zur Bekämpfung der Wirtschaftskriminalität, Kriminalistik 2003, 486.

Schimansky, Herbert/Bunte, Hermann-Josef/Lwowski, Hans-Jürgen (Hrsg.), Bankrechts-Handbuch, Band II, 3. Auflage, München 2007 (zitiert: Schimansky/Bunte/Lwowski, Bankrechts-Handbuch).

Schlicht, Manuela: Compliance nach der Umsetzung der MiFID-Richtlinie. Wesentliche Änderungen oder gesetzliche Verankerung schon gelebter Praxis?, BKR 2006, 469.

Schmidt-Aßmann, Eberhard: Regulierte Selbstregulierung als Element verwaltungsrechtlicher Systembildung, DV 2001, Beiheft 4, 253.

Schmidt-Aßmann, Eberhard: Öffentliches Recht und Privatrecht als wechselseitige Auffangordnungen, in: Hoffmann-Riem/Schmidt-Aßmann (Hrsg.), Öffentliches Recht und Privatrecht als wechselseitige Auffangordnungen, Baden-Baden 1996, S. 7

Schmidt-Preuß, Matthias: Verwaltung und Verwaltungsrecht zwischen gesellschaftlicher Selbstregulierung und staatlicher Steuerung, VVDStRL 56 (1997), 160.

Schmidt-Salzer, Joachim: Öko-Audit und sonstige Management-Systeme in organisationsrechtlicher, haftungsrechtlicher und versicherungstechnischer Sicht, WiB 1996, 1.

Schmidt, Thorsten Ingo: Grundlagen rechtswissenschaftlichen Arbeitens, Jus 2003, S. 649.

Schmidt, Wilhelm: Gewinnabschöpfung im Straf- und Bußgeldverfahren. Handbuch für die Praxis, 1. Auflage, München 2006.

Schneider, Hans Joachim: Ursachen der Kriminalität. Neue Entwicklungen in der internationalen kriminologischen Theoriediskussion, Jura 1996, 337.

ders.: Verhütung und Kontrolle der Gewalt, JZ 1992, 769.

Schneider, Sven H.: „Unternehmerische Entscheidungen" als Anwendungsvoraussetzung für die Business Judgement Rule, DB 2005, 707.

Schneider, Uwe H.: Ausländisches Unternehmensstrafrecht und Compliance, CCZ 2008, 18.

ders.: Compliance als Aufgabe der Unternehmensleitung, ZIP 2003, 645.

ders.: Die Überlagerung des Konzernrechts durch öffentlich-rechtliche Strukturnormen und Organisationspflichten – Vorüberlegungen zu „Compliance im Konzern", ZGR 1996, 225.

ders.: Gesellschaftsrechtliche und öffentlich-rechtliche Anforderungen an eine ordnungsgemäße Unternehmensorganisation. Zur Überlagerung des Gesellschaftsrechts durch öffentlich-rechtliche Verhaltenspflichten und öffentlich-rechtliche Strukturnormen, DB 1993, 1909.

ders.: Die Wahrnehmung öffentlich-rechtlicher Pflichten durch den Geschäftsführer. Zum Grundsatz der Gesamtverantwortung bei mehrköpfiger Geschäftsführung in der konzernfreien GmbH und im Konzern, in: Festschrift 100 Jahre GmbH-Gesetz, Köln 1992, S. 473 (zitiert: FS 100 Jahre GmbH-Gesetz).

ders.: Hafrungsmilderung für Vorstandsmitglieder und Geschäftsführer bei fehlerhafter Unternehmensleitung?, in: Festschrift für Winfried Werner zum 65. Geburtstag am 17. Oktober 1984, Berlin 1984, S. 795 (zitiert: FS Werner).

Schneider, Uwe H./Buttlar, Julia von: Die Führung von Insider-Verzeichnissen: Neue Compliance-Pflichten für Emmittenten, ZIP 2004, 1621.

Schneider, Uwe H./Schneider, Sven H.: Konzern-Compliance als Aufgabe der Konzernleitung, ZIP 2007, 2061.

Schöch, Heinz: Die Rechtswirklichkeit und präventive Effizienz strafrechtlicher Sanktionen, in: Jehle, Jörg-Martin (Hrsg.), Kriminalprävention und Strafjustiz, Wiesbaden 1996, S. 291.

ders.: Empirische Grundlagen der Generalprävention, in: Festschrift für Hans-Heinrich Jescheck zum 70. Geburtstag, Band 2, Berlin 1985, S. 1081 (zitiert: FS Jescheck).

Scholz, Christian: Personalmanagement, 5. Auflage, München 2000.

Scholz, Franz (Hrsg.): Kommentar zum GmbH-Gesetz mit Anhang Konzernrecht, II. Band, §§ 35–52, 10. Auflage, Köln 2007 (zitiert: Scholz, GmbHG).

Schulte, Martin/Görts, Cornelius: Die SEC-Untersuchung nach dem Foreign Corrupt Practices Act, RIW 2006, 561.

Schünemann, Bernd: Brennpunkte des Strafrechts in der entwickelten Industriegesellschaft, in: Hefendehl, Roland (Hrsg.), Empirische und dogmatische Fundamente, kriminalpolitischer Impetus, Köln 2005, S. 349.

Schuppert, Gunnar (Hrsg.): Jenseits von Privatisierung und „schlankem" Staat, Baden-Baden 1999.

Schwark, Eberhard (Hrsg.): Kapitalmarktrechts-Kommentar: Börsengesetz, Verkaufsprospektgesetz, Wertpapierhandelsgesetz, Wertpapiererwerbs- und Übernahmegesetz, 3. Auflage, München 2004 (zitiert: Schwark, Kapitalmarktrecht).

Schwartz, Mark: Effective Corporate Code of Ethics: Perceptions of Code Users, 55 Journal of Business Ethics (2004), 323.

ders.: The Nature of the Relationship between Corporate Codes of Ethics and Behaviour, 32 Journal of Business Ethics (2001), 247.

Schwartz, Mark/Dunfee, Thomas/Kline, Michael: Tone at the Top: An Ethics Code for Directors?, 58 Journal of Business Ethics (2005), 79.

Schwartz, Michael: Why Ethical Codes Constitute an Unconscionable Regression, 23 Journal of Business Ethics (2000), 173.

Schwind, Hans-Dieter: Kriminologie. Eine praxisorientierte Einführung mit Beispielen, 17. Auflage, Heidelberg 2007.

Securities and Exchange Commission (United States): Report of Investigation Pursuant to Section 21(a) of the Securities Exchange Act of 1934 and Commission Statement on the Relationship of Cooperation to Agency Enforecement Decisions, Exchange Act Release No. 44969 (23. Oktober 2001), veröffentlicht unter http://www.sec.gov/litigation/investreport/34–44969.htm (zuletzt besucht am 05.07.2008; zitiert: SEC, Seabord Report).

dies.: Statement of the Securities and Exchange Commission Concerning Financial Penalties, Press Release No. 2006–4 (4. Januar 2006), veröffentlicht unter http://www.sec.gov/news/press/2006–4.htm (zuletzt besucht am 29.05.2008; zitiert: SEC, Statement).

Sellin, Thorsten: The Death Penalty – A Report for the Model Penal Code Projec of The American Law Institute, Philadelphia 1959.

Semler, Johannes/Peltzer, Martin (Hrsg.): Arbeitshandbuch für Vorstandsmitglieder, München 2005 (zitiert: Semler/Peltzer, Arbeitshandbuch für Vorstandsmitglieder).

Senge, Lothar (Hrsg.): Karlsruher Kommentar zum Gesetz über Ordnungswidrigkeiten, 3. Auflage, München 2006 (zitiert: Senge, Karlsruher Kommentar, OWiG).

Sidhu, Karl: Die Regelung zur Compliance im Corporate Governance Kodex. Welche Wirkungen entfaltet der Sprung in die Kodifizierung der Compliance?, ZCG 2008, 13.

Sieg, Oliver: Vorstandshaftung bei Banken – Kreditvergabe, Organisationspflichten, Gremienvorbehalte. Anmerkung zum Urteil des OLG Frankfurt am Main vom 12. Dezember 2007, PHi 2008, 42.

ders.: Haftung von Organmitgliedern wegen Organisationsverschuldens (Teil 1) – Grundsätze und aktuelle Rechtsprechung, PHi 2003, 96.

ders.: Haftung von Organmitgliedern wegen Organisationsverschuldens (Teil 2) – Grundsätze und aktuelle Rechtsprechung, PHi 2003, 134.

ders.: Tendenzen und Entwicklung der Managerhaftung in Deutschland, DB 2002, 1759.

Sims, Randi/Keon, Thomas: Determinats of Ethical Decision Making: The Relationship of the Perceived Organizational Environment, 19 Journal of Business Ethics (1999), 393.

Sims, Ronald/Brinkmann, Johannes: Enron Ethics (Or: Culture Matters More than Codes), 32 Journal of Business Ethics (2003), 243.

Singh, Jang B.: Ethics Programs in Canada's Largest Corporations, 111 Business and Society Review (2006), 119.

Singhapakdi, Anusorn/Vitell, Scott: Marketing Ethics: Factors Influencing Perceptions of Ethicsl Problems and Alternatives, 10 (Nr. 1) Journal of Macromarketing (1990), 4.

Snell, Robin/Chak, Almaz/Chu, Jess: Codes of Ethics in Hong Kong: Their Adoption and Impact in the Run up to the 1997 Transition to Sovereigny to China, 22 Journal of Business Ethics (1999), 281.

Snell, Robin/Herndon, Jr., Neil: Hong Kong's Code of Ethics Initiative: Some Differences between Theory and Practice, 51 Journal of Business Ethics (2004), 75.

dies.: An evaluation of Hong Kong's corporate code of ethics initiative, 17 Asia Pacific Journal of Management (2000), 493.

Somers, Mark John: Ethical Codes of Conduct and Organizational Context: A Study of the Relationship Between Codes of Conduct, Employee Behavior and Organizatinal Values, 30 Journal of Business Ethics (2001), 185.

Sørensen, Jesper: The Strenght of Corporate Culture and Reliability of Firm Performance, 47 Administrative Science Quarterly (2002), 70.

Sparwasser, Reinhard/Engel, Rüdiger/Voßkuhle, Andreas: Umweltrecht, 5. Auflage, Heidelberg 2003.

Spindler, Gerald: Compliance in der multinationalen Bankengruppe, WM 2008, 905.

ders.: Unternehmensorganisationspflichten. Zivilrechtliche und öffentlich-rechtliche Regelungskonzepte, Köln (u. a.) 2001.

Spindler, Gerald/Kasten, Roman A.: Organisationsverpflichtungen nach der MiFID und ihre Umsetzung, AG 2006, 785.

Spindler, Gerald/Stilz, Eberhard (Hrsg.): Kommentar zum Aktiengesetz, Band 1, München 2007 (zitiert: Spindler/Stilz, AktG).

Stadler, Christoph: Compliance-Programme. Vorbeugung gegen Kartellverstöße im Unternehmen, in: Schwerpunkte des Kartellrechts 2004, Köln (u.a) 2006, S. 67.

Staudinger, Julius von (Begr.): J. von Staudingers Kommentar zum Bürgerlichen Gesetzbuch mit Einführungsgesetz und Nebengesetzen,

§§ 830–838, Neubearbeitung 2008, Berlin 2008 (zitiert: Staudinger, BGB).

Steer, John R.: Changing Organizational Behavior – The Federal Sentencing Guidelines Experiment Begins to Bear Fruit, 1317 PLI/Corp. (2002), 113.

Steger, Udo: Rechtliche Verpflichtungen zur Notfallplanung im IT-Bereich, CR 2007, 137.

Steinau-Steinrück, Robert/Glanz, Peter: Compliance im Arbeitsrecht – Ein Muss für jedes Unternehmen, NJW-Spezial 2008, 146.

Steiner, Udo: Technische Kontrolle im privaten Bereich – insbesondere Eigenüberwachung und Betriebsbeauftragte, DVBl. 1987, 1133.

Steinmann, Horst/Schreyögg, Georg: Management. Grundlagen der Unternehmensführung. Konzepte – Funktionen – Fallstudien. 6. Auflage, Wiesbaden 2005.

Stephan, Hans Jürgen/Seidel, Jürgen: Compliance-Management-Systeme für Unternehmensrisiken im Bereich des Wirtschaftsstrafrechts, in: Hauschka, Christoph (Hrsg.), Corporate Compliance, § 25.

Stevens, Betsy: Corporate Ethics Codes: Effective Instruments For Influencing Behavior, 78 Journal of Business Ethics (2008), 601.

dies.: The Ethics of the US Business Executive: A Study of Perceptions, 54 Journal of Business Ethics (2004), 163.

dies.: Communicating Ethical Values: A Study of Employee Perceptions, 20 Journal of Business Ethics (1999), 113.

dies.: An Analyis of Corporate Ethical Code Studies: „Where Do We Go From Here?", 13 Journal of Business Ethics (1994), 63.

Stevens, John/Steensma, Kevin/Harrison, David/Cochran, Philip: Symbolic or Substantive Document? The Influence of Ethics Codes on Financial Executives' Decisions, 26 Strategic Management Journal (2005), 181.

Stohs, Joanne Hoven/Brannick, Teresa: Codes and Conduct: Predictors of Irish Managers' Ethical Reasoning, 22 Journal of Business Ethics (1999), 311.

Strafverteidigervereinigung (Hrsg.): Aktuelle Probleme der Strafverteidigung unter neuen Rahmenbedingungen – 19. Strafverteidigertag, Freiburg i.B. 1995.

Streng, Franz: Strafrechtliche Sanktionen, 2. Auflage, Stuttgart 2002.

Suchanek, Andreas: Ökonomische Ethik, Tübingen 2001.

Sumner, William Graham: Folkways. A study on the sociological importance of usages, manners, customes, mores and morals, New York 1906.

Swenson, Winthrop M.: „Carrot and Stick" – über die Grundgedanken und die Funktionsweise der Organizational Sentencing Guidelines, in: Alwart, Heiner (Hrsg.): Verantwortung und Steuerung von Unternehmen in der Marktwirtschaft, München, Mering 1998.

Teubner, Gunther/Willke, Helmut: Kontext und Autonomic. Gesellschaftliche Selbststeuerung durch Reflexives Recht, Zeitschrift für Rechtssoziologie 1984, 4.

Thamm, Manfred: Die persönliche Haftung bzw. Verantwortlichkeit von Führungskräften und Mitarbeitern in Unternehmen, DB 1994, 1021.

Theißen, Antje: Betriebliche Umweltschutzbeauftragte. Determinanten ihres Wirkungsgrades, Diss. Technische Universität Berlin, Wiesbaden 1990.

Theusinger, Ingo/Liese, Jens: Besteht eine Rechtspflicht zur Dokumentation von Risikoüberwachungssystemen i.S des § 91 II 1 AktG?, NZG 2008, 289.

Thielemann, Ulrich: Compliance und Integrity – Zwei Seiten ethisch integrierter Unternehmenssteuerung. Lektionen aus dem Management einer Großbank, 6 zfwu (2005), 31.

Thümmel, Roderich C.: Persönliche Haftung von Managern und Aufsichtsräten: Haftungsrisiken bei Managementfehlern, Risikobegrenzung und D&O-Versicherung, 3. Auflage, Stuttgart (u. a.) 2003 (zitiert: *Thümmel*, Haftung von Mangern und Aufsichtsräten).

Többens, Hans W.: Die Bekämpfung der Wirtschaftskriminalität durch die Trojka der §§ 9, 130 und 30 des Gesetzes über Ordnungswidrigkeiten, NStZ 1999, 1.

Treviño, Linda Klebe: A Cultural Perspective on Changing and Developing Organizational Ethics, 4 Research in Organizational Change and Development (1990), 195.

Treviño, Linda Klebe/Butterfield, Kenneth/McCabe, Donald: The Ethical Context in Organizations: Influences on Employee Attitudes and Behaviors, 8 Business Ethics Quarterly (1998), 447.

Treviño, Linda Klebe/Weaver, Gary R.: Managing Ethics in Organizations, Stanford 2003.

Treviño, Linda Klebe/Weaver, Gary R./Gibson, David G./Toffler, Barbara Ley: Managing Ethics and Legal Compliance: What Works and What Hurts, 41 (Nr. 2) California Magnagement Review (1998), 131.

Trips, Marco: Risikomanagement in der öffentlichen Verwaltung, NVwZ 2003, 804.

Trute, Hans-Heinrich: Die Verwaltung und das Verwaltungsrecht zwischen gesellschaftlicher Selbstregulierung und staatlicher Steuerung, DVBl. 1996, 950.

Turiaux, André/Knigge, Dagmar: Vorstandshaftung ohne Grenzen? – Rechtssichere Vorstands- und Unternehmensorganisation als Intrument der Risikominimierung, DB 2004, 2199.

Tyler, Tom R.: Why People Obey the Law, New Haven, London 1990.

U.S. Sentencing Commission: Report of the Ad Hoc Advisory Group on Organizational Sentencing Guidelines, 7. Oktober 2003, veröffentlicht unter http://www.ussc.gov/corp/advgrprpt/AG_FINAL.pdf (zuletzt besucht am 27.05.2008; zitiert: U.S. Sentencing Commission, Advisory Report).

U.S. Sentencing Commission: Synopsis of Amendment. Proposed Amendments to Chapter Eight, veröffentlicht unter http://www.ussc.gov/2004guid/RFMay04_Corp.pdf (zuletzt besucht am 27.05.2008; zitiert: U.S. Sentencing Commission, Amendments).

U.S. Department of Justice *(Paul* J. McNulty), Memorandum Regarding Principles of Federal Prosecution of Business Organizations (Dezember 2006), veröffentlicht unter http://www.usdoj.gov/dag/speeches/2006/mcnulty_memo.pdf (zuletzt besucht am 27. Mai 2008; zitiert: U.S. Department of Justice, McNulty Memorandum).

Uebersohn, Gerhard: Effektive Umweltpolitik. Folgerungen aus der Implementations- und Evaluationsforschung, Diss. Frankfurt a.M., Frankfurt a.M. (u.a.) 1990.

Ulmer, Peter: Haftungsfreistellung bis zur Grenze grober Fahrlässigkeit bei unternehmerischen Fehlentscheidungen von Vorstand und Aufsichtsrat?, DB 2004, 859.

Valentine, Sean/Fleischman, Gary: Ethics Codes and Professionals' Tolerance of Societal Diversity, 40 Journal of Business Ethics (2002), 301.

Valentine, Sean/Barnett, Tim: Ethics Code Awareness, Perceived Ethical Values, And Organizational Commitment, 23 Journal of Personal Selling & Sales Management (2003), 359.

dies.: Ethics Codes and Sales Professionals' Perceptions of Their Organizations' Ethical Values, 40 Journal of Business Ethics (2002), 191.

Veil, Rüdiger: Compliance-Organisationen in Wertpapierdienstleistungsunternehmen im Zeitalter der MiFiD. Regelungskonzepte und Rechtsprobleme, WM 2008, 1093.

Victor, B./Cullen, J. B.: The Organizational Bases of Ethical Work Climates, 33 Administrative Science Quarterly (1988), 101.

Vittel, Scott/Hidalgo, Encarnatión: The Impact of Corporate Ethical Values and Enforcement of Ethical Codes on the Perceived Importance of Ethics in Business: A Comparison of U.S. and Spanish Managers, 64 Journal of Business Ethics (2006), 31.

Voet van Vormizeele, Philipp: Die neue Bonusregelung des Bundeskartell-amtes, wistra 2006, 292.

Voßkuhle, Andreas: Gesetzgeberische Regulierungsstrategien der Verantwortungsteilung zwischen öffentlichem und privatem Sektor, in: Schuppert, Gunnar Folke (Hrsg.), Jenseits von Privatisierung und „schlankem" Staat. Verantwortungsteilung als Schlüsselbegriff eines sich verändernden Verhältnisses von öffentlichem und privatem Sektor, 1. Auflage, Baden-Baden 1999, S. 47.

Wabnitz, Heinz-Bernd/Janowski, Thomas (Hrsg.): Handbuch des Wirtschafts- und Steuerstrafrechts, 3. Auflage, München 2007.

Waddock, Sandra/Bodwell, Charles/Graves, Samuel: Responsibility: The New Business Imperative, 16 The Academy of Management Executive (2002), 132.

Wagner, Gerhard: Prävention und Verhaltenssteuerung durch Privatrecht – Anmaßung oder legitime Aufgabe?, AcP 206 (2006), 352.

Walker, Rebecca: The Evolution of the Law of Corporate Compliance in the United States: A Brief Overview, in: Walker, Rebecca (u. a.) (Hrsg.): PLI Corporate Compliance and Ethics Institute 2007, New York 2007, S. 15.

Walter, Steven/Laufer, William S.: Why Personhood Doesn't Matter: Corporate Criminal Liability and Sanctions, 18 American Journal of Criminal Law (1990), 263.

Walsh, Charles J./Pyrich, Alissa: Corporate Compliance Programs as a Defense to Criminal Liability: Can a Corporation Save its Soul?, 47 Rutgers Law Review (1995), 605.

Waters, James A./Bird, Frederick: The Moral Dimension of Organizational Culture, 6 Journal of Business Ethics (1987), 15.

Watson, Stephany: Fostering Positive Corporate Culture in the Post-Enron Era, 6 Transactions: Tennessee Journal of Business Law (2004), 7.

Weaver, Gary R.: Does Ethics Code Design Matter? Effects of Ethics Code Rationals and Sanctions on Recepients' Justice Perceptions and Content Recall, 14 Journal of Business Ethics (1995), 367.

Weaver, Gary R./Treviño, Linda Klebe/Cochran, Philip L.: Corporate Ethics Programs as Control Systems: Influences of Executive Commitment and Environmental Factors, 42 Academy of Management Journal (1999), 41.

dies.: Integrated and Decoupled Corporate Social Performance: Management Commitments, External Pressures, and Corporate Ethics Practices, 42 Academy of Management Journal (1999), 539.

dies.: Corporate Ethics Practices in the Mid-1990's: An Empirical Study of the Fortune 1000, 18 Journal of Business Ethics (1999), 283.

Webb, Dan K./Molo, Steven F./Hurst, James F.: Understanding and Avoiding Corporate and Executive Criminal Liability, 49 Business Lawyer (1994), 617.

Weber, Dirk/Dittrich, Jörg: e-Business und Internet in: Hauschka, Christoph E. (Hrsg.), Corporate Compliance. Handbuch der Haftungsvermeidung im Unternehmen, München 2007, § 37.

Weber, Ulrich/Lohr, Martin: Aktuelle Rechtsprechung zur Innenhaftung von GmbH-Geschäftsführern nach § 43 Abs. 2 GmbHG, GmbHR 2000, 698.

Weber-Ray, Daniela: Gesellschafts- und aufsichtsrechtliche Herausforderungen an die Unternehmensorganisation, AG 2008, 345.

Weeks, William/Nantel, Jacques: Corporate Code of Ethics and Sale Force Behavior: A Case Study, 11 Journal of Business Ethics (1992), 753.

Weimar, Robert/Grote, Klaus-Peter: Rechtsaudit im Unternehmen – Perspektiven und Chancen eines innovativen Consultingbereichs, WiB 1997, 841.

Weinreich, Dirk: Recht als Medium gesellschaftlicher Selbststeuerung. Eine Untersuchung des Demokratiepotentials neuerer Rechtsentwicklungen unter besonderer Berücksichtigung partizipatorischer Planungs- und Zulassungsverfahren im öffentlichen Recht, Diss. Marburg, Frankfurt a.M. (u. a.) 1995.

Weissmann, Andrew/Newman, David: Rethinking Criminal Corporate Liability, 82 Indiana Law Journal (2007), 411.

Weitbrecht, Andreas/Mühle, Jan: Zur Verfassungsmäßigkeit der Bußgelddrohung gegen Unternehmen nach der 7. GWB-Novelle, WuW 2006, 1106.

Wellner, Philip A.: Effective Compliance Programs and Corporate Criminal Prosecution, 27 Cardozo Law Review (2005), 497.

Wessing, Jürgen: Compliance – Ein Thema auch im Steuerstrafrecht?, SAM 2007, 175.

White, Bernard J./Montgomery, Ruth B.: Corporate Codes of Coduct, 23 (Nr. 2) California Management Review (1980), 80.

Wilkins, Alan/Ouchi, William: Efficient cultures – Exploring the relationship between culture and economic performance, 28 Administrative Science Quarterly (1983), 468.

Wilkins, Alan: The Culture Audit: A Tool for Understanding Organizations, 12 (Nr. 2) Orgnizational Dynamics (1983), 24.

Wisskirchen, Gerlin/Körber, Anke/Bissels, Alexander: „Whistleblowing" und „Ethikhotlines". Probleme des deutschen Arbeits- und Datenschutzrechts, BB 2006, 1567.

Wittmann, Edgar: Risikomanagement als Bestandteil des Planungs- und Kontrollsystems, in: Lange, Knut Werner/Wall, Friederike (Hrsg.): Risikomanagement nach dem KonTraG. Aufgaben und Chancen aus betriebswirtschaftlicher und juristitischer Sicht, München 2001, S. 259.

Wolf, Klaus: Corporate Compliance – ein neues Schlagwort? Ansatzpunkte zur Umsetzung der Compliance in der Finanzberichterstattung, DStR 2006, 1995.

ders.: Potenziale derzeitiger Risikomanagementsysteme, DStR 2002, 1729.

Ziegert, Klaus A.: Zur Effektivität der Rechtssoziologie. Die Rekonstruktion der Gesellschaft durch Recht, Diss. Münster, Stuttgart 1975.

Zimmer, Daniel/Sonneborn, Andrea Maria: § 91 Abs. 2 AktG – Anforderungen und gesetzgeberische Absichten, in: Lange, Knut Werner/Wall, Friederike (Hrsg.): Risikomanagement nach dem KonTraG. Aufgaben und Chancen aus betriebswirtschaftlicher und juristitischer Sicht, München 2001, S. 38.

Zimmermann, Martin: Kartellrechtliche Bußgelder gegen Aktiengesellschaften und Vorstand: Rückgriffsmöglichkeiten, Schadensumfang und Verjährung, WM 2008, 433.

Zöllner, Wolfgang (Hrsg.): Kölner Kommentar zum Aktiengesetz, §§ 76–117 AktG, 2. Auflage, Köln (u. a.) 1996 (zitiert: Zöllner, Kölner Kommentar, AktG).

Stichwortverzeichnis

BERLINER JURISTISCHE UNIVERSITÄTSSCHRIFTEN
– ZIVILRECHT –

Band 58   Sebastian Schwalme

Grundsätze ordnungsgemäßer Vermögensverwaltung bei Stiftungen

Vermögensausstattung, Bestandserhaltung, Kapitalanlage

Die jüngsten Krisen am Kapitalmarkt zeigen, dass auch Stiftungen ins Straucheln geraten können, wenn sie das Stiftungsvermögen ohne angemessenes Risikomanagement verwalten und anlegen. Vielfach kommt es bei Kurseinbrüchen zum Konflikt mit dem Grundsatz der Kapitalerhaltung und es stellt sich die Frage, welche Grundsätze der Kapitalanlage eigentlich für Stiftungen gelten, wenn sie auf sicherer Basis ihr Stiftungsvermögen dauerhaft erhalten wollen. Die mit diesen beiden Fragenkreisen verbundenen Probleme werden in dieser Arbeit aufgearbeitet und es wird der Versuch unternommen, aus juristischer und damit haftungsrelevanter Perspektive zu einer praktikablen Lösung beizutragen.

2010, 610 S., 1 s/w Abb., geb., 69,– Euro, 978-3-8305-1753-5

Band 59   Vincent Meyer

Gesellschaftsrechtliche Ausgleichs- und Abfindungsansprüche im Spruchverfahren

Die vorliegende Untersuchung soll ein geschlossenes Bild sowohl des materiellrechtlichen Anwendungsbereichs des Spruchverfahrens als auch des Verfahrensrechts vermitteln. Im ersten Teil werden die einzelnen Ausgleichs- und Abfindungsansprüche des materiellen Gesellschafts- und Umwandlungsrechts untersucht, wobei ein Schwerpunkt auf die jeweiligen rechtlichen Zweifelsfragen gesetzt wird, die auch für das Verfahrensrecht von Bedeutung sind. Es folgt eine eingehende Untersuchung der verfahrensrechtlichen Regelungen des Spruchverfahrensgesetzes. Der dritte und letzte Teil der Untersuchung enthält einen Ausblick auf mögliche weitere Anwendungsbereiche des Spruchverfahrens.

2010, 478 S., kart., 59,– Euro, 978-3-8305-1761-0

Band 60   Caterina Döring

Die Stiftung als Finanzierungsinstrument für Unternehmen

Angesichts des derzeitigen Stiftungsbooms geht die Autorin der Frage nach, inwiefern Stiftungen neben ihren vielfältigen Aufgabenfeldern auch für die Finanzierung von Unternehmen nutzbar gemacht werden können. In diesem Zusammenhang werden die Möglichkeiten, aber auch die stiftungs- und steuerrechtlichen Grenzen aufgezeigt, die sich bei der Investition in ein Unternehmen für den Stifter ergeben. Untersucht wird, inwiefern ein Renditeverzicht durch Stiftungen im Rahmen ihrer Vermögensanlage zulässig ist und ob insbesondere gemeinnützige Stiftungen einer Pflicht zur Ertragsmaximierung unterliegen.

2010, 500 S., kart., 59,– Euro, 978-3-8305-1803-7

BWV · BERLINER WISSENSCHAFTS-VERLAG
Markgrafenstraße 12–14 • 10969 Berlin • Tel. 030 / 841770-0 • Fax 030 / 841770-21
E-Mail: bwv@bwv-verlag.de • Internet: http://www.bwv-verlag.de

BERLINER JURISTISCHE UNIVERSITÄTSSCHRIFTEN
– ZIVILRECHT –

Band 61   Ines Krolop
Mitbestimmungsvereinbarungen im grenzüberschreitenden Konzern

Die Europäische Aktiengesellschaft (SE) gestattet es, die unternehmerische Mitbestimmung der Arbeitnehmer flexibel im Wege einer Vereinbarungslösung zu regeln. Deutschen Kapitalgesellschaften ist diese Möglichkeit verwehrt. Die vorliegende Arbeit knüpft an diverse Vorstöße aus Wissenschaft und Praxis an, die Möglichkeit von Mitbestimmungsvereinbarungen auch für deutsche Kapitalgesellschaften zu eröffnen. Eine derartige Öffnungsklausel wirft eine Reihe rechtlicher und praktisch relevanter Probleme auf, die allenfalls ansatzweise geklärt sind.

2010, 250 S., kart., 39,– Euro, 978-3-8305-1826-6

Band 62   Anna-Julka Lilja
Der Codice del Consumo (2005) – Ein Vorbild für die Europäische Verbrauchergesetzgebung?

2005 wurde in Italien ein eigenständiges Verbrauchervertragsgesetzbuch erlassen, der Codice del consumo. Die Autorin beschäftigt sich mit der Frage, ob der Codice del consumo seinem selbst gesteckten Ziel gerecht wird, den Verbraucherschutz in Italien zu verbessern, und ob die italienische Lösung ein Vorbild für die europäische Verbrauchergesetzgebung sein kann.

2010, 250 S., kart., 39,– Euro, 978-3-8305-1830-3

Band 63   Max van Drunen
Funktionsdefizite in Regelungen zum Aufsichtsrat im deutschen und im niederländischen Recht
Arbeitnehmermitbestimmung und Mitgliedschaft ehemaliger Vorstandsmitglieder

Die Nachbarländer Deutschland und die Niederlande versuchen mittels unterschiedlicher Regelungen zum Aufsichtsrat eine gute Führung und Führungskontrolle (Corporate Governance) ihrer Aktiengesellschaften zu gewährleisten. Ziel beider Länder ist es, die Wettbewerbslage der Gesellschaften auf dem Kapitalmarkt zu verbessern. Um diese Zielsetzung zu verwirklichen, müssen die Regelungen tatsächlich eine Verbesserung der Führung und Führungskontrolle bewirken. In dieser Arbeit wird auf der Grundlage der Neuen Institutionenökonomik, insbesondere ihres Prinzipal-Agent-Ansatzes, analysiert, welche Anreizwirkungen von den Regelungen zum Aufsichtsrat des deutschen und des niederländischen Rechts sowie von einer alternativen rechtlichen Regelung ausgehen (positive komparative Analyse).

2010, 238 S., 6 s/w Abb., kart., 39,– Euro, 978-3-8305-1831-0

BWV • BERLINER WISSENSCHAFTS-VERLAG
Markgrafenstraße 12–14 • 10969 Berlin • Tel. 030 / 841770-0 • Fax 030 / 841770-21
E-Mail: bwv@bwv-verlag.de • Internet: http://www.bwv-verlag.de